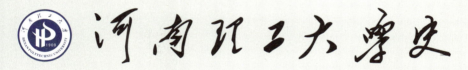

河南理工大学史

(2009—2019)

THE HISTORY OF HENAN POLYTECHNIC UNIVERSITY (2009—2019)

中华书局

图书在版编目（CIP）数据

河南理工大学史：2009－2019/《河南理工大学史》编委会编.
—北京：中华书局，2019.10
ISBN 978－7－101－14087－3

Ⅰ．河…　Ⅱ．河…　Ⅲ．河南理工大学－校史－2009～2019
Ⅳ．G649.286.13

中国版本图书馆 CIP 数据核字（2019）第 186870 号

书　　名	河南理工大学史(2009－2019)	
编　　者	《河南理工大学史》编委会	
责任编辑	李晓燕	
出版发行	中华书局	
	（北京市丰台区太平桥西里38号　100073）	
	http://www.zhbc.com.cn	
	E-mail:zhbc@zhbc.com.cn	
印　　刷	北京市白帆印务有限公司	
版　　次	2019 年 10 月北京第 1 版	
	2019 年 10 月北京第 1 次印刷	
规　　格	开本/710×1000 毫米　1/16	
	印张 29½　插页 8　字数 399 千字	
印　　数	1－10000 册	
国际书号	ISBN 978－7－101－14087－3	
定　　价	98.00 元	

2011年，第十二、十三届全国政协副主席（时任河南省委书记、省人大常委会主任）卢展工莅校视察

2013年，中国社会科学院院长、党组书记谢伏瞻（时任河南省委副书记、省长）为我校中原经济区煤层（页岩）气河南省协同创新中心授牌

2019年4月4日，河南省委书记王国生莅校视察

2016年7月29日，公安部副部长、国家移民管理局局长(时任河南省人民政府副省长）许甘露莅校调研视察

2017年，重庆市政协主席（时任河南省委副书记）王炯莅校视察

2017年，全国人大常委会委员、教科文卫委员会副主任委员、中国农工民主党副主席、中国科学院院士、国家自然科学基金委副主任姚建年莅校调研

2019年3月11日，河南省委常委、宣传部长江凌莅校视察

2019年5月9日，国家能源集团党组书记、董事长、学校1979级校友王祥喜莅校视察

2009年9月26日，学校隆重举行建校100周年庆祝大会

2009年9月26日，学校在百年校庆期间举行"中国矿业高等教育发源地"纪念石揭幕仪式，第九、十届全国政协副主席张思卿、中共中央政治局委员（时任河南省委副书记）陈全国为纪念石揭幕，纪念石铭文为第八、九届全国政协副主席孙孚凌题写

2009年12月26日至27日，中国共产党河南理工大学第一次代表大会隆重召开

2011年6月16日，河南省政府、国家安监总局签署共建河南理工大学协议

2017年10月，学校接受教育部本科教学工作审核评估，被评估专家誉为"小城办大学的典范"

2018年6月28日至30日，中国共产党河南理工大学第二次代表大会隆重召开

2012年，"大面阵数字航空影像获取关键技术及装备"获得国家科技进步二等奖

2014年，学校"安全工程专业人才培养模式的创新与实践"项目，获国家级教学成果二等奖

2015年，第34届国际采矿岩层控制会议（中国）在学校召开

2018年7月29日至8月1日，学校承办第十七届"汉语桥"世界大学生中文比赛选手观摩夏令营（河南段）

2015年7月1日，河南理工大学鹤壁工程技术学院成立，鹤壁市委书记范修芳、代市长唐远游、学校校长杨小林为学院成立揭牌

2016年6月8日，河南理工大学平煤工程技术学院成立，中国平煤神马集团董事长、党委书记梁铁山和学校党委书记邹友峰为学院成立揭牌

2016年7月10日，学校与哈密地区行政公署合作建设的哈密豫新能源产业研究院项目开工仪式举行，校长杨小林出席并讲话。

2017年8月28日，学校与焦作市人民政府签署全面战略合作协议

2017年，学校创意啦啦舞被评为第九届全国高校校园文化建设优秀成果

2017年，学校荣膺"全国群众体育先进单位"

序　言

　　值此共和国 70 华诞之际，河南理工大学迎来了建校 110 周年。

　　岁月不居，时节如流，百年校庆的盛景华章尚历历在目，河南理工大学又走过了晓月披荆、春耕夏耘、团结奋进、勤勉务实的新十年。值此重要历史节点，学校决定编撰一部记录十年办学历程的校史。身为一名地矿战线的老兵，我对以地矿学科见长的河南理工大学始终抱有很深的感情。特别是 2006 年接受学校聘请担任名誉校长职务以来，我时刻关注、关心着学校的发展。此次，友峰同志、小林同志邀请我为这部校史作序，这是我无法推卸的责任和使命，遂欣然应允。

　　修史是一项艰苦而严肃的工作。这部校史时间起于 2009 年 10 月，止于 2019 年 6 月，是对《河南理工大学史（1909—2009）》的有机承续，彰显了新时代理工大人高度的历史责任感和时代使命感。全书洋洋四十余万字，对学校近十年的办学历程进行了全面回顾与总结，纲目清晰，资料翔实，立论客观，既承载着过去岁月的励志奋斗之路，又展示了今人以史为鉴，看成败、明得失的信心和勇气，具有较高的史学价值。

　　阅完全书，掩卷沉思，心绪难靖。河南理工大学是我国第一所矿业高等学府和河南省最早建立的高等学校，开创了中国矿业高等教育和河南现代高等教育之先河，成为中国民族工业步入现代文明的见证。斗转星移，世事变迁，110 年后的今天，我们欣慰地看到，翁文灏、孙越崎等前辈先贤虽备尝艰辛但未尝稍懈的坚守，仍深深地影响着一代代理工大人；家国危亡之际虽颠沛流离仍坚持办学的古路灯火，已跨越历史时空，与今天教室、实验室中的明亮灯光交相辉映。新时代的理工大人，正秉承先贤遗志，以新的精神状态和奋斗之姿，开新局、谱华章，走出了一条极富理工特色的社会主义大学时代新路。

河南理工大学走出的是一条自强不息、奋发向上的继往开来之路。学校的发展历史，在中国现代高等教育发展史上极具代表性。其启创于国事危艰之际，砥砺于民族图存之时，在新中国高等教育布局调整中迈步从头越，在改革开放大潮中乘风破浪行，虽栉风沐雨、筚路维艰，但始终初心不改，矢志不渝，致力于服务国家安全生产和能源工业发展。110年弦歌不辍，青蓝相继，铸就了学校"自强不息、奋发向上"的独特精神品格，成为学校师生不畏艰险、顽强拼搏，潜心治学育人、励志成才报国的价值引领。步入新时期，面对高等教育发展的新趋势、能源技术革命的新战略、区域经济社会的新需求，全体理工大人传承赓续、继往开来，以超前的胆识和务实的作风抢抓历史机遇，相继实现河南省人民政府与国家安全生产监督管理总局共建、入选中西部高等教育振兴计划、举办医学高等教育等新突破，提升了学校在国家高等教育格局中的地位。学校办学特色更加鲜明，综合实力和办学水平迈上新台阶，日益成为国家能源工业、河南经济社会发展重要的人才培养基地和科技创新基地，被教育部本科教学工作审核评估专家组誉为"小城办大学的典范"。

河南理工大学走出的是一条内涵发展、厚植根基的创新发展之路。作为中国矿业高等教育的发源地，学校在20世纪30年代被誉为"可与海内工程学府相颉颃"，又在70年代赢得矿业高校"关内看焦作"之美誉等，有着坚实的发展基础和强大的创新基因。进入21世纪的第二个十年，河南理工大学按照新时代党和国家对高等教育改革发展提出的高质量内涵式发展要求，紧紧围绕立德树人的根本任务，以人才培养为中心，以一流学科建设为引领，以深化综合改革为抓手，以高质量党建为保障，持续提升学校核心竞争力，取得了显著成绩。2017 年工程学学科进入 ESI 全球排名前 1% 学科，安全科学与工程学科进入全国 A 类学科，矿业工程学科跻身 2018"软科世界一流学科排名"第 51～75 位，荣获 3 项国家级教学成果二等奖和 5 项国家科技进步二等奖，人才培养质量、科学研究水平、社会服务成效、文化传承创新能力持续提升。"振兴百年理工、建设国内一流特色高水平大学"的伟大梦想正在逐步实现。

河南理工大学走出的是一条大道致远、海纳百川的开放办学之路。自创立之初，学校就担当起"教育英才，备物质建设之先锋；从事研究，求吾国学术之独立"的使命与追求。站在"两个一百年"奋斗目标的历史交汇期，河南理工大学树立世界眼光和战略思维，把学校发展放在新时代决胜全面建成小康社会、开启全面建设社会主义现代化国家新征程的大视野中来审视，置于民族复兴、建设教育强国和中原出彩的大格局中来谋划，让百年理工的振兴与民族的伟大复兴同频共振，同轴共转。大道之行，在于海纳百川，淬砺致臻。今日的河南理工大学，正以社会责任之担当、和谐包容之胸怀，开放办学，汇聚众长，汲取实现百年理工振兴的磅礴力量，为实现中华民族伟大复兴而不懈奋斗。

办教育传承文明，引新学泽被华夏。一代代青年学子的茁壮成长成才，是学校历久弥新的不竭血脉和强劲动力。今天的河南理工大学，草木芳华，俊彦云集，培英毓秀，教泽绵长，涌现出一批优秀学人和先进集体。历史的重担终将由青年一代承担。我已近鲐背之年，更希望借此机会寄语青年学子，河南理工大学未来百年的辉煌篇章需要你们来谱写。希望年轻人要增强学习紧迫感，努力掌握科学文化知识和专业技能，做有远大理想抱负的青年，做有深厚家国情怀的青年，做有伟大创造力的青年，不负学校教育与培养，在实现中华民族伟大复兴的历史征程中建功立业，为学校增光添彩。

太行挺秀，大河含章。110 岁的河南理工大学如璞玉浑金，经山水灵秀滋养浸润，历岁月沧桑洗礼雕琢，正灼灼其华。站在新的历史起点上，学校正以习近平新时代中国特色社会主义思想为指导，传承兴学育人、强校报国的价值追求，不忘初心，牢记使命，自强不息，砥砺前行，向着建设国内一流特色高水平大学目标阔步前进。我们期待着河南理工大学以更高远的历史站位，更宽广的国际视野，更深邃的战略眼光，向着伟大梦想努力奋斗，续写无愧于时代和民族的灿烂华章！

　　是为序！

目　录

第一章

开启建设国内一流特色高水平大学新征程

百年栉风沐雨，世纪锦绣华章。以 2009 年 9 月隆重举办建校 100 周年庆典为标志，河南理工大学的建设发展进入了新的百年。沐浴着新世纪第一次全国教育工作会议和全国教育大会的东风，按照《国家中长期教育改革和发展规划纲要（2010—2020 年）》绘就的教育改革发展宏伟蓝图，河南理工大学传承和发扬"自强不息、奋发向上"办学精神，以振兴百年理工、建设国内一流特色高水平大学为目标，紧紧围绕立德树人的根本任务，着眼于高质量内涵式发展，不断丰富办学指导思想，深化教育综合改革，推动了人才培养质量、科学研究水平、社会服务成效、文化传承创新能力持续提升，国际交流与合作领域不断拓展，综合实力和办学水平迈上新台阶，已发展成为国家能源工业和河南经济社会发展重要的人才培养基地、科技创新基地和安全培训基地。

第一节　新百年的奠基与发展

2009 年以来的 10 年，是河南理工大学爬坡过坎、攻坚克难、内涵发展、厚植根基的 10 年。通过举办百年校庆，承前启后，继往开来，凝聚师生校友，巩固了建设特色高水平大学的思想基础；通过实现省政府与国家安全生产监督管理总局共建、入选"中西部高校基础能力建设工程"高校，提升了学校在国家高等教育格局中的地位，优化了发展环境；通过举办高等医学教育，拓展了学科门类和服务领域；通过加强内涵建设，开辟了高质量、内涵式发展的新局面，为建设国内一流特色高水平大学奠定了坚实的基础。

一、隆重举办百年校庆

学校将举行建校 100 周年庆典活动作为回顾办学历史、总结办学经验、展示办学成就、传承办学精神的重大契机，作为凝聚广大师生和校友的智慧力量、共同开创河南理工大学新的百年更加美好未来的重要载体。经过精心筹备，2009 年 9 月 15 日至 10 月 15 日，学校有序开展了"百年校庆活动月"系列纪念活动，翻开了继往开来的新篇章。

（一）建校 100 周年庆祝大会

2009 年 9 月 26 日上午，河南理工大学建校 100 年庆祝大会在南校区东区体育场隆重召开。第九届、第十届全国政协副主席张思卿，中共河南省委副书记陈全国，全国政协人口资源环境委员会副主任、浙江省政协原主席李金明，中央纪律检查委员会委员、国家安全生产监督管理总局副局长、国家煤矿安全监察局局长赵铁锤，全国政协常委及提案委员会副主任、中国煤炭工业协会会长王显政，第十一届全国人大农业与农村委员会委员、原河南省人大常委会常务副主任王明义，河南省人大常委会副主任铁代生，河南省副省长徐济超，河南省政协副主席王平，济南军区政治部副主任、少将刘从良，第八届全国政协秘书长、第九届全国政协常委及港澳台侨委员会主任、河南理工大学名誉校长朱训，原煤炭部部长王森浩，国家总督学顾问、教育部原副部长张天保，中国煤炭工业发展研究咨询中心主任、原煤炭工业部总工程师尚海涛，原河南省人大常委会副主任贾连朝，原河南省政协副主席张汉英，河南省军区副政委张守喜，河南省省长助理卢大伟，中共河南省委高校工委书记、省教育厅厅长蒋笃运，中共河南省委组织部副厅级组织员、科教企业处处长修振环，中共三门峡市委书记李文慧，河南省安全生产监督管理局局长张国辉，河南煤矿安全监察局局长牛森营，河南省环保厅厅长李庆瑞等领导出席大会。出席大会的还有中国工程院院士左铁镛、傅恒志、陈清如、张铁岗、周丰峻、刘先林、王家耀、宋振骐、李惕碚、王梦恕、赵振业，中国科学院院士郭柏灵，美国工程院院士彭赐灯（Syd S.Peng），俄罗斯自然科学院外籍院士牛济泰；李晓红、葛世荣、杨仁树、申长雨、徐枞巍、娄源功、弗朗西斯科·普罗弗莫等国内外著名大学的党委书记、校长，煤炭科学研究总院、国家安全生产监督管理总局信息研究院、中国测绘科学研究院、中国煤炭工业协会、中国煤炭教育协会等科研院所和行业协会，以及河南煤业化工集团、中国平煤神马能源化工集团、河南省煤化集团郑州煤业公司，河南省煤化集团焦作煤业公司、河南省煤层气开发利用有限公司、郑州煤矿机械集团、开滦集团、山西焦煤集团等特大型国有煤炭集团公司的领导。各界嘉宾、校友、历任和现任校级领导、师生员工4万余人参加大会。大会由校党委书记王少安主持。

中共中央政治局常委李长春发来贺信。贺信指出，河南理工大学是我国第一所矿业高等学府，在一个世纪的办学历程中，秉承"明德任责"校训，与国家共命运，与时代同步伐，形成了光荣的爱国传统和"自强不息、奋发向上"的办学传统，培养了一大批高级专门人才，为国家工业文明做出了重要贡献。特别是改革开放以来，全面贯彻党的教育方针，解放思想，抢抓机遇，办学水平显著上升，已发展成为一所地矿特色鲜明、享誉海内外的多科性大学。随着我国经济社会快速发展，能源建设在经济社会发展中的基础性、战略性地位日益突出，煤炭安全、高效开采与综合利用以及新能源开发任务艰巨、责任重大。希望学校高举中国特色社会主义伟大旗帜，以邓小平理论和"三个代表"重要思想为指导，深入贯彻落实科学发展观，进一步发挥优势，突出特色，注重师资，不断提高教育质量，增强吸引力和影响力，努力把河南理工大学办成国内外著名大学，为保障国家能源安全、实施科教兴国战略和人才强国战略、推动中华民族繁荣昌盛做出新的更大贡献。①

全国人大常委会副委员长路甬祥发来贺信。贺信指出，河南理工大学作为我国第一所矿业高等学府，在一个世纪的办学历程中，始终以国家富强和民族振兴为己任，形成了"自强不息，奋发向上"办学精神和"好学力行"校风，造就了十余万高级专门人才，为国家煤炭工业技术进步和安全生产做出了重要贡献，特别是进入新世纪以后，学校全面贯彻落实科学发展观，抢抓机遇，开拓进取，办学实力大幅提升，已发展成为地矿学科特色突出、多学科协同发展、在国内外享有盛誉的理工大学。当前和今后一个时期，是实现全面建设小康社会宏伟目标的重要战略机遇期，也是发展现代能源工业、加快形成新的能源保障体系、建设能源强国的关键时期。希望河南理工大学以党的十七大精神为指导，求真务实，开拓创新，不断提升教育质量、科学研究和服务社会的水平，续写中国矿业高等

---

① 《中共中央政治局常委李长春的贺信》，《河南理工大学报》2009年9月26日第1版。

教育崭新篇章，为中华民族伟大复兴做出新的更大的贡献。①

　　教育部贺信指出，100年来，河南理工大学历经沧桑，勤奋务实，践行"明德任责"的校训，形成了优良的校风和学风。建国后特别是改革开放以来，学校认真贯彻党的教育方针，坚持社会主义办学方向，不断深化教育教学改革，办学水平稳步提高，培养了一大批专门人才，为我国煤炭行业和地方经济社会发展做出了积极贡献。希望河南理工大学继续高举中国特色社会主义伟大旗帜，深入贯彻落实科学发展观，秉承优良传统，突出办学特色，继续深化教育教学改革，不断提高教育质量和办学水平，为实施科教兴国战略和人才强国战略做出新的更大的贡献。②

　　中共河南省委、河南省政府贺信指出，1909年河南理工大学前身焦作路矿学堂的创建，开创了中国矿业高等教育的先河，成为我省高等教育发展史上的里程碑。在一个世纪的办学历程中，学校秉承"明德任责"的校训，发扬"自强不息、奋发向上"的办学精神，形成了"好学力行"的校风和"勤勉求是"的学风。新中国成立以来特别是改革开放以来，学校与河南共发展，与时代同前进，在人才培养、科学研究、社会服务等方面成绩斐然，逐步发展成为一所国内外有影响的省属重点高等院校，为我国煤炭工业技术进步和河南经济社会发展做出了重要贡献。高等学校是我省实施科教兴省战略、人才强省战略的重要阵地。希望河南理工大学继续高举中国特色社会主义伟大旗帜，以邓小平理论和"三个代表"重要思想为指导，深入贯彻落实科学发展观，坚持党的教育方针，发扬优良传统，发挥学科优势，不断开拓创新，强化办学特色，提高办学质量，为建设创新型河南、推进全面建设小康社会、加快中原崛起做出新的更大贡献。③

　　河南省人大常委会贺信指出，河南理工大学是我国建立最早的矿业高等学府和废除科举制后河南省建立最早的高等学府。100年来，历代学人秉承"自强不息，奋发向上"的办学精神，励精图治，辛勤耕耘，为国家培养了大批高级专门人才。特别是改革开放和新世纪以来，在科学发展观的指引下，全校师生锐意

---

① 《全国人大副委员长路甬祥贺信》，《河南理工大学报》2009年9月26日第2版。
② 《中华人民共和国教育部贺信》，《河南理工大学报》2009年9月26日第2版。
③ 《河南省委、省人民政府贺信》，《河南理工大学报》2009年9月26日第2版。

改革，积极进取，学校各项事业实现跨越式发展，为国家煤炭工业的科技进步、安全生产和河南经济建设、社会发展做出了重要贡献。作为河南省经济发展的重要支撑力量，煤炭工业的持续健康安全生产是贯彻实施科教兴豫战略、实现由工业大省向工业强省跨越的重要保证。作为在煤炭安全生产领域具有突出学科优势和办学特色的省属重点骨干高校，河南理工大学责任重大，使命光荣。希望学校深入贯彻落实党的十七大精神和省八次党代会精神，积极适应经济社会发展的新需求，不断增强服务地方、服务行业发展的能力，为建设新型河南、实现中原崛起的宏伟目标做出新的贡献。①

　　国家安全生产监督管理总局贺信指出，河南理工大学作为我国煤炭工业人才培养和科学研究的重要基地之一，在一个世纪的办学历程中，服务煤炭工业发展、服务煤矿安全生产的主要使命，不仅为煤炭行业培养了大批高级专业人才，而且在瓦斯地质与瓦斯治理、煤炭灾害预防与抢险救灾等领域成绩显著，取得了一系列创新性研究成果，为促进我国煤炭工业持续健康发展和煤矿安全生产做出了贡献。希望河南理工大学在新的历史起点上，以党的十七大精神为指导，深入贯彻科学发展观，坚持安全发展指导原则，继往开来、奋发进取，充分发挥人才、学科和技术优势，进一步加强安全生产领域专业人才培养，加强瓦斯地质与瓦斯治理等领域的科学研究，为促进我国安全生产特别是煤矿安全生产形势持续稳定好转，提高强有力的人才保障和技术支撑，做出新的更大的贡献。②

　　国家测绘局贺信指出，河南理工大学早在1923年福中矿务大学时期就建立起测量工程学科，是我国最早设立该学科的少数高校之一。在一个世纪的办学历程中，历代学人秉承"自强不息、奋发向上"的办学精神，笃学不倦，艰苦创业，使得包括测绘学科在内的各个学科取得了令人瞩目的发展成就，为国家培养了大批优秀专业人才，为区域和行业的发展做出了突出贡献。新的百年，新的征程。希望河南理工大学继续发扬百年积淀形成的优良传统，进一步强化特色学科建设和包括测绘学科及其矿山空间信息技术重点实验室等在内的科技创新基地建设，

---

① 《河南省人大常委会贺信》，《河南理工大学报》2009 年 9 月 26 日第 2 版。
② 《国家安全生产监督管理总局贺信》，《河南理工大学报》2009 年 9 月 26 日第 2 版。

加快融入国家创新体系，努力在矿山测绘领域产出一批新成果，形成新的特色和优势，为我国经济社会发展和测绘科学事业做出更大的贡献。①

国家自然科学基金委贺信指出，河南理工大学是我国第一所矿业高等学府。历世纪沧桑，百年锤炼，学校始终坚持"自强不息、奋发向上"的办学精神和"育人为本、崇尚学术"的办学理念。今天的河南理工大学已发展成为一所理、工、管、文、法、经、教等多学科协调发展的教学研究型大学。百年辛勤耕耘，今朝桃李芬芳。建校以来，贵校为国家建设各条战线累计输送了13万余名高级专门人才，承担包括国家自然科学基金项目在内的众多国家级科研任务，在以矿业科学研究为代表的若干领域取得了一批高水平创新性成果，为我国科技进步和社会发展做出了积极贡献。面向未来，任重道远。祝愿河南理工大学秉承百年老校的荣耀，继续保持"勤奋务实、爱国爱校"办学传统，抓住历史机遇，不断锐意进取，开拓创新，科学发展，进一步提高教育教学和人才培养质量，提升科研、学术水平，为全面建设小康社会做出更大贡献。②

中共河南省委副书记陈全国发表讲话，代表省委、省政府以及省委书记、省人大常委会主任徐光春同志和省委副书记、省长郭庚茂同志，向河南理工大学全体师生员工表示热烈的祝贺和亲切的慰问。希望河南理工大学以百年校庆为契机，紧紧围绕把握正确办学方向，切实把科学发展观的要求落实到高校发展的各个方面、各个环节，办好人民满意的教育；紧紧围绕推进人才强省战略，始终坚持育人为本、德育为先的办学理念，努力造就一批德智体美全面发展的合格建设者和可靠接班人；紧紧围绕提升自主创新能力，始终坚持走特色办学之路、走产学研相结合的内涵发展之路，多出成果、快出成果，加快科技成果的转化和运用；紧紧围绕推动高校改革发展，始终坚持顺应高等教育发展的新趋势，着眼高校改革发展的新课题，不断提高办学的层次、质量和水平；紧紧围绕促进社会和谐稳定，始终坚持把维护稳定、促进和谐作为硬任务和第一责任，努力建设平安校园、文明校园、和谐校园，进而把河南理工大学建成省内一流、在国内外有较

---

① 《国家测绘局贺信》，《河南理工大学学报》2009 年 9 月 26 日第 2 版。
② 《国家自然科学基金委贺信》，《河南理工大学学报》2009 年 9 月 26 日第 2 版。

大影响的高水平、研究型大学。

中央纪律检查委员会委员、国家安全生产监督管理总局副局长、国家煤矿安全监察局局长赵铁锤发表讲话，他充分肯定了河南理工大学在人才培养、科技创新等方面取得的丰硕的成果，尤其是在煤矿瓦斯地质、瓦斯治理研究等方面取得的一系列独创成果和为煤炭工业发展做出的积极贡献。希望学校继续发扬百年积淀所形成的优良传统，紧密结合我国煤矿安全生产对重大基础性研究的需求，通过加大研发和创新力度，推动提高煤矿安全生产技术水平，为煤矿安全工作提供强大的科技支持和人才支撑。

全国政协常委及提案委员会副主任、中国煤炭工业协会会长王显政在讲话中充分肯定了河南理工大学为我国煤炭工业发展、科技进步和地方经济发展做出的突出贡献，希望学校落实科教兴煤战略，立足煤炭，服务煤炭，加大科技创新力度，加快创新体系建设，提升自主创新能力，为煤炭工业培养高素质的经营管理人才、工程技术人才和高技能人才，努力把学校建设成为高水平、有特色的大学，为促进煤炭工业健康可持续发展做出新的贡献。

校友代表、第十一届全国人大农业与农村委员会委员、原河南省人大常委会常务副主任王明义在讲话中深情回顾了母校发展历程，深切表达了对母校的拳拳祝福之情，祝愿学校更加适应时代的要求，进一步解放思想，放眼世界，抢抓机遇，加快发展；希望全体同学倍加珍惜大学时光，志存高远，报效祖国，奉献人民，刻苦学习，勤奋工作，成就自己美好的人生，以实际行动为母校赢得更大的光荣。

校长邹友峰在大会上致辞，回顾学校100年来的风雨历程，展望学校美好的未来。他指出，大学之大，在于精神永铸；大学之兴，在于人才辈出；大学之强，在于探索创新。河南理工大学以坚实的步履站在新的起点，承载着为人类幸福而奋斗的历史责任继续前行。河南理工大学新的百年，将坚持以培育造就富有爱心与责任的社会主义事业合格建设者和可靠接班人为最高追求，解放思想，开拓进取，自主创新，强化地矿特色，多学科协同发展，不断加快高水平教学研究型大学建设进程，努力办人民满意的高等教育，为全面建设小康社会和保障国家能源安全做出新的贡献，谱写无愧于时代和民族的崭新篇章。

郑州大学校长申长雨、中国矿业大学校长葛世荣、意大利都灵理工大学校长弗朗西斯科·普罗弗莫分别代表省内兄弟院校、煤炭系统兄弟院校和海外友好学校致辞。

第九届、第十届全国政协副主席张思卿宣布"河南理工大学新理工新百年启程"，昭示学校新的百年扬帆起航、再创辉煌。

（二）"中国矿业高等教育发源地"纪念石揭幕

2009 年 9 月 26 日上午，学校在南校区举行"中国矿业高等教育发源地"纪念石揭幕仪式。第九届、第十届全国政协副主席张思卿、中共河南省委副书记陈全国共同为"中国矿业高等教育发源地"纪念石揭幕。全国政协人口资源环境委员会副主任、原浙江省政协主席李金明，中央纪律检查委员会委员、国家安全生产监督管理总局副局长、国家煤矿安全监察局局长赵铁锤在仪式上发表讲话。全国政协常委及提案委员会副主任、中国煤炭工业协会会长王显政，第十一届全国人大农业与农村委员会委员、原河南省人大常委会常务副主任王明义，河南省人大常委会副主任铁代生，河南省副省长徐济超，河南省政协副主席王平，第八届全国政协秘书长、第九届全国政协常委及港澳台侨委员会主任、河南理工大学名誉校长朱训，原煤炭工业部部长王森浩，国家总督学顾问、原教育部副部长张天保，中国煤炭工业发展研究咨询中心主任、原煤炭工业部总工程师尚海涛，河南省第十届人大常委会副主任、原河南省副省长贾连朝，河南省省长助理卢大伟，省教育厅厅长蒋笃运，中共河南省委组织部副厅级组织员修振环，中国工程院院士傅恒志、张铁岗、陈清如，重庆大学校长李晓红，中国矿业大学校长葛世荣，郑州大学校长申长雨，河南理工大学党委书记王少安、校长邹友峰，以及焦作市委、市人大、市政府、市政协的相关领导出席仪式。

"中国矿业高等教育发源地"纪念石由李恒德、师昌绪、刘广志、傅恒志、张铁岗、刘善建、郭洪祥、陈学斌、钟力生、尚海涛、李金明、王明义、宋德福、赵铁锤等 14 位知名校友发起建立，由第九届全国政协副主席孙孚凌题写石铭，目的在于深切缅怀 100 年前在这片土地上创业开元的前辈先贤，纪念一个世纪以来前仆后继为中国矿业高等教育奋斗拼搏的仁人志士，铭刻河南理工大学走过的十秩光辉历程，并以此激励后来者不断续写中国矿业高等教育新的辉煌。

（三）朱训教育奖励基金和院士基金颁发仪式

2009 年 9 月 25 日下午，学校在学术报告厅举行"朱训教育奖励基金"首次颁发仪式。仪式由校长邹友峰主持，名誉校长朱训发表讲话；副校长景国勋宣读《"朱训教育奖励基金"管理办法》；工会主席杨建堂宣读表彰文件。仪式上，校领导为 10 名获奖教师和 30 名获奖学生颁发了荣誉证书和奖金，获奖教师、学生代表分别发言，表达了对朱训校长的崇敬之情以及今后将更加努力工作、刻苦学习的坚定决心。

朱训，1930 年 5 月生，江苏阜宁人，教授级高级工程师，曾任地质矿产部部长兼全国矿产储量委员会主任、中国地质大学校长，第八届全国政协秘书长、第九届全国政协常委及港澳台侨委员会主任等职，是中国共产党第十二届、十三届、十四届中央委员会委员，2005 年 12 月受聘担任河南理工大学名誉校长。"朱训教育奖励基金"由朱训先生于 2009 年 3 月捐赠 20 万元、学校配套 30 万元设立，旨在奖励学校在教育教学、学术研究、技术创新等方面做出突出贡献的一线教师和在专业学习、综合素质提升等方面成绩突出的广大学子。

2009 年 9 月 26 日下午，学校在力行楼学术报告厅举行 2009 年度"金属材料及加工工程学科发展基金"暨"矿物加工工程学科建设基金"颁奖大会。中国工程院院士、基金委员会主任傅恒志、陈清如分别讲话，并与副校长景国勋、校长助理丁安民一起为获奖师生颁发荣誉证书。景国勋希望广大师生认真学习傅院士、陈院士严谨治学、持之以恒的精神和高贵的人格魅力，努力成为材料学科、矿物加工学科领域的领军人物及拔尖人才，回报两位院士、回报学校、回报社会。获奖代表作了发言。

"金属材料及加工工程学科发展基金"由傅恒志院士于 2005 年设立，每年从其在河南理工大学的报酬中捐赠 20 万元、学校配套 10 万元，主要用于支持材料学科国内外学术交流，开展学术活动和科学研究，奖励材料科学及相关学科品学兼优的在校研究生和在科技论文、著作、专利及科研项目方面取得成果的教师，激励他们刻苦钻研，锐意进取，勇于创新，在研究工作中做出创造性成绩。"矿物加工学科建设基金"由陈清如院士于 2006 年提议设立，每年 30 万元，主要用于支持矿物加工学科国内外学术交流，开展学术活动和科学研究，奖励矿物加工学科品学兼优的在校研究生和在科技论文、著作、专利及科研项目方面取得成果的教师。

（四）"弦歌百年"建校100周年庆典晚会

2009年9月26日晚，学校在南校区东区体育场举行"弦歌百年"建校100周年庆典晚会，为整个庆典活动增添了节日的喜庆氛围。晚会由中央电视台著名节目主持人白燕升、河南电视台著名主持人庞晓戈、岳阳和话剧演员蔡晓艺等主持，共分为"百年足迹""百年辉煌""百年跨越"三个篇章。包括河南省话剧团、省豫剧一团和学校师生在内的近百名演员共同表演了歌舞、相声、朗诵、戏曲等19个节目。演出结束后，还举行了20分钟左右的盛大焰火晚会。莅校的各位领导、来宾、校友、学校领导和4万余名师生员工一同观看晚会。

（五）"魅力太行——欢乐中国行走进河南理工大学"大型庆祝晚会

2009年10月12日晚，"魅力太行——欢乐中国行走进河南理工大学"大型庆祝晚会在南校区东区体育场举行。第十一届全国人大农业与农村委员会委员、原河南省人大常务副主任王明义，原河南省政协副主席张国荣，河南省安全生产监督管理局局长张国辉，焦作市人大常委会主任郭国明，焦作市政协主席王太峰，河南省科技厅副厅长黄布毅，中共焦作市委常委原振喜、秦海彬、甘茹华、王继元，原焦作市人大常委会主任郭安民，义马煤业集团公司总经理翟源涛，河南神火集团有限公司董事长李崇，宇华教育投资有限公司董事长李光宇，河南煤化集团焦煤公司总经理张延明，中国工程院院士傅恒志、陈清如，美国工程院院士彭赐灯，俄罗斯自然科学院外籍院士牛济泰等领导、嘉宾和学校师生近4万人一起观看演出。

晚会由中央电视台著名主持人董卿主持，著名歌唱家毛阿敏、廖昌永、潘安邦，歌唱家吴娜、王庆爽，著名歌星孙悦、江涛、胡彦斌、沙宝亮、许巍、范玮琪、郭静、李玖哲、王菲菲，内地著名组合水木年华等众多演艺界明星联袂出演，晚会现场穿插了充满学校和地方特色的互动节目，播放了展现学校办学历史和成就的视频短片，展示了学校学生的科技发明。尤其是由著名词作家乔羽创作、著名作曲家张丕基谱曲、著名歌唱家毛阿敏和学校合唱团倾情演唱的河南理工大学百年校庆主题歌《青春百年》，以对百年理工精神的深刻阐释和激昂的旋律把理工大人带入新百年、新征程的美好畅想，将晚会氛围推向了高潮。

（六）学术活动

为弘扬学术精神，营造学术氛围，学校坚持"彰显文化、活跃学术"的庆典工作原则，在校庆活动月期间先后主办或承办了9场高水平学术会议。包括：2009年教育与科技管理国际学术会议，第五届中国·焦作国际太极拳交流大赛国际太极拳高峰论坛，中国硅酸盐学会水泥分会首届学术年会，偏微分方程及其应用国际学术研讨会，第十届国际遗迹组构学术研讨会，第九届全国冲击动力学学术会议，资源、新能源、环境与防灾国际研讨会，百年采矿发展论坛，2009管理科学与信息系统国际学术会议等重大学术活动；同时举办了8场高水平学术讲座，内容涵盖工、理、文等众多学科领域，扩大了对外学术交流，提升了学校学术影响力，为百年校庆营造了浓厚的学术氛围。

（七）社会影响

百年校庆的筹备与举办，极大地激发了广大校友的爱校兴校荣校热情，南京、广东、海南、湖南、上海、广东、湖北、周口、漯河、郑州、广西、许昌、重庆等地校友分会相继成立，各地校友纷纷举行集会，以各种形式表达对母校的祝福。庆典期间，共有1500余名校友重返母校，共襄盛典。百年校庆也得到了社会各界的大力支持，共收到71个单位和个人捐款2798.05万元，97个单位和个人捐赠物品852件。"百年校庆活动月"期间，各大主流报纸重要版面和中国教育新闻网、大河网等媒体先后刊发学校庆祝百年华诞的重头新闻26篇，引起社会广泛关注和强烈反响。《中国教育报》以《河南理工大学庆祝百年华诞》《河南日报》以《盛世谱华章 再创新辉煌 河南理工大学建校百年庆祝大会隆重举行》为题，在头版显著位置报道学校百年华诞盛况，《光明日报》《中国青年报》《中国煤炭报》《科学时报》《大公报》以及新华网、人民网等媒体都在显著位置刊发了消息。中央电视台一套于9月27日22时在"晚间新闻"栏目、河南卫视于9月27日19时30分在"河南新闻联播"头条播出了学校百年校庆新闻；河南人民广播电台、凤凰卫视、亚洲卫视等媒体分别在重要时段播出了学校百年校庆新闻。中央电视台三套于11月29日19时30分播出学校百年校庆之"欢乐中国行：魅力太行"庆典晚会，并于11月30日12时30分和12月6日9时30分进行了重播。学校教育电视台与焦作信息港合作，首次实现同步直播庆祝大会、"弦歌百年"庆典晚会及焰火晚会盛况。

二、成为河南省政府与国家安监管理总局共建高校

河南理工大学作为我国第一所矿业高等学府，中华人民共和国成立后曾先后直属中央人民政府燃料工业部、国家煤炭工业部、中国统配煤矿总公司领导。1998 年，在国家机构改革进程中，开始实行中央与地方共建，以地方管理为主的新体制。划归河南省管理后，学校与先后成立的国家煤矿安全监察局（1999 年成立）、国家安全生产监督管理局（2001 年成立）、国家安全生产监督管理总局（2005 年成立）长期保持着业务上的密切联系。国家安全生产监督管理总局也一直关心支持河南理工大学的建设与发展，在学校建立了煤矿安全工程技术研究中心、煤矿瓦斯地质与瓦斯灾害防治安全生产重点实验室等科研平台和安全生产一级培训机构，并授予学校安全生产检测检验甲级资质单位，委托学校承担"煤与瓦斯突出矿井鉴定"工作。

在一个世纪的办学历程中，河南理工大学始终坚持服务煤炭工业的办学方向，在采矿、安全、地质等方面形成了鲜明的办学特色和优势。截至 2009 年，学校 65 个本科专业中，涉煤专业达 20 个，占总数的 30.8%，招生人数占总数的 35.0%；48 个硕士授权点中，有 15 个服务于煤炭工业，占总数的 31.2%；12 个博士学位授权点中，有 10 个服务于煤炭工业，占总数的 83.3%；2009 年科研经费达 1.73 亿元，其中 90% 以上都与煤炭生产密切相关，已成为煤炭工业重要的人才培养基地、科技创新基地和安全培训基地。

2004 年，教育部本着"一省一所"的原则，在中西部无教育部直属高校的省份与当地政府共建一所部属高校，"省部共建"地方高校的序幕由此开启。随后，教育部之外的国务院各部委也陆续参与到与相关省、市、区共建地方高校的行动中来。为进一步争取国家安全生产监督管理总局的支持，积极发展安全、地矿等优势特色学科，提高综合实力，加快建设特色高水平大学，在多次向国家安全生产监督管理总局、省政府领导汇报共建设想并得到肯定与支持的基础上，2010 年初，学校将"加快推进河南省与国家安监总局共建河南理工大学工作"列入了

年度重点工作，并成立了以王少安、邹友峰为组长的河南理工大学省局共建工作领导小组，正式启动了推进省政府与国家安全生产监督管理总局共建工作。

2010 年 4 月 28 日，学校向河南省教育厅呈送《河南理工大学关于争取河南省人民政府与国家安全生产监督管理总局共同建设的请示》，请求省政府研究并商请国家安全生产监督管理总局对河南理工大学实施省局共建。河南省政府对学校共建工作给予了大力支持，6 月 3 日，河南省政府向国家安全生产监督管理总局发出《关于征求省局共建河南理工大学协议意见的函》（豫政函〔2010〕50号），正式提出省局共建河南理工大学，并感谢国家安全生产监督管理总局长期以来对河南教育和安全生产工作的关心与支持。2011 年 2 月 18 日，国家安全生产监督管理总局向河南省政府发出《国家安全监管总局关于共建河南理工大学的复函》（安监总培训函〔2011〕20号），正式就省局共建河南理工大学予以答复，同意与河南省政府合作共建河南理工大学，并将《河南省人民政府国家安全生产监督管理总局共建河南理工大学协议》修改意见反馈省政府。协议指出，河南省政府、国家安全生产监督管理总局共建河南理工大学，旨在促进河南理工大学各项事业的改革与发展，进一步发挥其学科优势与办学特色，不断提高教育质量和科研水平，使之成为具有鲜明地矿和安全生产特色的国家高素质人才培养、科学研究和高新技术成果转化的重要基地。按照协议，省政府将积极采取有效措施，进一步全面支持河南理工大学建设，促进其不断提高办学质量和办学水平：一是进一步加强对河南理工大学的领导；二是支持河南理工大学加强学科建设；三是随着地方财力的逐步增长，采取积极有效措施，确保河南理工大学的运转经费和建设经费逐步增加；四是提高河南理工大学服务经济社会能力。国家安全生产监督管理总局支持河南理工大学建设成为国家安全生产人才培养、科技创新与安全培训的重要基地，并给予更多的支持：一是积极支持河南理工大学的建设与发展特别是煤矿安全、地矿、公共安全类学科的发展，支持其参与国家安全生产支撑体系建设，努力使其成为国家安全生产重大理论和技术问题科技攻关和科技开发的重要基地；二是支持河南理工大学加强重点学科、重点实验室、工程中心建设，重点支持河南理工大学建设瓦斯地质与瓦斯治理国家重点实验室，并将其建设与发展纳入国家安全生产科技创新体系；三是依托河南理工大学教学、科研、学科、师资优势，支持河南理工大学安全、地矿等特色学科专业稳定和扩大招生规模，为国家安全生产提供人才支撑。

经过精心筹备，2011 年 6 月 16 日，在第十三次"安全生产万里行"活动出发仪式启动之际，河南省政府、国家安全生产监督管理总局共建河南理工大学协议签字仪式在郑州国际会展中心举行。河南省省长郭庚茂、国家安全生产监督管理总局局长骆琳分别代表河南省政府、国家安全生产监督管理总局签署了共建协议。副省长徐济超，国家安全生产监督管理总局副局长孙华山，学校名誉校长朱训，国家安全生产监督管理总局总工程师黄毅，中共河南省委高校工委书记、省教育厅厅长王艳玲，校党委书记王少安、校长邹友峰在主席台就座。河南省政府副秘书长介新、徐衣显，国家安全生产监督管理总局办公厅主任李万疆，国家安全生产监察专员朱义长，河南省科技厅厅长贾跃，国家安全生产监督管理总局人事司副司长李生盛，河南省安全生产监督管理局局长张国辉，河南煤矿安全监察局局长牛森营，国家安全生产监督管理总局办公厅副主任郑景奇，河南省工业和信息化厅副厅长袁其法，河南省教育厅副厅长訾新建，河南省财政厅副厅长鲁玉，河南省人力资源与社会保障厅副巡视员郑子健等领导出席仪式，学校党政领导、师生代表 130 余人共同见证了签字仪式。

副省长徐济超在讲话中指出，河南省政府、国家安全生产监督管理总局共建河南理工大学协议签字仪式，不仅是河南理工大学、河南高等教育发展史上的一件盛事，更是推动安全工程教育、提升社会安全意识、促进经济社会安全、健康、和谐发展的一件大事，河南省委、省政府对此高度重视。国家安全生产监督管理总局与河南省政府共建河南理工大学，对于进一步发挥河南理工大学在安全生产领域的学科优势与办学特色、完善安全发展支撑体系、全面提升工业企业安全生产技术和安全管理水平、提高从业人员安全技能等都具有十分重要的意义，必将推进河南高等教育事业、特别是安全工程教育特色领域和安全生产工作再上新的更大的台阶。徐济超强调，河南省政府将认真按照协议要求，进一步加强对河南理工大学的领导，加大政策支持和投入力度，争取学校列入国家中西部高等教育振兴计划，加快其高水平特色大学建设步伐；支持河南理工大学建设国家重点学科、国家重点实验室，加快特色学科和科研平台建设，在高层次人才引进、博士点申报、研究生招生计划等方面向河南理工大学倾斜；安排共建专项经费，重点支持河南理工大学博士学位授权学科、重点学科、重点实验室和师资队伍建设；支持学校发挥学科优势，积极参与产业发展规划和地方区域经济发展规划的制定工作，促进企业、特别是煤炭企业和科研机构在人才培养、科学研究、产业发展等方面加强与河南理工大学的合作，共建安全发展科研平台，不断提高学校在区域经济发展中的参与度，努力把河南理工大学建设成为特色鲜明的人才培养、科学研究、高新技术成果转化和支撑产业安全发展、质量发展的重要基地，充分发挥高等教育在经济社会安全发展中的重要作用。希望学校以省局共建为契机，认真贯彻落实全国、全省教育工作会议精神，秉承优良传统，坚持与时俱进，以更加饱满的热情、更加振奋的精神、更加务实的举措，着力凝练学科特色，汇聚人才队伍，提高育人质量，强化科学研究，不断加快高水平教学研究型大学建设步伐，为国家安全生产、中原经济区建设做出新的更大的贡献。

国家安全生产监督管理总局副局长孙华山在讲话中指出，举行共建河南理工大学协议签字仪式，这是全国安全生产教育培训体系建设的一件大事。安全生产事关人民群众生命财产安全，事关改革发展、和谐稳定大局。必须高度重视、充分发挥科技教育对安全生产的支撑保障作用，着力把安全生产工作纳入依靠提高劳动者素质和科技进步的轨道。国家安全生产监督管理总局和河南省政府决定共建河南理工大学，把河南理工大学打造为安全生产人才的重要培训基地，充分发挥河南理工大学的安全生产特别是煤矿安全生产领域的人才和科技优势，对于落实安全生产人才中长期规划，扎实推进"科技兴安、人才强安"战略，促进安全生产领域的科技进步，实现安全生产的持续稳定好转具有十分重要的现实和长远意义。孙华山指出，河南理工大学作为我国历史上第一所矿业高等学府和河南省最早建立的高等学校，历史悠久，特色鲜明，百年来辛勤耕耘，为民族工业振兴、国家经济发展和社会文明进步培养了大量合格人才，做出了重要贡献。希望河南理工大学以共建为契机，继续充分发挥自身学科优势和办学特色，以为保障人民群众生命财产与健康安全提供科技支撑为己任，紧紧围绕煤矿安全生产工作重点和难点，面向实际，面向未来，面向安全生产科学化、现代化，统筹开展科研和教学，努力在基础理论研究、安全技术研发、安全装备制造等方面取得突破，为安全生产事业培养更多、更好的合格人才。孙华山强调，作为共建方，国家安全生产监督管理总局将一如既往地关心、支持河南理工大学的改革发展和建设，力所能及地支持学校重点学科、重点实验室以及工程中心建设，支持学校开展各类安全培训，组织、指导科研院所、企业事业单位与学校开展产学研合作，努力为学校加快发展、在全国安全生产中发挥更大的作用，给予更多的支持，创造更好的条件。

国家安全生产监督管理总局与河南省政府共建河南理工大学，使学校在办学历史上首次进入省部共建高校行列，同时也为学校改革发展带来了一次重大契机。2011年9月，学校成立了以校长邹友峰为组长的省部共建协议落实推进工作领导小组，负责推进省部共建协议实施。在国家安全生产监督管理总局和省政府的大力支持下，学校紧紧围绕"科技强安""人才强安"这一中心任务，不断加强学科专业与师资队伍建设，安全、地矿学科特色与优势得到进一步强化，人才培养、科学研究、服务社会能力进一步增强，特别是服务煤炭安全生产的能力得到了显著提升。学校以国家煤矿安全生产和优质、清洁、高效新兴能源的重大战略需求为导向，以解决瓦斯（煤层气）治理与开发利用关键科学问题与技术难题为目标，围绕"瓦斯地质理论与应用""瓦斯复合动力灾害防治关键技术与装备""煤矿瓦斯快速消突技术与装备""煤岩瓦斯灾害监测预警关键技术及抢险救灾"等重要科研方向开展攻关，取得了包括瓦斯赋存构造逐级控制理论与编制瓦斯地质图技术、瓦斯快速消突系列技术和瓦斯（煤层气）井下、地面预抽采技术等在内的一批理论上有重大突破、技术上有重大创新、生产上有重大应用价值的科技成果，学校在煤矿安全生产领域积累的办学优势和学科特色更加突出。

2018年，国务院机构改革决定整合国家安全生产监督管理总局等有关部委职责，重新组建应急管理部，并于4月16日正式挂牌。5月2日，应急管理部公布第一批安全科技支撑平台，学校深井岩层控制与瓦斯抽采技术科技研发平台成为应急管理部12个安全科技支撑平台之一。当前，学校正在积极与省政府、应急管理部沟通联系，推进河南省政府与应急管理部的共建工作。

三、入选中西部高等教育振兴计划

中西部高等教育是我国高等教育的重要组成部分，承担着为国家特别是中西部地区经济社会发展提供人才支持和智力支撑的重要使命。进入 21 世纪以来，中西部地区高等教育快速发展，普通高校数和在校生数接近全国三分之二，为我国实现高等教育大众化做出了重要贡献。但不容忽视的是，中西部高等教育仍存在着国家高水平大学和重点学科数量相对偏少、学科专业设置和师资队伍结构不尽合理、服务区域经济社会发展能力不强、教育观念相对落后等薄弱环节和突出问题。

为贯彻实施《国民经济和社会发展第十二个五年规划纲要》和《国家中长期教育改革和发展规划纲要(2010—2020 年)》，切实提升中西部高校办学能力，提高人才培养质量，促进中西部高等教育振兴和区域高等教育协调发展，2012年 4 月 27 日，国家发改委、教育部印发了了《中西部高校基础能力建设工程实施方案》(发改社会〔2012〕1132 号)。该"工程"以夯实办学基础、改善教学条件和深化教学改革、加强师资队伍建设为主要任务，以服务地方发展需要、强化人才培养中心地位、坚持内涵提升的发展道路、做好科学规划和统筹实施为原则要求，在中西部地区 23 个省（自治区、直辖市）和新疆生产建设兵团所属普通本科高校实施，要求入选的高校符合以下基本条件：一是学科专业设置与区域发展需求、地方产业结构特点高度契合，对地方经济社会发展具有重要支撑作用的综合性大学，或学科优势特色突出，在专业领域具有较大影响的其他类型高校；二是具有良好的办学质量和效益，社会认可度高，培养大批专业技术类、管理类应用型人才以及高素质劳动者；三是本科教育教学改革和师资队伍建设成效显著；四是"十二五"期间普通本科招生规模保持相对稳定，学校校园总占地面积保持稳定；五是学校债务在可承受的合理范围内。"工程"以 5 年为一个周期，滚动实施。一期实施期限为 2012—2015 年，计划投入 100 亿元支持 100 所中西部高校建设。总体目标是经过若干年的努力，使中西部一批普通本科高校的基础教学实验条件得到较大改善，师资队伍素质结构更加优化，学生学习、实践、就业和创新创业能力明显提升，学校办学特色逐步彰显，高等教育服务经济社会发展能力显著增强，为缩小区域间高等教育发展差距，推进中西部高等教育的全面振兴打下重要基础。2013 年 2 月 20 日，教育部、国家发展和改革委员会、财政部制定了《中西部高等教育振兴计划（2012—2020 年）》，将"中西部高校基础能力建设工程"整体纳入了"中西部高等教育振兴计划"。在"十二五"期间，国家发改委安排中央预算内专项投资，对每所纳入"工程"建设的高校给予补助投资，主要用于基础设施建设。同时，中西部省级政府设立省级专项资金，中部地区省级政府专项资金按不低于中央与地方 6∶4 的比例安排；西部地区省级政府专项资金按不低于中央与地方 8∶2 的比例安排。西藏自治区所需建设资金由中央专项资金安排。[①]

　　学校敏锐地抓住这一重大历史机遇，早在 2010 年，就将"确保学校进入中西部地区高等教育振兴计划"列为年度重点工作，并成立了以王少安、邹友峰为组长的"中西部地区高等教育振兴计划"申报工作领导小组，主动加强与教育部和省教育厅的沟通与联系，及时掌握相关政策信息，做好中西部地区高等教育振兴计划各项申报准备工作。2011 年 12 月 7 日，中共河南省委书记、省人大常委会主任卢展工莅校视察调研指导工作，明确表态支持学校进入"中西部高等教育发展振兴计划"。2013 年 5 月 23 日，《中西部高等教育振兴计划（2012—2020 年）》正式向社会公布。当天的《中国教育报》在第 3 版发布了《中西部高校基础能力建设工程入选名单》，河南理工大学成功入选中西部高校基础能力建设工程高校，为全国 100 所、河南 7 所高校之一。这也是学校办学历史上首次被列入国家建设工程。

　　2013 年 5 月，学校编制了《河南理工大学中西部高校基础能力建设工程建设规划实施方案和年度执行计划》，对本科教育硬件基础设施建设、本科教学实验设备条件建设、本科特色专业建设与教学改革、教师队伍与绩效评价体系建设等进行了系统规划，累计投入 5.38 亿元用于相关项目建设。硬件建设项目共投入 3.51 亿元，其中，图书馆项目总建筑面积 4.06 万平方米，总投资 1.5 亿元；综合实验楼项目总建筑面积 3.5 万平方米，总投资 1.1 亿万元；基础教学楼总建筑面积 3.5 万平方米，总投资 9100 万元。项目资金由国家预算资金、省配套资

①《中西部高等教育振兴计划公布》，《中国教育报》2013 年 5 月 23 日第 1 版

金和学校自筹资金组成，其中国家投资 1 亿元（图书馆 6000 万元，综合实验楼 4000 万元），省配套资金 6670 万元（图书馆 4000 万元，综合实验楼 2670 万元），图书馆、综合实验楼的其余资金及基础教学楼资金由学校自筹。本科教学实验条件建设共投入 1.96 亿元，主要用于本科教学实验室建设、本科教学实习条件建设和信息化平台建设。本科教育教学建设与改革共投入 7021 万元，主要用于本科专业建设与综合改革、本科课程建设与改革、大学生文化素质教育基地建设、教育教学改革研究、大学生创新训练条件建设和本科教育教学绩效机制建设。教师队伍建设共投入 1.99 亿元，主要用于引进人才和教师培训培养。经过"工程"建设，学校的本科教育硬件基础设施和实验教学条件得到进一步改善，人才培养中心地位和本科教学基础地位牢固确立，本科教育教学与人才培养质量显著提升，师资队伍素质结构更加优化，学生学习、实践、就业与创新能力明显提升，学校办学特色更加突显，服务区域经济建设和能源工业技术进步的能力得到了显著增强。

四、开辟医学高等教育服务新领域

自 1998 年实行中央与地方共建、以地方管理为主的领导体制以来，学校在继续强化传统学科优势的同时，根据区域经济社会发展需求，不断优化调整学科专业结构，至 2009 年，已形成以工为主，工、理、管、文、法、经、教七大学科门类并举的办学格局。2011 年，中共河南省委书记、省人大常委会主任卢展工在视察调研指导河南理工大学工作时，要求学校进一步谋划和把握学校新的发展定位，特别是围绕中原经济区建设对学校自身发展作进一步深入思考，在强化工科传统优势的同时，创造条件向综合性高水平大学发展；勉励学校认真总结一个多世纪的办学经验，认真谋划下一步的发展，努力争取多方面支持，加快综合性高水平大学的建设步伐，在中原经济区建设"三化"协调发展的历史进程中，为实现富民强省的目标做出新的更大的贡献。卢展工书记对学校建设综合性大学的鼓励与支持，与学校"十二五"发展规划提出的"努力把学校建设成为特色鲜明的多科性高水平大学"的奋斗目标高度一致。

在建设多科性高水平大学的探索中，学校将发展高等医学教育作为一个重要战略选项。一方面，是因为医学领域和相关交叉领域孕育了很多新的学科增长点，生命科学等许多国际前沿学科均为医学和其他学科交叉融合而产生。美国科学信息研究所研发的"基本科学指标"（ESI）数据库所划分的 22 个学科领域中，医学所涉及的 ESI 学科包括临床医学、免疫学、分子生物学和遗传学等 7 个学科领域，在 22 个学科领域中占 32%。实践表明，高等医学教育在创建高水平大学中发挥着重要作用，医学学科有望成为学校未来发展的重要突破点和增长点。另一方面，随着经济社会的发展和生活水平的提高，人民群众更加重视生命质量和健康安全，日益增长的优质健康服务需求与高等医学教育发展滞后的矛盾逐渐凸显。以学校所在的河南省为例，黄河以北的焦作市、新乡市、鹤壁市、安阳市、濮阳市、济源市 6 个地市，仅有新乡医学院一所医学类本科高校。举办高等医学教育，无论对学校建设多科性高水平大学还是更好地履行社会服务职能，都具有十分重要的作用。

此时，恰逢中共焦作市委、市政府与学校沟通协商，拟将焦作市卫生医药学校并入河南理工大学，并将焦作市第二人民医院作为河南理工大学附属医院，划归河南理工大学管理，支持学校举办医学专业。经过前期沟通酝酿和调研分析，举办医学高等教育被提上了学校重要议事日程。2012 年 2 月 14 日，学校申报的"护理学"本科专业获教育部批准，并于当年暑期开始招生。7 月 12 日，经学校党委一届五十次常委（扩大）会议研究决定，成立河南理工大学医学院（正处级），按照"高起点规划、高标准建设、高水平培养"的建设思路，具体负责筹建医学院相关事宜。

学校成立了专门工作组，就与焦作市卫生医药学校合作举办医学专业相关问题，与焦作市政府开展了多次深入协商。经过各方共同努力，2014 年 5 月 7 日，焦作市政府作出了《关于支持河南理工大学办好高等医学教育的意见》（焦政文〔2014〕46 号），就加快推进焦作卫生医药学校移交河南理工大学管理、支持河南理工大学办好医学高等教育，切实提升焦作卫生医药学校办学水平，促进焦作市医疗卫生教育事业发展提出八条意见：一是关于管理模式。将焦作卫生医药学校及其附属医院整体移交河南理工大学管理；焦作市第二人民医院作为河南理工大学的附属医院，归河南理工大学管理；焦作市人民医院等市属各医院作为河南理工大学医学教学实习医院，承担相应的医学教学与实习任务。焦作卫生医药学校附属医院和焦作市第二人民医院继续接受市卫生行政部门业务指导。二是关于资产划转。焦作卫生医药学校资产（北校区除外）及其附属医院资产由河南理工大学无偿使用，待市投资集团理顺资产关系后划入河南理工大学。北校区由市政府留用，在河南理工大学发展建设中，由市政府划拨 20 亩土地予以支持。三是关于机构编制和人员管理。焦作卫生医药学校在职在编人员及目前离退休人员整体移交河南理工大学，按照河南理工大学人事管理制度统一管理。现有在编人员的编制管理、晋职晋级、工资审批、离退休审批以及离退休人员（含现有在编人员退休后）的离退休费审批渠道不变。单位编制按 2014 年 5 月 7 日实有在编人数为准，减人减编不再新增，直至机构撤销。四是关于干部管理。焦作卫生医药学校和焦作市第二人民医院领导班子和其他干部按照河南理工大学干部管理的有关规定进行使用和管理，有关干部任免情况报市委组织部备案。五是关于运行经费。焦作卫生医药学校现有在编人员及离退休人员经费按焦作市同类事业单位待遇执行，所需经费仍由市财政供给；非在编人员按原渠道解决。焦作卫生医药学校的其他运行经费从该学校的非税收入中解决，其非税收入上缴市财政后，市财政全额划拨给河南理工大学，由河南理工大学统筹管理使用。同时，焦作卫生医药学校原享受国家、省、市政策待遇不变。焦作卫生医药学校附属医院和焦作市第二人民医院维持现有运行模式不变（自收自支）。六是关于招生问题。焦作卫生医药学校移交河南理工大学管理后，继续保留焦作卫生医药学校牌子，招收培养中等卫生职业人才。同时，河南理工大学积极申办医学高等教育相关专业，办好本科和专科两个层次医学教育。七是关于资金支持。市财政安排 5000 万元专项资金用于河南理工大学医学楼建设（从河南理工大学医学楼开工之日起，分 3 年度拨付到位），河南理工大学配套 3000 万元购置学校医学院实验仪器设备，共同支持高等医学学科发展。河南理工大学附属医院教学设施建设问题视焦作市第二人民医院新区医院建设情况给予相应支持。市政府根据财力情况，保持对河南理工大学发展的支持。八是关于相关权利。焦作卫生医药学校及其附属医院、焦作市第二人民医院现有的各级党代会代表、人大代表、政协委员、劳动模范、优秀党员等代表、委员名额及现有专业技术职务（职称）的数量和比例不减少，并根据事业发展需要相应增加。

2014年5月8日，中共焦作市委、市政府举行焦作卫生医药学校整体移交河南理工大学管理仪式。市委常委、组织部长王长松出席仪式并讲话，市政府副秘书长张娟，学校领导王少安、邹友峰、张锟、景国勋和焦作市卫生局、财政局、国资委、编办、投资公司负责人出席会议；焦作卫生医药学校全体校级领导干部及中层干部和第二人民医院主要负责人、焦作市人民医院、第三人民医院、第四人民医院、市中医院、市妇幼保健院、市五官医院等单位和河南理工大学相关职能部门负责人参加会议。

邹友峰代表学校在讲话中指出，把焦作卫生医药学校整体移交河南理工大学，把焦作市第二人民医院作为附属医院划归河南理工大学管理，是焦作卫生医药学校长远发展和河南理工大学建设综合性大学的需要，更是焦作转型示范市建设的需要，标志焦作高等医学教育步入崭新的历史时期，充分体现了市委、市府对焦作高等医学教育的战略布局，体现了市委、市政府对河南理工大学和卫校、二医院和全体师生员工的重视和厚爱，必将对焦作高等教育和医疗卫生事业的发展产生积极而深远的影响。学校拥护市委、市府这一重要决定，并认真贯彻落实好市政府《意见》，切实办好高等医学教育，不断提升人才培养质量和医疗服务水平，造福焦作人民，让市委、市政府放心。邹友峰表示，学校将成立专门的工作机构，负责落实焦作卫生医药学校的整体移交和第二人民医院移交管理的相关工作，加快促进两个单位与学校的实质性融合。他要求两个单位的领导班子及其成员要坚守工作岗位，确保日常工作的正常运行，确保实现平稳过渡。邹友峰强调，河南理工大学全体师生将以焦作卫生医药学校和第二人民医院并入为契机，进一步加快学校发展步伐，不断提高办学质量与办学水平，努力为焦作经济社会发展做出更大贡献。

焦作卫生医药学校校长韩冬风和市第二人民医院院长李富梅在会上明确表示，坚决拥护市委、市政府的决定，服从理工大学的领导，团结一致，开拓创新，确保平稳过渡，实现共赢。

王长松在讲话中强调，将焦作卫生医药学校及附属医院整体移交河南理工大学管理，把焦作市第二人民医院作为河南理工大学附属医院划归学校管理，是焦作市经济社会发展中的一件大事、喜事，不仅有利于焦作卫生医药学校和市第二人民医院的发展，也有利于河南理工大学的跨越式发展，有利于焦作市医药卫生事业的发展。市委、市政府领导对此高度重视，多次研究，协调推进，终于作出了多方共赢的决定。他要求焦作卫生医药学校和第二人民医院要充分认识这项工作的重大意义，深入细致地做好各自职工的思想工作，全力搞好配合，确保平稳过渡。市政府相关职能部门要发挥职能作用，积极协调办理移交手续，保证相关工作顺利进行。河南理工大学要全力谋划好医学学科的发展，努力提高人才培养质量，为焦作经济社会发展做出更大的贡献。

焦作卫生医药学校的并入及焦作市第二人民医院作为附属医院划归河南理工大学管理，为学校举办医学高等教育、为社会提供医疗健康服务提供了有力支撑，建设多科性高水平大学迈出了坚实步伐。截至 2019 年 6 月，医学院有教职工 66 人，专职教师 49 人，其中教授 7 人、副教授 15 人、博士 16 人、硕士 30 人，在校学生 2130 余人。开设有药学、护理学 2 个本科专业和针灸推拿、医学检验技术、口腔医学技术、药学、护理、助产 6 个专科专业，拥有卫生事业管理、化学制药、生物医用材料三个硕士点方向。先后承担国家自然科学基金项目 4 项，省厅级项目 20 余项，科研立项经费 250 余万元；发表学术论文 60 余篇，编写国家及省级规划教材 20 余部。第一附属医院（焦作市第二人民医院、焦作市肿瘤医院）占地 49 亩，有开放床位 1413 张；在建的示范区医院占地面积 240 亩，规划床位 1500 张，共设有 61 个临床、医技科室，拥有河南省重点培育学科 2 个，焦作市医学重点学科 17 个，市级重点培育学科 9 个，市级研究所和专业委员会 20 个，市级医学中心 11 个。现有职工 1604 人，其中正高技术职称 66 人，副高技术职称 125 人，博士、硕士 170 余名，焦作市医学会专业委员会主委、副主委 77 人。先后获得省、市级科技成果奖励 100 余项，荣获全国百姓放心示范医院、全国优质医疗服务示范医院、全国改善服务创新医院、全国优质高效百强医院、全国最具公信力医疗机构、国家高级卒中中心、国家卫生和计划生育委员会脑卒中筛查与防治基地、省高等学校先进基层党组织、省卫生系统先进集体、省卫生信息化建设工作先进单位等多项荣誉，连续三届蝉联省级文明单位。

五、谱写高质量内涵式发展新篇章

进入 21 世纪的第二个 10 年，随着国家高等教育大众化、普及化进程的不断加快，党和国家对高等教育质量和内涵的重视程度日益提高。《国家中长期教育改革和发展规划纲要（2010~2020 年）》明确提出，"把提高质量作为教育改革发展的核心任务""树立以提高质量为核心的教育发展观，注重教育内涵发展，鼓励学校办出特色、办出水平，出名师，育英才"。党的十八大提出"推动高等教育内涵式发展"，党的十九大进一步强调"加快一流大学和一流学科建设，实现高等教育内涵式发展"，质量、内涵已成为新时代高等教育改革发展的最强音。2009 年以来，学校紧紧围绕高质量内涵式发展的主旋律，在规模适度增长的同时，更加注重提升内涵、强化特色，取得了丰硕的成果。

——学科建设。截至 2019 年 6 月，学校省一级重点学科由 9 个增至 22 个，安全科学与工程学科入选河南省国家重点学科培育计划和首批 A 类优势学科，测绘科学与技术学科入选河南省首批 B 类特色学科。在 2012 年全国第三轮学科评估中，安全科学与工程学科位居全国第五，为河南省属高校唯一进入前 5 位的一级学科，测绘科学与技术学科全国排名并列第 8 位，矿业工程学科全国排名并列第 9 位，地质资源与地质工程学科全国排名第 16 位，机械工程学科全国排名第 61 位。在 2017 年全国第四轮学科评估中，学校 15 个学科上榜，其中安全科学与工程学科获"A-"评价，为河南省属高校唯一获 A 类评价的一级学科，位居全国第三；矿业工程、测绘科学与技术 2 个学科分别获"B"和"B-"评价。2017 年，工程学学科进入 ESI 全球排名前 1% 行列，截至 2019 年 6 月，排名由 1307 位上升至 882 位。2018 年，矿业工程学科跻身 2018"软科世界一流学科排名"第 51~75 位，为河南高校唯一世界百强学科。

——人才培养。自 2009 年机械设计制造及其自动化、电气工程及其自动化 2 个专业在河南省参加本科一批招生以来，截至 2019 年 6 月，学校普通类本科专业全部列入河南省本科一批招生，录取生源质量持续提高。学校全日制在校生规模达到 41113 人，其中本专科学生 37067 人，博士、硕士研究生 3788 人；国际留学生 299 人，居全省高校第三位。学生在各类竞赛中累计获国家级奖项 371 项，省部级奖项 4611 项，斩获包括第十一届中国青少年科技创新奖、"创青春"

全国大学生创业大赛金奖、中国青年志愿服务项目大赛金奖、中国机器人技能大赛冠军等在内的一系列重大奖项，在 2013—2017 年中国高校创新人才培养暨学科竞赛评估中位列全国第 113 位，在 2014—2018 年中国高校创新人才培养暨学科竞赛评估中位列全国第 126 位。毕业生就业率保持在 95% 左右，位居全省高校前列。

——师资队伍。截至 2019 年 6 月，教职工数量达到 3127 人，其中专任教师 2288 人，具有博士学位的 1068 人，具有高级专业技术职务的 1028 人。现拥有双聘院士 13 人，国家百千万人才工程人选 3 人，千人计划和青年千人计划专家 6 人，教育部新世纪优秀人才支持计划人选 8 人，享受国务院特殊津贴专家 32 人，河南省特聘教授、优秀专家、教学名师 16 人，省高层次人才特殊支持"中原千人计划"人选 8 人，教育部科技创新团队等省部级教学、科研团队 51 个。"瓦斯预测与治理"教育部创新团队通过结题验收并获"优秀"评价，"煤岩瓦斯复合动力灾害防控"教育部创新团队通过验收并获滚动支持。

——本科教学。截至 2019 年 6 月，新增国家级本科教学工程项目 48 项，总数达到 62 项，其中国家级教学名师 1 人，国家级教学团队 4 个，国家级特色专业 10 个，教育部卓越工程师教育培养计划试点专业 6 个，全国工程教育专业认证 8 个，国家级专业综合改革试点专业 3 个，国家级实验教学示范中心 5 个、虚拟仿真实验教学中心（项目）3 个，国家级精品课程、精品资源共享课程、精品在线开放课程、双语教学示范课程 15 门，国家级精品教材 1 部，国家级大学生校外实践教育基地 5 个，并入选国家级大学生创新创业训练计划实施高校，获批国家级大学生创新创业训练计划项目 400 项。获得教育部"新工科"研究与实践项目 1 项，教育部产学合作协同育人项目 134 项，被教育部授予"全国高校实践育人创新创业基地"称号。高建良教授主持完成的"安全工程专业人才培养模式的创新与实践"、杨小林教授参与完成的"'113'应用型人才培养体系改革与实践"分获国家级教学成果二等奖。2017 年，学校顺利通过教育部本科教学工作审核评估，被教育部专家组誉为"小城办大学的典范"。

——学位与研究生教育。截至 2019 年 6 月，学校博士后科研流动站由 1 个增至 5 个，累计招收博士后研究人员 192 人。新增 5 个一级学科博士点，总数达到 6 个，分别是：矿业工程、安全科学与工程、地质资源与地质工程、测绘科学与技术、机械工程、材料科学与工程。一级学科硕士点由 5 个增至 21 个，硕士专业学位授权类别由 2 个增至 16 个。获批教育部研究生课程试点建设单位，矿业工程入选全国工程硕士研究生教育特色工程领域，获得河南省研究生教育改革与质量提升工程项目 24 项，全国工程硕士实习实践优秀成果奖 5 项，河南省优秀博士、硕士学位论文 87 篇。机械与动力工程学院工程硕士孟祥哲获全国第三届"做出突出贡献的工程硕士学位获得者"称号，安全技术及工程博士毕业生贾智伟首获全国优秀博士学位论文提名奖。

——科技创新与社会服务。截至 2019 年 6 月，累计承担国家级科研项目 582 项，其中国家自然科学基金、社会科学基金 566 项；对接行业需求，承担大型企业委托项目 4000 余项。科研立项经费累计 18.73 亿元，其中纵向经费 5.80 亿元。获国家和省部级科技成果奖 467 项，其中，张子敏、高建良教授完成的"中国煤矿瓦斯地质规律与应用研究"，赵同谦教授完成的"全国生态功能区划"，刘先林院士、邹友峰教授完成的"大面阵数字航空影像获取关键技术及装备"，张英才教授级高工完成的"拆除工程精确爆破理论研究与关键技术应用"和孙玉宁教授等完成的"煤层瓦斯安全高效抽采关键技术体系及工程应用"等 5 项研究成果荣获国家科技进步二等奖，43 项成果获省部级一等奖。获得专利授权 2714 项，有效发明专利持有量 1690 项，居全国高校第 89 位，2 项成果获中国专利优秀奖。新增"深井瓦斯抽采与围岩控制"国家地方联合工程实验室、"瓦斯地质与瓦斯治理"省部共建国家重点实验室培育基地各 1 个，省部级科研平台、协同创新中心、人文社科基地等 43 个。获批武器装备科研生产单位二级保密资格，开辟了服务国防科技工业的新领域。安全技术培训中心入选国家"煤矿安全培训示范基地"。与焦作、濮阳、鹤壁、哈密等地市（县区）及河南能源化工集团等大型企业、中国测绘科学院等科研院所签署战略合作协议，与省政府发展研究中心共建太行发展研究院，与焦作市共建大学科技园、云台山文化旅游学院，与哈密市共建豫新能源产业研究院，与鹤壁市政府、平煤集团合作举办河南理工大学鹤壁工程技术学院、平煤工程技术学院。学校援疆干部刘志怀当选党的十九大代表。

——国际交流与合作。截至 2019 年 6 月，新增国（境）外友好学校、机构

32 个，总数达 76 个。获准加入国家留学基金委"优秀本科生国际交流项目"，先后有 700 余名学生出国（境）留学或深造。累计招收培养 29 个国家的国际留学生 677 名，其中博士研究生 11 人、硕士研究生 19 人。先后建成 5 个河南省国际联合实验室，与美国北卡罗莱纳农工州立大学、爱尔兰利莫瑞克大学、韩国国立釜山大学合作举办 5 个本科办学项目，主办和承办重要国际学术会议 18 场，派出 700 余名教师出国（境）学习进修或参加国际学术会议，学校的国际影响力进一步提升。

10 年砥砺奋进，10 年春华秋实。站在建校 110 周年的新起点上，振兴百年理工、建设国内一流特色高水平大学，有了更加坚实的根基，有了更加充足的底气，有了更加强劲的动力，有着更加美好的前景。

第二节　发展定位与发展规划

进入新的百年以来，学校紧跟国家、行业和地方经济社会发展需要，围绕"培养什么人、怎样培养人、为谁培养人"这一根本问题，深入思考"办什么样的大学、怎样办好大学"，不断校准发展坐标，丰富办学理念。

一、第一次党代会的定位与规划

2009 年 12 月召开的中共河南理工大学第一次代表大会，是学校进入新百年后一次承前启后的重要会议。会议以党的十七大和十七届四中全会精神为指导，深入贯彻落实科学发展观，着眼于新的百年征程如何开好局、起好步，对学校今后一个时期的发展进行了定位与规划。

大会确立了学校工作的指导思想：以邓小平理论和"三个代表"重要思想为指导，深入贯彻落实科学发展观，主动适应能源工业和地方经济社会发展的新要求，着力转变发展方式，更加注重规模、质量、特色协调发展，全面提升人才培养质量、科学研究水平和社会服务能力，重视文化建设，加快开放进程，继续解放思想，坚持改革创新，不断抢抓新机遇，实现新跨越，全面开创高水平教学研究型大学建设新局面。大会将 2009—2015 年学校改革与事业发展的总体目标概括为"1532 工程"，即国家重点实验室、创新团队、重点学科分别实现零的突破，年度国家级科研奖励 1 项以上；具有高级职称和博士学位教师分别超过 1000 人；在校研究生规模超过 5000 人；年度纵向科研经费超过 5000 万元，SCI、EI、SSCI、A & HCI 收录论文超过 500 篇，发明专利超过 30 项；新增国家教学质量工程建设项目超过 30 项；博士学位授权点超过 20 个。大会提出，经过 5 年左右时间的努力，把河南理工大学建设成为一所以理工为主、多学科协调发展、整体办学实力居河南、行业高校前列，优势和特色学科国内领先，在国内外有较大影响的高水平教学研究型大学。再经过一个时期的发展，到 2020 年前后，逐步步入特色更加突出的研究教学型大学行列。基于"质量是学校的生命，是立校之本；人才是学校的根本，是强校之基；文化是学校的灵魂，是兴校之根；开放是大学的品质，是活力之源"的认识，大会提出了"质量立校""人才强校""文化兴校""开放发展"四大发展战略，成为指导学校办学实践的战略思想。

二、"十二五"事业发展规划

为深入贯彻落实学校第一次党代会精神，全面加快特色鲜明的多科性高水平大学建设进程，2010 年 12 月，学校启动"十二五"事业发展规划编制工作。2011 年 9 月，印发《河南理工大学"十二五"事业发展规划》。2012 年 3 月，编制《河南理工大学"十二五"事业发展规划年度分解执行计划》，并编制了学科与专业建设、人才队伍建设、科技发展、校园与公共服务体系建设、校园文化建设等 5 个"十二五"专项规划和安全科学与工程学院等 19 个学院的"十二五"规划。

"十二五"事业发展规划明确了学校工作的指导思想：以邓小平理论和"三个代表"重要思想为指导，深入贯彻落实科学发展观，坚持社会主义办学方向和党的教育方针，紧紧围绕学校第一次党代会确立的奋斗目标和发展战略，主动适应中原经济区建设和能源工业发展的新要求，坚持以科学发展为主题，以转变发展方式为主线，以内涵建设为基础，以提高质量为根本，以特色发展为路径，以结构优化为手段，不断提升人才培养质量、科学研究水平、社会服务和文化传承创新能力，努力把学校建设成为特色鲜明的多科性高水平大学。规划提出今后 5 年的总体发展目标：围绕学校第一次党代会确定的"1532 工程"，以省部共建和进入"中西部高等教育振兴计划"为契机，经过 5 年的努力，人才培养质量全面提升，安全、地矿等学科特色更加突出，新的优势不断彰显，为建设特色鲜明的多科性高水平大学奠定坚实基础。并提出了"抢抓机遇，乘势发展；育人为本，全面发展；突出特色，协调发展；改革开放，创新发展"的基本方针。

三、"十三五"事业发展规划

2015 年 4 月，学校正式启动"十三五"事业规划编制工作。在认真总结"十二五"规划实施以来取得的成绩和经验、目标与任务的执行情况和实施效果的基础上，2015 年 7—11 月，党委书记邹友峰、校长杨小林、副校长赵俊伟分别赴广州、杭州、天津、徐州、青岛、南京、上海和武汉等 8 个地市，考察调研了广东工业大学、浙江工业大学、天津大学、中国矿业大学、山东科技大学、南京工业大学、上海理工大学、武汉理工大学等 17 所高校，并选取广东工业大学和南京工业大学为标杆，确定了学校"十三五"主要发展目标。2016 年 9 月，印发《河南理工大学"十三五"事业发展规划》。2017 年 2 月，印发了学科与专业建设、人才队伍建设、科技发展、学位与研究生教育、国际交流与合作等 5 个专项规划、22 个学院"十三五"规划及各学院"十三五"事业发展规划主要指标；12 月 26 日，印发《河南理工大学"十三五"公共服务体系建设规划》；2019 年 3 月 12 日，印发《河南理工大学校园文化建设规划（2019—2023 年）》。

"十三五"事业发展规划明确了学校工作的指导思想：高举中国特色社会主义伟大旗帜，以邓小平理论、"三个代表"重要思想、科学发展观为指导，深入贯彻党的十八大、十八届三中、四中、五中全会精神和习近平总书记系列重要讲话精神，坚持党的教育方针和社会主义办学方向，认真落实"四个全面"（即全面建成小康社会、全面深化改革、全面依法治国、全面从严治党）战略布局和五大发展理念（即创新、协调、绿色、开放、共享的发展理念），紧紧围绕立德树人根本任务，以人才培养为中心、以一流学科建设为引领、以深化综合改革为抓手，持续提升学校核心竞争力和办学活力，加快国内一流特色高水平大学建设进程，全力服务国家安全生产、能源工业和区域经济社会发展。规划确立了 2016—2020 年的目标定位：到 2020 年，核心竞争力和社会影响力明显提升，学校综合排名提升 20 位次以上，成为高素质人才培养、高水平科学研究与高层次决策咨询、优秀文化传承创新的重要基地，为将学校建设成为国内一流特色高水平大学奠定坚实基础。规划提出了"深化改革，创新发展；提升质量，内涵发展；巩固优势，特色发展；统筹兼顾，协调发展；合作共赢，开放发展"的发展思路，并明确了实施"优势特色学科建设工程、教育教学改革工程、师资队伍建设工程、科技创新建设工程、国际化建设工程、文化建设工程、党的建设工程"等七大工程的主要任务，绘就了"十三五"时期学校改革发展的路线图。

四、第二次党代会的定位与规划

2018 年 6 月，中共河南理工大学第二次代表大会召开。大会以习近平新时代中国特色社会主义思想为指导，深入学习贯彻党的十九大精神和党的教育方针，把握新时代高等教育发展要求，坚持社会主义办学方向，落实立德树人根本任务，全面客观地总结了第一次党代会以来的成绩和经验，指出了学校发展中存在的问题与不足，深入分析了学校面临的形势、机遇和挑战，绘就了振兴百年理工、建设国内一流特色高水平大学的宏伟蓝图。

大会提出实施"三步走"发展战略：第一步，厚植根基，内涵发展，到2023 年，奠定国内一流特色高水平大学基础。坚定不移走内涵式发展道路，持续深化综合改革，学科建设取得突破性进展，人才培养质量显著提高，自主创新能力大幅增强，师资队伍水平快速提升，发展核心指标实现重点突破，综合实力稳居省内高校前列。本科生稳定在 3.6 万人左右，研究生达到 4500 人，其中博士研究生 300 人，留学生达到 500 人以上。专任教师达到 2500 人，其中博士学位比例达到 65% 以上。博士学位一级授权学科达到 8～10 个，博士后科研流动站达到 6～8 个，安全科学与工程、矿业工程或测绘科学与技术等 1～2 个学科达到国家"一流学科"建设水平，新增材料科学、数学、化学等 2～3 个 ESI 全球排名前 1% 学科，新增地质资源与地质工程、机械工程、材料科学与工程等 3～5 个河南省优势特色学科（群）。承担国家级科研项目 500 项以上，新增国家级科技创新平台 1 ~ 2 个。获国家级教学成果奖 2 ~ 3 项、国家科技奖励 3 项以上。学校核心竞争力不断提升，综合实力排名进入全国高校前 140 位，为建设国内一流特色高水平大学奠定坚实基础。第二步，争先进位，赶超发展，到 2035 年，初步建成国内一流特色高水平大学。在实现第一步发展目标的基础上，进一步优化学科布局，打造一流本科教育，对标国家"一流学科"建设标准奋力赶超，2 ~ 3 个学科进入国家"一流学科"建设行列，人才培养、科学研究、社会服务、文化传承创新、国际交流合作能力全面增强，综合实力排名进入全国高校前 120 位，成为区域创新型人才培养基地、科技研发与成果转化中心，初步建成国际知名、国内一流特色高水平大学。第三步，全面振兴，跨越发展，到 2049 年，建成国内一流特色高水平大学。在实现第二步发展目标的基础上，以一流的办学理念引育一流师资、培养一流人才、产出一流成果，主要办学指标和综合实力排名进入全国高校百强，国际学术影响力显著增强，达到国家"一流大学"建设高校水平，建成以安全、地矿等学科为优势，以服务能源工业发展为特色，国际有较大影响、国内一流特色高水平大学。

配合"三步走"发展战略实施，大会提出了围绕"一个目标"、聚焦"两个一流"、贯彻"五大理念"、实现"六大提升"的改革发展思路。围绕"一个目标"，即建设国内一流特色高水平大学的总体目标。聚焦"两个一流"，即一流学科和一流本科教育。贯彻"五大理念"，即内涵发展理念、特色发展理念、创新发展理念、协调发展理念和开放发展理念。实现"六大提升"，即提升核心竞争力、人才集聚力、学科影响力、育人协同力、科技创新力和文化软实力。新的战略思路和发展理念的确立，为"三步走"发展战略的实施提供了科学的方法论，成为学校振兴百年理工、建设国内一流特色高水平大学的基本指导方针。

10 年的办学实践与思考，使学校的办学目标更加清晰、阶段任务更加明确。虽然不同时期在表述上有所不同、各有侧重，但是建设特色高水平大学的思路始终一脉相承，服务国家安全生产、能源工业和区域经济社会发展的面向始终坚定不移。这一时期，学校根据党和国家关于高等教育改革发展的新要求，结合办学实践，丰富了各个领域的办学理念。如在学科建设方面，确立了"强化特色、巩固优势、协同联动、分层建设、分类考评、动态管理"的学科建设总原则和"整体推进，分层建设，重点突破，特色凸显"的重点学科建设原则；在专业建设方面，确立了"分层分类建设，持续优化结构，强化特色优势"的基本原则；在人才培养方面，确立了"培养具有社会责任感、健全人格，扎实基础、宽阔视野，创新精神、实践能力的高素质人才"的人才培养目标和"以学生为中心"的教育理念，形成了"以学习成效为导向"的本科教育教学改革思路和"办学特色与社会需求相融合、创新创业教育与专业教育相融合、实践教育与行业协同相融合、素质教育与核心价值观相融合、个性化培养与质量标准相融合"的人才培养思路；在人才队伍建设方面，确立了"坚持党管人才与系统联动相结合，坚持高端引领与全面提升相结合，坚持分类施策与市场导向相结合，坚持全职引进与柔性用人相结合，坚持外部引进与内部培养相结合"的基本思路，等等。这些办学理念，对于学校最近一个时期的改革发展产生了深远影响，取得了显著成效。

第二章

人才培养与教育教学

　　人才培养是学校的根本任务，教育教学是学校的中心工作，教学质量是学校生存发展的生命线。为全面提高人才培养质量和教育教学水平，不断加快国内一流特色高水平大学建设步伐，学校认真贯彻《国家中长期教育改革和发展规划纲要（2010—2020年）》，全面落实立德树人根本任务，坚持把促进学生的全面发展和适应社会需要作为人才培养质量的基本标准，不断推进教育教学方式方法改革，持续优化并深入实施立体式本科教学工作体系，在专业建设、课程建设、教材建设、实践教学建设、教育教学改革与管理等方面取得了较为显著的成效，人才培养质量和教育教学水平稳步提升。

第一节　本科教学工作体系与教学质量工程建设

一、本科教学工作体系

　　为深入贯彻落实第四次、第五次全国教育工作会议精神、教育部《关于加快建设高水平本科教育 全面提高人才培养能力的意见》要求，以及教育部本科教学工作审核评估专家组提出的整改要求，根据行业、经济社会发展需求以及新时代面临的新形势、新任务，2009年以来学校结合本科教学工作实际，对以"一个意见"（即学校《关于进一步改进和加强本科教学工作的若干意见》）、"五项制度"（包括教学名师、特聘教授岗位、教学质量评价、教学竞赛、示范教学）和"九大工程"（包括名牌与特色专业建设、教学名师培育、精品课程与系列课程群建设、优秀教材建设、实践教学条件建设、大学英语教学改革、优秀教学成果培育、教学管理信息化、教学质量保障系统）为主要内容的本科教学工作体系进行了进一步完善优化，制（修）订了关于教育教学改革与管理的一系列制度文件，形成了分层分类、相辅相成的立体式本科教学工作新体系，为提升教育教学水平和人才培养质量提供了制度基础。

教学工作在学校各项工作中居于中心地位，教学质量决定着人才培养质量。为进一步巩固本科教学中心地位，提升教学质量和人才培养质量，进一步加强学校内涵建设和特色发展，2011 年 12 月，学校召开本科教学工作会议。校党委书记王少安在讲话中对当前学校教学工作给予了总体评价：教学秩序总体稳定，教学建设总体有效，教学改革总体深化，教学风气总体好转，培养质量总体提升。他结合学校发展所处的位置和具有的优势，从三个方面强调要扎实推进教学改革，促进学校内涵、质量、特色协调发展，加快提升学校品质。一是要进一步转变教育教学思想，引导专业进行合理定位；二是要进一步加强教学基本建设，促进专业办出特色；三是要进一步明确教学工作职责，完善质量保障体系。

校长邹友峰在讲话中强调，本次会议是对学校本科教学工作进行全面总结、安排部署的会议，是肯定成绩、查找不足的会议，是分析问题、提出对策的会议，对下一个时期学校本科教学工作具有指导性意义。他从教学工作、教学质量和工作作风三个方面提出了具体要求：第一，教学工作是学校一切工作的中心，必须把教学工作放在学校工作的首要位置；第二，教学质量是教学工作的生命线，必须把提高教学质量放在教学工作的首要位置；第三，要切实转变工作作风，不断提高工作质量，全心全意为广大师生服务，切实把教学工作中心地位落到实处。

副校长景国勋作了题为《振奋精神、抢抓机遇，扎实推进本科教学努力提高本科教学质量》的报告。报告指出，要根据《国家中长期教育改革和发展规划纲要（2010—2020 年）》和《河南理工大学"十二五"事业发展规划》目标要求，深入贯彻落实学校第一次党代会精神，继续深化教育教学改革，加强本科教学管理工作，强化教学质量工程项目建设，推进文化素质教育，营造良好的育人环境，不断提高教育教学质量。

立体式本科教学工作新体系的建立与本科教学工作会议的召开，进一步明确了新时期学校办学指导思想，强化了本科教学工作的中心地位，凝神聚力推动了国内一流特色高水平大学的建设步伐。学校相继出台了《关于制（修）订2012 级本科专业人才培养方案的指导意见》《本科专业建设管理办法》《特色专业提升行动计划》《课堂教学规范》《教师职业道德规范》《太行名师发展计划实施办法》《师资培养工作规程》《系（教研室）活动实施办法》《课程考试考核方式改革实施办法》等系列制度措施，进一步深化了教育教学改革，加强了办学内涵建设与教学管理，保障了教育教学与人才培养质量的稳步提升。

2017年2月，根据《河南理工大学"十三五"事业发展规划》和综合改革实施方案，制定了《本科教学改革实施方案》，进一步丰富和充实了本科教学工作体系。围绕立德树人根本任务，学校主动适应国家战略和行业、区域发展需求，调整优化专业结构，实施专业群构建计划、特色专业提升行动计划和专业带头人制度，推进专业分类分层建设和专业认证（评估），提升专业办学水平和质量，打造一批一流专业。构建通识教育与专业教育、理论与实践有机融合的课程体系，实施分层分类培养，探索建立与政府部门、科研院所和行业企业协同育人机制。实施"德育为先、能力为重、知识为基"的"三位一体"培养模式，着力培养学生形成正确的世界观、人生观和价值观，具有高度的社会责任感和健全人格；培养学生学习、思考、沟通和创新等方面的能力；培养学生具有扎实的基础知识和专业知识，具备良好的人文素养和科学精神。坚持以学习成效为导向，大力推广线上线下相结合的混合式教学模式，改进学生考试考核和学习效果评价机制，着力培养学生的创新意识、创新精神和实践能力，促进学生的个性化发展、多样性成长。完善教学分级管理制度，明确教学主体责任，提升教师教学能力，健全教学质量保障、监控和评价体系。

2017年6月4日至8日，学校接受由武汉理工大学原副校长张安富任组长的专家组进行的本科教学工作审核评估诊断评估。专家组通过质询学校本科教学工作审核评估自评报告、人才培养方案等相关材料、实地走访考察学校领导和管理部门、依托教学单位开展深度访谈、召开师生座谈会、听课看课、查阅教学档案资料、审阅论文及试卷、查看教学基地和教学设施等形式，对学校本科教学工作"问诊把脉"，进行了多角度、多层次、多维度地分析研判和诊断评估，并提出要进一步强化职能部门和二级学院对学校办学定位和人才培养目标定位的认识和理解，以达成共识、形成合力，为迎接教育部正式审核评估做好充分准备、奠定坚实基础。因此，学校就办学定位和人才培养目标定位展开了充分讨论和广泛宣传。2017年8月，学校第14次党委常委（扩大）会议对学校办学定位与人才培养目标进行了专题研究讨论，并形成了《河南理工大学办学定位与人才培养目标释义》，印发至校属各单位并认真组织学习和贯彻落实，进一步深化了广大师生员工对建设"国内一流特色高水平大学"办学定位的理解，根据学校的办学定位、办学特色和服务面向，学校的人才培养目标确定为"培养具有社会责任感、健全人格，扎实基础、宽阔视野，创新精神、实践能力的高素质应用型人才"。2017年10月16日至19日，教育部审核评估专家组对学校本科教学工作进行了为期4天的审核评估现场考察。专家组从定位与目标、师资队伍、教学资源、培养过程、学生发展、质量保障、特色项目8个方面充分肯定了学校本科教学工作所取得的成绩。专家组一致认为，学校扎根欠发达地区的非中心城市，面向艰苦行业办学，108年来励精图治、顽强拼搏，在河南乃至我国高等教育史上留下了浓墨重彩的一笔，为国家安全生产、能源工业和区域经济社会发展做出了重要贡献；学校具有优良的办学传统、深厚的办学底蕴、丰富的人才培养经验、较为雄厚的办学实力以及优美的校园环境，是广大学子求学治学向往的殿堂，堪称"小城办大学"的典范。同时，围绕学校办学定位和人才培养目标与社会发展需求的适应度、教师和教学资源对人才培养的保障度、教学质量保障体系运行的有效度、学生和用人单位的满意度、培养效果和培养目标的达成度等五个方面，专家组重点提出了学校在办学定位与培养目标、师资队伍、教学资源、培养过程、学生发展、质量保障等方面存在的不足和问题，并提出了富有建设性的整改意见和建议。

学校以本科教学工作审核评估"五个度"为工作指引，突出学校内涵建设和特色发展，扎实开展审核评估整改工作。认真对照审核评估专家组反馈的意见，进一步加强教师队伍建设，深化教育教学改革，优化人才培养方案，丰富教育教学资源，规范培养过程管理，完善教学质量保障体系，切实解决本科教学工作中存在的突出问题，以持续促进学生全面发展。

为营造"比、学、赶、帮、超"的优良教学氛围，2009年以来，学校坚持每年举办一次"三大杯"（包括越崎杯、力行杯和希望杯）教学竞赛活动和示范教师评选活动，充分发挥了优秀教师的示范作用，进一步激发了广大教师对教学内容、教学方法和教学艺术创新与改革的热情，学校教育教学水平和人才培养质量得到不断提升。截至 2019 年 6 月，全校累计共有 309 名教师在"三大杯"教学竞赛中获奖，共有 93 名教师获得校级"示范教师"称号。

为进一步提高教育教学水平和人才培养质量，自 2012 年开始，学校组织开展"学生最喜爱的教师"评选活动，每年评选出 10 名"学生最喜爱的教师"，对获奖教师颁发证书和奖金。截至 2019 年 6 月，学校教师共有 70 人次获得"学生最喜爱的教师"称号，进一步增强了广大教师立德树人的使命感和责任感，激发了广大教师教书育人的积极性和创造性。

2014 年 11 月，学校制定了《太行名师发展计划实施办法》，太行名师发展计划是旨在推动高水平教师队伍建设，促进学校发展和专业与课程建设上层次、上水平的一项重要战略举措。太行名师设一级、二级和三级岗位，分别予以相应的津贴待遇。学校每年组织一次遴选和评定工作，聘期为 5 年，首次聘期为 3 年，中期考核合格续聘 2 年。截至 2019 年 6 月，学校共有 33 名教师获此殊荣。太行名师发展计划实施以来，有效提高了教师的师德修养和育人能力，不断促进学校教育教学和人才培养质量再上新台阶。

二、教学质量工程建设

为深入推进教育教学改革，切实提高人才培养质量，学校于 2009 年 10 月出台了《河南理工大学"本科教学工程"项目建设管理办法》，全面推进学校的本科教学工程建设工作。一方面通过着力解决影响和制约学校教育教学质量提高的关键领域、薄弱环节和突出问题，以目标为导向，重点突破，示范引领，全面加强内涵建设，不断强化学校办学优势和特色；另一方面积极应对经济社会发展的新需求，坚持以本科教学工程项目建设为抓手，构建了一大批高层次的教学平台，全面促进人才培养质量的提升。自实施本科教学工程以来，学校在专业建设、课程与教材建设、学生实践创新能力培养和教师教学能力提升等方面取得了显著成效。

在专业建设方面，2009 年 10 月至 2019 年 6 月，学校先后获批国家级特色专业 4 个、河南省特色专业 8 个、教育部"卓越计划"试点专业 6 个、国家级专业综合改革试点 3 个、省级专业综合改革试点 11 个、卓越法律人才教育培养基地 1 个，8 个专业通过全国工程教育专业认证。

在课程与教材建设方面，2009 年 10 月至 2019 年 6 月，学校先后获批国家级精品课程 4 门，省级 12 门；获批国家级精品资源共享课 5 门，省级 11 门；获批省级精品视频公开课程 6 门；获批国家级双语教学示范课程 2 门，省级 8 门；获批国家级精品在线开放课程 1 门，省级 21 门；获批国家级精品教材 1 部。

在学生实践创新能力培养方面，2009 年 10 月至 2019 年 6 月，学校先后获批国家级实验教学示范中心 3 个，省级 7 个；获批国家级虚拟仿真实验教学中心 1 个，省级 3 个；获批国家级虚拟仿真实验教学项目 2 个，省级 6 个；获批国家级大学生创新创业训练计划高校并获批计划项目 399 项；获批国家级大学生校外实践教育基地 5 个。

在教师教学能力提升方面，2009 年 10 月至 2019 年 6 月，学校先后获批国家级教学团队 2 个，省级 8 个；获批省级教学名师（含中原名师）8 个；获批省级优秀基层教学组织 10 个。

据统计，2009 年 10 月至 2019 年 6 月，学校共获得国家级本科教学工程项目 48 项，省级本科教学工程项目 124 项，位居全省高校前列。根据教育部和省教育厅的有关文件精神，我校还立项建设了 200 余项校级本科教学工程项目，积极构建校级、省级和国家级三级本科教学工程项目建设体系，并切实加强对在建本科教学工程项目的建设培育和考核管理，充分发挥其示范引领作用，有效推动了学校教育教学和人才培养质量的全面提升。

表2-1　2009—2019年学校获得省级以上本科教学质量工程项目一览表

序号	项目名称及级别	负责人	年度	所属学院
1	国家级实验教学示范中心：安全工程实验中心	高建良	2009	安全学院
2	国家级实验教学示范中心：测绘工程实验教学中心	郭增长	2013	测绘学院
3	国家级实验教学示范中心：煤田地质与勘探实验中心	齐永安	2014	资环学院
4	国家级虚拟仿真实验教学中心：煤矿开采虚拟仿真实验教学中心	杨玉中	2014	能源学院
5	国家级虚拟仿真实验教学项目：煤矿综掘工作面机械装备虚拟仿真实验	熊祖强	2019	能源学院

续表

序号	项目名称及级别	负责人	年度	所属学院
6	国家级虚拟仿真实验教学项目：矿区地表变形监测虚拟仿真实验	何　荣	2019	测绘学院
7	国家级精品课程：《供电技术》	王福忠	2009	电气学院
8	国家级精品课程《瓦斯地质学》	张子戍	2009	资环学院
9	国家级精品课程：《开采损害与保护》	郭文兵	2009	能源学院
10	国家级精品课程：《系统安全评价与预测》	景国勋	2010	安全学院
11	国家级精品资源共享课程：《瓦斯地质学》	张子戍	2013	资环学院
12	国家级精品资源共享课程：《自动控制系统》	余发山	2013	电气学院
13	国家级精品资源共享课程：《系统安全评价与预测》	景国勋	2013	安全学院
14	国家级精品资源共享课程：《采煤概论》	勾攀峰	2013	能源学院
15	国家级精品资源共享课程：《供电技术》	王福忠	2013	电气学院
16	国家级精品在线开放课程：《弹性力学》	王钦亭	2019	土木学院
17	国家级精品教材：《瓦斯地质学》	张子敏	2011	安全学院
18	国家级特色专业：土木工程	刘希亮	2009	土木学院
19	国家级特色专业：工商管理	曾　旗	2009	经管学院
20	国家级特色专业：矿物加工工程	张义顺	2010	材料学院
21	国家级特色专业：计算机科学与技术	贾宗璞	2010	计算机学院
22	国家级双语教学示范课程：《凝固技术及控制》	郭学锋	2009	材料学院
23	国家级双语教学示范课程：《地球科学》	齐永安	2010	资环学院
24	国家级教学团队："三电"基础课程教学团队	余发山	2009	电气学院
25	国家级教学团队：安全工程专业教学团队	高建良	2010	安全学院
26	国家级大学生创新创业训练计划高校		2012	学校
27	国家级大学生校外实践教育基地：河南煤化集团工程实践教育中心		2012	学校

序号	项目名称及级别	负责人	年度	所属学院
28	国家级大学生校外实践教育基地：平煤集团工程实践教育中心		2012	学校
29	国家级大学生校外实践教育基地：沁水蓝焰煤层气公司工程实践教育中心		2012	学校
30	国家级大学生校外实践教育基地：河南理工大学－云台山世界地质公园理科实践教育基地		2013	资环学院
31	国家级大学生校外实践教育基地：河南理工大学－大同煤矿集团有限责任公司工程实践教育中心（与大同大学共建）		2013	能源学院
32	教育部卓越工程师教育培养计划试点专业：采矿工程	杨玉中	2012	能源学院
33	教育部卓越工程师教育培养计划试点专业：矿物加工工程	郭学锋	2012	材料学院
34	教育部卓越工程师教育培养计划试点专业：测绘工程	袁占良	2012	测绘学院
35	教育部卓越工程师教育培养计划试点专业：安全工程	袁东升	2012	安全学院
36	教育部卓越工程师教育培养计划试点专业：自动化	郑　征	2013	电气学院
37	教育部卓越工程师教育培养计划试点专业：地质工程	王海邻	2013	资环学院
38	国家级专业综合改革试点专业：安全工程	景国勋	2013	安全学院
39	国家级专业综合改革试点专业：采矿工程	勾攀峰	2013	能源学院
40	国家级专业综合改革试点专业：测绘工程	邹友峰	2013	测绘学院
41	全国工程教育专业认证：测绘工程	郭增长	2014	测绘学院
42	全国工程教育专业认证：采矿工程	李东印	2010	能源学院
43	全国工程教育专业认证：安全工程	袁东升	2012	安全学院
44	全国工程教育专业认证：矿物加工工程	张传祥	2015	材料学院
45	全国工程教育专业认证：遥感科学与技术	王双亭	2016	测绘学院
46	全国工程教育专业认证：材料科学与工程	朱建平	2017	材料学院
47	全国工程教育专业认证：自动化	乔美英	2018	电气学院

序号	项目名称及级别	负责人	年度	所属学院
48	全国工程教育专业认证：资源勘查工程	郑德顺	2018	资环学院
49	省级教学团队："三电"基础课程教学团队	余发山	2009	电气学院
50	省级教学团队：安全工程专业教学团队	高建良	2010	安全学院
51	省级教学团队：测绘工程专业教学团队	邹友峰	2011	测绘学院
52	省级教学团队：电气信息类自动控制课程群教学团队	郑　征	2012	电气学院
53	省级教学团队：工商管理专业教学团队	曾　旗	2013	经管学院
54	省级教学团队：材料专业基础课程双语教学团队	郭学锋	2014	材料学院
55	省级教学团队：基础力学课程教学团队	王钦亭	2015	土木学院
56	省级教学团队：太极拳教学团队	申国卿	2016	体育学院
57	省级精品课程：《瓦斯地质学》	张子戌	2009	资环学院
58	省级精品课程：《开采损害与保护》	郭文兵	2009	能源学院
59	省级精品课程：《C语言程序设计》	贾宗璞	2009	计算机学院
60	省级精品课程：《工程力学》	闫安志	2009	土木学院
61	省级精品课程：《系统安全评价与预测》	景国勋	2010	安全学院
62	省级精品课程：《陈式太极拳》	马　明	2010	体育学院
63	省级精品课程：《数据库系统原理》	沈记全	2010	计算机学院
64	省级精品课程：《材料科学与工程概论》	马小娥	2010	材料学院
65	省级精品课程：《检测技术与自动化仪表》	董爱华	2010	电气学院
66	省级精品课程：《大学语文》	王少安	2011	文法学院
67	省级精品课程：《混凝土材料学》	管学茂	2011	材料学院
68	省级精品课程：《建设工程监理概论》	顿志林	2011	土木学院
69	省级实验教学示范中心：安全工程实验中心	高建良	2009	安全学院

续表

序号	项目名称及级别	负责人	年度	所属学院
70	省级实验教学示范中心：经济管理实验教学中心	曾　旗	2010	经管学院
71	省级实验教学示范中心：煤田地质与勘探实验中心	齐永安	2011	资环学院
72	省级实验教学示范中心：力学实验教学中心	刘希亮	2012	土木学院
73	省级实验教学示范中心：采矿工程实验中心	勾攀峰	2013	能源学院
74	省级实验教学示范中心：材料科学与工程实验教学示范中心	管学茂	2016	材料学院
75	省级实验教学示范中心：物理实验教学示范中心	李　明	2017	物电学院
76	省级精品资源共享课程：《C语言程序设计》	贾宗璞	2012	计算机学院
77	省级精品资源共享课程：《陈式太极拳》	马　明	2012	体育学院
78	省级精品资源共享课程：《管理学》	曾　旗	2012	经管学院
79	省级精品资源共享课程：《高等代数》	郑玉歌	2012	数信学院
80	省级精品资源共享课程：《数据库系统原理》	沈记全	2013	计算机学院
81	省级精品资源共享课程：《机械制造技术基础》	高国富	2013	机械学院
82	省级精品资源共享课程：《检测技术与自动化仪表》	董爱华	2013	电气学院
83	省级精品资源共享课程：《安全工程学》	袁东升	2014	安全学院
84	省级精品资源共享课程：《中级财务会计》	梁丽娟	2014	经管学院
85	省级精品资源共享课程：《建设工程监理概论》	顿志林	2014	土木学院
86	省级精品资源共享课程：《计算机网络》	孙君顶	2015	计算机学院
87	省级精品视频公开课程：《陈式太极拳文化赏析》	马　明	2013	体育学院
88	省级精品视频公开课程：《二十世纪中国文学经典导读》	穆乃堂	2014	文法学院
89	省级精品视频公开课程：《生活中的经济学》	孙东升	2015	经管学院
90	省级精品视频公开课程：《身边的力学》	王钦亭	2015	土木学院

续表

序号	项目名称及级别	负责人	年度	所属学院
91	省级精品视频公开课程：《中国自然美景及其地质成因》	郑德顺	2016	资环学院
92	省级精品视频公开课程：《物理与文化》	薛中会	2016	物电学院
93	省级双语教学示范课程：《安全系统工程》	高建良	2011	安全学院
94	省级双语教学示范课程：《材料科学基础》	周爱国	2012	材料学院
95	省级双语教学示范课程：《环境科学》	赵同谦	2012	资环学院
96	省级双语教学示范课程：《模拟电子技术》	艾永乐	2013	电气学院
97	省级双语教学示范课程：《地图学》	景海涛	2013	测绘学院
98	省级双语教学示范课程：《混凝土学》	朱建平	2014	材料学院
99	省级双语教学示范课程：《传感器技术及应用》	王大虎	2015	电气学院
100	省级双语教学示范课程：《地理信息系统》	袁占良	2015	测绘学院
101	省级精品在线开放课程：《中国自然美景及其地质成因》	郑德顺	2017	资环学院
102	省级精品在线开放课程：《物理与文化》	薛中会	2017	物电学院
103	省级精品在线开放课程：《采煤概论》	李东印	2017	能源学院
104	省级精品在线开放课程：《艺术导论》	王 海	2017	建艺学院
105	省级精品在线开放课程：《电路史诗》	韩素敏	2017	电气学院
106	省级精品在线开放课程：《生活中的会计学》	罗斌元	2017	财经学院
107	省级精品在线开放课程：《弹性力学》	王钦亭	2017	土木学院
108	省级精品在线开放课程：《身边的管理学》	吴玉萍	2018	工商学院
109	省级精品在线开放课程：《当代世界经济与政治》	王 威	2018	马克思主义学院
110	省级精品在线开放课程：《英语话中国传统节日》	冉玉体	2018	外语学院
111	省级精品在线开放课程：《大学英语听说译》	吴 敏	2018	外语学院
112	省级精品在线开放课程：《当前环境热点问题》	王明仕	2018	资环学院

续表

序号	项目名称及级别	负责人	年度	所属学院
113	省级精品在线开放课程：《PM2.5与粉尘防治》	魏建平	2018	安全学院
114	省级精品在线开放课程：《大国贸易》	王丽萍	2018	财经学院
115	省级精品在线开放课程：《安全与我们的生活》	杨　明	2018	安全学院
116	省级精品在线开放课程：《材料力学基础》	陈亚娟	2018	土木学院
117	省级精品在线开放课程：《地质学基础》	郑德顺	2018	资环学院
118	省级精品在线开放课程：《马克思主义与近代中国文化抉择》	张秀丽	2018	马克思主义学院
119	省级精品在线开放课程：《破译运动健康密码》	梁华伟	2018	体育学院
120	省级精品在线开放课程：《数据库系统概论》	沈记全	2018	计算机学院
121	省级精品在线开放课程：《智能采矿》	袁瑞甫	2018	能源学院
122	省级虚拟仿真实验教学中心：煤矿开采虚拟仿真实验教学中心	杨玉中	2013	能源学院
123	省级虚拟仿真实验教学中心：矿山电气工程虚拟仿真实验教学中心	王福忠	2016	电气学院
124	省级虚拟仿真实验教学中心：安全与消防工程虚拟仿真实验教学中心	杨　明	2017	安全学院
125	省级示范性虚拟仿真实验教学项目：煤矿综掘工作面机械装备虚拟仿真实验	熊祖强	2018	能源学院
126	省级示范性虚拟仿真实验教学项目：矿区地表变形监测虚拟仿真实验	何　荣	2018	测绘学院
127	省级示范性虚拟仿真实验教学项目：区间与车站信号自动控制虚拟仿真实验	张宏伟	2018	电气学院
128	省级示范性虚拟仿真实验教学项目：煤矿爆破工艺虚拟仿真实验	韦四江	2018	能源学院
129	省级示范性虚拟仿真实验教学项目：煤矿事故应急救援虚拟仿真实验	郝天轩	2018	安全学院
130	省级示范性虚拟仿真实验教学项目：坐骨神经-腓肠肌虚拟仿真实验	沈军生	2018	医学院

续表

序号	项目名称及级别	负责人	年度	所属学院
131	省级优秀基层教学组织：通信工程系	郭　辉	2017	物电学院
132	省级优秀基层教学组织：力学系	王钦亭	2017	土木学院
133	省级优秀基层教学组织：英语系	冉玉体	2017	外语学院
134	省级优秀基层教学组织：社会体育系	梁华伟	2017	体育学院
135	省级优秀基层教学组织：安全工程系	程　磊	2018	安全学院
136	省级优秀基层教学组织：采矿工程系	南　华	2018	能源学院
137	省级优秀基层教学组织：地理信息科学系	景海涛	2018	测绘学院
138	省级优秀基层教学组织：自动化系	乔美英	2018	电气学院
139	省级优秀基层教学组织：会计系	张圣利	2018	财经学院
140	省级优秀基层教学组织：思想道德修养与法律基础教研室	张万玉	2018	马克思主义学院
141	省级特色专业：工商管理	曾　旗	2009	经管学院
142	省级特色专业：自动化	王福忠	2009	电气学院
143	省级特色专业：材料科学与工程	管学茂	2010	材料学院
144	省级特色专业：热能与动力工程	刘志超	2010	机械学院
145	省级特色专业：材料成型及控制工程	米国发	2011	材料学院
146	省级特色专业：会计学	王建华	2011	经管学院
147	省级特色专业：通信工程	张长森	2012	计算机学院
148	省级特色专业：测控技术与仪器	赵俊伟	2013	机械学院
149	卓越法律人才教育培养基地：法学	张付领	2012	文法学院
150	省级专业综合改革试点专业：地质工程	胡　斌	2012	资环学院
151	省级专业综合改革试点专业：计算机科学与技术	贾宗璞	2013	计算机学院
152	省级专业综合改革试点专业：机械设计制造及其自动化	赵　波	2013	机械学院

续表

序号	项目名称及级别	负责人	年度	所属学院
153	省级专业综合改革试点专业：矿物加工工程	张传祥	2014	材料学院
154	省级专业综合改革试点专业：自动化	付子义	2014	电气学院
155	省级专业综合改革试点专业：土木工程	刘希亮	2014	土木学院
156	省级专业综合改革试点专业：武术与民族传统体育	马　明	2014	体育学院
157	省级专业综合改革试点专业：建筑学	陈兴义	2014	建艺学院
158	省级专业综合改革试点专业：电气工程及其自动化	王福忠	2017	电气学院
159	省级专业综合改革试点专业：测控技术与仪器	赵俊伟	2017	机械学院
160	省级专业综合改革试点专业：自然地理与资源环境	牛海鹏	2017	测绘学院
161	省级本科工程教育人才培养模式改革试点：地质工程	胡　斌	2012	资环学院
162	省级本科工程教育人才培养模式改革试点：机械设计制造及其自动化	赵　波	2012	机械学院
163	省级本科工程教育人才培养模式改革试点：地理信息系统	袁占良	2012	测绘学院
164	省级本科工程教育人才培养模式改革试点：建筑学	陈兴义	2012	建艺学院
165	省级教学名师：河南省教学名师	余发山	2011	电气学院
166	省级教学名师：河南省教学名师	高建良	2012	安全学院
167	省级教学名师：河南省教学名师	李安铭	2013	材料学院
168	省级教学名师：河南省教学名师	郑　征	2014	电气学院
169	省级教学名师：河南省教学名师	闫安志	2015	土木学院
170	省级教学名师：河南省教学名师	杨现卿	2016	机械学院
171	省级教学名师：河南省教学名师	王钦亭	2017	土木学院
172	中原千人计划-中原教学名师	王钦亭	2018	土木学院

资料来源：根据教育部和省教育厅有关文件汇总。

第二节 人才培养方案与教育教学改革

一、人才培养方案

人才培养方案是学校培养人才和组织各项教学活动的蓝图，是学校办学理念的具体体现，对学校规范教学管理、稳定教学秩序、提高人才培养质量具有极其重要的作用。学校主动适应社会对人才的需求，高度重视人才培养方案的制（修）订工作，按照"四年一大修、两年一小修"原则，制（修）订人才培养方案。每次方案修订前，学校根据最新的社会需求、相关质量标准和人才培养目标定位，出台对应的"制（修）订本科专业人才培养方案的指导意见"，要求各专业广泛开展研讨并征求校内外专家、行业专家意见，不断更新人才培养理念，提高人才培养方案的科学性。

2010 年，为深入贯彻教育部《关于进一步深化本科教学改革 全面提高教学质量的若干意见》以及《国家中长期教育改革和发展规划纲要（2010—2020 年）》等文件精神，学校按照培养"厚基础、宽口径、创新性、复合型"高素质人才的要求，深入探索"通识教育基础上的宽口径专业教育"的人才培养模式，主动适应社会和学生发展的需求，加强教学体系建设，促进学生知识、能力、素质协调发展，全面启动了 2010 版本科专业人才培养方案的制（修）订工作。此次人才培养方案制（修）订工作的指导思想是：坚持以学生发展为中心，注重学生知识、能力、素质协调发展；通识教育与专业教育有机结合，在条件允许的学院实施大类培养；明确专业定位，构建"平台＋模块"的课程结构体系；优化实践教学体系，强化学生实践创新能力培养；加强工程教育与人文教育的有机结合，提倡开放性和国际化；践行全员育人理念，全面促进学生健康成长成才。

2012 年，根据教育部《关于全面提高高等教育质量的若干意见》以及《普通高等学校本科专业设置管理规定》和新的《本科专业目录和专业介绍》等要求，学校启动了新一轮的本科专业人才培养方案制（修）订工作，重点解决"重基础、重实践、重创新、重品德"和专业分类培养的问题，进一步强化专业内涵与特色，突出学生实践创新能力培养，积极构建融多学科交叉课堂培养、多方向专业教师指导、多层次课外创新竞赛、多平台工程教育实践为一体的人才培养体系，着力培养具有协同创新能力的高素质复合创新型人才。

2016 年，学校紧紧围绕提高教育质量这一战略主题，启动了 2016 版本科专业人才培养方案制（修）订工作，把促进学生的全面发展和适应社会需要作为人才培养质量的基本标准，突出培养学生自主学习能力、批判思维能力、创新创业能力、国际交流能力，促进学生知识、能力、素质协调发展；坚持稳步推进学分制教学改革，实施弹性学制，适量减少课堂授课学时，给予学生更多自主学习和实践创新的空间。

2018 年，为深入贯彻落实党的十九大精神、全国高校思想政治工作会议精神和全国教育大会精神，全面落实立德树人根本任务，以创建一流本科教育为目标，学校制定了《关于制修订 2018 版本科专业人才培养方案的指导意见》。在此次制（修）订过程中，学校坚持以目标驱动、对接标准，学生中心、系统优化，分类培养、鼓励创新等为基本原则，同时，要求各专业根据学校发展定位、办学优势、资源条件、社会发展、行业企业要求以及学校的人才培养总体目标等分别制定培养目标和要求，积极改革教学模式、教学内容、教学方法和教学手段。学校要求在稳步推进学分制改革的基础上，进一步精简学分并逐步加大实践教学环节学分和选修课学分比例，理工医类本科专业毕业学分不超过 170 学分（5 年制本科专业毕业学分要求不超过 210 学分），其中实践教学环节学分原则上不低于总学分的 30%，选修课学分原则上不低于总学分的 20%；理工医类之外的本科专业毕业学分不超过 160 学分，其中实践教学环节学分原则上不低于总学分的 20%，选修课学分原则上不低于总学分的 20%。学校人才培养方案制（修）订工作坚持人才培养对接社会需求，以支撑创新驱动发展战略和服务经济社会发展为导向，积极构建通识教育与专业教育有机融合、创新创业教育与思想政治教育全程融入的本科专业人才培养体系，推进教学从"以教为主"向"以学为主"转变，重视课程设计和实践育人，着力将人才培养目标有效落实到每一门课程教学与每一项育人实践中，着力培养德智体美劳全面发展的中国特色社会主义事业合格建设者和可靠接班人。

二、教育教学改革

（一）思路清晰，教研教改成果丰硕

学校坚持"以教研促教改，以教改促教学"的思路，把教育教学改革作为优化人才培养过程，增强学校生机活力，彰显办学特色，提高人才培养质量，推动学校科学发展的关键措施。

2009年以来，学校先后制定了《系（教研室）活动实施办法》《本科专业建设考核与评估实施办法》《卓越工程师教育培养计划校外培养管理办法》等系列制度，切实加强系（教研室）活动管理，对标专业评估要求强化专业建设，规范卓越工程师校外实践培养管理，有力推动学校教学改革工作不断深入。

2015年，学校颁布实施《综合改革实施方案》《本科教学改革实施方案》，进一步明确了教学改革的思路：紧紧围绕立德树人根本任务，开展以学习成效为导向的本科教育教学改革，提高教与学两方面的积极性，充分发挥教师在教学中的主导地位和学生在学习中的主体地位，不断优化人才培养模式和协同育人机制，强化内涵建设，深入开展专业和课程建设、教学内容、教学方式和教学手段等方面的综合改革。

为贯彻落实全国教育大会精神和新时代全国高校本科教育工作会议精神，2018年9月起，学校组织开展了为期3个月的以"落实立德树人，推进四个回归"为核心的教育思想大讨论。全校各单位聚焦学校的办学理念、办学模式、发展目标及其实现路径，抓住提升学校办学水平和教育质量的关键及突破点，坚持问题导向，全面梳理影响本科教育改革发展、影响"立德树人""以本为本""四个回归"的主要问题，重点围绕教授给本科生上课、师德师风、课堂教学秩序、实习实践、毕业论文等五个重点领域，查找问题不足，列出问题清单，制定整改措施，积极提出振兴本科教育的改革建议，使全体教职工在更新教育思想、提升教育理念、强化育人职责、优化育人环境、提高育人质量等方面达成了共识，为加快推动学校教育教学改革发展、构建高水平人才培养体系、全面提高人才培养质量奠定了思想基础。

据统计，2009年10月至2019年6月，学校共获得国家级教学成果奖3项，省级教学成果奖54项，其中特等奖5项，一等奖22项。尤其是2016年学校推

荐的14项成果全部获得省级教学成果奖，一等奖以上获奖数量位居全省高校首位，创学校历年来最好成绩。

表2-2 2009—2019年学校获得省级一等奖以上教学成果奖一览表

序号	教学成果名称	获奖等级	负责人	年度
1	发展与激励性教学质量保障体系的构建与实践	国家级二等奖	周 英	2009
2	安全工程专业人才培养模式的创新与实践	国家级二等奖	高建良	2014
3	"113"应用型人才培养体系改革与实践（参与）	国家级二等奖	杨小林	2018
4	发展与激励性教学质量保障体系的构建与实践	省级特等奖	周 英	2009
5	"三电"基础实验教学体系改革研究与实践	省级特等奖	余发山	2009
6	地方本科高校学科专业结构与经济结构协调发展研究	省级特等奖	邹友峰	2012
7	构建煤炭主体专业的立体化网络化实验教学模式培养卓越应用型工程技术人才	省级特等奖	邹友峰	2014
8	多元驱动下矿业、安全类工程技术人才实践创新能力培养研究	省级特等奖	景国勋	2016
9	河南省高等院校地方太极拳课程的开发与实践研究	省级一等奖	杨黎明	2009
10	采矿工程专业教学科研生产相结合的人才培养的研究与实践	省级一等奖	勾攀峰	2009
11	适应创新能力培养的地方理工科高校多元驱动实践教学运行机制的研究与实践	省级一等奖	张新民	2009
12	宽口径模式下材料成型及控制工程专业本科培养方案的研究	省级一等奖	李安铭	2009
13	地方理工科高校"4+6"工程训练教学体系的研究与实践	省级一等奖	张新民	2012
14	基于下一代网络的高校校内教学资源共享运行机制研究与实践	省级一等奖	赵俊伟	2012
15	理工院校大学语文教学模式的创新研究	省级一等奖	冒建华	2012
16	安全工程专业人才培养模式的创新与实践	省级一等奖	高建良	2012

续表

序号	教学成果名称	获奖等级	负责人	年度
17	基于产学研合作的地矿类工程创新人才培养模式研究	省级一等奖	景国勋	2014
18	卓越计划培养模式下机械类专业基础课教学的改革与探索	省级一等奖	王小林	2014
19	高等教育服务中原经济区建设的若干重大战略问题及对策研究	省级一等奖	张开洪	2014
20	地方高校工程训练开放运行机制的探索与实践	省级一等奖	张新民	2014
21	校企联合大学生创新能力培养模式研究	省级一等奖	郑　征	2014
22	河南省高校高层次人才队伍建设研究与实践	省级一等奖	张　锟	2016
23	基于提升河南省人才结构与产业结构协调性的高等教育学科专业结构预警系统研究	省级一等奖	邹友峰	2016
24	以学生创新能力培养为目标的IT类专业实践教学改革研究	省级一等奖	贾宗璞	2016
25	基于Sakai的协作型混合教学模式研究	省级一等奖	沈记全	2016
26	高等学校教育资源共享的制约因素及对策研究	省级一等奖	曹中秋	2016
27	应急管理综合实训资源优化集成与典型应用	省级一等奖	张小兵	2016
28	地方工科大学优势特色专业科教协同育人机制的创新与实践	省级一等奖	袁东升	2016
29	"两化融合"视角下工商管理类专业课程体系与教学内容整体优化研究	省级一等奖	曾　旗	2016
30	河南省普通高校分类分层管理政策研究	省级一等奖	范如永	2016

资料来源：根据教育部和省教育厅有关文件汇总。

（二）模式多元，切实完善培养机制

1.构建多元化人才培养模式

学校把人才培养模式改革作为教学改革的重点，持续推进分类分层人才培养模式改革，鼓励各专业根据社会需求和自身实际科学制定专业培养目标和培养要求，同时积极在部分专业中构建多元化人才培养模式。

按大类招生是高校根据我国教育发展的实际情况做出的教学改革，是涉及人才培养模式、课程体系、教学方式方法的一次深刻改革，是学校教学改革的深化和发展，也是学校进行内涵建设、提高人才培养质量的重要举措。2010 年，学校开始试行按专业大类招生培养，强调"重基础、重实践、重创新、重品德"，采用"2+2"分阶段培养，即前两年按专业大类培养，强化基础能力与个性品质，后两年分专业培养，强调专业素养与实践创新能力。鼓励人数较多的专业分专业方向进行人才培养，既保证各个方向的课程体系能够满足该专业培养要求，又突出不同方向对人才知识结构的个性化需求。

2011 年，学校制定了《双学位教育实施细则》，在本科生中实行"主修 + 辅修"培养模式，为学有余力的学生提供了更大的学习空间，促进了学生的个性发展，增强了学生的就业竞争力。

自 2012 年以来，学校采矿工程、矿物加工工程、测绘工程、安全工程、自动化与地质工程等 6 个专业先后获批成为教育部"卓越工程师教育培养计划"试点专业，积极探索校企联合培养、协同育人的新途径，主要实行"3+1"培养模式，即前三年学生主要在学校进行专业学习，后一年主要在联合培养企业进行工程实践和毕业设计等。

2. 持续优化人才培养机制

学校注重以办学特色与社会需求相融合、专业教育与创新创业教育相融合、实践教育与行业协同相结合、个性化培养与质量标准相结合等为主线构建长效的人才培养机制，在产学研合作协同育人、创新人才实验班等方面进行了有益的探索和实践，取得了良好效果。

2009 年以来，学校主动适应行业和区域经济社会转型发展需求，充分发挥学科专业特色优势，深化与企业、科研院所、研究机构的协同创新，探索基于产学研合作的协同育人机制，先后与河南能源化工集团、中国平煤神马集团、大同煤矿集团、潞安煤矿集团、中煤科工集团重庆研究院等一批企业、科研机构建立了产学研合作平台，在人才培养、科技研发、师资队伍建设、专业建设与课程开发等方面开展全方位的合作，建立健全协同创新的准入方式与标准、校内外技术人员的选聘与交流、学生联合培养与学分互换以及资源整合与成果共享等体制机制。

2016 年，学校在计算机科学与技术、信息与计算科学等专业试点开设了创新人才实验班。试行"专业教育与创新创业教育相融合、实践教育与行业协同相结合"的培养机制，注重因材施教与实践创新能力培养，以实现个性化培养与质量标准相结合，取得了较好的成效，并从 2018 年起得到了进一步的推广应用。

2019 年 1 月，学校与华北水利水电大学、郑州航空工业管理学院、河南财经政法大学、河南农业大学正式签署《校际课程互选与学分互认合作框架协议》，积极探索校际合作育人机制。此外，学校还与中国矿业大学、北京航空航天大学、美国北卡罗莱纳农工州立大学、爱尔兰利莫瑞克大学、意大利都灵理工大学等开展了校际合作人才培养工作。

（三）平台推动，现代信息技术与教育教学深度融合

学校重视现代信息技术在教学和管理中的应用。根据广大师生对"互联网＋教学"的需求，学校积极搭建的赛课网络教学平台于 2013 年正式投入使用。该平台能够提供课程资源共享、在线教学、在线作业、在线考试、在线答疑、在线讨论以及各类统计等功能，可以为师生提供一个不受时空限制、互动式、协同式、多元性的信息化学习环境，使泛在学习、移动学习、个性化学习成为现实。据统计，每年有 1000 余门课程利用该平台进行教学，目前参与课程达到 6000门次，参与师生达到 65000 余人次，网上布置和批改作业达到 80 万次，共建共享各类数字化教学资源达到 1.8T。

2014 年起，学校先后引进尔雅、智慧树、优课联盟三大网络教学平台优质课共计 33 门。2016 年，学校出台了《在线开放课程建设与管理办法》，进一步推动了优质教育资源的应用与共享，提高了广大师生应用现代信息技术进行教育教学的积极性。截至 2019 年 6 月，学校已自主立项建设 31 门在线开放课程，并获批省级 21 门（其中 2018 年省级竞争性精品在线开放课程立项 14 门，位居河南省高校并列第一），国家级 1 门，所有课程均已在中国大学慕课（爱课程平台）上线运行。

2018 年，为进一步推动现代信息技术与教育教学深度融合，创新教学方式方法，提高教育教学质量，学校大力推广使用蓝墨云班课智能云教学平台进行课程教学，先后 8 次邀请相关专家和技术人员来校作培训指导。

2019 年 3 月，为适应新形势下教学管理信息化的新需求，学校组织论证更换新的教务管理系统，全面提升教务管理信息化水平。

三、教育教学管理

有效的管理是提升教学质量的重要保障。长期的教育教学管理实践表明，作为教育教学工作的重要组成部分，教育教学管理对于教育发展有着十分重要的意义。有效的教学管理能够保证教学活动的基本秩序，使得教学活动的开展合理有序，使得教学资源得到优化配置。在教育教学管理实践探索中，学校不断更新教育教学管理观念，健全机构，完善制度，全方位实施教育教学管理工作，持续推动学校整体办学水平和教育教学质量稳步提升。

（一）教学质量管理

学校树立全面质量管理理念，按照质量管理体系要求，切实加强教学质量标准建设，确立了"六位一体"（包括目标保障系统、资源保障系统、制度保障系统、组织保障系统、过程保障系统、监控保障系统）教学质量保障体系，并通过加强质量保障体系的组织、制度建设以及教学质量管理队伍建设，保障和提高了学校的本科教学质量。

2009 年以来，学校先后制定了《关于学院成立教学督导组的通知》《关于建立校、院两级教学督导组联系制度的通知》，进一步加大对本科教学工作的督导力度，健全完善学校教学督导组织体系，构建了上下联动的校院两级教学质量保障体系。

2014 年 10—11 月，学校出台了《课堂教学检查督导工作方案》和《实验教学质量评价办法》，进一步加强了本科课堂教学和实验教学管理过程的质量监控，保证优良教学秩序，提高教学效果。同年，学校制定校处级领导干部听课制度，要求校领导、职能部门领导、学院领导每学期至少随机听课 4 次（每次一小节），其中分管教学工作的各级领导至少随机听课 8 次，将领导听课情况作为干部年度考核的重要指标；要求校、院两级教学督导组有针对性地进行听课督导，并向学校和学院提供质量改进的意见和建议；要求各学院的系主任、教学秘书、同行教师等也要积极听课，教务处每月通报听课情况。通过听课，掌握教学基本状态，及时发现和解决问题，对保障教学质量起到了积极作用。

2016年10月，为进一步完善教师本科课堂教学评价方法，促进广大教师提升教育教学质量，学校修订了《教师本科课堂教学评价方法》，坚持"以评促教、以评促学、以评促改、教学相长"原则，把教学评价作为提高教学质量的重要手段。坚持"科学、合理、简便"的原则，提高了教学评价的公信度。

2018年8月，学校出台《本科教学学生信息员工作实施办法》，在全校共选拔1186名学生信息员，并开发使用了学生信息员管理系统，创办发行《本科教学质量监控简报》，及时反馈教师教学情况、学生学习情况以及教学条件、教学环境、教学管理等方面的问题，进一步加强对教学质量监控工作经验的总结和宣传，切实提高了教学质量监控工作的有效性。

（二）考务管理

课程考试作为课堂教学的重要组成部分，是评价教学效果的主要手段之一。学校积极推进考试考核方法改革，创新考试考核方式，达到以考促教、以考促学的目的。

2009年以来，学校制定并实施《课程考试条例》《课程考试试卷保密暂行管理规定》《课程重修管理办法》等规章制度，从命题、阅卷、成绩评定、试卷分析、考试相关材料归档等方面规范考试考核各个环节，鼓励评价方式科学多样。突破传统的课堂考试方式，在部分操作性强的课程如《大学计算机基础》《C语言程序设计》等实现了上机考试形式；重视教学方式方法创新改革，结合现代信息技术与教育教学深度融合，利用线上优质教育资源如慕课、赛课、蓝墨云班课等网络教学平台的功能优势，丰富考试考核方式。

2015年11月，为进一步深化教育教学改革，全面评价教学质量和学生学习效果，学校制定实行了《课程考试考核方式改革实施办法（试行）》，通过课程考试考核改革，进一步创新教学方式、方法和手段，健全过程性评价与终结性评价相结合的课程教学评价体系，探索实施全过程、重能力、求创新的考核方法，坚持以考风促学风，引导学生自主学习和创造性学习，切实提升了人才培养质量。2017年1月，学校制定《关于课程考试规范的补充说明》，从试卷命题和使用、阅卷、成绩录入和提交、考试分析和材料归档等方面，进一步规范了课程考试。2018 年，学校自主研发的"考试网上预约系统"投入使用，有力推动了考务管理信息化进程。

（三）实践教学管理

实践教学是巩固理论知识和加深对理论认识的有效途径，是理论联系实际、培养学生掌握科学方法和提高动手能力的重要平台，是拓宽学生视野、提高学生实践能力和创新能力的重要环节，在人才培养中起着至关重要的作用。实践教学管理主要包括实验教学、各类实习、学习竞赛与创新实践、毕业设计（论文）等方面。

1. 实验教学

实验室是学校教学、科研工作的重要基地，是培养学生创新意识和实践能力的重要场所。为规范实验室的开放与管理，实现实验教学资源共享，促进实验室面向本科生开放，2009 年 10 月，学校制定并实施《标准开放实验室建设与管理办法（修订）》，以充分发挥学校各级、各类实验室的资源优势，激发学生学习兴趣，培养学生综合素质和创新能力，提高教学质量为目标，以提高实验室开放效果为核心，构建科学、合理的实验室开放标准体系，规范、有序地做好实验室开放工作，着力建设一批开放项目优良、实验教学队伍素质高、管理运行有效的标准化开放实验室。

2014 年 11 月，学校制定并实施《实验教学质量评价办法（试行）》，从评价原则、评价对象、组织形式、成绩计算、等级确定和结果使用等方面进行了明确规定，进一步规范实验教学管理，加强了实验教学质量控制，完善了实验教学质量评价体系，提高了实验教学水平与人才培养质量。

2016 年 7 月，学校出台《省级以上实验教学平台负责人选任管理办法（试行）》，并遴选了 14 人为省级及以上实验教学平台负责人，为进一步加强实验教学平台建设与管理，提升学校实验教学质量和实验室建设水平提供了人员支撑。12 月，制定并实施《实验室安全检查工作实施方案》，进一步加强实验室（实训室）安全管理，为杜绝安全隐患、保障实验教学正常运行提供了制度保证。

2. 各类实习

实习是高等教育实践教学体系的重要组成部分，是本科人才培养过程中一个重要的实践性教学环节。为进一步加强和改进学校本科生实习管理，2010年11月，学校实施《本科生实习管理办法》，从实习目的与要求、实习类型与形式、实习大纲与计划、实习组织与管理、实习成绩考核等方面进行明确要求，推进了本科生实习教学工作的科学化、规范化和制度化建设，对切实提高实习教学质量起到了积极推动作用。

2015年12月，为进一步贯彻落实教育部《关于实施卓越工程师教育培养计划的若干意见》文件精神，学校制定实施《"卓越工程师教育培养计划"校外培养管理办法（试行）》，从组织与管理、培养要求、纪律要求、经费保障等方面，进一步推进了学校"卓越工程师教育培养计划"校外培养过程中的课程学习、课程设计与实习等教学工作，有效保障了学校"卓越工程师教育培养计划"的顺利实施。

3. 学习竞赛与创新实践

为鼓励学生积极参加校内外各类学习竞赛活动，充分调动教师指导学生参加各类学习竞赛的积极性，2015年，学校修订《学生竞赛管理与奖励办法》和《学生单科学习竞赛奖励办法》，明确了各类学科竞赛由教务处负责组织实施，"挑战杯"和各类文化艺术竞赛由校团委负责组织实施，各类体育竞赛由体育学院负责组织实施，进一步加强对各类学习竞赛的组织管理，着重奖励在竞赛中有突出成绩的团体和个人，充分调动了广大师生参加各类学习竞赛的积极性。

2016年以来，学校先后制定并实施《创新创业学分认定及转换管理办法（试行）》《关于深化创新创业教育改革的实施意见》，成立创新创业教育工作领导小组和创新创业学院（挂靠招生就业处），对推进学校创新创业教育的改革与发展、全面提升学校创新创业教育水平和学生创新创业能力起到了重要推动作用。

4. 毕业设计（论文）

本科毕业设计（论文）是高等学校人才培养方案中非常重要的综合性、实践性教学环节，是培养学生运用所学知识、技能独立分析和解决科学技术、生产过程和经济社会等实践问题的重要载体，是对学生科学思维、实验研究、技术分析、学术规范等能力的综合培养。

2017 年 4 月，学校修订《本科毕业设计（论文）管理办法》，从毕业设计（论文）组织与管理、指导教师职责、学生任务与要求、毕业设计（论文）审核、评阅、答辩组织与成绩评定等方面进行明确要求，进一步规范了毕业设计（论文）工作管理。

第三节　深入推进教学综合建设

一、专业结构调整与建设

（一）合理规划，促进专业协调发展

2009 年以来，学校始终坚持以国家、区域经济社会发展和产业转型升级的需要为基本原则，根据学校办学定位与总体发展目标、办学特色和办学条件，以建好"一流的工科、高水平的理科和有特色的文科及相关学科"的专业建设思路，做好专业存量调整和增量优化，注重专业建设对接产业发展，不断促进专业内涵、特色、质量协调发展。

2011 年，根据学校《"十二五"专业建设与发展规划》，坚持"分类部署，突出重点；强化特色，增强能力；优化结构，协调发展；整合资源，创新机制"的建设思路，紧密结合国家、区域和行业经济社会发展的战略重点，适当增加本科专业数量，在人才培养模式、教师队伍、课程教材、教学方式、实践教学、教学管理等影响专业发展的关键环节进行综合改革，进一步优化学科专业布局，强化专业特色和优势，整合学科专业资源，构建以工科为主体，多学科互相支撑、协调发展的学科专业体系。

2016 年，根据省教育厅文件精神，学校制定《"十三五"专业建设与发展规划》，明确要求专业建设必须结合国家、行业和区域经济社会发展，进一步优化学科专业结构，强化办学优势与特色，提升专业建设与产业转型升级的契合度，着力构建符合国内一流特色高水平大学发展需要的专业体系。

截至 2019 年 6 月，学校共有 78 个本科专业，其中工科类专业 41 个，理学类专业 10 个，管理学类专业 11 个，文学类专业 4 个，艺术学类专业 5 个，经济

学类专业2个，教育学专业2个，医学类专业2个，法学类专业1个。经过多年的调整与发展，学校基本形成了以工科为主、多学科协调发展的专业办学格局。

表2-3 学校本科专业设置一览表

序号	专业名称	学院名称	学科门类	授位门类
1	安全工程	安全科学与工程学院	工学	工学
2	消防工程	安全科学与工程学院	工学	工学
3	采矿工程	能源科学与工程学院	工学	工学
4	工业工程	能源科学与工程学院	管理学	工学
5	交通工程	能源科学与工程学院	工学	工学
6	地质工程	资源环境学院	工学	工学
7	水文与水资源工程	资源环境学院	工学	工学
8	环境工程	资源环境学院	工学	工学
9	地球信息科学与技术	资源环境学院	理学	工学
10	资源勘查工程	资源环境学院	工学	工学
11	生物技术	资源环境学院	理学	理学
12	机械设计制造及其自动化	机械与动力工程学院	工学	工学
13	测控技术与仪器	机械与动力工程学院	工学	工学
14	能源与动力工程	机械与动力工程学院	工学	工学
15	车辆工程	机械与动力工程学院	工学	工学
16	机械电子工程	机械与动力工程学院	工学	工学
17	测绘工程	测绘与国土信息工程学院	工学	工学
18	土地资源管理	测绘与国土信息工程学院	管理学	工学
19	遥感科学与技术	测绘与国土信息工程学院	工学	工学
20	地理信息科学	测绘与国土信息工程学院	理学	理学
21	人文地理与城乡规划	测绘与国土信息工程学院	理学	理学

续表

序号	专业名称	学院名称	学科门类	授位门类
22	自然地理与资源环境	测绘与国土信息工程学院	理学	理学
23	材料科学与工程	材料科学与工程学院	工学	工学
24	材料成型及控制工程	材料科学与工程学院	工学	工学
25	新能源材料与器件	材料科学与工程学院	工学	工学
26	材料化学	材料科学与工程学院	理学	理学
27	电气工程及其自动化	电气工程与自动化学院	工学	工学
28	自动化	电气工程与自动化学院	工学	工学
29	轨道交通信号与控制	电气工程与自动化学院	工学	工学
30	机器人工程	电气工程与自动化学院	工学	工学
31	土木工程	土木工程学院	工学	工学
32	城市地下空间工程	土木工程学院	工学	工学
33	建筑环境与能源应用工程	土木工程学院	工学	工学
34	工程管理	土木工程学院	管理学	工学
35	工程力学	土木工程学院	工学	工学
36	计算机科学与技术	计算机科学与技术学院	工学	工学
37	网络工程	计算机科学与技术学院	工学	工学
38	软件工程	计算机科学与技术学院	工学	工学
39	物联网工程	计算机科学与技术学院	工学	工学
40	数据科学与大数据技术	计算机科学与技术学院	工学	工学
41	工商管理	工商管理学院	管理学	管理学
42	人力资源管理	工商管理学院	管理学	管理学
43	旅游管理	工商管理学院	管理学	管理学
44	市场营销	工商管理学院	管理学	管理学
45	财务管理	财经学院	管理学	管理学

序号	专业名称	学院名称	学科门类	授位门类
46	会计学	财经学院	管理学	管理学
47	国际经济与贸易	财经学院	经济学	经济学
48	金融学	财经学院	经济学	经济学
49	数学与应用数学	数学与信息科学学院	理学	理学
50	信息与计算科学	数学与信息科学学院	理学	理学
51	电子信息工程	物理与电子信息学院	工学	工学
52	光电信息科学与工程	物理与电子信息学院	工学	工学
53	通信工程	物理与电子信息学院	工学	工学
54	微电子科学与工程	物理与电子信息学院	工学	工学
55	应用物理学	物理与电子信息学院	理学	理学
56	能源化学工程	化学化工学院	工学	工学
57	矿物加工工程	化学化工学院	工学	工学
58	化学工程与工艺	化学化工学院	工学	工学
59	应用化学	化学化工学院	理学	理学
60	英语	外国语学院	文学	文学
61	日语	外国语学院	文学	文学
62	建筑学	建筑与艺术设计学院	工学	工学
63	城乡规划	建筑与艺术设计学院	工学	工学
64	工业设计	建筑与艺术设计学院	工学	工学
65	环境设计	建筑与艺术设计学院	艺术学	艺术学
66	视觉传达设计	建筑与艺术设计学院	艺术学	艺术学
67	产品设计	建筑与艺术设计学院	艺术学	艺术学
68	公共事业管理	应急管理学院	管理学	管理学
69	管理科学	应急管理学院	管理学	管理学

序号	专业名称	学院名称	学科门类	授位门类
70	汉语言文学	文法学院	文学	文学
71	广告学	文法学院	文学	文学
72	法学	文法学院	法学	法学
73	社会体育指导与管理	体育学院	教育学	教育学
74	武术与民族传统体育	体育学院	教育学	教育学
75	音乐表演	音乐学院	艺术学	艺术学
76	舞蹈编导	音乐学院	艺术学	艺术学
77	护理学	医学院	医学	理学
78	药学	医学院	医学	理学

资料来源：根据教育部和省教育厅相关文件汇总。

（二）加强建设，提升专业办学水平

1. 规范设置专业，适时调整优化专业结构

为贯彻落实教育规划纲要提出的要适应国家和区域经济社会发展需要，进一步规范普通高等学校本科专业的设置与管理，落实和扩大高校专业设置自主权，建立动态调整机制，不断优化学科专业结构的要求，2012年教育部出台了《普通高等学校本科专业设置管理规定》。学校贯彻落实教育部《普通高等学校本科专业设置管理规定》，根据社会需求和学校办学实际，坚持调整与改造、撤销与增设相结合，科学规范设置专业，不断优化专业结构。2009年10月至2019年6月，学校新增武术与民族传统体育、光电信息科学与工程、资源勘查工程、物联网工程、护理学、轨道交通信号与控制、城市地下空间工程、管理科学、药学、人文地理与城乡规划、能源化学工程、舞蹈编导、微电子科学与工程、新能源材料与器件、机械电子工程、机器人工程、数据科学与大数据技术等17个本科专业，调整和撤销了公共安全管理、煤及煤层气工程、电子信息技术及仪器、服装与服饰设计、理论与应用力学、电子信息科学与技术、信息管理与信息系统等7个本科专业，学校学科专业结构得到了进一步的优化。

2. 加强新专业建设，提升专业办学水平

为进一步改进和加强新专业建设，提高办学水平和人才培养质量，2009年11月，学校制定了《关于进一步改进和加强新专业建设的若干意见》，着力从六个方面改进和加强新专业建设，一是进一步加大投入，改善教学条件；二是科学制定专业人才培养方案，深化教学改革；三是进一步加强教材建设，优化教学资源；四是切实强化实践教学，提高学生的实践创新能力；五是大力加强师资队伍建设，提高新专业师资水平；六是强化评估，建立长效的新专业评估制度等。

2010年以来，学校逐年加大教学投入，尤其是2016年以后每年投入约3000万元用于教学设备购置和维护，不断改善办学条件；2012年以来，根据教育部本科专业目录调整情况，学校分别于2012年、2016年、2018年先后3次组织修订完善本科专业人才培养方案，并进一步深化教学内容和方式改革，加强立体化、数字化教学资源建设，鼓励教师积极指导学生参与学科竞赛和各类创新创业实践活动，并认真组织各专业开展自我评估和接受省教育厅组织的专业评估，专业办学水平得到了有效提升。

3. 坚持分层分类建设，着力打造特色专业优势品牌

学校按照"分层分类建设，持续优化结构，强化特色优势"原则，大力推进特色优势专业建设，通过优化专业课程体系，改革课程教学内容、方法、手段，加强教师队伍建设和教学管理，强化实践教学和教学创新等措施，不断强化专业办学特色与优势，提升专业办学水平和综合实力。

为保证专业办学质量，2013年至2019年6月，学校制定了《本科专业建设管理办法》《本科专业建设考核与评估实施办法》等，着力构建专业建设考核评估的长效机制，全面推进专业教学基本建设及其管理，不断增强专业的适应性。每年对各专业进行年度考核评估，对评估结果不达标的专业限制或暂停招生，对连续两年评估结果不达标的专业予以调整或撤销。2013年以来，学校先后申请撤销了服装与服饰设计、理论与应用力学、电子信息科学与技术和信息管理与信息系统4个本科专业，并对部分专业的招生计划进行了适当调整。

2014年10月，为进一步贯彻落实教育部《关于全面提高高等教育质量的若干意见》《关于加强本科特色专业建设的指导性意见》和学校第一次党代会以及《河南理工大学"十二五"事业发展规划》提出的战略目标，进一步充实专业内涵，强化专业特色与优势，学校制定《特色专业提升行动计划》，投入 1200 万元重点支持建设安全工程等 16 个定位明确、师资力量较强、教育体系完备、实验装备精良、培养质量较高、社会声誉较好、具有鲜明特色的专业，推动特色专业打造优势品牌，不断提升专业办学实力和社会声誉。

截至 2019 年 6 月，学校共建有 10 个国家级特色专业，16 个省级特色专业；3 个国家级专业综合改革试点专业，11 个省级专业综合改革试点专业；6 个教育部"卓越工程师教育培养计划"试点专业，4 个河南省本科工程教育人才培养模式改革试点专业，1 个河南省卓越法律人才教育培养基地，4 个中外合作办学专业，8 个专业通过全国工程教育专业认证，这些特色或优势品牌专业有效发挥了示范引领作用。

（三）瞄准前沿，大力推进新工科专业建设

新工科建设是基于国家战略发展新需求、国际竞争新形势和立德树人新要求而提出的工程教育改革新方向。其内涵是以立德树人为引领，以应对变化、塑造未来为建设理念，以继承与创新、交叉与融合、协调与共享为主要途径，培养未来多元化、创新型卓越工程人才。

2018 年 2 月，为探索学校工科发展新范式，构建工科专业新结构，创新工程教育方式与手段，着力培养多元化、创新型卓越工程技术人才，教务处组织编制了学校《新工科建设研究与实践专题教改立项指南》，并于同年 5 月开展新工科专项教改立项工作，共立项建设 61 项新工科项目。同时，以校长杨小林承担教育部首批新工科建设研究与实践项目为契机，进一步推进学校新工科建设步伐，先后 3 次召开新工科建设推进会，要求各单位及新工科项目负责人高度重视新工科建设工作：设置和建设新工科专业要面向新技术、新产业、新经济发展需要，同时要加强对传统工科专业进行改造升级，推动学科专业结构优化与人才培养模式变革，建立满足产业发展需要的专业动态调整机制，不断提升工程人才培养对国家战略和经济发展的适应性和支撑力。2018 年 7 月，学校申请增设了机器人工程、数据科学与大数据技术、机械电子工程 3 个新工科专业，并在 2018 版本科专业人才培养方案制修订过程中，着力建设"绿色智能开采""智能制造装备""智能建造""智能控制技术""大数据与云计算"等课程群，推进采矿工程、安全工程、自动化类、机械类、土木类专业相关课程实践的深度融合，全面构建面向新工科的工程实践教育创新体系。

（四）对接评估，全面加强专业内涵建设

2016 年 12 月，学校制定了《本科专业评估方案》，教务处、教学质量监控中心邀请郑州大学、中国矿业大学等省内外 15 所高校共 45 名专家对全校所有本科专业进行了评估，对各专业的建设情况进行了全面评价。根据专业评估结果，督促各学院进一步加强专业内涵建设，突出专业优势或特色，不断提高专业办学水平和人才培养质量。2016 年 12 月以来，学校还积极组织各专业参加河南省高校专业评估，截至 2019 年 6 月，已有 50 个本科专业接受评估。

二、课程与教材建设

（一）系统规划，课程建设成绩斐然

2009 年以来，学校坚持以课程建设为重要抓手，积极组织各学院科学制定实施《课程建设规划》，并坚持课程教学对接能力培养，积极开展课程教学改革，明确课程建设质量标准，细化课程知识点，以培养学生能力为主线，促进课程教学过程有效支撑毕业要求和培养目标的达成。

2011 年 3 月，学校制定了《专业课教学管理实施办法》等文件，切实加强各专业的主干核心课程建设，要求按照省级及以上精品资源共享课程、精品视频公开课程、精品在线开放课程或双语教学示范课程的建设标准，每个本科专业每年遴选出 1 ~ 3 门专业主干核心课程加以重点建设，不断增强学生的专业素养。

公共基础课在高校育人工作中具有基础性地位。2015 年 12 月，为全面贯彻党的教育方针，全面提升思想政治理论课建设水平，学校制定了《思想政治理论课建设体系创新计划实施方案》，从整体上推进了思想政治理论课在教学内容、教师队伍、教学方法等方面的综合改革创新，并在教学内容体系、教学人才体系、教学方法体系、学科支撑体系和条件保障体系建设等方面取得了切实成效，学校思想政治理论课整体教育教学水平保持在河南高校先进行列。2016 年 5 月，为进一步加强《高等数学》《大学英语》《大学物理》《大学计算机基础》《思想政治理论课》等公共基础课建设，不断夯实学生的通识教育基础，进一步发挥公共基础课在学校人才培养中的育人作用，学校修订完善了《关于加强高等数学等 5 门公共课教学工作的意见》，广泛开展公共基础课教学竞赛和课内外学习竞赛活动，充分激发教师教学的积极性和学生学习的兴趣与热情，进一步提高了公共课教育教学质量。

为适应教育国际化的需求，2015 年 12 月，学校修订了《双语教学工作实施办法》，进一步加强学校双语教学工作，切实规范双语教学管理，不断推动双语教学改革，提高双语教学质量，培养了一批富有创新精神、国际视野和国际竞争力的高素质人才。

截至 2019 年 6 月，学校已建成 12 门国家级精品开放课程（包括精品课、精品资源共享课和精品在线开放课），62 门省级精品开放课程，140 门校级精品开放课程；3 门国家双语教学示范课程，8 门省级双语教学示范课程，240 余门次校级双语课程；4 门省级思想政治理论课优秀课程。此外，还建有 4 个国家级教学团队，10 个省级教学团队，10 个省级优秀基层教学组织。经过多年的建设，学校已构建形成了较为丰富的优质课程教学资源库，为学生自主学习提供了有利条件。

（二）规范管理，教材建设成效明显

教材是依据课程标准编制的、系统反映学科内容的教学用书，是课程标准的具体化。教材的选用和建设水平对课程教学质量的提升有着非常重要的影响作用。

2010 年，为进一步加强教材选用管理，学校制定了《教材供应管理工作规程》，在教材选用、征订、供应、管理等方面做了详细规定。在教材选用方面，坚持选优用新原则，要求所有课程特别是核心基础课程和专业主干课程必须优先选用省部级以上规划教材、优秀教材、精品教材和近 3 年出版的新教材。同时，规定了教材选用工作程序，实施学院、系（教研室）、任课教师三级教材选用质量保障体系。截至 2019 年 6 月，学校对省部级以上规划教材的选用率每年都在 80% 以上，其中公共基础课教材全部为国家级优秀教材，实现了优秀教材进课堂，共享国家优质教育资源，促进了课程教学质量的不断提高。

为鼓励和支持学术造诣深、科研成果显著、教学经验丰富的教师编写具有学校办学特色的教材，学校于2014年制定了《教材业绩点量化办法》，对教师主编的优秀教材给予奖励，充分调动了广大教师编写高水平教材的积极性。2009年10月至2019年6月，学校教师共出版自编教材370部，其中获得国家级精品教材1部，全国电力行业精品教材1部，全国煤炭高等教育优秀教材21部，全国煤炭教育协会优秀教材15部。

为进一步提升教材建设水平，学校还重点资助一批能体现学校专业特色和学科优势水平的教材，积极申报省级、国家级规划教材。2009年10月至2019年6月，学校获批的8部国家级规划教材已全部出版，获批的25部省级规划教材（含国家级）已出版23部，规划教材建设总体进展顺利，教材建设水平逐步提升。

表2-4　2009—2019年学校已出版的国家级、省级规划教材一览表

序号	教材名称	出版社	主编	级别	年度
1	瓦斯地质学	中国矿业大学出版社	张子敏	国家级	2009
2	系统安全评价与预测	中国矿业大学出版社	景国勋	国家级	2009
3	煤矿开采损害与保护	煤炭工业出版社	郭文兵	国家级	2013
4	采煤概论（修订）	煤炭工业出版社	周　英	国家级	2015
5	现代供电技术（第二版）	中国电力出版社	王福忠	国家级	2015
6	系统安全评价与预测（修订）	中国矿业大学出版社	景国勋	国家级	2016
7	建设工程监理概论	黄河水利出版社	顿志林	国家级	2017
8	安全管理学	中国劳动社会保障出版社	景国勋	国家级	2017
9	现代材料分析测试技术	中国矿业大学出版社	管学茂	省　级	2013
10	大学计算机基础（第2版）	人民邮电出版社	贾宗璞	省　级	2013
11	普通高校军事教程	河南科技出版社	史衍良	省　级	2014
12	宜阳地区野外地质实习及工作方法	煤炭工业出版社	宋党育	省　级	2014
13	C语言程序设计	人民邮电出版社	贾宗璞	省　级	2014
14	大学体育	吉林大学出版社	张纳新	省　级	2015

序号	教材名称	出版社	主编	级别	年度
15	理论力学	中国矿大出版社	闫安志	省级	2016
16	AutoCAD2009测绘工程专业绘图基础	测绘出版社	王庆林	省级	2016
17	单片机原理及应用技术	中国矿大出版社	余发山	省级	2016
18	大学体育教程	中国科学技术出版社	杨　军	省级	2017
19	互换性与测量技术基础	机械工业出版社	赵俊伟	省级	2017
20	机械设计基础	中国电力出版社	杨现卿	省级	2018
21	开心学日语	南开大学出版社	李　红	省级	2018
22	管理学	高等教育出版社	曾　旗	省级	2018
23	矿井监控系统	中国水利水电出版社	李长青	省级	2018

资料来源：根据教育部和省教育厅有关文件及教材出版情况汇总。

三、实践教学建设

（一）实验室建设

2009年以来，学校不断加大实验室建设投入力度，实验室条件得到明显改善，实验室建设层次和水平不断提升。安全工程实验中心、测绘工程实验教学中心、煤田地质与勘探实验中心先后被评为国家级实验教学示范中心建设单位，经济管理实验教学中心、力学实验教学中心、采矿工程实验中心、材料科学与工程实验教学示范中心、物理实验教学示范中心先后获批为省级实验教学示范中心。2012年，电工电子实验中心、工程训练中心和安全工程实验中心通过教育部组织的国家级实验教学示范中心（建设单位）现场考察验收，被授予"国家级实验教学示范中心"称号。

为加快建设信息化实验教学资源，推进实验室建设与信息技术的深度融合，学校启动了虚拟仿真实验教学中心和虚拟仿真实验教学资源建设。2013年，学校煤矿开采虚拟仿真实验教学中心获批为省级虚拟仿真实验教学中心，并于

2014 年获批为国家级虚拟仿真实验教学中心。2016—2017 年，矿山电气工程虚拟仿真实验教学中心、安全与消防工程虚拟仿真实验教学中心先后获批为省级虚拟仿真实验教学中心。2018 年，矿区地表变形监测虚拟仿真实验、区间与车站信号自动控制虚拟仿真实验、煤矿综掘工作面机械装备虚拟仿真实验、煤矿爆破工艺虚拟仿真实验、煤矿事故应急救援虚拟仿真实验和坐骨神经－腓肠肌虚拟仿真实验 6 个实验项目获批为省级虚拟仿真实验教学项目，其中矿区地表变形监测虚拟仿真实验、煤矿综掘工作面机械装备虚拟仿真实验还于 2019 年 3 月获批为国家级虚拟仿真实验教学项目。

2016—2017 年，学校先后制修订《标准化开放实验室建设与管理办法》《省级以上实验教学平台负责人选任管理办法》《实验室人员编制核定和管理办法》等系列文件，进一步加强了实验室建设与开放管理。2016 年，学校购置实验教学综合管理系统投入使用，为进一步规范实验教学秩序、开展实验教学督导、推进实验室开放等提供了平台和手段。2019 年 4 月，学校成立实验室建设与设备管理处，负责统筹全校各类实验室建设与实验设备管理。

截至 2019 年 6 月，学校拥有各级各类实验中心（室）62 个，实验用房面积 7.17 万平方米，教学科研仪器设备值达 6.36 亿元。

（二）实践教学基地建设

学校十分重视实践教学基地建设，坚持"就近选择，相对稳定；生产正常，技术先进"原则，精心组织联系，积极建立各类实践教学基地。经过长期努力，先后与河南能化集团、中平能化集团等上百家大中型企业、科研院所合作建立了一批稳定的实践教学基地。其中，2012 年获批河南煤化集团、平煤集团和沁水蓝焰煤层气公司 3 个国家级工程实践教育中心，2013 年获批云台山地质公园国家级大学生理科实践教育基地和大同煤矿集团有限责任公司国家级工程实践教育中心。

截至 2019 年 6 月，学校共建有 379 个校外实习、实训基地，保证了不同专业、不同形式、不同内容的实习、实训活动，强化了学生的实践动手能力，为培养具有社会责任感、健全人格、扎实基础、宽阔视野，创新精神、实践能力的高素质应用型人才创造了有利条件。

（三）毕业设计（论文）

2010 年以来，学校每年春季学期组织各学院开展毕业实习专项检查，对本科毕业设计（论文）指导和答辩工作进行部署，鼓励学院将本科生毕业设计（论文）选题与教师科学研究、实验实践项目相结合，从文献检索、实地调研、论文撰写、中期检查、论文评阅、毕业答辩等环节入手，加强毕业设计（论文）开题、中期检查、指导、评阅、答辩的过程管理。开展毕业设计（论文）不端行为检测和买卖、代写行为检查，严把学生毕业设计（论文）质量关，进一步规范毕业设计（论文）格式、内容等，不断提高学生的写作水平。

从实际情况来看，绝大多数学生的毕业设计（论文）观点明确，内容充实，结构严谨，语言应用规范，资料数据翔实，研究方法得当，图文并茂，设计论证过程较严密，相似比均低于 30%，符合本科毕业设计（论文）的质量要求。

（四）学科竞赛

为培养学生的实践能力、创新意识和团队精神，进一步推进各类学科竞赛的顺利实施，学校成立学科竞赛组织委员会，设立学科竞赛专项基金，对赛前培训的教师工作量，以获准的竞赛工作方案和实际培训的学时、人数为依据，按正常授课工作量的 1.2 倍进行核算，并记入当年教学业绩。对指导学生获得国家级和省部级奖励的教师给予相应奖励，并分别给予指导教师实践教学"优秀""良好"评价，等同于本科理论教学评教结果。对获奖的学生给予相应奖励，并按照获奖等级不同给予相应的创新创业学分，当获得的创新创业学分累计超过 8 学分或单项奖励超过 3 学分（不含 3 学分）时，超过的学分可申请转换相应的非必修课程学分。

以上措施的实施，充分调动了广大师生参加数学建模竞赛、全国大学生电子设计竞赛等各级各类学科竞赛的积极性。2009 年 10 月至 2019 年 6 月，学校已累计获得国家级学科竞赛奖励 371 项，省部级学科竞赛奖励 4611 项，位居全省高校前列。

（五）产学研合作协同育人

学校通过采取建设校外实践教育基地、鼓励学生参加教师科研项目和创新创业训练等措施，多方位培养学生的实践创新能力。2012 年至 2019 年 6 月，学校累计获批国家级大学生创新创业训练计划项目（2012年实施）399项，省级大学生创新创业训练计划项目（2017年实施）54项。

学校通过深化与企业、科研院所、研究机构的协同创新，积极探索基于产学研合作的协同育人模式。2009年以来，学校先后与河南能源化工集团、中国平煤神马集团、大同煤矿集团、潞安煤矿集团、中煤科工集团重庆研究院等一批企业、科研机构建立了产学研合作平台，在人才培养、科技研发、师资队伍建设、专业建设与课程开发等方面开展全方位的合作；2017年以来，学校又先后与北京百知教育科技有限公司、北京千锋互联科技有限公司、浙江校友邦科技有限公司、河南蓝鸥科技有限公司等20多家单位签订合作协议，积极组织联合申报教育部产学合作协同育人项目。2017年学校获得9项教育部首批产学合作协同育人项目；2018年学校获批68项教育部产学合作协同育人项目，立项数位居全省高校首位。

第四节　多种办学形式协同发展

一、独立学院建设

河南理工大学万方科技学院成立于2002年，是我省第一所按新的机制、新的模式举办的独立学院。2008年，学校与宇华投资管理有限公司合作建设万方科技学院郑州校区，2016年转设为独立的民办高等学校——郑州工商学院。

（一）两地办学格局与独立学院转设

按照2008年4月学校与宇华投资管理有限公司（以下简称"宇华公司"）签订的合作办学协议，两家共同举办河南理工大学万方科技学院（以下简称"万方学院"），由焦作校区和郑州校区组成。焦作校区即河南理工大学老校区（焦作解放路校区）保持原有模式不变，其一切权利义务均由河南理工大学负责，郑州校区由宇华公司投资建设。同时，根据《河南理工大学万方科技学院章程》，万方学院实行董事会领导下的院长负责制。其中，李光宇任董事长，邹友峰任副董事长，聘任王裕清担任院长；在管理模式上，对焦作校区和郑州校区实施统一管理，实行"五个统一"，即统一的法人代表、统一的领导班子、统一的工作队伍、统一的规章制度、统一的培养方案。2009 年 9 月，郑州校区首批 3550 名本专科新生入驻，万方学院两地办学格局正式形成。

2014 年 12 月和 2015 年 4 月，宇华公司两次通过省教育厅向学校提出将万方学院转设为独立建制的民办高校的申请，并得到了省委省政府和教育厅的支持。为维护学校利益，充分保护师生员工的权益，学校成立了由监察、财务、审计、招生、法律事务等部门参与的谈判工作组，工作组与投资方先后进行了七次谈判。2015 年 6 月 19 日，在省教育厅的主持与协调下，召开了河南理工大学万方科技学院转设事宜专题协调会，学校与宇华公司达成以下初步共识：第一，宇华公司须支付我校举办万方学院投入成本的一次性补偿及 2015—2019 年存量学生应缴管理费共 2.35 亿元人民币；第二，省教育厅从 2016 年起向我校追加二本招生计划 1000 人，以补偿万方科技学院焦作校区的生源减少，并列入我校以后年度招生计划基数，同时将我校办学规模由原核定的 35000 人增加至 40000 人；第三，双方要签订协议妥善处理万方学院转设后现有教职工的安置问题和现有在校生的管理与稳定问题；第四，万方学院办学过程中所形成的无形资产归河南理工大学所有，万方学院焦作校区资产的所有权归河南理工大学，万方学院郑州校区资产的所有权归转设后的新学校。

鉴于国家和河南省对于独立学院转设的政策导向以及高等教育深化综合改革的趋势，学校从讲政治、顾大局出发同意了万方科技学院转设。2015 年 6 月 22 日，学校就落实与宇华公司达成的初步共识召开了党政联席会议；7 月 4 日，学校召开教代会表决通过了万方学院转设及相关补偿事宜；7 月 15 日，双方签订《河南理工大学 宇华投资管理有限公司关于终止合作举办河南理工大学万方科技学院暨善后事宜协议书》，进一步明确：万方学院焦作校区办学过程中所使用的土地、房产、设备及其他各种资产归河南理工大学。同年万方学院转设为郑州工商学院的申请得到了教育部和省政府的批复，双方按照协议妥善处理万方学院转设后现有教职工的安置问题和现有在校生的管理与稳定问题。2019 年 6 月，万方学院最后一届学生 5442 人毕业，独立学院办学历史结束。

万方学院成立以来，学校始终大力支持学院发展，围绕把学院建设成为学科专业优势突出、素质教育特色鲜明、综合办学水平达到国内一流的独立学院的办学定位，积极支持学院推进体制机制改革，深化素质教育改革，全面加强内涵建设，取得了显著的办学成就。学院连年荣登全国独立学院排行榜百强行列，相继被授予"中国民办高等教育优秀院校""河南考生心目中最理想的高校"等荣誉称号；累计为社会培育输送58376名毕业生，并培养了"中国大学生自强之星""全国大学生年度人物"等一大批优秀学生代表，为学校赢得了良好的社会声誉。

（二）教育教学工作

万方学院教育教学工作实行学院、系部二级管理体制。学院教务处负责宏观管理和监督，教学系部负责教学活动的组织实施。2009年郑州校区投入使用后，学院对两校区的教学系部设置进行了调整。焦作校区设置电气与自动化工程系、机械与动力工程系、能源与材料工程系、建筑与测绘工程系、经济与管理科学系、文法系、思想政治理论教学部、公共基础课教学部等6系2部；郑州校区设置信息科学与工程系、艺术系、体育系等3个教学系。2016年，根据办学实际学院再次调整两校区系部设置，焦作校区设置电气与自动化工程系、机械与动力工程系、能源与材料工程系、地质与交通工程系、工商管理系、人文与社会科学系、思想政治理论教学部、公共基础课教学部等6系2部；郑州校区设置信息科学与工程系、建筑与测绘工程系、经济与管理科学系、文学与法学系、艺术系、会计学系等6个教学系。

学院围绕"巩固现有专业，培育优势专业，突出特色专业，发展新建专业，加强内涵建设，提高整体水平"的专业建设与优化思路，科学制定专业建设规划并认真组织实施。本科专业由2009年的26个发展到2016年的48个，逐步形成了以工学为主体、其他学科专业协调发展、符合区域经济社会发展需要的专业格局。2012年，机械制造及其自动化学科获批为河南省二级重点学科，成为河南省独立学院首个重点学科。2016年，宝石材料及其工艺学、机械设计制造及其自动化、电气工程及其自动化等3个专业先后成为河南省民办高校品牌专业。学院还建有《采煤概论》《计算机网络》《自动控制系统》《供电技术》《瓦斯地质学》等14门省级精品课程。

万方学院2009年招生4734人，2010年招生6748人，2011年招生7738人，

2012 年招生 9026 人，2013 年招生 10794 人，2014 年招生 11887 人，2015
年招生 9023 人。

（三）素质教育"五项工程"

在十余年办学过程中，学院坚持特色立校、特色强校，倾力打造办学特色
核心工程，不断丰富素质教育的内涵，在实践中完善和构建以素质教育"五项工
程"为主要内容的素质教育体系。2010 年 5 月，学院开始实施学生素质教育"五
项工程"，对学生基础课和专业课程知识进行延伸拓展，帮助学生提高知识的综
合应用能力，增强创新和解决实际问题的能力。一是思想品德提升工程，不断提
高学生认识问题、分析问题、解决问题以及规划自身发展的能力，增强学生的政
治理论素养和个人品德修养，引导学生树立正确的世界观、人生观、价值观。二
是书香校园工程，教育引导学生开阔视界，丰富人文知识储备，提高自身文化素
养，自觉养成浸润书香、沁心墨牍的良好行为习惯。三是写作与口才训练工程，
切实提高学生语言表达能力，进一步增强就业竞争力。四是身心素质训练工程，
培养学生良好的体育锻炼习惯和健康的生活方式，加强学生心理健康教育，提高
学生心理调适能力。五是社会实践工程，培养学生的社会实践能力、吃苦精神、
探索精神和创新能力，增强学生社会责任感。

2011 年，学院总结多年来的素质教育成果，建成素质教育展厅，记录素质
教育实践历程，彰显学院德育特色，开创了省内高校素质教育实物成果展示先
河。2012 年，编撰出版了《十年一剑——河南理工大学万方科技学院素质教育
探索与实践》，并获河南省教育科学研究优秀成果一等奖。

（四）就业工作评估与学士学位授权审核

2010 年 11 月，河南省教育厅高校毕业生就业工作评估专家组对万方科技
学院进行就业工作评估。专家组高度肯定学院的就业工作，并进行了全面评价：
一是高度重视，建立了良好的工作体制和领导、指导和服务体系，建立了责任明
确的就业工作领导体制和运行机制，初步形成了齐抓共管的良好局面，构建了
毕业生就业工作的新格局；二是科学决策，全方位规划就业工作，紧盯就业市场
的发展变化，适时调整学科专业结构，加大教育教学改革力度和素质教育推行力
度，更加有利于培养综合素质高、就业竞争力强的毕业生，毕业生就业率位居河

南省同类高校前列；三是就业工作基础条件完善，专兼职就业人员配备到位，就业经费有保障，设施设备齐全，为就业工作的扎实开展提供了必要的基本条件；四是完善就业服务体系，强化就业教育与指导，服务全面高效、科学有序，帮扶毕业生就业困难群体的措施扎实有力，对女大学生就业的指导服务创新高效；五是就业工作制度健全，管理规范，确保了就业工作科学开展。

2012年4月，河南省学位办学士学位授权单位评审专家组就学院学士学位授权评审工作进行了实地考察和检查评估。专家组对学院办学给予了高度评价，充分肯定了学院办学条件、办学水平和办学质量，较好地满足人才培养需要，已经达到了学士学位授予单位的要求。学士学位授予权的获得，标志着学院办学水平进一步提升。

（五）举办建院十周年庆典暨素质教育成果汇报会

2012年10月，万方学院举行"建院十周年庆典暨素质教育汇报会"，回顾了办学历程，总结了办学经验，充分展示了学院十年艰苦奋斗取得的辉煌业绩，彰显了万方科技学院自强不息、奋发向上的精神品格，受到了省、市领导及社会各界的一致好评。全国人大常委会委员、全国人大教科文卫委员会副主任委员、民进中央副主席、中国民办教育协会会长王佐书，全国人大农业与农村委员会委员、万方学院名誉院长王明义，省人大常委会副主任蒋笃运，原河南省副省长、省民办教育协会会长贾连朝，原教育部思政司司长、中国高等教育学会副会长张晋峰，省长助理、中原文化艺术学院（筹建）院长卢大伟，省人大副秘书长、办公厅主任夏林，省教育厅党组成员、正厅级巡视员张健，焦作市人大常委会主任郭国明，中国民办教育协会监事会主席、河南省民办教育协会执行会长、黄河科技学院校长胡大白，河南理工大学党政领导王少安、张国臣、周志远、卫中玲、张战营、王裕清、张锟、景国勋、杨建堂、丁安民，万方学院董事单位领导、实习实训企业领导等近400人出席会议。王佐书会长为学院题词"历史是老师，为育人教书"，王明义为学院题词"万里春风催桃李、达人丹心育良才"。

庆典大会由校党委副书记兼纪委书记、学院董事会董事张国臣主持。学校副校长、万方科技学院院长王裕清作《深入推进素质教育，全面提高育人质量，为创办国内一流的独立学院而努力奋斗》的主题报告，全面回顾了学院自成立以来，始终坚持党的教育方针，传承和弘扬"诚信勤奋"校训和"好学力行"校风，精心培育素质教育办学特色，切实提高人才培养质量，形成了清晰的办学思路，积累了宝贵的办学经验，取得了可喜的育人成就，赢得了社会各界的广泛赞誉。

二、国防生培养

2005年，学校与原济南军区签约培养国防生，并于同年开始招收国防生。学校始终坚持以高标准、高质量完成军队赋予的国防人才培养任务为指导思想，坚持以国防生教育培养政策、高等教育人才培养要求为依据，坚持"部队需要什么人才，就培养什么人才"为原则，努力培养"政治思想坚定、专业基础扎实、军事技能过硬、作风纪律严明、任职能力突出"的适应国防和军队现代化建设需要的新型高素质军事人才。2010年，为加强国防生培养工作，学校成立后备军官学院（与武装部合署办公），下设党政办公室、军事科、学生工作办公室。学校国防生招生专业分布在电气工程及其自动化、电子信息科学与技术、机械设计制造及其自动化、计算机科学与技术、交通工程、土木工程、会计、法学、应用化学等专业。2017年由于国家政策调整，学校停止招生国防生。

十多年来，学校国防生培养走出了一条既适应部队建设需要，又彰显学校育人特色的培养路子。后备军官学院紧紧围绕"培养适应国防和军队现代化建设需要的新型高素质军事人才"的目标，紧抓专业文化学习和军政素质训练两项主要任务，不断提高后备军官学院、驻校选培办、专业培养学院三方联培共管工作效率，大力营造争做"有灵魂、有本事、有血性、有品德"四有军人的浓厚氛围，努力推进"五个构建、五个确保"的国防生培养教育体系。"五个构建、五个确保"即：一是实施毕业国防生思想政治教育答辩工程，构建思想政治教育进连队、进微信、进训练工程的思想政治教育体系，确保国防生理想信念坚定；二是落实集中自习、无手机课堂等制度，构建专业学习体系，确保国防生专业基础知识扎实；三是落实专家授课、按纲施训、基地强化制度等，构建军事训练体系，确保国防生军事技能素质过硬；四是落实每晚集中点名、每早集中早操、每周内务检查等制度，构建行为规范体系，确保国防生日常作风纪律严明；五是以连队党支部工作、连队基层文化工作、军用公文写作培训等为重点，构建能力拓展体系，确保国防生任职能力突出。学校共招收国防生 934 人，毕业生呈现出"100% 履约，100% 申请去艰苦地区工作，100% 服从组织分配，100% 递交入党申请书"的良好局面，并以全面过硬的素质得到军队认可，大多数人已走向基层主管岗位，涌现出了军事学博士学位获得者尹园微、代振，委内瑞拉猎人学校留学者王烁，二等功荣立者王现锋，纪念反法西斯战争胜利 70 周年阅兵参加者宋帅，赴苏丹维和军官李鹏、张博等一大批英模典型，为部队现代化建设做出了积极贡献。

三、继续教育

学校自 1961 年开始举办成人高等教育，是河南省较早举办成人高等教育的高校之一。2016 年，成人教育学院更名为继续教育学院（与高等职业学院合署办公），依托学校优质教育教学资源和社会资源开展继续教育，是学校成人高等教育、高等职业教育、非学历培训、自学考试的管理部门和办学实体。2019 年继续教学员与安全技术培训中心合署办公，实行一套班子、两块牌子的管理与办学模式。

（一）成人高等教育

学校成人高等教育始终坚持"依法依规办学，确保教育质量，培养合格人才，满足社会和行业需要"的办学理念，形成了高起本、专升本、专科三个办学层次和函授、业余两种学习形式的办学格局。学校始终以提高人才培养质量为中心，依托学科优势和特色专业设置成人高等教育招生专业，根据行业、区域经济结构战略性调整和产业转型升级的需要，严格按照教育部和河南省教育厅的相关要求，不断优化调整招生专业，增强人才培养的社会适应能力。截至 2019 年 6 月，在籍学生分布在 50 个招生专业，其中，专升本专业 29 个：电气工程及其自动化、车辆工程、材料科学与工程、会计学、水文与水资源工程、安全工程、消防工程、地质工程、工商管理、人力资源管理、采矿工程、计算机科学与技术、机械设计制造及其自动化、通信工程、轨道交通信号与控制、土木工程、金融学、法学、化学工程与工艺、环境工程、测绘工程、交通工程、建筑环境与能源应用工程、市场营销、公共事业管理、工程管理、城市地下空间工程、药学、护理学；高起本专业 5 个：电气工程及其自动化、会计学、土木工程、采矿工程、工商管理专业；专科专业 16 个：机电一体化技术、会计、计算机网络技术、计算机应用技术、计算机信息管理、电气自动化技术、市场营销、建筑工程技术、测绘工程技术、矿井通风与安全、矿山机电、煤矿开采技术、药学、护理、口腔医学技术、针灸推拿。学校依据办学实力、办学条件和教学资源，合理确定成人高等教育年度招生规模和在籍学生总规模。2009 年 10 月至 2019 年 6 月，成人高等教育在籍学生数分别为：2009 年 13478 人，2010 年 13189 人，2011 年 13725 人，2012 年 15589 人，2013 年 16110 人，2014 年 13347 人，2015 年 9066 人，2016 年 5457 人，2017 年 3105 人，2018 年 8753 人。

1. 成人教育教学改革

学校着力推进成人高等教育教学模式改革，积极推动由传统教学模式向运用现代化技术手段的"面授 + 在线教学"混合式模式转变，解决成人高等教育学生的"工学矛盾"。学校采用在线学习和面授相结合的混合式教学模式，实行线上考试和线下抽考两种考核模式，不断提升教学效果，确保学生培养质量。持续加强对成人高等教育资源建设力度，重点建设 17 门成人高等教育在线开放课程，其中 4 门课为省级在线开放课程建设；自编成人高等教育规划教材 6 本；建设在线资源试卷库共计 60 门课程。

2. 校外教学站点建设

学校高度重视成人高等教育函授站建设工作。2014 年 11 月，学校制（修）订了函授教育辅导站管理规定等系列文件，对函授站的建立及其建制、工作职责、教学教务管理、学籍管理、经费管理等内容进行了详细明确规定，为进一步办好成人高等学历教育、加强函授站建设管理、规范办学行为、提高教学质量起到了积极作用。2018 年 9 月，按照河南省教育厅《关于印发河南省高等学校成人教育校外教学点管理办法（试行）的通知》《关于进一步加强高等学历继续教育校外教学点备案管理工作的通知》等要求，学校稳步推进校外函授站点备案工作，学校设置的 11 个函授站（贵州省毕节市工业学校函授站、广西第一工业学校函授站、哈密职业技术学院函授站、山西晋城现代理工专修学院函授站、安阳鑫龙煤业（集团）技工学校函授站、鹤壁煤业技师学院函授站、焦作煤业（集团）

有限责任公司职工教育培训中心函授站、平顶山工业职业技术学院函授站、义马煤炭高级技工学校函授站、郑煤集团职工教育培训中心函授站、郑州煤矿机械制造技工学校函授站）全部成功备案。学校定期对函授站进行全面检查与评估，不断提升办学能力和水平，所有函授站均顺利通过上级评估和年审。

（二）自学考试

2013 年，经河南省高等教育自学考试委员会批准，学校以助学形式主考采矿工程、机电设备与管理两个本科专业，开展本科自学考试，助学高校有河南工程学院、平顶山工业职业技术学院、郑州工商学院、河南机电高等职业学院、河南工业与信息化职业学院、郑州工业安全职业学院等 6 所院校。

2016 年采矿工程、机电设备与管理两个本科专业由助学形式开考改为面向社会开考，同年，经省招办批准，学校增加了建筑经济管理自考本科专业，面向社会开考。

2018 年 6 月，根据教育部《高等教育自学考试专业设置实施细则》《高等教育自学考试开考专业清单》、河南省《关于停考"信息技术教育"等专业的通知》等精神，学校自考本科专业全部停止招生。2013 年 3 月至 2018 年 9 月，学校共培养自考生 4100 余人。

（三）非学历培训

非学历培训是继续教育的重要组成部分，也是我校继续教育转型发展的必由之路。长期以来，学校高度重视非学历培训工作，充分利用学校优质教育资源，紧密结合学科发展和新技术应用，积极开拓培训市场，开发培育特色优势培训项目。先后为地方政府和企事业单位的技术人员、业务骨干和基层管理干部，开办多期矿山机械、电气自动化、矿山机电、采矿工程、通风与安全、土木工程新技术应用、城市棚户区改造和公租房管理、乡村振兴战略等非学历短期培训项目。

四、高职教育与应用技术人才培养

（一）高等职业教育

学校自 2008 年起依托高等职业学院与郑州工业贸易学校合作办学，2016

年 3 月停止招生，2020 年 6 月最后一届学生毕业。2001 年，学校与河南工程技术合作举办"3+2"大专班，2012 年 7 月，根据中原经济区建设和新型工业化发展需要，河南省工信厅在河南工程技术学校基础上设置筹建河南工业和信息化职业学院，学校与河南工程技术学校终止合作办学协议，并从 2013 年停止招生，2017 年 6 月最后一届学生毕业。办学十多年来，学校在煤炭开采技术、工程测量技术、地质调查及矿产普查、宝玉石鉴定与加工等专业，先后培养了"面向基层、面向生产、面向服务和管理一线"的高层次应用型、技能型高级专门人才 14571 名，为地方经济发展、社会进步和行业振兴做出了贡献。

（二）应用技术人才培养

学校应用技术学院负责培养本、专科层次紧缺人才。受煤炭行业的发展和国家的相关政策等因素的影响，2014 年学校停止招生。2016 年 3 月，学校撤销应用技术学院，同年 6 月，最后一届学生毕业离校。2009 年至 2013 年，应用技术学院共招生 875 人，为服务煤炭工业发展，培养煤炭紧缺人才做出了积极贡献。

五、与地方联合办学

为落实省委省政府优化高等教育布局结构的战略部署，增强高等教育服务经济社会发展的能力，学校先后与鹤壁市人民政府、中国平煤神马集团合作办学，举办本科层次二级学院。

（一）与鹤壁市人民政府合作举办鹤壁工程技术学院

2015 年 2 月，根据河南省教育厅《关于组织实施 2014 年度教育综合改革重点项目的通知》中关于"开展尚未布局本科学校的省辖市政府与本科学校合作举办应用技术学院试点"精神，学校与鹤壁市人民政府合作举办河南理工大学鹤壁工程技术学院。鹤壁工程技术学院以服务地方经济社会发展为宗旨，面向工程技术生产一线，立足鹤壁，辐射河南，服务中原经济区建设，以就业为导向，以工程技术应用能力为核心，培养区域经济社会发展需要的本科层次专门应用技术型人才，为区域经济社会发展提供人才支持和智力服务。在管理体制上，鹤壁工程技术学院为河南理工大学二级学院，由学校和鹤壁市人民政府共同管理，鹤壁市人民政府依托鹤壁职业技术学院与河南理工大学合作举办。学校负责招生、学籍管理和毕业证书、学位证书发放等工作，指导学院制定人才培养方案、教学计划以及开展教育教学基本建设等工作，鹤壁职业技术学院负责教育教学和日常管理工作。

同年 7 月 1 日，河南理工大学鹤壁工程技术学院成立仪式在鹤壁职业技术学院樱花校区隆重举行，鹤壁市委书记范修芳，市委副书记、代市长唐远游，市委常委、副市长于燕，市委常委、秘书长李成宽，河南理工大学校长杨小林，副校长张锟、景国勋，校长助理兼校办主任孟钟剑，鹤壁职业技术学院党委班子成员出席仪式。9 月 12 日，河南理工大学鹤壁工程技术学院首届新生开学典礼在鹤壁校区拓新教学实训楼 2 号楼二楼报告厅隆重举行。鹤壁市委副书记、市长唐远游，市委常委、副市长于燕，河南理工大学校长杨小林，副校长周英、景国勋，校长助理兼校办主任孟钟剑，鹤壁职业技术学院党委班子成员出席开学典礼。

河南理工大学鹤壁工程技术学院首届新生共招录机械设计制造及其自动化、电气工程及其自动化、土木工程 3 个本科专业 130 名学生。2017 年学院增设电子信息工程、护理学 2 个本科专业。截至 2019 年 6 月，在校生共计 682 人。合作办学以来，学校始终把支持和服务地方经济社会发展作为义不容辞的责任，秉承"合作共赢、开放发展"的方针，积极调动各方面资源，在学科建设、专业建设、科学研究以及师资队伍建设等方面，全力支持河南理工大学鹤壁工程技术学院办出特色、办出水平，为推动鹤壁经济社会发展培养契合度高、适用性强的高等应用型技术人才做出了突出贡献。

（二）与中国平煤神马集团合作举办平煤工程技术学院

2016 年 4 月，学校与中国平煤神马能源化工集团有限责任公司签订协议，合作举办河南理工大学平煤工程技术学院。河南理工大学平煤工程技术学院以服务中原经济区和创新型河南建设，服务能源行业和地方经济社会发展为宗旨，面向工程技术生产一线，以就业为导向，以工程技术应用能力为核心，培养区域经济社会发展急需的本科层次专门应用技术型人才。在管理体制上，该学院为河南理工大学的二级学院，由学校与中国平煤神马集团共同管理，以中国平煤神马集团管理为主。学校负责平煤工程技术学院的招生录取、学籍管理和毕业证书、学位证书发放的工作，指导学院制定人才培养方案、教学计划和开展教育教学基本建设。中国平煤神马集团为学院提供办学场地、办学经费和实习实训场所等必要的办学条件，按河南省省管高校本科生人均标准及时足额向学院核拨生均教育经费。

同年 6 月，河南理工大学平煤工程技术学院成立仪式在平顶山工业职业技术学院雕塑广场隆重举行。中国平煤神马集团领导梁铁山、杨建国、马源，中国工程院院士张铁岗，平顶山工业职业技术学院领导蔡志刚、任文杰，河南理工大学校领导邹友峰、杨小林、周英、赵俊伟、孟钟剑等出席仪式。

同年 9 月，河南理工大学平煤工程技术学院首届新生开学典礼在图书馆报告厅举行。中国平煤神马集团常务副总经理马源、河南理工大学副校长赵俊伟、平顶山工业职业技术学院院长任文杰、平煤工程技术学院院长李树伟出席。

平煤工程技术学院设有电气工程及其自动化和机械设计制造及其自动化 2 个本科专业。2016 年首次招生 54 人，2017 年招生 71 人，2018 年招生 96 人，截至 2019 年 6 月，在校本科生共计 221 人。合作办学以来，平煤工程技术学院为深化学校与中国平煤神马集团产学研用合作，探索校企合作办学新模式，提升服务能源工业和地方经济社会发展提供了人才支持和智力服务。

第五节　国际教育与中外合作办学

学校坚持开放办学理念，不断加大对外合作的深度和宽度，先后与 30 多个国家和地区的 60 余所高校和科研机构建立友好合作关系。随着国际学生规模的逐渐扩大，2012 年 3 月学校成立国际教育学院，负责学校中外合作办学的管理和国际学生的教学与管理。

一、国际学生规模与结构

学校通过网站宣传、国际教育展、服务热线，以及与国外多家留学服务公司共同搭建招生合作平台等方式，积极宣传学校的发展成就和招生政策，不断扩大学校国际影响力，吸引更多学生来学校留学。2009 年至 2019 年 6 月，学校招收的国际学生来自美国、日本、韩国、印度、坦桑尼亚、塔吉克斯坦、吉尔吉斯斯坦等国家。2009 年招收本科生 7 人、硕士研究生 1 人、非学历生 60 人；2010 年招收本科生 10 人、硕士研究生 1 人、非学历生 29 人；2011 年招收本科生 5 人、硕士研究生 1 人、非学历生 21 人；2012 年招收本科生 6 人、非学历生 24 人；2013 年招收本科生 4 人、非学历生 28 人；2014 年招收本科生 4 人、非学历生 30 人；2015 年招收本科生 3 人、非学历生 23 人；2016 年招收本科生 1 人、非学历生 20 人；2017 年招收本科生 54 人、非学历生 66 人；2018 年招收本科生 135 人、硕士研究生 10 人、博士研究生 9 人、非学历生 55 人；2019 年上半年，招收本科生 64 人、非学历生 31 人。

从国际学生数量变化来看，十年间，学校在校国际学生招生规模扩大近 4 倍，并且于 2018 年实现了招收博士研究生零的突破；从学历生占国际学生总数的比例来看，2018 年突破了 70%；从国际学生来源的洲别来看，亚洲和非洲居多，2018 年在校国际学生来自亚洲的为 142 人，占比 55.04%，来自非洲的为 114 人，占比 44.19%。

二、国际学生教育与管理

为加强对国际学生的教育与管理，学校 2009 年 10 月至 2019 年 6 月先后制定《外国留学生管理规定》《国际学生管理办法》《国际留学研究生培养管理工作规定（试行）》等一系列规章制度，内容涉及国际学生的学习、生活和教育等方面，进一步细化了国际教育学院和各培养学院的职责和分工，国际学生的教学质量不断提高，管理更加科学规范，学习氛围日趋浓郁。

为鼓励优秀的外国学生和学者来校攻读学历生和非学历生，推动学校国际学生教育的发展，学校于 2016 年成为首批河南省外国留学生政府奖学金接受院校之一。截至 2019 年 6 月，学校国际学生共获得 44 个奖学金资助名额，位列河南省高校前茅。

2016 年，为适应国际教育快速发展的形势，学校组织开展"全英文授课专业"课程建设，开设土木工程、计算机科学与技术和国际贸易三个专业的全英文授课，促进学校国际教育可持续发展。截至 2019 年 6 月，学校国际学生全英文授课本科专业已达 5 个。

为丰富国际学生的课余生活，学校积极开展体验陈氏太极拳、参观校史馆、参加联谊、科技文化交流等活动，以及组织参加国际大学生创新创业大赛、"留动中国——在华留学生阳光运动文化之旅"河南省基层选拔赛、豫北地区高校国际学生才艺大赛等各类比赛，促进了国际学生更加深入了解中国，认识中国文化，提高了国际学生学习汉语的热情。为做好新时期教育对外开放工作，贯彻国家关于"太极文化"走出去精神，2018 年学校获批河南省"汉语国际推广太极拳基地"。为推进学校的国际化进程，2018 年 7 月，学校举办了河南省高校外国留学生太极拳体验营，来自世界 24 个国家和地区的 70 多位在河南高校就读的留学生参加了体验营活动，进一步扩大了学校的知名度。2018 年 8 月，学校承办了第十七届"汉语桥"世界大学生中文比赛选手观摩夏令营（河南段）活动，共有来自 108 个国家的 134 名大学生参加了本次夏令营。

三、中外合作办学项目

（一）中外合作办学管理制度建设

2012 年 10 月，学校出台《中外合作办学项目专项经费管理办法（试行）》，进一步规范中外合作办学项目专项经费管理，切实提高办学质量。财务处根据"专款专用，统一核算，分级管理"的原则，设立中外合作办学项目专项经费，用于引进国外优质教育资源、学生教育教学活动和师资培训等方面。2018 年 12 月，学校对该管理办法进了修订。2014 年，学校根据中外合作办学项目实施情况，出台《资助中外合作办学项目学生出国交流暂行办法（试行）》，进一步加强和规范了学校合作办学项目学生出国留学管理。

（二）专科层次中外合作办学项目

学校中外合作办学工作起步于 2009 年，学校与加拿大罗伊利斯特应用技术与艺术学院（Loyalist College of Applied Arts and Technology, Canada）签订《河南理工大学与加拿大罗伊利斯特应用技术与艺术学院合作办学协议》，申办建筑工程技术专业和环境监测与治理技术专业两个专科教育项目，2010 年

4 月获得河南省教育厅的批准，首次实现学校统招类中外合作办学项目零的突破。这两个获批项目招生起止年份为 2010 年至 2019 年（每年一期），学制 3 年，每个项目每期招生人数 150 人，纳入国家普通高等学校招生计划。学校颁发普通高等教育专科毕业证书，加拿大罗伊利斯特应用技术与艺术学院颁发建筑工程技术高等专科毕业证书或环境监测与治理技术高等专科毕业证书（需赴加拿大学习 1 年）。2014 年 5 月，学校申请自 2015 年起停办与加拿大罗伊利斯特应用技术与艺术学院合作的建筑工程技术专业和环境监测与治理专业专科教育项目。

（三）本科层次中外合作办学项目

1. 与美国北卡罗莱纳农工州立大学合作的本科教育项目

2009 年 1 月，校长邹友峰代表学校和美国北卡罗莱纳农工州立大学（North Carolina A&T State University）签订《中国河南理工大学与美国北卡罗莱纳农工州立大学合作协议》。2011 年 8 月，学校电气工程及其自动化专业和机械设计制造及其自动化专业两个本科项目获得教育部正式批准，这是学校获教育部批准的首批本科层次中外合作办学项目。这两个项目招生年份从 2011 年至 2014 年（每年一期），学制 4 年，每个专业每期招生人数为 120 名，纳入国家普通高等学校招生计划。学校颁发普通高等教育本科毕业证书、本科学位证书，美国北卡罗莱纳农工州立大学颁发机械工程专业理学学士学位证书或电气工程专业理学学士学位证书（需要赴国外学习 2 年）。2016 年电气工程及其自动化专业中外合作办学项目顺利通过教育部评估，且合作延期至 2019 年。2012—2018 年，电气工程及其自动化专业中外合作办学项目实际招生人数分别为 104 人、115 人、113 人、115 人、115 人、117 人、117 人，合计招生 796 人。同年，机械设计制造及其自动化专业本科教育项目由于引进外方的核心专业课程困难导致该项目未能通过教育部组织的中外合作办学项目评估，从 2017 年起停止招生。2012—2016 年，机械设计制造及其自动化专业本科教育项目实际招生人数分别为 98 人、115 人、112 人、111 人、114 人，合计招生 550 人。

2016 年 6 月，学校举办首届中外合作办学项目毕业生毕业典礼暨学位授予仪式，168 名中外合作办学项目学生顺利完成学业毕业，其中 10 名学生同时获得河南理工大学和美国北卡罗莱纳农工州立大学学位证，9 名学生被国外知名大学录取为硕士研究生。这标志着学校中外合作办学项目在培养具有中外融合特色的国际化人才方面初步取得了优异的成绩。

2. 与爱尔兰利莫瑞克大学合作的本科教育项目

2012年5月，校党委书记王少安率团访问爱尔兰利莫瑞克大学（University of Limerick），签订《河南理工大学与爱尔兰利莫瑞克大学谅解备忘录》，确定与利莫瑞克大学开展合作办学。学校申报的计算机科学与技术专业和土木工程专业两个本科教育项目，分别于2013年4月和2013年9月通过教育部审批。每个项目每年一期，每期招生人数为120人，学制4年。计算机科学与技术专业本科教育项目招生起止年份为2013年至2016年，土木工程专业本科教育项目招生起止年份为2014年至2017年，由学校颁发普通高等教育本科毕业证书、本科学位证书。计算机科学与技术专业本科教育项目参与了2015年中外合作办学评估，评估结果为"合格"，可以继续招生。2013—2018年，计算机科学与技术专业本科教育项目实际招生人数分别为102人、105人、97人、114人、120人、117人，合计招生655人。土木工程专业本科教育项目参与2017年中外合作办学评估，评估结果为"有条件合格"，需要对照专家评估意见，提交整改方案、总结及相关材料后再次参加评估。2018年7月我校申请土木工程专业中外合作办学本科教育项目延期，并在2019年2月获得批准，该项目招生起止年份变更为2014—2019年。2019年5月13日，土木工程专业中外合作办学本科教育项目再次参加了评估。2014—2018年土木工程专业中外合作办学本科教育项目实际招生人数分别为125人、108人、115人、103人、127人，合计招生578人。

3. 与韩国国立釜山大学合作的本科教育项目

2018年3月，学校与韩国国立釜山大学（Pusan National University, Korea）签订《中国河南理工大学与韩国国立釜山大学合作举办本科教育项目协议书》，联合申报电子信息工程专业和视觉传达设计专业两个本科教育项目。同年9月，电子信息工程专业本科教育项目获得教育部批准，招生起止年份从2019年至2023年（每年1期），每期招生人数120人，纳入国家普通高等教育招生计划，由学校颁发普通高等教育本科毕业证书、学士学位证书。该项目的获批必将促进学校电子信息工程专业的建设和发展，进一步推动学校的联合办学工作，加强了国际交流与合作，标志着学校在国际化教育方面迈上了新的台阶。

第三章

学科建设与特色发展

国内一流特色高水平大学建设，需要一流特色学科作支撑。2009 年以来，学校围绕"建什么学科、学科建什么、怎样建学科"这一问题，按照"整体推进，分层建设，重点突破，特色凸显"的学科建设原则，以创建一流学科为目标，统筹优化学科布局，持续强化学科优势，全面深化学科内涵建设与体制机制改革，构建起了以一个意见、两个规划、若干办法方案和政策制度为支撑的学科建设体系，为加快国内一流特色高水平大学建设奠定扎实基础。

第一节　学科建设思路与体制机制建设

2009 年以来，学校坚持"强化优势特色学科，支持传统骨干学科，培育新兴交叉学科"的建设思路，进一步凝练学科方向，规划学科布局，完善学科体系，构建学科平台，理顺体制机制，校准发展目标，建立了一整套与国内一流特色高水平大学建设相适应的学科建设体制机制。

一、学科建设总体思路

学科建设是高校工作的龙头，是高校开展人才培养、科学研究和社会服务的重要支撑。2009 年以来，为扎实推进学校学科专业建设，促进学科专业建设工作迈上新台阶，根据学校"十二五"和"十三五"事业发展规划确定的学科建设目标任务，由发规处牵头，人事处、财务处、教务处、科技处、社科处、研究生处等相关职能部门和学院共同参与，在广泛调研和充分论证基础上，编制了学校"十二五"和"十三五"学科与专业建设规划，组织召开学科与学位点建设工作会议，制定了学校《重点学科建设工程实施方案》《关于统筹推进一流学科建设的意见》等制度文件，为加快学校一流学科建设指明了方向。

（一）编制学校《"十二五"学科与专业建设规划》

为贯彻落实学校《"十二五"事业发展规划》精神，全面加快学校学科建设步伐，2010年12月至2012年3月，学校组织编制了《"十二五"学科与专业建设规划》（以下简称《规划》）。《规划》明确了学校学科与专业建设工作的指导思想：即以科学发展观为指导，围绕学校总体发展目标，紧密结合国家、区域和行业经济社会发展战略重点，瞄准国际、国内学科发展前沿，按照"统筹规划，分步实施，突出重点，整体推进"的学科建设总体原则，优化学科专业布局，整合学科资源，构建以工科为主体，多学科互相支撑、协调发展的学科体系，为把学校建设成特色鲜明的多科性高水平大学奠定坚实的学科基础。

《规划》提出了学校学科建设基本思路：即按照"分类部署，突出重点；强化特色，增强能力；优化结构，协调发展；整合资源，创新机制"发展，采取切实有效措施，不断加快特色鲜明的多科性高水平大学学科建设。

《规划》规定了学科建设总目标：即按照建设特色鲜明的多科性高水平大学的要求，到2015年，初步建立与之相适应的学科专业体系。2～3个特色重点学科率先跻身于国内知名学科行列。若干优势学科专业的竞争力得到显著提升，力争10个以上专业位居全国同类专业前列。人文社会科学学科建设迈上新台阶，基础学科与新兴交叉学科建设取得新成效。学校人才培养质量显著提高，科技创新能力显著增强，服务社会水平显著提升。

《规划》确立了学科建设主要任务：即实施"攀登计划"，凸显地矿学科特色，确保安全科学与工程等2～3个"攀登计划"学科率先成为国内知名学科，5～6个地矿类学科专业居全国同类专业前列；实施"提升计划"，支持优势学科发展，努力把机械工程等"提升计划"学科建成博士学位授权点和省（部）级创新平台学科，力争5个以上优势学科专业居全国同类专业前列；实施"振兴计划"，加强文理学科建设，力争将马克思主义理论等若干"振兴计划"学科建成在省内有一定影响的学科，显著改善文理学科的条件，提高支撑能力；实施"培育计划"，扶持新兴交叉学科，在低碳能源、矿用材料、矿山物联网、能源经济、医学等领域，培育若干新兴交叉学科领域，形成新的学科生长点，全面提升学校学科整体水平。

（二）编制学校《"十三五"学科与专业建设规划》

2015年4月，学校启动"十三五"学科与专业建设规划编制工作。在认真总结学校《"十二五"学科与专业建设规划》实施以来取得的成绩和经验、目标与任务执行情况及实施效果基础上，经广泛调研和科学论证，进一步明确了学校"十三五"学科与专业建设目标任务。2017年2月，顺利完成《规划》（以下简称《规划》）编制工作。《规划》明确了学校学科与专业建设工作的指导思想：即遵循学科专业发展规律，坚持"强化特色、巩固优势、协同联动、分层建设、分类考评、动态管理"的建设原则，以服务国家安全生产、能源工业转型和区域经济社会发展为导向，以人才培养为中心，以师资队伍建设为着力点，以科技创新为驱动力，创新学科管理体制与运行机制，优化学科专业结构布局，巩固安全、地矿特色优势；加快局部高端突破，提高人才培养质量，增强创新与服务能力，逐步建立优势突出、特色鲜明、结构合理的学科专业体系，为建设国内一流特色高水平大学提供强力支撑。

《规划》提出了学科与专业建设总目标：即以打造工学优势特色为核心，着力促进理、工、管、文、法、经、教、艺术和医学各学科专业协调发展，到2020年，力争国家"一流学科"建设取得突破，若干优势学科专业达到国内同类院校先进水平，一批特色学科专业进入省内高校前列，全面提升基础学科、人文社会科学学科和新兴交叉学科建设水平，学科专业整体实力显著提升。

《规划》规定了学科建设主要举措：即实施ESI学科建设计划，以增强学科国际影响力为目标，重点支持"工程学"学科领域建设；实施一流学科建设计划，以培育一流学科为目标，重点支持安全科学与工程、矿业工程学科建设；实施优势特色学科建设计划，以培育省级优势学科为目标，重点支持测绘科学与技术、地质资源与地质工程、机械工程学科建设；实施省级重点学科建设计划，以提升省级重点学科建设水平为目标，重点支持环境科学与工程、电气工程、信息与通信工程、力学、软件工程、仪器科学与技术、动力工程及工程热物理、地理学、公共管理等学科建设；实施校级重点学科建设计划，以培育新的学科增长点为目标，重点支持化学工程与技术、水利工程、管理科学与工程、光学工程、建筑学、体育学、应用经济学、中国语言文学、外国语言文学、音乐与舞蹈学、药学、化学、物理学、哲学、交通运输工程、法学、设计学等学科建设；完善学科管理运行机制，紧密结合国家、行业和区域经济转型发展需求，建立学位点合格评估和学科动态调整机制，及时优化学科结构布局；以学科建设为龙头，统筹师资队伍、人才培养、创新平台、科学研究等核心要素，建立学科建设目标、绩效与学科建设投入挂钩机制，构建学科分层建设、分类考核体系，强化对学科的绩效考核管理。

（三）制定学校《重点学科建设工程实施方案》

2018 年 8 月，为贯彻落实学校《"十三五"事业发展规划》《"十三五"学科与专业建设规划》和河南理工大学第二次党代会精神，不断提升学校学科建设水平，加快推进学校一流学科建设，在广泛调研和科学论证基础上，学校制定《重点学科建设工程实施方案》（以下简称《实施方案》）。《实施方案》明确了学校实施重点学科建设工程的指导思想：即深入贯彻党的十九大精神，全面贯彻党的教育方针，以立德树人为根本，以学科建设为引领，以"一流学科"建设为目标，依据学校"三步走"战略目标，加强资源整合，创新体制机制，激发内生动力和发展活力，通过优先发展、重点支持、特色培育，凝练学科发展方向，突出学科建设重点，全面提升学校综合实力和竞争力，为国家、行业和区域经济社会发展提供有力支撑。

《实施方案》确立了重点学科建设工程的原则和建设任务：即按照"坚持一流标准、坚持改革创新、坚持分层建设、坚持绩效评价"的建设原则，提出了实施引育并举，全力提升师资队伍水平，以生为本，提高人才培养质量；聚焦需求，提升科技创新能力；加强交流，提升国际化办学水平；创新管理，激发学科建设活力等建设任务。

《实施方案》提出了学校重点学科建设工程总目标：即立足"建设国内一流特色高水平大学"的发展目标，统筹推进重点学科建设工程，今后五年（2018—2023 年），博士学位一级授权学科达到 8 ~ 10 个，博士后科研流动站达到 6 ~ 8 个，安全科学与工程、矿业工程、测绘科学与技术等 1 ~ 2 个学科达到世界"一流学科"建设水平，新增材料科学、数学、化学等 2 ~ 3 个 ESI 全球排名前 1%学科，新增地质资源与地质工程、机械工程、材料科学与工程、马克思主义理论、管理科学与工程等 3 ~ 5 个河南省优势特色学科（群）。同时，明确了国家一流建设学科、省级优势建设学科、省级特色建设学科、博士点培育学科和其他省级重点学科、新增硕士点学科、硕士点培育学科及校级重点学科六个层次建设对象及建设目标。

（四）召开学科与学位点建设工作会议

2018 年 12 月，为全面贯彻党的十九大精神、全国教育大会和中共河南省委十届六次全会暨省委工作会议精神，认真落实河南理工大学第二次党代会要求，加快推进国内一流特色高水平大学建设，学校召开了学科与学位点建设工作会议。会上，校党委书记邹友峰发表讲话，对学校学科与学位点建设提出三点要求：一是要站位全局，明确方向，加快一流学科建设进程。要放宽视野，把学科建设置于国家战略大局中来思考和谋划，按照习近平总书记关于学科建设的重要论述，从瞄准世界一流、围绕根本任务、注重优化布局、鼓励交叉融合、突出中国特色等方面下功夫去解决问题。二是要遵循规律，把握重点，促进学科核心要素融合。要积极探索一流学科建设路径，围绕高校基本职能，遵循学科建设规律，以一流特色学科建设为核心，坚持行业特色，促进学科核心要素深度融合，建成一批服务行业转型升级、区域经济社会发展的优势学科群。三是要创新机制、优化管理，强化协同服务体系建设。学科建设是一项复杂的系统工程，要树立协同服务理念，进一步理顺关系、加强配合，构建科学合理评价体系，齐心协力推动学校学科建设发展。

校长杨小林作了题为《把握新方向，汇聚新优势，全力开启一流学科和学位点建设新征程》的工作报告，全面总结了学校过去一个时期学科与学位点建设的成就经验，深刻分析了存在的主要问题，明确了今后学科建设的目标思路，并就进一步加强学科与学位点建设提出了六个方面的意见：一是把握学科建设核心内涵，整体推进学科一体化建设。二是坚持特色发展，大力加强学位点建设，持续提升研究生培养质量。三是坚持以本为本，持续强化一流本科教育。四是优化调整学科专业结构，持续推进分层分类建设。五是坚持学科建设导向，健全完善体制机制。六是积极对接应急管理部共建，优化调整服务面向。

学校学科与学位点建设工作会议的召开，进一步明确了学校学科与学位点建设的思路原则，提出了学校学科与学位点建设目标任务，规定了学校学科与学位点工作分工，阐明了学校学科与学位点建设工作要求，为今后一个时期学校学科与学位点建设工作规划了路径，指明了方向。

（五）出台学校《关于统筹推进一流学科建设的意见》

2019 年 4 月，为贯彻落实河南理工大学第二次党代会精神，进一步加快一流学科建设，促进人才培养、科学研究、社会服务、文化传承创新和国际交流合作能力的全面提升，学校出台了《关于统筹推进一流学科建设的意见》（以下简称《意见》）。《意见》明确了学校统筹推进"一流学科"建设的指导思想：即坚持学科、学位点、专业一体化建设，全面统筹发展资源，以"一流学科"建设为目标，以内涵发展为主线，以人才培养为根本，以科学研究为核心，以社会服务为导向，以体制机制创新为着力点，全面加强党的领导，调动各种积极因素，在深化改革、服务需求、开放合作中加快发展，努力建成 2～3 个国家"一流学科"和一批特色鲜明的高水平学科，确保学校国内一流特色高水平大学建设目标的实现，为服务行业和河南经济社会发展提供人才保障和智力支撑。

《意见》提出了学校统筹推进一流学科建设原则与任务：即按照"坚持一流标准、改革创新、分层建设、绩效评价"的原则，通过实施一流学科建设、一流人才建设、学科平台建设、创新人才培养和国际合作交流等五大计划，探索开展学校一流学科建设。

《意见》确立了学校统筹推进"一流学科"建设目标：即建设 2～3 个国家"一流学科"、一批省级优势特色学科和博士点学科及学科群，为学校建成国内一流特色高水平大学奠定基础。到 2023 年，博士学位一级授权学科达到 8～10 个，博士后科研流动站达到 6～8 个，安全科学与工程、矿业工程或测绘科学与技术等 1～2 个学科达到国家"一流学科"建设水平，新增材料科学、数学、化学等 2～3 个 ESI 全球排名前 1% 学科，新增地质资源与地质工程、机械工程、材料科学与工程等 3～5 个河南省优势特色学科（群）；到 2035 年，对标国家"一流学科"建设标准奋力赶超，2～3 个学科进入国家"一流学科"建设行列，人才培养、科学研究、社会服务、文化传承创新和国际交流合作能力全面增强；到 2049 年，建成以安全、地矿等学科为优势，以服务能源工业发展为特色的国家一流学科群，为学校建成国际有较大影响、国内一流特色高水平大学提供支撑。

二、学科管理体制机制建设

2009 年以来，学校不断完善学科建设与评价机制，激发学科发展内生动力，先后出台了一系列学科建设管理的制度文件，促进了学校学科建设管理工作的科学化和规范化，为优势特色学科发展提供政策制度保障。

2010 年，学校按照"坚持标准、分类考核、以评促建、确保效果"的原则，出台《重点学科年度考核实施办法》（以下简称《实施办法》），提出对学校现有省级、校级重点学科，从"承担科研任务、代表性研究成果、队伍建设与人才培养、学术交流与运行管理"等 4 个方面进行年度考核。《实施办法》明确规定考核结果将作为下一年度学科建设经费投入的重要依据，并纳入各学院年度考核指标体系。

2012 年，学校坚持"目标管理、绩效量化、实事求是、公平公正"的原则，出台《重点学科年度目标考核管理办法》，提出采用学科自评和学校考核相结合的模式，对学校现有省级、校级重点学科进行年度考核。《办法》进一步简化了考核程序，优化了考核指标，同时明确规定省、校两级重点学科考核结果分为优秀、良好、合格和不合格 4 个等级，对考核优秀的重点学科，学校将给予重点扶持；对考核结果不合格者，将适当减少或取消经费资助。

2016 年，学校出台《综合改革实施方案》，明确提出要通过优化学科布局，进一步强化优势特色；创新学科建设机制，进一步统筹汇聚人才、科研、平台等资源，促进传统行业优势特色学科转型升级，打造一批优势特色学科品牌；要完善学科评价机制，建立以学科建设绩效为依据的资源配置方式和学科考核机制；要明确学科建设目标以及学科带头人的责权利，进一步激发学科内生动力和发展活力。同年，为统筹学科资源，促进文理学科与工学学科之间深度交叉融合，学校将人文社会科学学科建设相关工作归并发规处管理，并出台了《重点学科建设管理办法（修订）》和《重点学科带头人选任管理办法（修订）》等规章制度，进一步明确了学科建设层次，各层次学科建设的目标定位，各级重点学科的设置依据及遴选条件；规定了学校、学院与学科带头人三者之间的责权利关系，重点学科建设经费的投入原则及支出范围，学科建设绩效评价依据及奖惩，学科带头人的选任条件、程序及考核管理等，促进了重点学科建设与管理工作的科学化和规范化。

2018 年，为加强重点学科建设工程经费管理，优化资源配置，提高资金使用效益，学校出台《重点学科建设工程经费管理办法》，将上级主管部门下拨、学校统筹安排和其他渠道筹集的学科专项建设经费，按照"集体决策、提前规划、科学配置、专款专用、绩效考核、动态调整"的管理原则，由学校统筹预算和管理使用重点学科建设工程经费。《办法》进一步明确了重点学科建设工程经费的学校、学院、学科三级联动管理体制，实行依托学院领导下的重点学科带头人负责制（依托学院是重点学科建设工程经费使用管理的主体责任单位）；规定了经费使用范围、经费使用程序及监督检查要求等内容。

2019 年，以"双一流"建设为目标，学校出台《ESI 世界前 1% 学科培育实施方案》。《实施方案》提出了"科学谋划、精心筛选、及时跟踪、动态调整、加大投入、多措并举"的工作思路；明确以 ESI 学科期刊目录及其学科分类为依据，以学科经费配置和相关学术资源专项调配指标为动力，引导学校师生以 ESI 学科目录期刊为优先投稿刊源，鼓励发表高水平 ESI 论文，采取有效措施提高学校 ESI 论文被引频次，快速提升学校科技创新能力和国际影响力，尽快实现学校入选 ESI 全球前 1% 学科增量的突破。到 2023 年，学校新增 ESI 全球前 1% 学科 2 ~ 3 个；规定培育对象及考评指标、经费配置、使用要求、激励办法和保障措施，为实现学校 ESI 世界前 1% 学科培育建设提供了制度保障。

第二节　重点学科与优势特色学科建设

自河南理工大学第一次党代会召开以来，根据全国高校学科发展的形势和自身实际，学校大胆探索，深入推进学科内涵建设，学科建设水平与质量不断提高，学校工程学学科进入 ESI 全球排名前 1% 学科，矿业工程学科跻身 2018"软科世界一流学科排名"第 51 ~ 75 位，建成 2 个省级优势特色学科，

22个省级重点学科，16个校级重点学科，有力支撑了国内一流特色高水平大学建设。

一、一流学科建设

（一）ESI学科建设

ESI学科排名[①]是汤姆森科技信息集团在汇集和分析ISI Web of Science（SCI）所收录的学术文献及其所引用参考文献的基础上建立起来的分析型数据库，是衡量科学研究绩效、跟踪科学发展趋势的权威分析评价工具，目前涵盖生物学与生物化学、化学、计算机科学、经济与商业、工程学、地球科学、材料科学、数学、物理学、环境科学与生态学等22个学科。入选ESI全球前1%学科数量是当今评价高等学校和研究机构国际学术竞争力的重要指标之一，也是评价高等学校学科发展水平的重要指标。2017年1月，学校工程学首次进入ESI国际学科排名前1%行列，且名次逐年上升。截至2019年6月，学校工程学学科领域全球排名第882位，比2017年1月排名位次上升425位次，位居中国大陆高校第117位，在河南高校中仅次于郑州大学居第2位，在原煤炭高校中居第4位。学校材料科学、化学和数学3个学科领域高水平论文被引频次数不断接近ESI国际排名前1%门槛值。截至2019年6月，学校材料科学、化学和数学3个学科ESI国际排名前1%相对门槛值分别为0.85、0.77、0.76。

（二）软科世界一流学科排名

软科世界一流学科排名由上海软科教育信息咨询有限公司（简称"软科"）发布并保留所有权利，目前覆盖54个学科，涉及理学、工学、生命科学、医学和社会科学等五大领域。2018年，学校矿业工程学科在"软科世界一流学科排名"中跻身世界百强，排名第51～75位[②]，为河南高校唯一世界百强学科。

---

① ESI：基本科学指标数据库（Essential Science Indicators，简称ESI）。
② 最好大学网，http://www.zuihaodaxue.com/subject-ranking/mining-mineral-engineering.html

二、省优势特色学科建设

2009 年以来，学校以创建国家级重点学科为目标，不断深化学科内涵质量建设，持续加大学科建设经费投入，自 2009 年 10 月至 2019 年 6 月，学校累计投入 5.8 亿元用于重点学科和科研平台建设，相关学科和科研平台设施条件得到明显改善，学科优势特色更加鲜明。2011 年，学校安全科学与工程学科入选河南省国家重点学科培育建设学科，成为河南省首批 8 个国家重点学科重点培育建设学科之一。2015 年，在河南省优势特色学科建设工程一期建设学科评审中，学校安全科学与工程、测绘科学与技术 2 个学科分别入选河南省 A 类优势学科和 B 类特色学科。2018 年，在河南省优势特色学科建设工程一期建设学科中期检查评估中，安全科学与工程、测绘科学与技术 2 个学科均获"优秀"评价；测绘科学与技术学科因建设成效突出，受邀在河南省优势特色学科中期检查验收座谈会上，代表省级特色学科作建设典型经验发言。

表3-1　学校河南省优势特色学科一览表

一级学科	学科带头人	学科方向	方向带头人
安全科学与工程	高建良	通风与防灭火	高建良
		瓦斯地质理论及应用	张玉贵
		瓦斯灾害防治与瓦斯（煤层气）抽采	王兆丰
		岩层控制与动力灾害防治	刘少伟
测绘科学与技术	邹友峰	矿区环境遥感与开采沉陷	邹友峰
		空间信息获取技术与装备	郭增长
		空间定位与导航	张捍卫
		空间信息处理与服务	卢小平

资料来源：《河南省优势特色学科建设工程一期申报学科基本情况及建设规划》。另外，安全科学与工程、测绘科学与技术学科同时也是河南省重点学科，不再列入表 3-3 中。

（一）安全科学与工程学科

学校安全科学与工程学科是河南省 A 类优势学科，2011 年从矿业工程一级学科博士（硕士）点下设"安全技术及工程"二级学科博士（硕士）点调整为一级学科博士（硕士）点（为该学科全国首批），并入选河南省国家重点学科重点培育学科；2012 年获批为河南省一级重点学科和博士后科研流动站（为该学科全国首批），2015 年入选河南省优势特色学科建设工程一期建设学科。在全国第三轮学科评估中排名全国第 5，是河南省唯一进入全国前 5 名的学科；在2016 年全国第四次学科评估中入选 A- 学科（全国前 10%），是河南省省属高校中唯一 A 类学科。

截至 2019 年 6 月，该学科有专任教师 80 人，其中教授 21 人、副教授 37人，博士 69 人、博士生导师 15 人；院士 1 名、百千万人才工程国家级人选 1 人、教育部新世纪优秀人才 1 人、享受国务院政府特殊津贴 5 人、第五届国家安全生产专家 5 人、河南省优秀专家 4 人、河南省教学名师 3 人，多名学科骨干担任《国际职业安全与人机工程杂志（JOSE）》《安全与环境学报》和《中国安全科学学报》等重要期刊编委。在校博士研究生 34 人、硕士研究生 290 人。近十年已授予博士学位 89 人、硕士学位 1100 人。

建有 2 个国家级教学团队、2 个教育部创新团队和 4 个省级科研创新团队，形成通风与防灭火、瓦斯地质理论及应用、瓦斯灾害防治与瓦斯（煤层气）抽采、岩层控制与动力灾害防治 4 个特色研究方向，建成瓦斯地质与瓦斯治理省部共建国家重点实验室培育基地、煤矿灾害防治省部共建教育部重点实验室、煤矿灾害预防与抢险救灾教育部工程研究中心等 11 个省部级以上科技创新平台。

近十年来承担了国家"十一五""十二五"重大科技专项课题、国家"十三五"重点研发计划课题、国家自然基金等国家级项目 86 项，国际合作项目 4 项，其他省部级项目 97 项，到账纵向经费近 5500 万元；承担重要横向科研项目 200余项，到账横向经费约 2.5 亿元；获国家科技进步二等奖 1 项、省部级科技进步奖 67 项；授权国家专利 400 余项，其中发明专利 190 项。出版学术专著 50 余部，发表核心以上期刊论文 800 余篇，其中被 SCI 和 EI 收录 300 余篇、ESI 高被引论文 2 篇。主办、协办国际学术会议 6 次，召开全国性学术年会 15 次。

承担省级以上教学工程及教学改革项目 35 项。获国家教学成果奖二等奖 1 项、河南省教学成果奖 5 项。与澳大利亚卧龙岗大学、印度理工学院、日本长冈技术科学大学、英国帝国理工学院、波兰中央矿业研究院等高校及科研机构建立了长期合作关系，30 余名师生赴国外交流访学。

依托本学科建有国家一级安全生产培训机构，年均为煤矿企业、地方政府安全管理人员培训 2400 人次，提升了相关人员安全生产技术和安全管理水平。本学科成员积极参与政府和企业组织的煤矿安全会诊、事故调查工作，学科中 5 名教授受聘为第五届国家安全生产专家，10 余名教授受聘为河南省和焦作市安全生产专家。同时，参与《煤矿安全规程》《防治煤与瓦斯突出规定》和国家、河南省安全生产规划等政策法规和规划的制定和修编工作。制定《煤矿矿区瓦斯地质图编制方法》等 3 项国家安全生产行业标准，成为编制矿区（矿井）瓦斯地质图的依据和规范。

（二）测绘科学与技术学科

学校测绘科学与技术学科是河南省 B 类特色学科和河南省重点学科，2006 年获批为一级学科硕士学位授权点，2008 年获批为河南省一级重点学科，2009 年获批博士后科研流动站，2011 年获批为一级学科博士学位授权点，2015 年入选河南省优势特色学科建设工程一期建设学科。在 2012 年全国第三轮学科评估中排名第九，在 2017 年全国第四轮学科评估中入选 B 类学科。

截至 2019 年 6 月，该学科有专任教师 48 人，其中教授 14 人、副教授 14 人，博士 41 人、博士生导师 12 人；拥有双聘院士 2 名、百千万人才工程国家级人选 1 人、教育部新世纪优秀人才 2 人、获国务院特殊津贴 2 人，多人在国际国内学术机构、学术期刊兼任主席、常务理事、理事、委员、编委等职务，同时多人在国际矿山测量协会、中国测绘地理信息学会、中国煤炭学会等国际国内学术团体兼任主席、常务理事等职务。

建有 4 个省级科研创新团队和 1 个省级教学团队，形成矿区环境遥感与开采沉陷、空间信息获取技术与装备、空间定位与导航、空间信息处理与服务 4 个特色研究方向；建成国家测绘地理信息局重点实验室、矿山空间信息技术河南省重点实验室、国土资源部野外科学观测研究基地、空间信息获取与处理院士工作站、北斗导航应用技术河南省协同创新中心、智慧中原地理信息技术系统创新中心、河南省空间大数据获取装备研制与应用工程技术研究中心等7个省部级科技创新平台。目前在校博士研究生31人，硕士研究生200人，全日制本科生1400余人，是国际矿山测量协会第六委员会主席单位挂靠学科，先后举办国际矿山测量各类学术会议7次，承办2016年中国测绘地理信息青年学者论坛等国内学术会议14次。

近十年来承担了国家自然科学基金（含重点）、"十二五"国家科技支撑课题、国家公益行业科研专项等国家级、省部级科研项目100余项，到账纵向经费约5000万元；承担重要横向科研项目120余项，到账横向经费1700余万元；承担省级以上教学改革项目15项。获国家科技进步二等奖1项、省部级科技奖励31项；发表论文780余篇，SCI、EI收录160篇；出版专著／教材35部，获专利、软件著作权35项。

该学科与澳大利亚新南威尔士大学、加拿大卡尔加里大学、美国西弗吉尼亚大学、武汉大学、中国测绘科学研究院等高校及科研机构建立了长期合作关系。作为河南省唯一一个测绘类省级优势特色重点学科，联合北京四维远见、河南省测绘工程院等单位建立21个成果转化示范基地，累计转化成果30余项，开展技术服务110多项；多次参与国家和省市测绘、国土、煤炭等行业规范编写与修订、发展研讨及决策咨询等工作；依托河南理工大学测绘地理信息科普教育基地宣传普及测绘文化，受益者达1000余人，在省内外产生较大影响。

（三）学科评估

学科评估是教育部学位与研究生教育发展中心，按照国务院学位委员会和教育部颁布的《学位授予和人才培养学科目录》（简称学科目录）对具有博士硕士学位授予权的一级学科进行整体水平评估，并于2002年进行了首轮全国学科评估，截至到2017年已完成四轮全国学科评估。2009年以来，学校按照全国学科评估要求，对标全国学科评估指标体系，持续深化学科内涵建设，积极参加教育部学位与研究生教育发展中心组织的全国学科评估工作，在2012年全国第三轮学科评估中，学校有安全科学与工程等5个学科参评，其中安全科学与工程学科居全国第5位，是河南省省属高校中唯一一个进入全国学科评估前5位的一级学科；矿业工程和测绘科学与技术学科 2 个学科居全国第 9 位（并列），地质资源与地质工程学科居全国第 16 位，机械工程学科居全国第 61 位。在 2017 年全国第四轮学科评估中，学校有安全科学与工程等 23 个学科参评，其中上榜学科 15 个，安全科学与工程学科获"A-"评价[①]，是河南省省属高校中唯——一个获 A 类评价的一级学科，居全国第 3 位；矿业工程和测绘科学与技术 2 个学科分别获"B"和"B-"评价，机械工程、地质资源与地质工程、马克思主义理论和公共管理等 4 个一级学科获"C+"评价，控制科学与工程、计算机科学与技术和软件工程等 3 个一级学科获"C"评价，数学、材料科学与工程、电气工程、土木工程和工商管理等 5 个一级学科获"C-"评价。

表3-2　学校全国第四轮学科评估上榜学科

序号	学科名称	档次	分档标准
1	安全科学与工程	A-	5%～10%
2	矿业工程	B	20%～30%
3	测绘科学与技术	B-	30%～40%
4	马克思主义理论	C+	
5	机械工程	C+	
6	地质资源与地质工程	C+	40%～50%
7	公共管理	C+	
8	控制科学与工程	C	
9	计算机科学与技术	C	50%～60%
10	软件工程	C	
11	数学	C-	
12	材料科学与工程	C-	
13	电气工程	C-	
14	土木工程	C-	60%～70%
15	工商管理	C-	

① 本次全国第四轮学科评估结果中，将前 70% 的学科分为 9 档：前 2% 或前 2 名为 A+，2%～5% 为 A（不含 2%，下同），5%～10% 为 A-，10%～20% 为 B+，20%～30% 为 B，30%～40% 为 B-，40%～50% 为 C+，50%～60% 为 C，60%～70% 为 C-。

三、省级重点学科建设

学校以争创"双一流"学科为目标，全面加强省、校、院三级重点学科建设管理，重点学科建设工作成效明显。2012年，在第八批省级重点学科评审中，学校在拥有第七批矿业工程、机械工程、材料科学与工程、土木工程、测绘科学与技术、地质资源与地质工程、环境科学与工程、仪器科学与技术和信息与通信工程等9个省一级重点学科基础上，获批新增安全科学与工程、控制科学与工程、电气工程、力学、动力工程与工程热物理、计算机科学与技术、软件工程、地理学、数学、马克思主义理论、工商管理和公共管理等12个省级一级重点学科，省级重点学科增至21个。2017年，学校在第八批省级重点学科验收评估中，安全科学与工程、矿业工程、测绘科学与技术、机械工程、电气工程、控制科学与工程和计算机科学与技术等7个学科获"优秀"评价。2018年，学校在第九批省级重点学科评审中，在第八批21个省级重点学科的基础上，获批化学工程与技术为省级一级重点学科，省级及以上重点学科增至22个。

表3-3　学校河南省重点学科一览表

一级学科	学科带头人	学科方向	方向带头人
矿业工程	郭文兵	矿山压力与岩层控制	郭文兵
		矿山开采方法与技术	李化敏
		矿山安全与灾害防治	陆庭侃
		煤系气开采理论与技术	苏现波
		矿产资源加工利用	张玉龙
地质资源与地质工程	齐永安	遗迹学与盆地分析	齐永安
		煤与煤层（页岩）气	潘结南
		矿产普查与勘探	侯广顺
		地球信息科学与技术	金　毅

续表

一级学科	学科带头人	学科方向	方向带头人
机械工程	赵 波	精密与特种加工技术	赵 波
		煤矿机械装备设计理论与技术	荆双喜
		数字化制造及智能装备技术	焦 锋
		无损检测与故障诊断技术	禹建功
		微纳制造及微系统技术	明平美
材料科学与工程	管学茂	矿业工程材料与资源循环利用	管学茂
		高性能金属材料	郭学锋
		先进功能材料	孟哈日巴拉
		金属成形理论与技术	米国发
		特种高分子材料	陈 强
土木工程	王树仁	岩土工程	王树仁
		结构工程	丁亚红
		隧道工程	杨小林
		供热供燃气通风及空调工程	徐文忠
		土木工程建造与管理	顿志林
		矿井建设	刘希亮
控制科学与工程	钱 伟	模式识别与智能控制	钱 伟
		工业过程建模与控制	王福忠
		复杂系统建模与控制	宋运忠
		现代检测技术与装置	张新良
		运动系统控制	卜旭辉
环境科学与工程	王明仕	环境地球化学	王明仕
		区域环境治理与生态修复	赵同谦
		固体废物防治	毛宇翔

续表

一级学科	学科带头人	学科方向	方向带头人
化学工程与技术	张传祥	煤化学工程	张传祥
		生物质能源化工与环境催化	曹建亮
		新能源材料化学	刘宝忠
		应用化学	张玉德
软件工程	沈记全	企业信息系统集成与知识管理	沈记全
		网络安全与软件中间件	刘永利
		服务科学与服务计算	刘志中
数学	原保全	应用数学	原保全
		运筹学与控制论	景书杰
		基础数学	李爱军
		计算数学	陈超平
地理学	牛海鹏	区域资源评价与利用	牛海鹏
		自然地理与环境演变	郝成元
		地理信息获取与应用	张合兵
		人文地理与城乡发展	刘昌华
力学	梁为民	隧道力学分析及围岩稳定性研究	梁为民
		爆炸能量利用及爆破控制技术研究	杨小林
		岩体力学基本理论与数值计算	赵洪波
		煤岩体损伤演化理论及应用研究	常旭
电气工程	郑征	功率变换系统理论及应用	郑征
		电机系统及其控制	汪旭东
		矿山供电系统优化及控制	付子义
		电气安全与绝缘技术	孙岩洲
		电工电能新技术	马星河

续表

一级学科	学科带头人	学科方向	方向带头人
计算机科学与技术	贾宗璞	复杂网络计算与协同技术	贾宗璞
		信息安全	汤永利
		图像处理及可视化技术	朱世松
		矿山智能监控与应急决策	安葳鹏
信息与通信工程	张长森	现代通信技术	张长森
		智能信号处理与测控系统	李　辉
		光电检测技术	王国东
		光电信息处理与器件	向　阳
仪器科学与技术	赵俊伟	测试计量理论及其应用	赵俊伟
		现代传感技术与仪器	张登攀
		智能控制技术与装备	陈国强
动力工程及工程热物理	张新民	流体机械及多相流技术	张新民
		燃烧理论及污染物治理技术	张安超
		热力过程理论与清洁能源技术	王　华
马克思主义理论	侯菊英	中国特色社会主义文化理论与文化建设	侯菊英
		马克思主义基本理论及当代价值	程　伟
		马克思主义中国化与当代社会发展	张富文
		思想政治教育理论与实践	郑小九
工商管理	曾　旗	企业管理理论与实践	曾　旗
		能源经济与可持续发展	李　创
		公司与科技融投资管理	韩　鹏

一级学科	学科带头人	学科方向	方向带头人
公共管理	张永领	政府应急管理	张永领
		公共政策	孔娜娜
		教育经济与教育战略管理	范如永
		土地制度改革与土地生态重建	李明秋

资料来源：《第九批河南省重点学科申报表》。

1. 矿业工程学科

学校矿业工程学科是河南省重点学科，2006 年获批为一级学科博士学位授权点、一级学科硕士学位授权点，2007 年获批博士后科研流动站，2008 年获批省一级重点学科。在全国第三轮学科评估中位居全国第九位；在全国第四轮学科评估中入选 B 类学科（全国前 30%），居全国第六名。截至 2019 年 6 月，该学科有专任教师 74 人，其中教授 26 人、副教授 25 人，博士 70 人，博士生导师 20 人，双聘院士 1 人、河南省政府特殊津贴专家 1 人、河南省省管优秀专家 1 人、河南省安全生产专家 1 人、河南省学术技术带头人 3 人、河南省高校科技创新人才 5 人；建有国家地方联合实验室、河南省国际联合实验室、河南省重点实验室、国家安监总局科技支撑平台、河南省院士工作站等 9 个省部级科技创新平台。

该学科近十年来承担国家重点研发计划、国家自然科学基金等国家级项目 20 余项，省部级项目 30 余项，企事业单位委托项目 200 余项，科研总经费达 6000 余万元。发表论文 200 余篇，其中 SCI、EI 收录 105 篇；出版专著 23 部；获国家专利 149 项，转化专利 3 项；获省部级以上科技成果奖 30 余项，其中国家科技进步二等奖 1 项，省部级奖励一等奖 15 项、二等奖 32 项；科技成果被企业采用超过 50 项，成果应用为企业创造增值超过 20 亿元；获省级教学成果奖特等奖 1 项、一等奖 1 项。获批国家虚拟仿真实验教学项目 1 项，省级虚拟仿真实验项目 2 项。培养博士研究生 30 余名，各类硕士研究生 160 余名。加强国际交流与合作，先后同美国西弗吉尼亚大学、肯塔基大学、内华达大学、澳大利亚卧龙岗大学、纽卡斯尔大学等高校和研究机构建立合作关系，联合培养本科生和研究生，开展国际合作研究和学术交流。举办了第 34 届国际采矿岩层控制会议等 5 次国际会议，学科成员应邀在国内外讲学 40 余人次，参加国内外学术会议近百人次，出国进修近 20 人次；邀请国内外学者来校讲学 60 余人次。

2. 地质资源与地质工程学科

学校地质资源与地质工程学科是河南省重点学科，2005 年获批矿产普查与勘探二级学科博士学位授权点和一级学科硕士学位授权点，2011 年获批一级学科博士学位授权点，2012 年获批博士后科研流动站，2017 年再次获批河南省重点学科。在全国第四轮学科评估中入选 C+ 学科。截至 2019 年 6 月，该学科有专任教师 53 人，其中教授 16 人、副教授 17 人，博士 49 人、博士生导师 10 人。建有 1 个煤田地质与瓦斯地质国家级教学团队，1 个瓦斯预测与治理教育部创新团队，遗迹化石与地球生物学、煤层气储层物性及其地质控制 2 个省级科技创新团队，1 个中原经济区煤层（页岩气）河南省协同创新中心、1 个河南省非常规能源地质与开发国际联合实验室、1 个河南省生物遗迹与成矿过程重点实验室。

该学科近十年来承担国家自然科学基金等国家级项目 23 项，省部级项目 86 项，企事业单位委托项目 267 项，总经费 7640 万元。发表核心以上期刊论文 765 篇，SCI 收录的论文 92 篇，ESI 高被引论文 5 篇；出版学术专著教材 32 部；获发明专利 21 项；获省部级奖励 17 项。建有国家级精品教材 1 部、国家级精品课程 1 门、国家级品牌特色专业 2 个、河南省高校双语教学示范课程 1 门。在校博士研究生 30 人（留学生 3 人），在校硕士研究生 38 人（留学生 1 人）。广泛开展国际交流活动，与美国、加拿大等国家的高校和科研机构建立了合作关系，年均邀请国外学者来校讲学交流 40 余人次，主办或承办煤地质微生物成气、遗迹学、沉积古地理等国际学术会议。

3. 机械工程重点学科

学校机械工程学科是河南省重点学科，2006 年获批机械制造及其自动化二级学科博士学位授权点和一级学科硕士学位授权点，2014 年获批博士后科研流动站，2018 年获批为一级学科博士学位授权点。在全国第三轮学科评估中位列全国第 61 位；在全国第四轮学科评估中入选 C+ 学科（全国前 50%）。截至

2019 年 6 月，该学科有专任教师 65 人，其中教授 17 人、副教授 27 人，博士 50 人、博士生导师 14 人，双聘院士 1 人、国务院政府津贴专家 1 人、国家煤炭首席专家 1 人、省管优秀专家 1 人、省特聘教授 1 人、省高校科技创新人才 1 人、省 555 人才 2 人、河南省杰出青年 2 人、河南省优秀教师 1 人、德国洪堡学者 1 人和玛丽居里学者 1 人。建有先进制造技术等 3 个省级科技创新团队，精密与特种加工技术河南省工程实验室、河南省煤矿机械装备工程技术研究中心等 3 个省级科技创新平台。

该学科近十年来承担国家自然科学基金重点项目、863 项目、国家自然科学基金等国家级项目 40 余项，省部级项目 60 余项，企事业单位委托项目 50 余项，产业化项目 62 项，科研总经费达 8000 余万元；自行研制与开发设备 28 种，高技术产品 16 种；发表论文 425 篇，其中 SCI、EI 收录 350 篇，引文 282 次；出版专著 2 部，编写国家级规划教材 5 部；授权国家专利 185 项，专利成果转让 50 项；获省部级奖 10 项，其中一等奖 2 项、二等奖 6 项；获省级教学成果奖一等奖 1 项，二等奖 2 项。《机械制造技术基础》先后获批河南省精品课程及河南省精品资源共享课程。培养博士研究生 21 名，各类硕士研究生 368 名。广泛开展国际交流与合作，先后与北卡罗莱纳农工州立大学、日本室兰工业大学等高校和研究机构建立了长期稳定的合作关系，联合培养本科生和研究生，开展国际合作研究和学术交流。主办及承办第十届中日超精密会议、中国（国际）光整加工技术及表面工程学术会议等国际及国内学术会议 10 余次。

4. 材料科学与工程学科

学校材料科学与工程学科是河南省重点学科，2008 年获批河南省重点学科，2011 年获批一级学科硕士学位授权点，2018 年获批一级学科博士学位授权点。在全国第四轮全国学科评估中入选 C 类学科。截至 2019 年 6 月，该学科有专任教师 67 人，其中教授 18 人、副教授 32 人，博士 65 人、博士生导师 10 人，双聘院士 3 人、国家"千人计划"专家 2 人、河南省学术技术带头人 7 人、河南省科技创新杰出人才 2 人、河南省科技创新人才（杰出青年）2 人、河南省高校科技创新人才 3 人、河南省高校新世纪优秀人才 1 人。建有河南省高性能轻金属材料及其数值模拟国际联合实验室、河南省深地材料科学与技术重点实验室、河南省煤炭节能减排材料与技术工程实验室、河南省结构功能性金属基复合材料工程技术研究中心、河南省固废资源化利用与绿色建筑材料工程研究中心和凝固技术与亚稳材料院士工作站等6个科技创新平台，拥有矿业材料、非平衡凝固与亚稳材料、微尺度理论模拟与设计、新能源材料与器件、二维碳化物材料、煤制系和煤系气绿色高效利用材料等6个省级科技创新团队。

该学科近十年来承担国家科技支撑计划、"973"、国家重点研发项目、国家自然科学基金等国家级项目53项，省部级项目87项，企事业单位委托项目94项，科研总经费达4666.11万元。发表论文1169篇，其中SCI、EI收录论文682篇，ESI高被引论文3篇；出版著作教材19部；获省部级以上科技成果奖12项，其中二等奖4项；获省级教学成果奖一等奖6项，二等奖5项。建有国家级双语教学示范课程1门，省级双语教学示范课程2门，省级精品课程2门。广泛开展国际交流活动，与英国、俄罗斯、克罗地亚、以色列等国家的高校和科研机构建立了合作关系，4名学生赴境外学习交流，7名境外学生来华学习交流。主办或承办第六届材料与热加工物理模拟及数值模拟国际学术会议等国际学术会议3次，国内学术会议8次；128人次在国际学术会议上作主题报告，175人次在国内学术会议上作报告。

5. 土木工程学科

学校土木工程学科是河南省重点学科，2008年获批河南省重点学科，2011年获批为一级学科硕士学位授权点。在全国第四轮学科评估中入选C类学科。截至2019年6月，该学科有专任教师61人，其中教授10人、副教授23人，博士50人、博士生导师5人，双聘院士1人、高端外国专家1人、百千万人才工程国家级人选1人、教育部高等学校教学指导委员会委员1人、享受国务院政府特殊津贴专家1人、河南省特聘教授1名、河南省杰出青年计划获得者1人、河南省教育厅学术技术带头人6人，河南省中青年骨干教师8人。建有1个河南省岩土工程灾变及控制创新型科技团队、1个河南省研究生教育创新基地，建有河南省地下工程与灾变防控重点实验室、生态建筑与环境构建河南省工程实验室和河南省地下空间开发及灾变防治国际联合实验室等3个省级科技创新平台。

该学科近十年来承担高压气体冲击作用下含瓦斯煤体的裂纹扩展及扰动规

律研究等国家级科研项目 25 项，省部级科研项目 46 项，企事业单位委托项目 72 项，总科研经费达 5280 万元。发表论文 860 篇，其中被 SCI/EI 检索 386 篇；出版教材 19 部，中英文专著 16 部；授权发明专利 38 项；获国家科技进步二等奖 1 项，省部级科技奖励 18 项，其中一等奖 3 项、二等奖 6 项；获省级教学成果奖二等奖 1 项。建成河南省研究生创新培养基地，培养博士研究生 4 人，硕士研究生 370 人，其中河南省优秀硕士研究生 3 人。广泛开展国际交流活动，与爱尔兰利莫瑞克大学合作的本科层次合作办学项目"土木工程"专业于 2013 年招生；与加拿大麦吉尔大学、澳大利亚新南威尔士大学等高校和科研机构建立了合作关系，聘请 16 位国际知名学者作为本学科兼职教授，年均邀请国外学者来校讲学交流 10 人次；5 名学生赴境外学习交流，100 余名境外学生来华学习交流。近十年来，主办或承办第十五届全国矿山建设专业学术会议、第十五届全国结构工程学术会议、第九届全国冲击动力学学术会议、第三届矿山安全科学与工程国际会议等国际国内学术会议 12 次。

6. 控制科学与工程学科

学校控制科学与工程学科是河南省重点学科，1993 年获批控制理论与控制工程二级学科硕士学位授权点（原"工业自动化"二级学科硕士学位授权点，2000 年动态调整为"控制理论与控制工程"），2011 年获批控制科学与工程一级学科硕士学位授权点，2012 年获批河南省重点学科。在第四轮全国学科评估中入选 C 类学科。截至 2019 年 6 月，该学科有专任教师 41 人，其中教授 6 人、副教授 21 人，博士 38 人、博士生导师 5 人，国务院政府特殊津贴获得者 1 人、河南省科技创新杰出青年 1 人、河南省高校科技创新人才 3 人、河南省学术技术带头人 1 人、河南省高等学校青年骨干教师 5 人、中国人工智能学会智能空天专委会副主任 1 人。建有复杂系统的信息处理与控制河南省创新型科技团队、矿山电气自动化河南省工程实验室、直驱电梯工程技术研究中心、控制工程河南省重点学科开放实验室、工矿自动化河南省重点实验室培育基地等 7 个省部级以上科研平台。

该学科近十年来获国家自然科学基金等国家级项目 18 项，省部级以上科研项目 30 余项，企事业单位委托项目 30 余项，总科研经费达 8700 余万元；研发煤矿复杂井巷超大角度运输系统、变频调速设备智能健康诊断系统、中长隧道智能化施工监控系统、大型设备运行监测与健康诊断系统、虚拟化矿山安全培训系统等数10种产品与设备装置，广泛应用于中铁隧道集团有限公司、河南煤业化工集团有限责任公司等企业，取得较好经济社会效益。发表论文600余篇，其中发表SCI、EI收录论文260余篇；出版专著、教材20余部；获省部级以上科研成果一等奖2项、二等奖7项、三等奖10项，授权发明专利80余项；获省部级以上教学成果奖一等奖3项、二等奖3项；获国家精品资源课程1门、国家级特色专业1个、全国工程教育认证专业1个、教育部卓越工程师教育培养计划试点专业1个以及省级精品资源共享课程2门。培养硕士研究生270名、博士研究生4名。积极开展国内外学术交流和科技教育合作，与美国肯塔基大学、日本室兰工业大学、英国谢菲尔德大学、南非斯特兰堡大学、浙江大学等10余所高校开展教育科技交流和合作，主办或承办第九届中国多智能体系统与控制、2016中国大数据系统与智能技术等国际或全国性学术年会8次，邀请国内外知名专家40余人次来校讲学和从事合作研究，派出22名教师赴国外知名高校和科研单位进修或作访问学者，学科成员在国内外重要学术会议上报告30余次。

7. 环境科学与工程学科

学校环境科学与工程学科是河南省重点学科，2003年获批环境工程二级学科硕士学位授权点，2005年获批环境科学二级学科硕士学位授权点，2008年获批河南省重点学科，2011年获批一级学科硕士学位授权点。截至2019年6月，该学科有专任教师37人，其中教授6人、副教授18人，博士28人、博士生导师3人，教育部新世纪优秀人才计划1人、河南省学术技术带头人1人、河南省科技创新杰出青年1人、河南省高校科技创新人才2人、河南省教育厅学术带头人1人、河南省青年骨干教师资助计划2人。建有1个煤地质微生物气化理论技术与环境效应河南省科研创新团队，1个教育部国家级大学生校外实践教育基地、1个世界地质公园理科实践教育基地、1个矿山环境保护与生态修复河南省省级重点实验室培育基地。

该学科近十年来承担国家自然科学基金等国家级项目20项，省部级项目

30 余项，企事业单位委托项目 300 项，科研总经费达 3280 万元。发表论文 300 余篇，其中核心以上期刊论文 150 余篇，SCI、EI 收录论文 50 余篇，ESI 高被引论文 1 篇；出版专著教材 30 部；获国家科技进步奖二等奖 1 项，省部级科技进步奖二等奖 2 项；获得国家发明专利和实用新型专利 10 余项；获得省级教学成果奖 4 项，其中一等奖 1 项、二等奖 3 项。在校博士研究生 7 人，在校硕士研究生 80 余人。广泛开展学术交流活动，与中国科学院生态环境研究中心、中国科学院地球化学研究所、中国科学院大气物理研究所、北京师范大学、天津大学等高校和科研机构建立了合作关系。

8. 化学工程与技术学科

学校化学工程与技术学科是河南省重点学科，2006 年获批应用化学二级学科硕士学位授权点，2009 年获批化学工程硕士专业学位授权点，2018 年获批为河南省重点学科。截至 2019 年 6 月，该学科有专任教师 48 人，其中教授 9 人、副教授 28 人，博士 47 人、博士生导师 6 人，国家"千人计划"专家 1 人、中原科技创新领军人才 1 人、教育部"新世纪优秀人才支持计划"人才 1 人、河南省科技创新杰出青年 1 人、河南省学术技术带头人 1 人、河南省教育厅学术技术带头人 4 人、河南省高校青年骨干教师 6 人、焦作市青年科技专家 1 人。建有新能源材料与器件、煤制气和煤系气绿色高效利用材料和非粮生物质高效综合利用 3 个河南省高校科技创新团队，建有 1 个氢能开发利用河南省创新型科技团队，建成矿产资源绿色高效开采与综合利用、煤炭绿色转化 2 个河南省重点实验室、1 个煤炭节能减排材料与技术河南省工程实验室、1 个矿物加工与矿用材料河南省高校工程技术中心。

该学科近十年来新增国家自然科学基金等国家级项目 17 项，省部级项目 29 项，企事业单位委托项目 14 项，科研经费达 1389.515 万元；发表论文 407 篇，其中 SCI、EI 收录论文 281 篇，ESI 高被引论文 3 篇；出版专著 27 部；获授权国家发明专利 49 项；获省部级科技成果奖二等奖 2 项、三等奖 1 项。在校硕士研究生 27 人，授予硕士学位人数 42 人，其中省级优秀硕士学位论文获得者 6 人。加强国际交流与合作，先后与澳大利亚纽卡斯尔大学、韩国国立釜山大学等高校建立长期教学科研合作关系。

9. 软件工程学科

学校软件工程学科是河南省重点学科，2005 年获批计算机软件与理论二级学科硕士学位授权点，2011 年获批一级学科硕士学位授权点和软件工程专业硕士学位授予权，2012 年获批河南省重点学科，在第四轮全国学科评估中入选 C 类学科。截至 2019 年 6 月，该学科有专任教师 27 人，其中教授 8 人、副教授 11 人，博士 20 人、博士生导师 1 人，河南省科技创新杰出青年 1 人、河南省高校科技创新人才 1 人、河南省教育厅学术技术带头人 2 人、河南省高校骨干教师 3 人。建有矿山信息化河南省高校工程技术研究中心、矿山信息化河南省高校重点学科开放实验室、河南省创新方法培训基地、现代物流服务河南省高校工程技术研究中心和矿山生产安全环境监控河南省工程实验室等 5 个省部级科技创新平台。

该学科近十年来承担国家自然科学基金等国家级项目 14 项，省部级科研项目 27 项，企事业单位委托项目 50 余项，科研经费达 1100 余万元；发表论文 430 篇，其中 SCI、EI 收录 200 篇；出版教材 8 部，学术专著 6 部；获得国家发明专利 19 项，获得软件著作权 70 余项；获省部级科技成果二等奖 1 项，省级教学成果奖一等奖 2 项、二等奖 1 项。建有数据库系统原理和计算机网络 2 门河南省精品资源共享课程。在校硕士研究生 64 人，已毕业硕士研究生 52 人，近 10 名学生出国留学。注重国内外学术交流和科技教育合作，与爱尔兰都柏林城市大学、日本室兰工业大学等多所高校建立了良好校际关系，定期邀请国外知名学者来院讲学。主办或承办 2013 年密码新技术学术研讨会、2018 国际计算机前沿大会（ICPCSEE 2018）等国际国内学术会议 8 次。

10. 数学学科

学校数学学科是河南省重点学科，2003 年获批应用数学专业二级学科硕士学位授权点，2006 年获批基础数学专业二级学科硕士学位授权点，2008 年获得应用数学省级重点学科（第七批），2011 年获批数学一级学科硕士点，2012 年获得数学省级重点科学（第八批），2018 年获得数学省级重点科学（第九批）；在第四轮全国学科评估入选 C 类学科。截至 2019 年 6 月，该学科有专任教师 32 人，其中教授 8 人、副教授 13 人，博士 27 人，双聘院士 1 人、河南省特聘教授 1 人、河南省优秀专家 1 人、河南省讲座教授 1 人、河南省科技创新人才 1 人。

该学科近十年来承担国家自然科学基金等国家级项目 56 项，省部级项目 14 项，河南省高等学校重点科研项目 36 项，科研经费达 893.8 万元；发表论文 800 余篇，其中 ESI 高被引 7 篇，SCI 收录论文 637 篇；出版专著 1 部，教材 1 部；获河南省科技进步奖二等奖 2 项，三等奖 1 项，河南省高等教育教学成果奖二等奖 2 项。在校硕士研究生 37 人，毕业硕士研究生 96 人，获河南省优秀硕士学位论文 6 篇。主办或承办 2013 年数学流体力学方程国际研讨会、2016 年调和分析及其应用国际会议、2018 年数学流体力学方程国际研讨会、2019 年国际代数组合会议等国际国内学术会议 10 次，邀请中科院院士、国家杰青及长江学者等知名专家 200 余人次到校进行学术交流，50 余人次受邀在国内外重要学术会议上作学术报告。

11. 地理学学科

学校地理学学科是河南省重点学科，2006 年获批地图学与地理信息系统二级学科硕士学位授权点，2012 年获批河南省重点学科。截至 2019 年 6 月，该学科有专职教师 46 人，其中教授 11 人、副教授 17 人，博士 41 人、博士生导师 5 人，双聘院士 1 人、河南省学术技术带头人 1 人、河南省教育厅学术技术带头人 2 人、河南省高校科技创新人才 5 人、河南省高等学校哲学社会科学优秀学者 4 人、河南省青年骨干教师 4 人、河南省优秀青年社科专家 1 人、中国"十佳"青年土地资源管理学家 1 人；多人在国际矿山测量协会、中国测绘地理信息学会、中国煤炭学会、中国地理信息产业协会教育与科普工作委员会、河南省地理学会、河南省自然资源学会等国际国内学术团体兼任主席、常务理事等职务。建有地理矿情监测与智慧矿山、地理矿情天空地一体化监测、土地经济与城乡发展中心、煤矿区土地整治与生态修复等 4 个省级科研团队；建有国家测绘地理信息局重点实验室、国土资源部野外科学观测研究基地、空间信息获取与处理院士工作站、智慧中原地理信息技术系统创新中心等 4 个省部级科技创新平台。

该学科近十年来承担国家重点研发计划等国家级项目 23 项，省部级科研项目 79 项，企事业委托项目 82 项，科研经费达 2144 万元；发表论文 449 篇，其中 ESI 高被论文 3 篇，SCI、EI 收录 105 篇，CSSCI 论文 62 篇；出版专著 27 部，教材 3 部；获发明专利 1 项、实用新型专利 6 项，软件著作权 12 项；获省部级科技成果奖一等奖 1 项、二等奖 7 项、三等奖 9 项，省级教学成果奖二等奖 4 项。建有《地理信息系统原理与应用》《地图学》《地理信息系统》《数字制图与地图综合》等 4 门省级精品课程。在校硕士研究生 22 人，已毕业研究生 87 人。加强国际交流与合作，先后与澳大利亚新南威尔士大学、加拿大卡尔加里大学等高校建立长期教学科研合作关系。主办或承办国际矿山测量协会 2011 年中国国际学术论坛、中国自然资源学会第七次全国会员代表大会暨 2014 年学术年会等国际国内学术会议 14 次；积极为河南省测绘地理信息局、河南省国土资源厅等单位制定政策法规、发展规划、行业标准并提供咨询服务；《五大国家战略叠加下的河南省区域发展空间新格局》《地域功能视阈下河南城市组团发展研究》《河南省淮河流域生态经济问题及协调策略》和《增强河南地区性中心城市辐射带动能力研究》等 4 项成果被省《资政参考》《成果要报》采纳，已成为河南省重要的地理学人才培养与科学研究基地。

12. 力学学科

学校力学学科是河南省重点学科，1997 年获批工程力学二级学科硕士学位授权点，2011 年获批为一级学科硕士学位授权点，2012 年获批为省级重点学科。截至 2019 年 6 月，该学科有专任教师 48 人，其中教授 10 人、副教授 14 人，博士 37 人、博士生导师 4 人，国务院特殊津贴获得者 1 人、百千万人才工程国家级人选 1 人、教育部新世纪优秀人才支持计划人才 2、中原千人计划支持人才 1 人、河南省特聘教授 1 人、河南省骨干教师 5 人、河南省教学名师 2 人，中国岩石力学与工程学会高等教育委员会副主任 1 人，中国煤炭学会爆破专业委员会副主任 1 人，煤炭工业技术委员会委员 1 人，河南省爆破协会副会长 1 人，河南省力学学会委员 3 人。建有河南省地下工程及灾变防控重点实验室、河南省地下空间开发及诱发灾变防治国际联合实验室 2 个省级科技创新平台，建有基础力学、岩体工程分析与控制等 3 个河南省教学与科研团队。

该学科近十年来承担国家自然基金项目等国家级 10 项，获省级科研项目

7 项，承担企事业单位委托项目 60 余项，科研经费达 1400 余万元。发表论文 400 余篇，其中 SCI 和 EI 收录论文 270 篇；出版学术著作 6 部，出版教材 8 部；专利 23 项；获国家科技进步二等奖 1 项，省部级奖项一等奖 3 项、二等奖 7 项、三等奖 12 项；获河南省教学成果奖 1 项；拥有国家级在线开放课程 1 门，河南省精品课程 1 门，河南省在线开放课程 1 门，河南省精品视频公开课 1 门。培养硕士研究生 52 人。广泛开展国际交流活动，与利莫瑞克大学等高校和科研机构建立了合作关系，聘请 1 名国际知名学者作为本学科兼职教授，年均邀请国外学者来校讲学交流 10 余人次。

13. 电气工程学科

学校电气工程学科是河南省重点学科，学科始于 20 世纪 50 年代，1986 年和 1995 年开始分别挂靠培养硕士、博士研究生。2000 年获批电机与电器二级学科硕士学位授权点，2008 年获批电机与电器河南省二级重点学科，2011 年获批一级学科硕士学位授权点，2012 年获批河南省重点学科。在第四轮全国学科评估中入选 C 类学科。截至 2019 年 6 月，该学科有专任教师 45 人，其中教授 9 人、副教授 21 人，具有博士 33 人、博士生导师 4 人，拥有河南省特聘教授、河南省科技创新人才等各类高层次人才 10 余人。建有直线电机与现代驱动河南省优秀创新型科技团队、矿山电力电子装置与控制河南省创新型科技团队；拥有河南省直驱电梯工程技术研究中心、河南省矿山电气自动化工程实验室等 5 个省级科技创新平台。

该学科近十年来先后承担国家自然科学基金等国家级项目 18 项，省部级项目 60 余项，推广和应用项目 120 余项，科研经费达 8500 余万元；发表 SCI、EI 收录论文 400 余篇；出版专著、教材 40 余部；获授权发明专利 60 余项，在直线电机直驱技术、矿山智能供电技术、矿井提升机双 PWM 变频调速技术等方面处于国际先进、国内领先水平，取得了多项原创性成果；获省部级以上科研奖励一等奖 2 项、二等奖 7 项、三等奖 10 项；获省级教学成果奖一等奖 3 项、二等奖 3 项。建有 1 个电气工程及其自动化国家级特色专业，1 个三电基础课程国家级教学团队，1 个电工电子国家级实验教学示范中心，1 门供电技术国家级精品资源共享课程；建有 1 个电气信息类自动控制课程群省级教学团队，1 个矿山电气工程省级虚拟仿真实验教学中心，检测技术与自动化仪表等 3 门省级精品资源共享课程，模拟电子技术等 2 门省级双语示范课程，1 门电路史诗省级精品开放课程，1 门现代故障诊断技术省级研究生教育优质课程，1 个河南理工 - 许继电气省级研究生教育创新培养基地。招收、培养博士研究生 7 人，在读硕士研究生 300 余人，毕业硕士研究生 800 余人。注重国内外学术交流和科技教育合作，与美国北卡罗莱纳农工州立大学合作举办电气工程及其自动化本科专业，已培养电气工程及其自动化专业本科毕业生 900 余名；与美国肯塔基大学、日本室兰工业大学、英国谢菲尔德大学、南非斯特兰堡大学等 10 余所高校开展了教育科技交流和合作，主办或承办 2012 电气、信息与机电一体化国际会议等国际国内学术会议 10 余次。

14. 计算机科学与技术学科

学校计算机科学与技术学科是河南省重点学科，2003 年获批计算机应用技术二级学科硕士学位授权点，2008 年获批第七批河南省二级重点学科，2011 年获批计算机科学与技术一级学科硕士学位授权点，2012 年获批第八批河南省一级重点学科，2018 年再次入选第九批河南省一级重点学科，在第四轮全国学科评估中入选 C 类学科。截至 2019 年 6 月，该学科有专任教师 31 人，其中教授 10 人、副教授 13 人，博士 26 人、博士生导师 5 人，教育部"新世纪优秀人才支持计划"1 人、河南省教育厅优秀管理人才 1 人、河南省教育厅学术技术带头人 2 人、河南省科技创新杰出青年 1 人、河南省优秀青年科技专家 1 人、河南省高校科技创新人才 1 人、河南省青年骨干教师 2 人。建有 1 个河南省教育厅创新团队和矿山生产安全环境监控河南省工程实验室、矿山信息化河南省高校重点学科开放实验室、河南省创新方法培训基地、矿山信息化河南省高校工程技术研究中心、现代物流服务河南省高校工程技术研究中心等 5 个省部级科技创新平台。

该学科近十年来承担国家自然科学基金等国家级项目 14 项，省部级项目 40 余项，企事业单位委托项目 50 余项，科研经费达 1500 万元；发表论文 500 余篇，其中 SCI、EI 收录论文 200 余篇；出版教材 14 部、专著 6 部；获国家发明专利 15 项，软件著作权 12 项；获省部级科技成果二等奖 2 项、三等奖 3 项，省级教学成果奖一等奖 1 项。建有 1 个国家级特色专业，C 语言程序设计、数据库系统原理、计算机网络等 3 门河南省精品资源共享课程。在校硕士研究生 84 人，毕业硕士研究生 317 人，境外留学生 62 人，出国留学生 22 人。注重国内外学术交流和科技教育合作，与爱尔兰利莫瑞克大学合作举办计算机科学与技术本科专业，目前已培养计算机科学与技术专业本科毕业生 500 余名；与日本室兰工业大学等 20 余所高校开展了教育科技交流和合作，主办或承办第三届计算机科学与计算技术国际会议、第十一届全国高校计算机网络教学暨网络工程专业建设研讨会等国际国内学术会议 8 次。

15. 信息与通信工程学科

学校信息与通信工程学科是河南省重点学科，2006 年获批通信与信息系统二级学科硕士学位授权点，2008 年获批河南省重点学科。截至 2019 年 6 月，该学科有专任教师 28 人，其中教授 8 人、副教授 16 人，博士 25 人、博士生导师 2 人，河南省重点学科带头人 1 人、河南省教育厅学术技术带头人 2 人。建有矿山信息化河南省重点学科开放实验室、矿山信息化河南省高校工程技术研究中心和"光电传感与智能测控"河南省工程实验室河南省工程实验室 3 个省级科技创新平台。

该学科近十年来承担国家自然科学基金面上项目"基于 Ethernet 和 WSN 的矿井监控与应急通信技术研究""固有偶极矩介质在不对称性外场作用下的高次谐波过程及其应用研究"等国家级项目 20 余项，省部级项目 20 余项，企事业单位委托项目 30 余项，科研经费总计近 2000 万元。发表论文 300 余篇，其中 SCI、EI 收录论文 180 余篇；出版专著教材 10 余部；授权发明专利 18 项；获省部级奖励 7 项，其中河南省科学技术进步奖二等奖 3 项，中国煤炭工业协会科学技术奖一等奖 1 项、三等奖 3 项；获得省级教学成果奖 4 项，其中一等奖 2 项、二等奖 1 项；获省级质量工程项目 3 项。在校硕士研究生 31 人，获得省优秀硕士论文 1 人。广泛开展国际交流活动，与韩国国立釜山大学等高校建立了合作关系，2018 年与韩国国立釜山大学合作举办电子信息工程专业本科教育项目。主办或承办信息技术与环境系统科学国际会议等国际学术会议 2 次，国内学术会议 3 次。

16. 仪器科学与技术学科

学校仪器科学与技术学科是河南省重点学科，2005年获测试计量技术及仪器二级硕士学位授予权，2008年获批河南省重点建设学科。截至2019年6月，该学科有专任教师35人，其中教授6人、副教授19人，博士33人、博士生导师1人，柔性引进长江学者1人，河南省学术技术带头人3人，河南省新世纪优秀人才1人，555人才1人。河南省青年骨干教师3人，外籍专家2人。建有精密制造技术与工程河南省重点学科开放实验室、煤矿技术装备河南省高校工程技术中心等3个省部级科技创新平台。

该学科近十年来承担国家自然科学基金等国家级项目12项，省部级项目18项，企业委托科技攻关项目60项，科研经费达2300余万元；发表论文700余篇，其中SCI和EI收录342篇；出版专著教材6部；获授权国家发明专利70余项；获省部级科技成果奖二等奖1项，省级教学成果奖一等奖6项、二等奖6项，完成省级本科教学质量工程项目2项。在校硕士研究生22人，授予硕士学位44人，其中省级优秀硕士学位论文获得者1人。不断加强国内外学术交流与合作，先后与德国联邦物理技术研究院（PTB）、德国不伦瑞克工业大学、日本室兰工业大学、中国计量科学研究院、中国科学院半导体研究所、华中科技大学等高校和科研院所建立合作关系，为学科接轨世界舞台奠定了基础。

17. 动力工程及工程热物理学科

学校动力工程及工程热物理省级重点学科源于1997年成立的流体机械及流体工程专业，1997年获批流体机械及工程硕士点，同年开始招收研究生，2007年获批河南省二级重点学科，2012年获批动力工程及工程热物理河南省一级重点学科。截至2019年6月，该学科有专任教师32人，其中教授7人、副教授24人，博士30人、博士生导师2人，外籍院士1人、国家653人才1人、河南省高校青年骨干教师4人。建有"河南省非常规能源清洁高效利用技术及装备工程研究中心"省级科技创新平台。2019年，依托本学科成立河南省制冷学会低温专业委员会。

该学科近十年来承担国家自然科学基金项目15项，省部级科研项目48项，企事业单位委托项目98项，科研项目经费达2000万元。发表论文200余篇，其中 SCI 和 EI 收录 110 余篇；出版专著教材 6 部；授权国家发明专利 26 项；获河南省科技进步二等奖 1 项，省级教学成果奖一等奖 1 项、二等奖 3 项。在校硕士研究生 37 人，毕业硕士研究生 156 人，其中省级优秀硕士学位论文获得者 1 人。不断加强国内外学术交流与合作，先后与日本东京大学、韩国庆尚大学、新西兰坎特伯雷大学、日本室兰工业大学、韩国仁荷大学、中国科学院理化所、华中科技大学、西安交通大学、西南交通大学、大连理工大学等高校和科研院所建立合作关系。

18. 马克思主义理论学科

学校马克思主义理论学科是河南省重点学科，2006 年获批马克思主义基本原理、思想政治教育 2 个二级学科硕士学位授权点，2011 年获批一级学科硕士学位授予权点，2012 年获批为省级重点学科；在全国第四轮学科评估中进入 C+学科，在河南省排名第三。截至 2019 年 6 月，该学科有专兼职教师 92 人，其中教授 10 人、副教授 31 人，具有博士学位教师 38 人；有国务院特殊津贴专家 1 人，省优秀专家 2 人，省普通高校马克思主义理论类本科专业教学指导委员会委员 1 人，省高等学校思想政治理论课教学指导委员会分教学指导委员会委员 2 人，省学术技术带头人 2 人，省宣传文化系统"四个一批"人才 1 人，省青年文化英才 1 人，省百名优秀青年社科人才 3 人，省科技创新人才（社科类）2 人，省中原千人计划人才 1 人，河南省委宣传部青年理论宣讲专家 4 人，赴美国高校高级访问学者 4 人。建有河南省中国特色社会主义理论体系研究中心，以及中国特色社会主义文化建设理论与实践、社会主义意识形态建设理论与实践、文化软实力建设理论与实践研究等 3 个河南省高校哲学社会科学创新团队；建有 4 门河南省高等学校思想政治理论课优秀课程，2 门河南省精品在线开放课程，共招收硕士研究生 252 人，毕业并获得硕士学位 183 人，其中考取博士研究生 10 人，获河南省优秀硕士研究生论文 1 篇。

该学科近十年来共承担国家社科基金项目 9 项，主持教育部人文社会科学研究项目、河南省哲学社会科学研究项目等省部级课题 106 项，承担纵向科研经费 790 万元；获河南省社会科学研究优秀成果奖等省部级以上奖项 27 项；发表 CSSCI 学术论文 139 篇，在《光明日报》发表 12 篇重要理论文章（含"光明专论"4篇），2篇文章受到中宣部表彰，2篇文章受到河南省委宣传部表彰，5篇文章被《人大复印资料》全文转载，《新闻阅评》《马克思主义理论研究和建设工程参考资料》转载1篇，《资政参考》《河南省哲学社会科学成果要报》刊用8篇；在人民出版社、中国社会科学出版社等出版学术专著42部。先后联合举办全国新常态下资源型城市转型发展研讨会、中国特色社会主义文化建设与让中原更加出彩学术研讨会、河南省高校新型智库建设与发展论坛、2018年度全省高校马克思主义学院院长（思政部主任）培训班，学院教师在国际或全国性学术会议上作主题发言近30次。

19. 工商管理学科

学校工商管理学科是河南省重点学科，1998年获批企业管理二级学科硕士学位授权点，2005年获得会计学和技术经济及管理二级硕士学位授权点，2010年获批一级学科硕士学位授权点，2012年获批为河南省重点学科，在全国第四轮学科评估中入选C类学科。截至2019年6月，该学科有专任教师33人，其中教授11人、副教授12人，博士3人、博士生导师3人，河南省人文社会科学创新人才2人、河南省学术技术带头人1人、河南省会计领军人才3人。建有1个能源经济与区域发展河南省社会科学创新团队，1个能源经济研究中心河南省人文社会科学重点研究基地。

该学科近十年来承担国家社科基金等国家级项目18项，省部级项目70余项，企事业单位委托项目30余项，科研经费200余万元；发表论文400余篇，其中SSCI、EI收录论文40余篇，CSSCI期刊论文100余篇；出版专著20余部，教材20部；获河南省社会科学研究优秀成果奖二等奖2项、三等奖7项，省级教学成果奖一等奖1项、二等奖1项、三等奖1项。招收硕士研究生252人，毕业并获得硕士学位231人，获河南省优秀硕士研究生论文1篇。建有1个国家级特色专业、1个省级特色专业，1个省级实验教学示范中心，1个省级教学团队，2门省级精品资源共享课，1门省级精品视频公开课，1门省级精品课程。主办或承办管理科学与工程国际学术会议等国际国内学术会议12次。

20. 公共管理学科

学校公共管理学科是河南省重点学科，2011年获批公共管理一级学科硕士学位授权点，2012年获批为河南省重点学科，2014年获批公共管理专业学位硕士授权点（MPA），2018年再次入选第九批河南省重点学科，在全国第四轮学科评估中入选C+学科，评估结果全国排名第66位，河南省高校排名第2位。截至2019年6月，该学科有专任教师29人，其中教授9人、副教授15人，博士25人、硕士生导师25人，河南省高校科技创新人才（人文社科类）3人，河南省高等学校哲学社会科学优秀学者2人，河南省百名优秀青年社科理论人才1人，河南省青年骨干教师1人，河南省硕士专业学位教学指导委员会委员1人，河南省本科教学指导委员会委员1人。建有河南省应急管理技术研究与培训基地、安全与应急管理研究中心和河南省学校安全管理研究中心3个省级科研创新平台。

该学科近十年来承担国家自然科学基金、国家社会科学基金等国家级项目19项，省部级项目76项，企事业单位委托项目30项，科研经费达1383.8万元；发表论文388篇，其中"三报一刊"理论文章2篇，SSCI收录论文5篇，SCI收录论文15篇，EI收录论文14篇，CSSCI期刊论文116篇；出版学术专著34部，教材5部；获省部级科技成果奖一等奖1项、二等奖5项、三等奖7项，省级教学成果奖特等奖2项、一等奖4项、二等奖1项。在校硕士研究生86人，毕业并授予硕士学位83人。加强国际交流与合作，先后与台湾铭传大学等高校建立良好合作关系，有2名学生赴国外大学交换学习。主办或承办中国应急管理十年高峰论坛、海峡两岸应急管理高峰论坛等国际国内学术会议18次，8名教师在国际国内学术会议上做主题发言。每年为政府和企业开展安全培训，累次培训3000人次，并有多份决策咨询报告被有关部门采纳。

四、校级重点学科建设

为加强重点学科培育建设，2009年学校遴选确定电力电子与电力传动、电力系统及其自动化、固体力学、计算机软件与理论、凝聚态物理、管理科学与工程、中国古代文学和高等教育学等8个学科为第二批校级重点学科，并确定其学科带头人。同时，明确要求校级重点学科依托学院要组织学科带头人制定学科发展规划，每年初审议重点学科建设方案和经费预算，并做好对人、财、物的保障和协调工作，协助学校做好重点学科建设的绩效检查和评估验收工作，并对重点学科建设经费的使用承担监管责任；学科带头人负责制定本学科建设规划和管理办法，编制本学科建设实施方案、年度经费预算和年度建设计划任务书，经学校审定后组织落实，负责协调与依托学院和相关学院人员关系，促进本学科综合实力不断提升。

2010 年，学校遴选确定物理化学、运筹学与控制论、建筑技术科学、热能工程、化学工艺、系统工程、地图学与地理信息系统、公共安全管理（自设）、会计学、英语语言文学、体育人文社会学、应用经济学、马克思主义基本原理、文艺学 14 个第三批校级重点学科，并确定其学科带头人。在 2012 年度的重点学科绩效考核工作中，地图学与地理信息系统、计算机软件与理论、系统工程、热能工程、电力系统及其自动化、固体力学、运筹学与控制论、电力电子与电力传动、物理化学、马克思主义基本原理、会计学、公共安全管理、管理科学与工程等 13 个校级重点学科获"优秀"评价。

2013 年，学校遴选确定化学工程与技术、水利工程、化学、物理学、光学工程、交通运输工程、建筑学、管理科学与工程、中国语言文学、外国语言文学、体育学、应用经济学、哲学、音乐与舞蹈学 14 个第四批校级重点学科，并确定其学科带头人。在 2013、2014 年度的重点学科绩效考核工作中，化学、光学工程、管理科学与工程 3 个校级重点学科获"优秀"评价。在 2015 年的重点学科绩效考核工作中，化学工程与技术、水利工程、管理科学与工程 3 个校级重点学科获"优秀"评价。

2017 年，学校遴选确定化学工程与技术、水利工程、化学、物理学、光学工程、交通运输工程、建筑学、设计学、药学、管理科学与工程、中国语言文学、外国语言文学、体育学、应用经济学、理论经济学、法学、音乐与舞蹈学 17 个第五批校级重点学科[①]，并确定其学科带头人。在 2017 年度的重点学科绩

---

① 2017 年"化学工程与技术"学科。2018 年，在第九批省级重点学科评审中，校级重点学科"化学工程与技术"获批为省级一级重点学科，故 2018 年后学校校级重点学科数量实为 16 个。

效考核工作中，化学、化学工程与技术、体育学等 3 个校级重点学科获"优秀"评价。在 2018 年度的重点学科绩效考核工作中，化学、光学工程、设计学、体育学、物理学等 5 个校级重点学科获"优秀"评价。

第四章

学位与研究生教育

2009年以来，学校研究生教育规模不断扩大，生源质量不断提升，培养质量保障机制不断健全，研究生教育国际化程度持续提高；学位授权布局结构不断优化，学位授权层次类型不断丰富，学位论文质量持续提高；研究生思想政治教育、学术与文化建设不断加强，奖励资助体系持续完善。学校逐步建立起一套学科门类比较齐全、学科优势与特色鲜明、学位类型多样、管理体制健全、培养质量较高的学位与研究生教育体系。

第一节　研究生招生与培养

以"强力发展研究生教育"为指导思想，学校持续加强研究生教育投入，研究生招生规模和类型持续扩大。同时，通过实施优秀生源奖励、改革招生选拔方式等举措，有效保障了研究生生源质量，并通过实行研究生招生指标动态分配、导师上岗动态审核机制，强化质量在资源配置中的引导作用，调动学院和导师的积极性，研究生培养质量稳步提高。

一、招生规模和生源质量

（一）招生类型逐步调整

2009年以来，根据国家研究生招生政策的不断调整，学校研究生招生类型也不断变化。2009年3月，教育部印发《关于做好全日制硕士专业学位研究生培养工作的若干意见》确定："扩大招收以应届本科毕业生为主的全日制硕士专业学位范围"，以适应国家经济建设和社会发展对高层次应用型人才的迫切需要。根据该意见精神，学校在工程硕士授权领域开始招收全日制 ① 硕士专业学位研究生。同年，高校教师在职攻读硕士学位停止招生。2014 年，国务院学位委员会办公室印发《关于 2014 年招收在职人员攻读硕士专业学位工作的通知》提出："从 2016 年起，在职人员攻读硕士专业学位招生工作将以非全日制 ② 研究生教育形式纳入国家招生计划和全国硕士研究生统一入学考试管理"，在职人员攻读工程硕士专业学位于 2016 年正式停止招生。2016 年 9 月，教育部办公厅印发《关于统筹全日制和非全日制研究生管理工作的通知》，从 12 月 1 日后录取的研究生从培养方式上按全日制和非全日制形式区分。学校根据各学科特点与研究生培养实际，确定了分类招生的政策，即学术型学位点只招收全日制研究生，工商管理硕士（MBA）、公共管理硕士（MPA）2 个类别仅招收非全日制研究生，工程硕士等其余专业学位类别同时招收全日制和非全日制研究生。

（二）招生规模持续扩大

2009 年以来，学校研究生招生规模不断扩大。博士研究生招生人数从 2009 年的 19 人增加到 2019 年的 62 人，增长 226.3%；硕士研究生招生人数从 2009 年的 645 人增加到 2019 年的 1214 人，增长 88.2%（见表 4 - 1）。随着学校专业学位授权类别的丰富，专业学位研究生招生规模快速增长，从 2009 年的 155 人，增长到 2019 年的 823 人，增长 431.0%（表 4 - 2）；2019 年，专业学位研究生招生人数占硕士研究生招生总人数的 67.8%，成为硕士研究生招生的主体。

---

① 全日制研究生是指符合国家研究生招生规定，通过研究生入学考试或者国家承认的其他入学方式，被具有实施研究生教育资格的高等学校或其他高等教育机构录取，在基本修业年限或者学校规定年限内，全脱产在校学习的研究生。
② 非全日制研究生指符合国家研究生招生规定，通过研究生入学考试或者国家承认的其他入学方式，被具有实施研究生教育资格的高等学校或其他高等教育机构录取，在基本修业年限或者学校规定的修业年限（一般应适当延长基本修业年限）内，在从事其他职业或者社会实践的同时，采取多种方式和灵活时间安排进行非脱产学习的研究生。

表4-1 研究生招生规模情况表（2010~2019年）

类别	2010	2011	2012	2013	2014	2015	2016	2017	2018	2019	合计
博士生	20	23	29	31	32	36	40	48	56	62	396
硕士生	892	915	1010	1055	958	991	784	1052	1123	1214	10639
合计	912	938	1039	1086	990	1027	824	1100	1179	1276	11035

资料来源：根据研究生院2010~2019年6月研究生招生档案资料整理。

表4-2 专业学位硕士研究生招生情况表（2010~2019年）

类别	2010	2011	2012	2013	2014	2015	2016	2017	2018	2019	合计
工程硕士	450	464	584	635	534	555	354	527	551	585	5239
工商管理		33	36	51	52	25	18	55	70	50	390
汉语国际教育						29	39	49	51	36	204
公共管理						11	17	59	88	40	215
金融硕士										10	10
会计硕士										45	45
体育硕士										24	24
教育硕士										33	33
合计	450	497	620	686	586	620	428	690	760	823	6160

资料来源：根据研究生院2010~2019年6月招生档案资料整理。

（三）招生方式不断完善

2008年8月，教育部教学司下发《关于确定中央美术学院等32所高校为新增开展推免生工作高等学校的通知》，批准学校从2009年起开展推荐优秀应届本科毕业生免试攻读硕士学位研究生工作。同年，学校印发《河南理工大学接收优秀应届本科毕业生免试攻读硕士学位研究生实施办法》，鼓励更多本科毕业生选择攻读硕士学位，并于2009年招收第一届推荐免试攻读硕士学位研究生40人。2014年，教育部印发《关于进一步完善推荐优秀应届本科毕业生免试攻读研究生工作办法的通知》，取消了实行近九年的研究生推免留校限额，推免名额可统筹使用，不再区分学术学位和专业学位。为确保政策调整后推免生接收工作的顺利开展，学校印发《河南理工大学接收推荐免试攻读硕士研究生章程》，细化推免生的接收复试细则，优化推免生招生工作程序，健全推免生招生运行机制和管理模式。2009 年以来，学校累计招收推免生 625 人，有效改善了硕士研究生的生源结构，提高了生源质量。

2009 年，教育部印发《2010 年全国招收攻读博士学位研究生工作管理办法》，规定博士研究生的招生方式分为普通招考、硕博连读和直接攻博三种，根据文件精神，我校可以采用普通招考和硕博连读方式选拔录取博士研究生。2010 年 1 月，学校印发《河南理工大学硕博连读实施办法（试行）》，规定了硕博连读研究生的选拔对象、报考条件、考试方式，以及指导教师应具备的资格条件，激励在读硕士研究生刻苦学习、继续深造，提高博士研究生的生源质量。2014 年，根据教育部等部门印发的《关于深化研究生教育改革的意见》精神，学校对博士研究生招生制度进行了改革，实施分批招生，每年招生两次（冬季和春季），其中冬季博士招生为应届硕士研究生报考，春季博士招生应届生和往届生均可报考。自 2014 年改革以来，录取博士研究生中应届生逐年增加，2018 年录取的博士研究生中应届硕士研究生达 27 人，占录取人数的 48.2%。2014 年 12 月，学校印发《河南理工大学博士研究生招生"申请审核制"实施办法（试行）》，并在安全、能源、资环三个学院开展招生试点，进一步扩大学院和博士生导师的招生自主权。2017 年 6 月，学校对该办法进行了修订，将"申请审核制"更名为"申请－考核"制，以契合招考选拔的工作实际，细化了申请、考核的具体流程和内容，并在学校全部博士学位授权点推行。2019 年 2 月，学校深入推进学校博士研究生招生选拔制度改革，印发《河南理工大学硕博连读博士研究生招生选拔办法》，从在学一年级和二年级硕士研究生中择优遴选攻读博士研究生。硕博连读制、"申请－考核"制以及分批招生办法的实施，完善了学校博士研究生招生选拔机制，开辟了高层次人才选拔新途径，提高了学校博士研究生的生源质量，为学校高水平研究生教育培养打下了坚实基础。

（四）招生管理日渐规范

2010 年 12 月，学校印发《河南理工大学研究生招生保密工作规定》，严格研究生考试命题与评卷的工作程序，明确保密要求，强化保密责任。2013 年 3 月，学校印发《河南理工大学研究生入学考试自命题工作管理办法》，对招生考试命题工作提出具体要求，规范招生考试命题的工作流程，建立了应急处理机制和招生保密问责机制。

2016年，学校成立河南理工大学研究生招生工作领导小组，校长任组长，主管校长任副组长，校纪委（监察处）、研究生院、发规处、科技处、社科处部门负责人为小组成员，进一步加强了对研究生招生工作的指导。领导小组负责审定研究生招生工作相关制度、招生计划的调整和分配以及研究生招生考试监督等工作，协调处理研究生招生工作中出现的重大问题。2017年，学校成立研究生招生工作督查小组，校纪委书记任组长，校纪委副书记任副组长，纪委（监察处）成员、各招生学院纪检委员为小组成员，进一步加强对研究生招生初试、复试和录取工作的监督检查，保证研究生招生录取的公平公正公开。2018年，学校对研究生招生工作领导小组进行调整，校长任组长，校纪委书记、分管本科教学的副校长、分管研究生教育的副校长担任副组长，主要职能部门和各招生学院负责人为小组成员。

2017年6月，学校印发《河南理工大学研究生招生指标分配办法》，明确了研究生招生指标的分配原则，细化了研究生招生指标分配方法和分配程序。博士、硕士研究生招生指标分配均以"基数＋调节数"的方式进行，"基数"是指各学院前两年博士（硕士）研究生实际招生人数的平均数，"调节数"包括"调增数"和"调减数"两种，根据学院招生及培养情况确定，增减调节后剩余的招生计划指标，由学校研究生招生工作领导小组根据各学院招生调剂录取中的实际需求，予以再分配。该办法的实施有效地调动了学院和导师的积极性，为进一步提高研究生教育质量奠定坚实基础。

（五）招生宣传与生源奖励

2009年、2010年，学校先后在洛阳理工学院、河南工程学院、华北科技学院、河北工程大学、郑州航院、安阳工学院等6所高校建立生源基地，进一步宣传学校特色优势，扩大报考生源数量。2014年，根据教育部相关规定，研究生教育实行全面收费，学校生源受到一定影响。为吸引更多优质生源，学校明确思路、全员参与，多渠道、多层次、全方位、深入开展线上线下招生宣传活动，创建研究生招生宣传手机网站，并充分利用新媒体（河南理工大学微信、河南理工大学研究生微信）宣传学校招生政策和招生优势，同时到省内外相关高校开展招生宣传。通过上述措施，从 2017 年开始学校研究生报名人数持续提高，2019 年硕士研究生报考人数（3013 人）较 2016 年（1311 人）增长 129.8%。

2016 年，学校印发《河南理工大学研究生优秀生源奖励办法》，探索实施优秀生源奖励，对"985 工程""211 工程"高校应届硕士生考取我校博士研究生、推荐免试攻读我校硕士研究生以及优秀应届本科生考取我校硕士研究生，给予一定的奖励。2017 年，学校修订该办法，将录取的本科期间成绩绩点排名前 20% 的硕士研究生列入奖励范畴，将原单一的现金奖励方式变更为以奖励学费为主。2016 年以来，学校共录取 336 名优秀生源研究生，累计发放奖励资金 157.2 万元。

二、培养质量保障

（一）完善培养方案

为积极主动适应研究生教育发展，分类推进研究生培养模式改革，2012 年 3 月至 6 月，学校对 27 个学术学位硕士研究生培养方案、18 个专业学位硕士研究生培养方案和 12 个博士研究生培养方案进行了全面修订。本次修订突出学科优势与特色，注重创新精神和创新能力的培养，积极吸取学位与研究生教育发展的最新研究成果。在培养目标上，提出学术学位硕士研究生旨在培养"德、智、体全面发展的高级专业人才"，专业学位硕士研究生旨在培养"应用型、复合式高层次工程和工程管理人才"，博士研究生则更加注重学科融和交叉、创新能力的培养。课程类型包括公共学位课、基础理论课、专业学位课、选修课。在学制上，专业学位研究生学制由 2 年半改为弹性学制 2 年半至 3 年。

2014 年 4 月至 7 月，根据国务院学位委员会办公室出版的《一级学科博士、硕士学位基本要求》《专业学位类别（领域）博士、硕士学位基本要求》，学校对培养方案再次进行修订。培养方案体现分类培养的原则，博士、学术学位硕士和专业学位硕士研究生的培养方案在培养目标、课程体系、培养环节等方面应有明显区别，并鼓励开设双语教学、案例教学课程。将《学科前沿进展》课程纳入博士、学术学位硕士研究生培养方案公共必修课，同时注重硕士研究生学术道德的培养，增加《学术伦理与价值观》课程。课程类型调整为必修课、选修课。

2018 年，学校招收 8 名博士留学生和 10 名硕士留学生。同年，学校新增机械工程、材料科学与工程 2 个博士学位授权点和会计硕士等 6 个硕士学位授权点。为满足来华留学研究生和新增学位点人才培养的需要，学校对研究生培养方案进行了新一轮的修订。在学制上，金融、会计 2 个专业学制为 2 年，其余全日制硕士研究生学制为 3 年。在课程设置上，学术学位硕士研究生培养方案增设 1 门研究方法类课程；专业学位硕士研究生培养方案增设研究方法类课程、实践类课程（邀请现场专家授课）各 1 门，并将《工程伦理》《技术前沿进展》纳入专业学位硕士研究生培养方案；对硕士研究生培养方案同时增设人文、经管、体育、心理健康教育等全校性综合素质、创新能力培养类课程，并规定学习期限内至少修读 1 门；博士必修课增设学科交叉类课程；针对来华留学生开设了中国概况、汉语语言类课程。同时，将中期考核设为必修环节写入各类研究生培养方案。新培养方案还增设了论文选题、论文评审、答辩、学术成果要求和学位授予等内容，同时鼓励学院根据学校要求，结合学位点实际制定人才培养方案实施细则，体现研究生培养主体在学院的办学理念。

（二）加强导师队伍建设

2011 年，学校印发《河南理工大学关于构建全日制专业学位研究生人才培养模式的指导性意见》，提出专业学位研究生实行双导师制的培养模式。同年，学校启动了博士研究生指导教师(以下简称"博导")遴选工作，遴选出博导 19 人。2014 年 4 月，根据教育部《关于深化研究生教育改革的意见》精神，学校修订《河南理工大学研究生指导教师遴选工作实施细则》，对学术学位和专业学位硕士生导师分别提出不同的遴选条件，并允许副教授申请担任博导。同年，学校共遴选出学术学位硕士生导师 673 人，专业学位硕士生导师 521 人，博士生导师 16 人（其中副教授博导 3 人）。2017 年 12 月，学校印发《河南理工大学研究生指导教师遴选与管理办法》，实现导师按需设岗、动态管理，调动了学院和教师的积极性。同年，学校新遴选出博导 18 人，其中教授 10 人、副教授 8 人。2018 年 3 月，学校新增机械工程和材料科学与工程两个一级学科博士学位授权点。同年11 月，学校新遴选出相关学科博导 36 人，其中教授 19 人，副教授 17 人。截至 2019 年 6 月，学校已累计遴选博士生导师 175 人，硕士研究生导师 1034 人，建立起了一支数量充足、结构合理、造诣深厚的研究生导师队伍。

2012 年 4 月，学校印发《河南理工大学硕士研究生指导教师考核办法（试行）》，先后组织 4 次硕士生导师培训工作，进一步规范研究生导师教学指导与管理。2015 年 11 月，学校印发《河南理工大学关于强化研究生指导教师责任意识的若干规定》，进一步强化导师责任意识，切实提高学校研究生培养质量。2016 年 12 月，结合研究生教育新形势，学校对该办法进行了修订，对导师聘期、考核内容、考核程序、考核结果等进一步细化。

（三）健全教学管理制度

2009 年以来，学校先后印发《河南理工大学关于研究生课程教学及考核的规定》《河南理工大学研究生教育教学事故认定及处理办法》《河南理工大学研究生课程教学质量评价办法》《河南理工大学研究生教育教学督导工作条例（修订）》等管理制度。各项制度的建立与实施，规范了研究生课程教学秩序，建立了科学的教学督导制度，加强了对授课质量的监控和评估，有效地保障了研究生教育教学管理的科学性、规范性和严肃性。

2016 年 1 月，学校印发《河南理工大学关于加强博士研究生培养质量的若干规定》，对博导上岗招生、博士生学习年限、学习方式、开题查新、中期考核的培养环节进行了改革。实施博导评聘分离、动态上岗；明确博士研究生基本学制由 3 年改为 4 年，学习年限最长不超过 6 年；博士研究生在论文开题报告之前，必须在国家审批的科技查新工作站进行论文开题查新；统一组织博士研究生中期考核。

2018 年 4 月，学校修订《河南理工大学研究生外语学习和考核办法》，对英语教学方法、教学内容、课程学时及成绩记载方法等进行了改革。同时，鼓励硕士研究生在读期间参加托福（TOEFL）、雅思考试（IELTS）等社会考试或国家英语六级考试，考试成绩达到要求者获得相应学分。

（四）研究生教学改革与课程建设

学校早在 2006 年就印发《河南理工大学研究生教育教学改革基金实施细则》，根据研究生教育发展实际设置重点资助类别，切实提升研究生课程教学质量，深化研究生教育教学改革。2014 年，重点资助培养方案中新增的学科前沿讲座类课程；2015 年，重点资助课程体系建设类研究项目；2016 年，重点资助专业学位研究生教育综合改革。2009 年以来，学校共资助研究生教育教学改革项目 120 项，累计立项资金 64.5 万元（表 4-3）。在校级教改项目的支持下，学校于 2017 年获得河南省首批研究生教育教学改革与质量提升工程项目 8 项，其中 2 项重点资助（表 4-4）。

表4-3　校级研究生教育教学改革项目立项情况（2009~2018年）

项目类型	2009	2010	2011	2012	2013	2014	2015	2016	2017	2018	总计
教改立项	16	8	8	10	10	19	11	10	10	18	120

资料来源：根据研究生院 2009~2019 年 6 月教学档案资料整理。

表4-4　河南省首批研究生教育教学改革与质量提升工程项目立项情况（2017年）

类别	单位	项目负责人	项目名称
省级重点项目	工商学院	曾　旗	基于互联网创新创业视角的研究生（工商管理）培养体系与实践研究
省级重点项目	电气学院	郑　征	基于职业能力为导向的电气工程专业学位研究生培养质量保障体系研究与实践
省级一般项目	能源学院	杨玉中	基于PDCA的矿业工程专业学位研究生培养模式研究与实践
省级一般项目	资环学院	齐永安	研究生创新基地内涵建设研究与实践
省级一般项目	机械学院	张登攀	研究生科研实践创新能力培养模式研究
省级一般项目	研究生院	林　龙	全日制工程硕士专业学位研究生教育综合改革与实践
省级一般项目	化工学院	张传祥	专业学位研究生教育教学案例库建设研究与实践
省级一般项目	应急学院	郭伶俐	专业学位研究生《中国特色社会主义理论实践研究》课程教学案例库建设的研究与实践

资料来源：根据研究生院教学档案资料整理。

2010 年 12 月，学校印发《河南理工大学研究生精品课程建设实施办法》，启动学校研究生精品课程建设工作，首批立项建设 5 门精品课程。2013 年 4 月，学校印发《河南理工大学研究生双语课程建设管理办法（试行）》，启动面向学术学位硕士研究生的双语核心专业课程建设工作，立项建设 4 门双语课程，不断提高师生的外语应用水平，适应经济全球化和高等教育国际化的发展趋势。同年，学校深入推进专业学位研究生培养模式改革，改变传统的教学方法，提高专业学位研究生授课质量，面向专业学位研究生启动了案例库课程建设工作，首批立项建设 10 门案例库课程。2018 年，根据教育部《高校思想政治工作质量提升工程实施纲要》相关精神，学校组织开展了研究生"专业课程思政建设"项目立项工作，4 门课程获批立项建设。2010 年以来，学校已经立项资助课程建设项目 158 项（表 4-5），其中 9 门课程获批河南省研究生教育优质课程（表 4-6）。此外，学校 2016 年获批"教育部研究生课程建设试点单位"和 21 门首批"全国工程硕士专业学位研究生教育在线课程建设项目"。

表4-5 校级课程建设项目立项情况（2010—2018年）

项目类型	2010	2011	2012	2013	2014	2015	2016	2017	2018	总计
双语课程				4	5	3	3	4	5	24
案例课程				10	10	11	12	13	9	65
精品课程	5	7	10	11	8	5	6	6	7	65
专业课程思政									4	4
总计	5	7	10	25	23	19	21	23	25	158

资料来源：根据研究生院 2010~2019 年 6 月教学档案资料整理。

表4-6 省级研究生教育优质课程立项情况（2015—2018年）

年份	学院	课程名称	课程负责人
2015	安全学院	安全学原理	牛国庆
2015	电气学院	现代故障诊断技术	付子义
2016	测绘学院	数字制图与地图综合	景海涛
2016	物电学院	编码理论	张长森
2017	机械学院	工程测试与信号处理	张登攀

年份	学院	课程名称	课程负责人
2017	数信学院	应用统计	姚绍文
2018	安全学院	高等工程热力学与传热学	袁东升
2018	计算机学院	面向对象技术及应用	高 岩
2018	外语学院	硕士研究生英语	冉玉体

资料来源：根据研究生院2009~2019年6月教学档案资料整理。

（五）专业学位培养模式

学校建立以提升职业能力为导向的专业学位研究生培养模式，对专业学位研究生的培养实行双导师制，有效保证了专业学位研究生培养质量和专业学位教育持续健康发展。2011年7月，学校印发《河南理工大学关于构建全日制专业学位研究生人才培养模式的指导性意见》，提出加强"双师型"导师队伍建设，逐步形成学校教师、企业（行业）技术骨干构成的"双师型"结构教师队伍。同年11月，学校印发《河南理工大学专业学位研究生双导师制若干问题的规定》，明确校内导师主要负责指导专业学位研究生的课程学习、学位论文选题开题、中期考核、学位论文理论研究及撰写、评审、答辩等工作；企业导师主要负责指导专业学位研究生的专业实践、学位论文选题开题、论文实践研究等工作。同时，再聘请有丰富实践经验的高层次专业技术人员参与专业学位教育的专业课教学、实践教学、论文选题、论文评审与答辩等培养环节，培养专业学位研究生创新精神和实践能力。2010年，矿业工程领域获批"全国工程硕士研究生教育特色工程领域"。2015年和2017年，地质工程领域和测绘工程领域分别入选"河南省特色品牌硕士专业学位授权点"。2016年，矿业工程领域获批"河南省专业学位研究生教育综合改革试点"。2016~2018年，5名全日制工程硕士获得"全国工程硕士实习实践优秀成果获得者"荣誉称号。2018年，机械工程领域工程硕士孟祥哲获得"做出突出贡献的工程硕士获得者"荣誉称号。

三、创新能力培养与实践基地建设

2011年8月，学校印发《河南理工大学优秀博士学位论文培育基金项目管理办法(试行)》，促进我校高水平创新型人才培养。2011 年 9 月，学校制定《河南理工大学"十二五"事业发展规划》，提出要"全国百篇优秀博士论文实现零的突破""深入实施研究生教育创新计划，提高研究生创新意识和创新能力"[①]。2012 年 8 月，学校印发《河南理工大学研究生创新性成果奖励办法》，鼓励研究生开展创新性研究工作。2017 年，学校对该办法进行修订，增加对研究生评选学术之星、参加学术论坛等创新实践活动的奖励。2012—2018 年，研究生在校期间发表高水平学术论文 3170 篇，其中 SCI1-4 区收录论文 735 篇，EI 检索论文 663 篇；获得授权发明专利 107 项，实用新型专利 720 项。同时，从 2012 年开始，研究生积极参加中国研究生创新实践系列大赛、"互联网+"大赛等，共获省部级及以上科技创新活动奖励 440 余项，其中国家级二等奖 15 项、三等奖 43 项，省部级一等奖 63 项、二等奖 115 项。

　　2006 年 12 月，学校印发《河南理工大学关于建立研究生培养基地的意见》，提出"以学校研究生创新能力培养为核心，以技术力量雄厚、科研条件好的大中型企业为依托，更多更好地建立校企联合的研究生培养基地"。2009 年以来，学校分别与河南煤业化工集团研究院、山西蓝焰煤层气集团、中铁隧道集团、河南省中原内配股份有限公司、中国测绘科学研究院等企事业单位建立研究生联合培养基地。2015 年，学校深入推进校企联合培养基地内涵建设，启动专业学位研究生专业实践示范基地遴选工作，首批遴选出测绘工程、安全工程、电气工程、建筑与土木工程、工商管理 5 个校级专业实践示范基地。2016 年，遴选出地质工程、机械工程、材料工程、计算机技术 4 个校级专业实践示范基地。2018 年，学校依托矿业工程、安全科学与工程、地质工程、建筑与土木工程和电气工程 5 个学科领域建设的校级联合培养基地获批"河南省研究生教育创新培养基地"。

　　2012 年，学校与河南能源化工集团研究院有限公司共建"矿业工程学科专业学位研究生联合培养实践基地"，该基地 2013 年获批为河南省首批研究生教育创新培养基地，2016 年在河南省组织的终期评估中获得"优秀"评价，2017

[①] 中共河南理工大学委员会、河南理工大学：《关于印发〈河南理工大学"十二五"事业发展规划〉的通知》(2011 年 9 月 6 日)。

年获批"全国工程专业学位研究生联合培养示范基地"。这是学校首次获得全国性示范基地称号，也是河南省第二个全国性示范基地。2015年，学校与中国平煤神马集团能源化工研究院共建的"安全科学与工程学科河南省研究生教育创新培养基地"，在2018年在河南省组织的终期评估中获得"优秀"评价。

四、研究生教育国际化

2013年12月，学校印发《河南理工大学研究生国际交流活动资助办法（试行）》，对研究生短期访学、参加国际学术会议、国（境）外高校留学、国际英语认证考试等进行资助，注重培养具有国际竞争力的创新型人才。2012年以来，学校已累计资助59人次，其中短期访学20人次，参加国际学术会议5人次，国（境）外高校留学10人次，国际英语认证考试24人次，累计资助金额55.26万元。该办法激发了研究生参加国际交流活动的积极性，促进了研究生国际交流活动的开展，并涌现出一些优秀代表。2014级机械工程学术型硕士研究生鹿琼，于2015年获得国家留学基金委和匈牙利政府奖学金资助，赴匈牙利布达佩斯技术与经济大学[①]进行联合培养，并于2017年获得河南理工大学与布达佩斯技术与经济大学双重硕士学位。硕士毕业后，鹿琼继续在布达佩斯技术与经济大学的交通与车辆工程专业攻读博士学位。2018年10月，中央电视台二套财经频道"我与一带一路·求学在海外"系列报道对鹿琼作了专访。此外，根据学校与意大利都灵理工大学签订的联合培养研究生协议，学校2014级矿业工程硕士研究生刘林勤、材料学硕士研究生王瑞娜，2016级电气工程硕士研究生张亚超，2017级计算机技术专业学位硕士研究生王星晨4位研究生，先后到意大利从事研究生课程学习与科学研究工作，并分别获得都灵理工大学和河南理工大学双硕士学位。2019年6月，学校印发《河南理工大学研究生出国（境）学校交流资助管理办法》，进一步加快了学位与研究生教育国际化进程。

近年来，随着学校学位与研究生教育的快速发展，学校研究生教育的国际

---

① 布达佩斯技术与经济大学是匈牙利最为著名的工科院校，也是匈牙利毕业难度最高的大学之一，学校成立于1782年，曾培养出4位诺贝尔奖获得者，并于1987年被联合国教科文组织列为世界文化遗产。

影响力日益提高，来校接受研究生教育的留学人员持续增多，留学生来源国家数量持续增加。2007 年 3 月，日本留学研究生菊原一平到校报到，攻读企业管理专业硕士学位，标志着学校正式开展来华留学硕士研究生教育。2011 年 12 月 28 日，经校学位评定委员会投票表决，同意授予菊原一平管理学硕士学位，成为学校首位授予学位的外国留学人员硕士研究生。2018 年 6 月，学校印发《河南理工大学关于国际留学研究生培养管理工作的规定（试行）》，对留学研究生的培养目标、学习方式及年限、培养管理、培养方案、培养环节设置及培养经费等提出明确要求，进一步规范留学研究生教育教学管理。2018 年 9 月，来自坦桑尼亚等 6 个国家的 9 名博士研究生和 10 名硕士研究生到校报到，标志着学校正式开启来华留学博士研究生教育，学校国际化办学层次、水平进一步提升。

第二节　学位点建设与学位授予质量

2009 年以来，学校不断加大学位点建设投入，学位授权布局结构不断优化，学位授权层次类型不断丰富。2016 年 7 月，经学校 2016 年第 16 次党委常委（扩大）会议研究决定，在研究生院下增设学位点建设与管理办公室（正科级）[①]，专门负责学位点建设与管理工作。

一、学位授权层次（类别）与培育
（一）学位授权点的发展

2009 年以来，学校根据国务院学位委员会办公室、河南省学位委员会学位授权审核工作的安排，坚持服务与适应区域经济社会发展，先后组织开展了 7 次博士、硕士学位授权点申报，2 次学位授权点动态调整 [②]，1 次工程硕士对应调

---

① 中共河南理工大学委员会办公室：《2016 年第 16 次党委常委（扩大）会议纪要》（2016 年 7 月 14 日）。
② 国务院学位委员会：《关于开展博士、硕士学位授权学科和专业学位授权类别动态调整工作的通知》（2015 年 11 月 10 日）。

整^①和 2 次二级学科自主设置^②等工作。

2009 年和 2010 年，经全国工程硕士教育指导委员会审核，国务院学位委员会批准，学校新增建筑与土木工程、材料工程、计算机技术、软件工程、化学工程、工业工程、物流工程、环境工程、项目工程 9 个工程硕士授权领域，至此，学校工程硕士授权领域达到 17 个，基本覆盖了我校所有工科专业。2010 年 9 月，学校新增工商管理（MBA）硕士专业学位授权，这是学校继 1999 年获准工程硕士类别授权以来获批的第二个专业学位授权类别。

2011 年 3 月，经国务院学位委员会审核批准，学校新增测绘科学与技术、地质资源与地质工程 2 个一级学科博士授权。同时，新增数学、力学、材料科学与工程、电气工程、控制科学与工程、计算机科学与技术、土木工程、环境科学与工程、工商管理、公共管理和马克思主义理论 11 个一级学科硕士授权。2011 年 8 月，国务院学位委员会、教育部对学科专业目录进行了调整，根据学科专业目录对应调整工作，学校申请获批安全科学与工程一级学科博士授权、软件工程一级学科硕士授权。

2013 年，学校依据国务院学位委员会《关于开展增列硕士专业学位授权点审核工作的通知》，申请并获批增列汉语国际教育硕士和公共管理硕士 2 个专业学位类别。学校专业学位授权布局结构进一步完善，专业学位授权类别达到 4 个。

2017 年，国务院学位委员会印发《博士硕士学位授权审核办法》。办法规定：建立常态化授权审核机制，将学位授权分为新增学位授权审核和学位授权点动态调整两部分，新增学位授权审核侧重于增量结构调整，每 3 年实施一次，学位授权点动态调整侧重于存量结构优化，每年开展一次。根据学校"十三五"学科发展战略布局，本着"优化结构、服务需求"的主导思想，学校组织实施了 2017 年学位授权新增审核和动态调整工作。2018 年，学校新增机械工程、材料科学

---

① 国务院学位委员会办公室：《关于对已有的工程硕士、博士专业学位授权点进行对应调整的通知》（2018 年 8 月 30 日）。
② 国务院学位委员会办公室：《关于做好授予博士、硕士学位和培养研究生的二级学科自主设置工作的通知》（2011 年 2 月 28 日）。

与工程 2 个一级学科博士授权，新增中国语言文学、地质学 2 个一级学科硕士授权，新增会计硕士、金融硕士、体育硕士、教育硕士 4 个专业学位授权类别。同时，学校根据国家工程硕士对应调整工作安排，结合办学优势特色，将工程硕士授权领域对应调整至电子信息、机械、材料与化工、资源与环境、能源动力、土木水利、交通运输、工程管理 8 个专业学位授权类别。此外，对生源和社会需求不足的项目管理工程硕士授权领域主动申请了调减。

2012 年和 2014 年，学校经相关学科校内外专家论证，自主设置生物遗迹学与应用、环境地质与生态修复、矿业信息工程、矿业工程材料、矿业管理工程、瓦斯地质与瓦斯治理、矿山岩土工程、矿山建筑工程、煤及煤层气工程、煤地质与瓦斯（煤层气）地质、矿业控制工程 11 个二级学科博士学位授权点，自主设置工业设计、建筑科学及技术、煤化学工程 3 个二级学科硕士学位点。

截至 2019 年 6 月，学校拥有博士一级学科授权 6 个、硕士一级学科授权 21 个，同时拥有工商管理硕士（MBA）、公共管理硕士（MPA）、汉语国际教育硕士（MTCSOL）、会计硕士（MPAcc）、金融硕士（MF）、体育硕士、教育硕士（Ed.M）、翻译硕士（MTI）、工程管理、资源与环境、材料与化工、机械、电子信息、能源动力、土木水利、交通运输等专业学位授权类别 16 个（见表 4-7）。

序号	学位点名称（代码）	授权层次级别	获批时间	备注
表4-7　学校博士、硕士学位授权点一览表（截至2019年6月）				
1	矿业工程（0819）	博士、硕士一级学科	2006	1986年采矿工程二级学科硕士授权；2003年采矿工程二级学科博士授权
2	测绘科学与技术（0816）	博士、硕士一级学科	2011	1996年工程测量硕士授权；2006年大地测量学与测量二级学科博士授权
3	地质资源与地质工程（0818）	博士、硕士一级学科	2011	1986年煤田地质与勘探硕士授权；2006年矿产普查与勘探二级学科博士授权

续表

序号	学位点名称（代码）	授权层次级别	获批时间	备注
4	安全科学与工程（0837）	博士、硕士一级学科	2011	1990年安全技术及工程二级学科硕士授权；2003年安全技术及工程二级学科博士授权
5	机械工程（0802）	博士、硕士一级学科	2018	1986年矿山机械工程硕士授权；2006年机械制造及其自动化二级学科博士授权
6	材料科学与工程（0805）	博士、硕士一级学科	2018	2003年材料加工工程二级学科硕士授权
7	管理科学与工程（1201）	硕士一级学科	2006	
8	数学（0701）	硕士一级学科	2011	2003年应用数学二级学科硕士授权
9	力学（0801）	硕士一级学科	2011	1998年工程力学二级学科硕士授权
10	电气工程（0808）	硕士一级学科	2011	2001年电机与电器二级学科硕士授权
11	控制科学与工程（0811）	硕士一级学科	2011	1993获工业自动化硕士授权
12	计算机科学与技术（0812）	硕士一级学科	2011	2003年计算机应用二级学科硕士授权
13	土木工程（0814）	硕士一级学科	2011	2003年岩土工程二级学科硕士授权
14	环境科学与工程（0830）	硕士一级学科	2011	2003年环境工程二级学科硕士授权
15	工商管理（1202）	硕士一级学科	2011	1998年企业管理二级学科硕士授权
16	公共管理（1204）	硕士一级学科	2011	
17	马克思主义理论（0305）	硕士一级学科	2011	2006年获马克思主义基本原理二级学科硕士授权
18	软件工程（0835）	硕士一级学科	2011	
19	中国语言文学（0501）	硕士一级学科	2018	
20	地质学（0709）	硕士一级学科	2018	2006年获古生物学与地层学二级学科硕士授权
21	建筑学（0813）	硕士一级学科	2019	

续表

序号	学位点名称（代码）	授权层次级别	获批时间	备注
22	地图学与地理信息系统（070503）	硕士二级学科	2006	目录内设置
23	测试计量技术及仪器（080402）	硕士二级学科	2006	目录内设置
24	流体机械及工程（080704）	硕士二级学科	2000	目录内设置
25	通信与信息系统（081001）	硕士二级学科	2006	目录内设置
26	应用化学（081704）	硕士二级学科	2006	目录内设置
27	生物遗迹学与应用（0818Z1）	博士、硕士二级学科	2011	目录外自主设置
28	环境地质与生态修复（0818Z2）	博士、硕士二级学科	2011	目录外自主设置
29	矿业信息工程（0819Z1）	博士、硕士二级学科	2011	目录外自主设置
30	矿业工程材料（99J1）	博士、硕士二级学科	2011	交叉自主设置
31	矿业管理工程（99J2）	博士、硕士二级学科	2011	交叉自主设置
32	瓦斯地质与瓦斯治理（99J3）	博士、硕士二级学科	2011	交叉自主设置
33	矿山岩土工程（99J4）	博士、硕士二级学科	2011	交叉自主设置
34	矿山建筑工程（99J5）	博士、硕士二级学科	2011	交叉自主设置
35	煤及煤层气工程（99J6）	博士、硕士二级学科	2011	交叉自主设置
36	煤地质与瓦斯（煤层气）地质（99J7）	博士、硕士二级学科	2011	交叉自主设置

续表

序号	学位点名称（代码）	授权层次级别	获批时间	备注
37	矿业控制工程（99J8）	博士、硕士二级学科	2013	交叉自主设置
38	工业设计（0802Z1）	硕士二级学科	2011	目录外自主设置
39	建筑科学及技术（0814Z1）	硕士二级学科	2011	目录外自主设置
40	煤化学工程（0819Z2）	硕士二级学科	2011	目录外自主设置
41	工商管理硕士（MBA）（1251）	硕士专业学位	2010	
42	汉语国际教育硕士（0453）	硕士专业学位	2014	
43	公共管理硕士（MPA）（1252）	硕士专业学位	2014	
44	金融硕士（0251）	硕士专业学位	2018	
45	教育硕士（0451）	硕士专业学位	2018	
46	体育硕士（0452）	硕士专业学位	2018	
47	会计硕士（1253）	硕士专业学位	2018	
48	翻译硕士（0551）	硕士专业学位	2019	
49	资源与环境（0857）	硕士专业学位	2019	1999年矿业工程、2002年测绘工程、地质工程、2006年安全工程、2010年环境工程
50	电子信息（0854）	硕士专业学位	2019	2010年计算机技术、软件工程
51	机械（0855）	硕士专业学位	2019	2001年机械工程
52	材料与化工（0856）	硕士专业学位	2019	2010年材料工程、化学工程
53	能源动力（0858）	硕士专业学位	2019	2006年电气工程、动力工程
54	土木水利（0859）	硕士专业学位	2019	2009年建筑与土木工程
55	交通运输（0861）	硕士专业学位	2019	2002年控制工程
56	工程管理（1256）	硕士专业学位	2019	2010年工业工程、物流工程、项目管理

资料来源：根据研究生院学位授权档案资料整理。

（二）学位授权点建设与培育

2017 年 3 月，国务院学位委员会印发《博士硕士学位授权审核办法》，建立常态化学位授权审核机制，每 3 年实施一次新增学位授权审核，公布了《学位授权审核基本条件（试行）》。2017 年 12 月，学校提出以《学位授权审核基本条件（试行）》为导向，通过学位授权点培育的方式，有规划、有目标的加强学位点建设投入，提升学位点建设成效。2018 年 6 月，学校第二次党代会提出："全面开启国内一流特色高水平大学建设新征程""持续扩大研究生教育规模，新增一级博士学科 2 个以上，一级硕士学科 5 个以上，专业硕士 7 个以上"，① 给学位点建设工作确立了新的发展目标。2018 年 7 月，学校印发《关于公布学位点培育学科专项建设规划方案及 2018 年度资助经费的通知》，将土木工程、控制科学与工程、软件工程、数学、化学工程与技术、环境科学与工程、马克思主义理论、管理科学与工程等 8 个学科列为博士点培育学科，将地质学、中国语言文学、会计、金融、体育、教育、翻译、建筑学、交通运输工程等 9 个学科（类别）列为硕士点培育学科，并对以上学科以经费资助的方式予以扶持。同时，采用学科自筹经费的方式，将动力工程与工程热物理、仪器科学与技术、地理学、信息与通信工程、旅游管理、应用经济学、法律硕士等 7 个学科（类别）列入硕士点培育范围，调动了相关学科学位点建设的积极性。此外，将 2018 年新增的机械工程、材料科学与工程 2 个一级学科博士学位授权点列入培育建设范围，培育目标定为河南省特色学科。

二、学位论文质量监控与成果

学位论文质量是研究生培养质量的重要标志。2009 年以来，学校先后制定《河南理工大学研究生学位论文选题及开题工作规定》《河南理工大学研究生学位论文评审及论文答辩的规定（修订）》《河南理工大学研究生学位论文抽检管理办法（试行）》《河南理工大学研究生学位论文保密管理暂行办法》《河南理

---

① 中共河南理工大学委员会：《关于印发中国共产党河南理工大学第二次代表大会党委工作报告的通知》（2018 年 7 月 12 日）。

工大学学术不端检测结果处理办法》《河南理工大学学位论文作假行为处理实施细则》《河南理工大学研究生学位论文撰写规范》《河南理工大学工商管理硕士（MBA）学位论文基本要求及评审办法（修订）》《河南理工大学公共管理硕士（MPA）学位论文基本要求及评审办法（试行）》《河南理工大学汉语国际教育硕士（MTCSOL）学位论文基本要求及评审办法（试行）》《河南理工大学优秀博士、硕士学位论文评选及奖励办法》等10多项制度。不断强化指导教师指导责任，建立了导师、学院、学校三级审核制度，实行论文各环节全过程监控与管理，构建起完备的论文质量评价与内部监控体系。2017年6月，学校在河南省率先将博士、硕士学位论文提交教育部学位发展中心的论文网络平台全盲评审，除专业学位论文需由企事业具有工程（管理）实践经验的专家评审外，其余各类博士、硕士研究生学位论文全部提交平台评审，进一步提高论文评审工作透明度和评审结果的权威性。同时，依托国务院教育督导委员会办公室、省学位委员会办公室论文抽检和省、校两级优秀学位论文评选等工作，加强研究生论文质量建设，引导和激励研究生创新和优秀学位论文产出，学位论文质量不断提高。2009年以来，学校先后获得全国百篇优秀博士学位论文提名1篇、河南省优秀博士学位论文10篇（表4-8）、河南省优秀硕士学位论文77篇，并评选校级优秀博士学位论文36篇、校级优秀硕士学位论文363篇（其中优秀专业硕士学位论文84篇）。

　　2010年10月，教育部和国务院学位委员会发文公布全国优秀博士学位论文评选结果，由景国勋教授指导安全技术及工程专业2008届博士毕业生贾智伟撰写的学位论文《一般空气区瓦斯爆炸冲击波传播规律研究》获全国优秀百篇博士学位论文提名。截至当年，该论文是河南省省属高校获得的第2篇全国优秀百篇博士论文提名（河南省省属高校尚未获得全国百篇优秀博士学位论文）。该论文通过实验研究发现了一般空气区瓦斯爆炸冲击波在管道拐弯、截面突变情况下的传播规律，建立了瓦斯爆炸冲击波在管道内传播的数学和物理模型，推导了基于流体动力学等理论冲击波在管道拐弯、截面突变情况下传播的简化计算公式，并通过实验对比验证了公式的可靠性。论文还基于数值模拟软件Fluent计算分析了冲击波过管道拐弯、截面突变情况下的超压变化规律，得出冲击波在管道拐弯、截面突变情况下的压力分布图。论文取得的研究成果为研究复杂条件下瓦斯爆炸提供了新途径，为瓦斯爆炸事故抢险救灾提供了基础理论和技术支撑。

序号	论文题目	作者	学位层次	专业	指导教师	年度
	表4-8　河南省优秀博士学位论文一览表（截至2019年6月）					
1	一般空气区瓦斯爆炸冲击波传播规律研究	贾智伟	博士	安全技术及工程	景国勋	2009
2	采动变形场对瓦斯抽采及突出预测影响的研究	高军伟	博士	安全技术及工程	张铁岗	2011
3	循环加载下岩石裂隙变形与渗流的试验研究	郭保华	博士	矿业工程	尤明庆	2012
4	预紧力对巷道围岩锚固体稳定的作用机理及工程应用	韦四江	博士	矿业工程	勾攀峰	2012
5	基于水力压裂的煤矿井下瓦斯抽采理论与技术	郭红玉	博士	地质资源与地质工程	苏现波	2012
6	煤体爆破作用机理及试验研究	褚怀保	博士	矿业工程	杨小林	2013
7	铝合金搅拌摩擦点焊过程及其动态再结晶数值模拟	高　增	博士	矿业工程	牛济泰	2014
8	黄河下游漫滩现代生物遗迹群落的组成及分布特征	王媛媛	博士	地质资源与地质工程	胡　斌	2015
9	单向复合材料及功能梯度材料结构中超声导波传播特性研究	张小明	博士	机械工程	王裕清	2016
10	气液两相介质抑制管道瓦斯爆炸协同规律及机理研究	裴　蓓	博士	安全科学与工程	余明高	2018

资料来源：根据研究生院 2009—2019 年 6 月学位档案资料整理。

三、学位授予资格审核与授予规模

（一）完善授予学位审核制度

随着研究生教育特别是专业学位教育的快速发展，在研究生学习成绩符合毕业要求、通过学位论文答辩等基本条件之外，学校原来以"发表学术论文"

为授予学位资格的附加条件之要求，已不适应新形势下学位授予的实际需要。2012年9月，学校印发《河南理工大学关于研究生申请博士、硕士学位科研成果的规定（试行）》，提出以学术论文、专利、科研获奖、项目鉴定、竞赛、获得基金资助等为依据的多元评价方法，针对博士和硕士、学术学位和专业学位分别确定授予学位资格的科研成果条件，破除了"唯论文"的单一评价模式，引导研究生积极申请课题、参与科技竞赛，拓展研究生科研训练方式，培养学术研究生创新能力和专业学位研究生职业能力，切实保障了研究生培养和学位授予质量。

2014年1月，国务院学位委员会、教育部印发《关于加强学位与研究生教育质量保证和监督体系建设的意见》，意见提出："学位授予单位是研究生教育质量保证的主体，要按照《学位授予单位研究生教育质量保证体系建设基本规范》，确立与本单位办学定位相一致的人才培养和学位授予质量标准。"2015年，学校按照"保证质量、体现特色、突出能力"的要求，结合各学位点研究生培养实际，研究印发各学位授权点的《学位授予基本标准》，其中学术型学位授予基本标准31个、专业学位授予基本标准20个。2016年6月，经反复征求意见、论证和校学位评定委员会审定，《基本标准》在全国学位与研究生教育质量信息平台向社会公布。《基本标准》为学校加强学位点建设、制（修）订人才培养方案和规范学位授予等工作提供了基本依据，为社会各界了解学校学位点设置、学生报考研究生、开展国际国内学术交流提供了便利。

（二）学位授予规模快速扩大

2009年以来，学校以培养高层次人才为目标，不断推进研究生教育综合改革，完善以提高创新能力为目标的学术学位研究生培养模式，优化人才培养类型结构，以全日制学术学位研究生为主，统筹同等学力申请硕士学位、高校教师在职攻读硕士学位发展，实现了学术学位研究生规模稳步增长（表4-9）。据统计，1979—1988年间授予学位23名，1989—1998年间授予学位111名，1999—2008年间授予学位1375名，而2009—2018年间授予学位量达到7226名，占我校授予研究生学位总量的85%。2009年国家政策调整，新增全日制专业学位研究生类别，高校教师在职攻读硕士停招，同等学力申请硕士人员需求减少，2014—2016年授予全日制学术学位数略有下降。

表4-9 学术学位研究生学位授予情况表（2009—2018年）

类别	2009	2010	2011	2012	2013	2014	2015	2016	2017	2018	合计
博士	6	9	13	9	18	17	25	25	23	32	177
硕士	284	394	385	417	436	410	381	346	354	373	3780

资料来源：根据研究生院2009—2019年6月学位档案资料整理。

2009年以来，学校转变研究生培养理念，实行分类培养，统筹兼顾，实现了专业学位硕士持续、快速、健康的发展，形成了应用型人才与学术型人才培养并重的高层次人才培养格局。自2015年至2018年专业学位年授予学位人数均超过学术学位研究生人数（表4-10）。

表4-10 专业学位研究生学位授予情况表（2009—2018年）

类别	2009	2010	2011	2012	2013	2014	2015	2016	2017	2018	合计
工程硕士	52	105	149	271	290	278	425	492	481	439	2982
工商管理					26	34	41	59	22	21	203
公共管理									5	17	22
汉语国际教育									28	34	62
合计	52	105	149	271	316	312	466	551	536	511	3269

资料来源：根据研究生院2009—2019年6月学位档案资料整理。

（三）新版学历学位证书设计与启用

2015年6月，国务院学位委员会、教育部印发《学位证书和学位授予信息管理办法》，要求自2016年1月1日起，学位证书由各学位授予单位自主设计、印制，不再使用国务院学位委员会办公室印制的学位证书，自行设计的学位证书不得使用国徽标识。这是自1981年《学位条例》实施以来，高校首次自行印制学位证书。

2015年10月，学校发布《河南理工大学学位证书设计方案征集启事》，启动学位证书的设计工作。征集活动历时1个月，面向全体校友和全校师生征集设计方案共22套，最终我校建筑与艺术设计学院教师崔俊峰和王维天共同设计的方案脱颖而出，经多方参与、反复修改，形成了学位证书（2016版）的最终设计方案。该方案以体现河南理工大学办学特色为主旨，突出了百年学府的庄重与严谨，成为百年理工又一个重要的文化符号。学位证书主要选取学校西大门为主体图形元素，以彰显学校在中国矿业高等教育历史上的悠久光荣传承；证书四角以吉祥云纹、卷草纹为基础，美观大方，底纹采用了波浪底纹与水印校徽相结合，以增强防伪功能。证书封套为左右折页，封面印有"博士学位证书""硕士学位证书""学士学位证书"字样和学校校徽图案；学位证书内封印有著名教育家蔡元培先生题写的"好学力行"校风和国家领导人、著名科学家、教育家钱伟长先生题写的"明德任责"校训。证书包括博士、硕士、学士三个层级，采用同一版式，封皮分别以传统色彩中的吉祥红、水墨蓝、深蓝加以区分。

2016 年 6 月 22 日，学校召开 2016 届研究生毕业典礼暨学位授予仪式，有 18 名博士、592 名硕士学位获得者获颁学位证书，标志着学校自行设计的学位证书正式启用。

2018 年，根据河南省教育厅《关于进一步规范高等教育学历证书管理工作的通知》要求，学校对学历证书进行了设计。为保证风格的一致性，学校对 2016 版学位证书进行了设计优化，形成了 2018 版学位证书（新版）。新版学位证书内芯提升了透光可视的河南理工大学校徽水印效果，增加了无色防伪纤维丝和校名校徽水印等防伪技术，在视觉效果方面进行了完善，凸显了校园文化传承。新版博士、硕士和学士学位证书于 2018 年 6 月正式启用，具有国家法定效力和学术权威性，作为传承河南理工大学校园文化的重要载体，满载母校和师长的殷切希望，彰显河南理工大学"自强不息、奋发向上"的办学精神。

四、学位授权点评估

2014 年 1 月，国务院学位委员会、教育部印发《学位授权点合格评估办法》，其中明确规定：学位授予单位现有学位点每 6 年进行一轮合格评估，每一轮评估的前 5 年为自我诊断评估阶段，最后 1 年为随机抽评阶段；新增学位授权点获得学位授权满 3 年后，须接受专项评估。随机抽评不合格或专项评估不合格的学位点，将"撤销学位授权"或"暂停招生，限制整改"。同时印发《关于开展学位授权点合格评估工作的通知》，在全国范围开展学位授权点合格评估工作。

2015年3月，学校印发《河南理工大学学位授权点合格评估工作方案》，明确了评估范围、评估内容、评估方式与程序，以及具体的工作计划。评估内容主要包括培养目标与标准、基本条件和人才培养3个一级评估要素，培养目标、学位标准、培养方向、师资队伍、科学研究、教学科研支撑、奖助体系、招生选拔、课程教学、导师指导、学术训练（或实践教学）、学术交流、分流淘汰、论文质量、学风教育、管理服务、就业发展等17个二级评估要素。2016—2017年，各学位授权点对学位点的现状以及存在的不足与短板，进行了认真梳理和总结。2017年12月至2018年6月，各学位授权点分别聘请国内相关学科和行业专家进校，对学位点进行了自我诊断式评估，共邀请外校评审专家119人，其中院士3人，国务院学科评议组专家、全国专业学位教育指导委员会成员96人，专业学位教育行业专家15人，其他专家5人。评估专家对学校近年来的学科发展、学位点建设工作给予充分肯定，认为应参加评估的39个学位授权点校内自我评估结果全部合格，同时校外专家围绕学位点建设提出了中肯建议，为学位点下一步发展指明了方向。

2014年12月，国务院学位办公室印发《关于转发学位授权点专项评估工作方案的通知》，学校工商管理硕士（MBA）列入专项评估范围。2015年1月，学校印发《河南理工大学工商管理硕士（MBA）专业学位授权点专项评估工作方案》，从评估组织、评估内容、评估程序和时间安排上进行了详细部署。2015年1—5月，工商管理学院收集基础数据、整理实证材料，对首届MBA研究生培养质量、论文质量进行了认真总结分析，形成并提交《专项评估报告》，如期完成了专项评估工作。2016年3月，国务院学位委员会印发《关于下达2014年学位授权点评估结果及处理意见的通知》，我校工商管理硕士学位授权点顺利通过专项评估。

2017年1月，学校印发《关于进一步落实学位授权点动态调整、合格评估和新增学位点申报等三项工作的通知》，对公共管理硕士（MPA）和汉语国际教育硕士专项评估工作进行了统一部署，提前一年谋划相关工作，加强日常教学管理，做好教育教学基础材料的收集。2018年3月19日，国务院学位委员会、教育部印发《关于开展 2018 年学位授权点专项评估工作的通知》，学校召开专门会议部署专项评估工作。2018 年 3 月至 6 月，应急学院和文法学院分别对公共管理硕士（MPA）和汉语国际教育硕士学位点形成的培养保障体系、论文质量监控体系以及教育特色进行了分析总结，形成并提交《专项评估报告》，如期完成了专项评估工作。2018 年 8 月，经全国公共管理硕士专业学位教育指导委员会审核，公共管理硕士（MPA）专业学位授权点以排名位居前 1/4 的评估成绩顺利通过专项评估。2018 年 9 月经全国汉语国际教育硕士专业学位教育指导委员会审核，我校汉语国际教育硕士学位授权点顺利通过专项评估。

第三节　研究生综合素质培养

2010 年 5 月 17 日，校党委常委一届九次（扩大）会议研究决定设立中共河南理工大学委员会研究生工作部，负责学校研究生思想政治教育与日常管理。研究生工作部成立以来，以加强研究生思想政治教育、促进研究生成长成才为目标，坚持"两融入、一结合"，即融入学校大思政工作格局，融入学校研究生教育全过程，结合研究生特点的工作思路，以理想信念教育为核心，以社会主义核心价值观教育为引领，以学术文化教育为载体，全面加强研究生思想政治教育，切实提高研究生创新能力和综合素质。

一、思想教育管理
（一）发挥思想政治理论课主渠道作用

为加强研究生政治理论学习，坚定理想信念，学校在各类、各层次研究生中开设思想政治理论课程，并作为公共必修课纳入人才培养方案。面向全体博士研究生开设公共必修课《中国马克思主义与当代》（36 学时，2 学分），在全体硕士研究生课程中开设公共必修课《中国特色社会主义理论与实践研究》（36 学时，2 学分），面向全体硕士研究生开设公共选修课《社会科学研究方法》和《自然辩证法》（二选一），并增加 2 学时专题讲授"崇尚科学 反对邪教"。

同时，学校加强研究生思想政治理论课程改革创新，提高研究生思想政治理论课教学质量。2010 年和 2013 年，学校分别将《中国特色社会主义理论与实践研究》和《中国马克思主义与当代》列为研究生精品课程资助项目；2015 年，学校又将《中国特色社会主义理论与实践研究》列为研究生教学案例库建设项目予以重点资助，该课程于 2017 年入选河南省研究生教育教学改革项目，累计资助金额 8 万元。2018 年，为落实教育部《高校思想政治工作质量提升工程实施纲要》，学校将《嵌入式系统》《现代信号处理》《高等岩土力学》《高聚物结构与性能》4 门课程列为研究生首批专业课程思政建设项目，探索将理想信念、社会主义核心价值观等内容融入研究生专业课程教学，以实现思政课程和课程思政同向同行。

（二）落实研究生导师立德树人职责

2018 年 2 月，教育部下发《关于全面落实研究生导师立德树人职责的意见》，强化研究生导师基本素质要求，明确研究生导师立德树人职责，健全研究生导师评价激励机制。2018 年 11 月，学校印发《河南理工大学全面落实研究生导师立德树人职责实施细则》，对导师立德树人职责、禁行行为、工作制度、考评奖励、组织保障等方面作出了详细的规定。这对于明确研究生导师是研究生培养第一责任人，全面落实导师立德树人职责，切实发挥导师育人作用具有重要意义。

2011 年以来，开展"学术人生"导师访谈、"我和我的导师"主题征文、"我与导师面对面"等专题活动，弘扬良好师风师德，切实发挥导师育人作用。2014 年，学校组织开展了"我心目中的好导师"网上问卷调查，覆盖不同年级、学院和专业的 1108 名博士、硕士研究生，主要对师生沟通交流、师生关系和研究生心目中的好导师 3 个方面进行了全面调查，并形成调查报告。调查显示，学校研究生与导师之间的沟通交流比较顺畅，师生关系较为和睦融洽，导师在注重知识传授和能力培养中能有效对研究生进行思想政治教育，使其正确认识时代责任和历史使命，进而树立正确的世界观、人生观、价值观，坚定为共产主义远大理想和中国特色社会主义共同理想而奋斗的信念，成为德智体美劳全面发展的社会主义建设者和接班人。

2018 年，学校召开研究生指导教师职责培训会，邀请中国科协原副主席、书记处书记、北京理工大学原副校长、国务院学位委员会第七届学科评议组专家冯长根教授作《如何做好研究生导师》的专题报告。冯长根的报告对于提升研究生指导教师综合素质、提高导师育人能力具有重要指导意义。

（三）创新思想政治教育方式方法

2011年，根据教育部《关于进一步加强和改进研究生思想政治教育的若干意见》的相关精神，学校印发《河南理工大学关于进一步加强和改进研究生思想政治教育的意见》。该意见启动了研究生思想政治教育试点工作，积极探索和建设具有学校特色的研究生思想政治教育工作制度，不断创新活动载体、拓展活动领域。

2011年以来，学校每学期制定研究生政治理论学习计划，编印《研究生政治理论学习材料》，发放《十八大报告学习辅导百问》等书籍，引导研究生加强政治理论学习。每学期，在全体研究生中宣讲党的十八大、十九大精神，组织举办"两会"精神辅导报告会，印发《河南理工大学关于研究生学习贯彻党的十九大精神的活动方案》。开展学习党的十九大精神教育活动5场，先后邀请党的十九大代表、学校优秀援疆干部刘志怀，全国人大代表、河南科技学院教授茹振钢，全国人大代表、学校发展规划与学科建设处处长李东艳和应急管理学院教授郭伶俐，给研究生作十九大精神专题报告，覆盖2400余名研究生。2011年，开展学习"双百"人物典型事迹知识竞答赛，参与研究生1000余人；2014年起，每年组织开展新生宗教信仰登记，开展大学生宗教知识竞赛，覆盖全体研究生；每年开展了反邪教法制知识竞赛，覆盖研究生一年级新生。2018年，举办"党的创新理论万场宣讲进高校"研究生专场报告会，参会研究生共计2000余人次。

坚持在全校研究生中开展研究生思想、心理状况网上调查。2011年以来，学校每年组织全体新入校的研究生进行思想、心理调查，参与率达99%。思想状况调查主要从研究生基本情况、意识形态现状、时事关注度、理想道德信念、学校工作满意度等方面进行调查，及时准确掌握研究生思想动态，提升学校全过程、全方位育人水平。研究生心理状况调查，主要从学习能力、生理及心理现状、情感状况等方面了解研究生的心理状况。调查显示，我校研究生大部分政治觉悟较高，理想信念坚定，符合社会主义核心价值观要求，综合素质较高，思想和心理状况普遍趋于稳定，且无重大思想、心理扭曲事故。同时，在每学期初和每学期末开展研究生重点关注人员排查工作，要求各学院从研究生意识形态、心理状态、学业就业问题以及经济困难等方面进行排查，进一步掌握研究生中可能存在的不稳定因素，确保校园安全稳定。

自 2014 年起，学校每年举办一期"研路先锋"研究生干部培训班，每期选拔 300 余名研究生干部参加培训，培训内容主要包括党的创新理论、马克思主义宗教观、公文写作等，培训考核合格后发结业证书。"研路先锋"已举办五期，进一步培养研究生干部的责任意识、大局意识和服务意识，提升综合素质和工作能力。

2017 年，学校选拔 100 名研究生党员骨干参加全国高校研究生党员骨干"严格党内政治生活"专题网络培训。经过课程学习、交流研讨、在线测试、学习成果撰写等环节，所有参加培训的研究生党员完成各培训要求，获得"培训证明"，并计入个人档案。其中，38 名表现突出的研究生党员骨干被授予"优秀学员"称号。

为加强和改进研究生思想政治教育，学校积极探索新形势下与研究生培养机制改革相适应的研究生思想政治教育的特点和规律，总结形成了诸多有益经验和做法，取得了一些成绩。2012 年，《树立学术文化活动品牌，创新研究生思政工作——学校研究生学术文化建设的探索与实践》获得"河南理工大学 2012 年思想政治工作奖"。2014 年，《研究生知行讲坛》品牌获得"河南省高等学校思想政治工作优秀品牌"荣誉称号。2016 年和 2018 年，学校教师参加中国学位与研究生教育学会德育委员会第十届学术年会暨成立 20 周年纪念大会和第十一届学术年会主题征文，获特等奖、一等奖、二等奖和三等奖。

二、学术与文化建设

（一）学术道德与学风建设

学术论坛暨学术之星评选。为弘扬我校优良的学术传统，鼓励和支持研究生开展高水平创新性科学研究，深入挖掘和树立学生身边的榜样，自 2009 年起，学校每年评选出 10 名"学术之星"、5 名"学术之星提名奖"和 3 名"学术之星最具人气奖"，并编印《"学术论坛"优秀论文集》和《学术之星风采录》。截至 2019 年 6 月，已举办十一届，共有 110 名研究生获得"学术之星"称号，共评选出 700 余篇优秀论文。

科学道德与学风建设宣讲。根据《中国科协 教育部关于开展科学道德和学风建设宣讲教育活动的通知》，自 2011 年起，学校组建由校内专家组成的研究生科学道德与学风建设宣讲团，每学期为全体在校研究生开展宣讲活动。2011 年以来，学校先后邀请中国科学技术协会副主席、国家自然科学基金委副主任、中国科学院沈岩院士等专家、学者为研究生作宣讲报告共计 80 余场次。

"学术人生"导师访谈。自 2011 年起，学校创办"学术人生"导师访谈，以导师严谨的治学精神、无私的奉献精神和博大的人格魅力来教育影响研究生树立远大理想，确定人生目标，热爱科学技术，专心学术研究，促进研究生成长成才。2011 年以来，分别邀请了中国工程院院士、国际著名材料冶金学家傅恒志教授等做客访谈节目，参与研究生 900 余人次。

研究生知行讲坛。知行讲坛是推进研究生学术活动的常态化和自觉参与意识的专项活动，是将研究生思想政治教育工作融入到研究生学术活动中的重要举措。2012 年以来，学校共举办 73 期知行讲坛，每期邀请学校和社会有知名度、有影响力的专家、学者，其中包括美国工程院院士彭赐灯、俄罗斯自然科学院外籍院士牛济泰、国家千人计划史才军教授、中国语料库语言学研究会会长卫乃兴等 73 位专家、学者，与会研究生达 2.2 万余人次。

毕业研究生教育管理。自 2009 年起，每年开展优秀毕业研究生评选，累计评选出 297 名省级优秀毕业研究生和 976 名校级优秀毕业研究生，并颁发奖品。每年春季和夏季举办两次研究生毕业典礼暨学位授予仪式。2011 年以来，学校每年定期召开考博宣传动员和考博经验交流会，资助考生报名费、路费等，累计发放奖金 45 万元。学校应届硕士毕业生考取博士研究生的比例逐年增长，由 2011 年的 2.2%，增长到 2018 年的 29.8%。其中，多名研究生申请到英国利物浦大学、悉尼科技大学等国外大学攻读博士学位；多名研究生考取中国人民大学、中科院研究所等知名高校或科研机构。

（二）校园文化活动

一是加强研究生校园文化阵地建设。2015 年，创办《太行研路》杂志和"河南理工大学研究生"官方微信。《太行研路》杂志每年出版两期杂志，现已出版 7 期，开设关注、人物、学研沙龙、箐箐校园等 10 余板块，累计收录 210 余篇文章，宣传研究生中品学兼优的学子，展现我校研究生学术、文化与精神风貌。"河南理工大学研究生"官方微信每周推送服务信息 3 ~ 5 次，每年约推送 200 余条，使广大研究生通过新媒体平台获取各类资讯。截至 2019 年 6 月，已有 7344 余人成为"官微"粉丝。2018 年，设立《研读者》专栏，将研究生导师成长经历、情感体验、励志故事与美文佳作相结合，用真挚的语言、真实的情感，传递给广大研究生，实现以德育人、以文化人。

二是举办研究生校园文化系列活动。自 2009 年起，共举办十一届"研路阳光"素质拓展活动。2011 年以来，共举办八届研究生英语活动月、八届研究生宿舍文化节活动和八届女生节活动。自 2014 年起，共举办三届"我和我的导师"征文活动，并将获奖作品汇编成《我和我的导师》文集。2016 年以来，组织开展 15 期"研海探航——我来做主讲"，邀请优秀研究生代表进行宣讲。此外，还举办三届"魅力理工，光影之美"摄影比赛和四届诗文朗诵比赛等活动。丰富多彩的研究生校园文化系列活动的深入开展，对构建全方位多层次育人体系、促进学生全面发展、提升学生综合素质发挥了重要作用。

三、奖励与资助

（一）国家奖学金

2012 年 10 月，财政部、教育部联合下发《研究生国家奖学金管理暂行办法》，由中央财政出资设立研究生国家奖学金，用于奖励普通高等学校中表现优异的全日制研究生，博士生奖励标准为每生每年 3 万元，硕士生奖励标准为每生每年 2 万元。2013 年，学校印发《河南理工大学研究生国家奖学金管理办法》，2014 年和 2017 年又分别进行了修订，明确规定不同学位类型研究生申请国家奖学金有不同条件，按照《河南理工大学研究生国家奖学金综合积分细则》规定，理工科学术学位研究生在读期间须发表单篇得分为 15 分及以上期刊论文；理工科专业学位研究生在读期间须发表单篇得分为 10 分及以上期刊论文或其他科研成果；人文社科研究生在读期间须发表单篇得分为 5 分及以上论文。修订《河南理工大学研究生国家奖学金综合积分细则》，思想道德及实践活动占 10%、学习成绩占 25%、科研成绩占 65%，激励研究生潜心研究、积极进取，更加科学准确、客观公正地评价研究生综合表现。

2012 年以来，全校共有 31 名博士生和 340 名硕士生获得研究生国家奖学金，发放奖金 773 万元。每年学校将获得国家奖学金的研究生个人事迹编印为《研究生国家奖学金获得者风采录》，树立学习榜样，营造刻苦学习、勤奋钻研的良好氛围。

（二）国家助学金

2009—2012 年，非在职全日制博士生均可享受普通奖学金，发放标准为每生每年 0.8 万元；60% 的全日制（非定向）硕士生可享受普通奖学金，发放标准为每生每年 0.22 万元。2013 年，学校修订《河南理工大学研究生奖励条例》，将硕士生的普通奖学金调整为全日制（非定向）硕士生均可享受，发放标准为每生每年 0.4 万元。

2014 年，根据《河南省研究生国家助学金管理暂行办法》，自 2014 年秋季学期起，研究生普通奖学金调整为研究生国家助学金，用于资助普通高等学校纳入全国研究生招生计划的所有全日制研究生（有固定工资收入的除外），补助研究生基本生活支出。博士生资助标准为每生每年 1.2 万元，硕士生资助标准为每生每年 0.6 万元。2017 年，根据《关于进一步提高博士生国家助学金奖助标准的通知》，学校印发《河南理工大学研究生国家助学金管理办法》，将博士生资助标准提高到每生每年 1.5 万元。2009—2019 年 6 月，学校累计发放普通奖学金和国家助学金约 17644 人次，金额约 9733 万元。

（三）创先争优活动

为激励研究生勤奋学习、潜心科研、勇于创新、全面发展，学校坚持开展研究生创先争优活动。2012 年，学校修订《河南理工大学研究生奖励条例》《河南理工大学研究生综合评定办法》，明确规定全日制（非定向）博士生不分等级全部享受优秀奖学金；非在职全日制硕士生的评选优秀奖学金的比例不超过评选对象的 50%。2014 年，根据《河南省研究生学业奖学金管理暂行办法》，从当年秋季学期起，河南省财政设立研究生学业奖学金。2014 年，学校修订了《河南理工大学研究生奖励条例》《河南理工大学研究生学业奖学金管理办法》《河南理工大学研究生综合评定办法》，将研究生优秀奖学金调整为研究生学业奖学金，并按"新生新办法、老生老办法"的原则，规定了评选比例、奖励标准和评选办法。2017 年，根据国家政策，学校对《河南理工大学研究生奖励规定》《河南理工大学研究生学业奖学金管理办法》《河南理工大学研究生综合评定办法》再次进行修订，主要增加先进集体奖项，硕士生学业奖学金等级由三个等级变为四个等级，增加特等学业奖学金。

根据相关文件精神，2009 年以来，学校共有 11868 人次研究生获得学业奖学金，发放金额 6966.91 万元；有 27 个班级获得校级先进班集体称号，756 人次获得校级"优秀研究生干部"称号，959 人次获得校级"优秀研究生"称号。

（四）学校资助与社会捐助

学校不断加大研究生奖助经费投入力度，逐步构建了以政府投入为主，按规定统筹自筹经费、科研经费、助学贷款、社会捐助等资金的多元奖助政策体系，提高了研究生待遇水平，为研究生顺利完成学业、开展科学研究提供了可靠保障。

2009 年以来，学校不断完善研究生资助体系，印发《河南理工大学研究生兼职从事"三助"工作实施办法》《河南理工大学创新实践（成果）奖励办法》《河南理工大学家庭经济困难研究生资助管理办法》。2011 年以来，学校设置研究生助管岗位 1040 个，参加研究生达 2000 余人次，发放酬金 281.2 万元。2014年以来，累计为 1320 名研究生办理了助学贷款，贷款金额约 1634.29 万元；累计为 104 名家庭经济困难研究生减免学费，减免金额达 92 万元；累计为 399 名家庭经济困难研究生发放困难补助 40.87 万元；累计为 58 名建档立卡贫困家庭学生发放困难补助 6.88 万元，使建档立卡贫困家庭学生全部享受国家助学金资助，各项资助政策得到落实。

2009 年以来，部分优秀校友、社会人士和爱心企业捐资助学，先后设立了"朱训教育奖励基金优秀学生奖""思源·新能源奖（助）学金""宏大爆破奖助学金"

等奖助学金。截至 2019 年 6 月，共有 70 名研究生获得"朱训教育奖励基金优秀学生奖"，金额合计 14 万元；30 名研究生获得"宏大爆破"奖助学金，金额合计 9 万元；20 名研究生获得"思源·新能源奖助学金"，金额合计 10 万元。

第五章

师资队伍建设与人事制度改革

百年大计，教育为本；教育大计，教师为本。振兴百年理工、建设国内一流特色高水平大学，关键是要建设一支师德高尚、业务精湛、结构合理、充满活力的高素质专业化师资队伍。2009 年以来，学校根据人才培养和学科专业发展需要，大力实施"人才强校"战略，坚持"引进有计划、培养有目标"的方针、"内稳"与"外引"并举的思路，全面深化人事管理与薪酬分配制度改革，大力培养中青年骨干，积极引进高水平人才，着力优化师资队伍结构，持续加强师德师风建设，多方位建设教师发展平台，以高水平师资队伍建设促进办学水平和人才培养质量双提升，育才、引才、留才、用才的用人机制进一步完善，为建设国内一流特色高水平大学奠定坚实人才基础。

第一节　师资队伍建设

一、强化引育并重的人才工作体系

面对新时代高等教育发展的新形势，学校根据办学定位、人才培养与学科专业发展需要，积极转变观念、拓宽视野，科学制定人才队伍建设规划，加大优秀人才引进力度，人才队伍建设形成了新格局，取得了新突破。

（一）科学制定人才队伍建设规划

百年校庆后，学校围绕"人才强校"战略，在科学研判外部发展形势、认真分析学校自身实际的基础上，合理提出"十二五""十三五"期间的人才队伍建设目标，积极探索人才改革路径，基本建立起适应学校事业发展的人才管理、使用评价和竞争机制，有力激发了人才队伍的活力，专业技术、党政管理和后勤服务人才队伍整体水平得到显著提高。

学校在"十二五"事业发展规划中明确提出：要坚持和稳定博士学位人才引进政策，以高层次人才引进培育工作为重点，着力引进国内外杰出专家学者、海外博士等高水平领军人才，实现国家杰出青年基金获得者、"长江学者奖励计划"特聘教授、国家"千人计划"专家、河南"百人计划"专家、中原学者等高端领军人才的突破，国家级学术团队、国家教学名师、教育部"新世纪优秀人才支持计划"专家、省特聘教授等人才数量也均有较大增长。同时，在学校"十二五"人才队伍建设规划中，明确提出上述各类高层次人才引进的数量目标和专业技术、党政管理、教辅后勤等三类人才资源的量化目标，要求打造一支结构合理、满足学校事业发展需求的人才队伍。

"十三五"时期，学校根据新形势、新情况进一步提出：要加大高层次人才的引进和培养力度，依托国家、省部级科研平台，集聚和稳定一批具有影响力的学科领军人才，打造优秀高端人才集聚高地；扩大高层次学术平台选人用人自主权，探索在国家及省部级重点实验室、特色优势学科、工程（技术）研究中心和创新团队实施"人才特区"政策。特别是在人才队伍建设规划中提出："培养和造就一支规模合理、结构优化、素质精良、能力突出、富有创新精神、善于推动学校科学发展的人才队伍，主要指标进入省内高校前三名行列，为学校改革发展奠定坚实的人才基础"的目标任务。

2017年1月，教育部、财政部、发展改革委员会联合印发实施《统筹推进世界一流大学和一流学科建设实施办法（暂行）》。随后，习近平总书记在十九大报告中指出，要加快"双一流"建设进程。在"双一流"建设的大环境下，人才作为高校发展关键的"软实力"，成为高校间相互竞争的重要资源。学校充分认识到，要抢抓机遇，实现高质量内涵式发展，争创一流学科，建设国内一流特色高水平大学，人才工作比任何时候都显得更加重要。

面对日益严峻的人才竞争形势，为探索人才队伍建设新模式，2018年12月，学校召开建校以来首次人才工作会议，并明确提出将人才工作作为事关学校全局和长远发展的大事，必须摆在更加突出的位置，下大力气推动人事管理及薪酬分配制度改革。会议通过《关于全面加强人才队伍建设的意见》《高层次人才引进暂行办法》《博士引进暂行办法》《高端人才支持计划》和《师资博士后管理办法（修订）》等文件。其中，《关于全面加强人才队伍建设的意见》作为指导一个时期学校人才队伍建设的纲领性文件，进一步强调：要围绕建设国内一流特色高水平大学战略需求，紧盯学校第二次党代会和"十三五"事业发展目标，聚焦学校人才队伍建设亟待解决的突出问题，着力破除束缚人才发展的思想观念与体制机制障碍，全面深化学校人才工作制度改革，努力建成一支师德高尚、业绩突出、数量充足、结构合理的人才队伍。人才工作会议的召开，有利于进一步推动全校营造引才、育才、用才和服务人才的良好氛围，对学校今后一个时期人才队伍建设具有十分重要的意义。

（二）健全引进人才制度

2009—2019 年，学校根据上级人才工作形势与政策变化，结合学校发展实际，先后 7 次调整人才引进工作政策。其间，坚持以国家、省部级平台为依托，以高水平领军人才和紧缺专业人才为重点，全职引进与柔性引进相结合，积极引进学校事业发展需要的各类高水平人才，在工作条件、科研力量配备和启动经费等方面给予倾向性支持，确保学校在薪酬待遇、人才发展支持等方面的政策具有竞争优势。

为进一步拓展人才工作视野，加大海外引智工作力度，2009 年 11 月，学校出台《河南理工大学海外高层次人才引进工作实施方案（试行）》，成立以校长为组长，校党委副书记、副校长为副组长，相关职能部门负责人为成员的海外高层次人才引进工作领导小组，全面规划和负责海外人才引进工作。同时，学校设立海外人才引进专项基金，为海外人才引进工作提供坚实保障。

为优化人才队伍结构，2011 年 7 月，学校出台《河南理工大学公开招聘人员办法》，明确公开招聘的原则、条件和工作程序，要求各用人单位遵循"专业对口、结构合理、比例适当"的原则引进人才，不得成批次地从同一学校、同专业方向、同年龄层次、同性别人员（采矿、地质等特殊专业除外）中招聘人员，并实行回避制度，进一步保证了人才引进工作质量，为建设结构合理的人才队伍奠定了良好基础。

为切实发挥基层单位在人才引进中的作用，2013 年 11 月，学校印发实施《河南理工大学人才引进程序暂行规定》，采取"用人单位初评推荐、学校终评选聘"的人才引进模式，明确要求用人单位在教师招聘过程中要根据本单位教学、科研和学科（专业）建设等实际需要，对应聘人员的政治素养、道德操守、专业理论基础、业务能力、学术水平进行审查，充分发挥基层单位在人才引进工作中的把关作用。为确保人才引进工作的顺利开展，学校成立由主管人事工作的副校长任组长，主管教学工作的副校长任副组长，相关职能部门负责人为成员的人才引进考察工作领导小组，负责指导、协调全校人才引进工作，为人才引进工作的高效开展提供了组织保障。

为有效配置学校人力资源，建立自主灵活的用人机制，2011 年 8 月，学校印发实施《河南理工大学关于人事代理制度的暂行办法》，对实行人事代理人员的范围、待遇、考核、用人性质等作出详细规定，进一步明确了学校、用人单位和人事代理人员三方权利和义务。从 2016 年 6 月开始，学校将实行人事代理人员的学历层次提高到硕士研究生学历，进一步扩大了灵活用人选人的范围。人事代理制度的有效实施，有力缓解了学生工作队伍人员紧缺的情况，在高层次人才家属安置上发挥了积极作用，成为学校多元化用人机制的重要补充和有益尝试。

为给引进人才创造安居乐业的家庭环境，2018 年 11 月，学校出台《河南理工大学高层次人才配偶安置办法（暂行）》，规定配偶具有硕士研究生以上学历或高级专业技术职务且符合上级调动政策的，可调入学校；具有全日制普通本科学历的，实行人事代理，参照正式职工兑现相关待遇；具体工作岗位由学校结合实际需要和博士配偶本人情况统筹安排，切实解决了高层次人才的后顾之忧。

（三）创新人才发展机制

1. 积极推进教师国外访学研修

学校积极完善出国访学教师的选拔与管理措施，不断加大投入，拓宽渠道，扩大数量，鼓励和支持教师出国研修、合作科研和参与国际学术交流。2010 年 2 月，学校印发实施《河南理工大学教师出国（境）进修管理办法（试行）》，为出国进修人员提供经费资助及相关政策支持。2016 年 12 月，学校修订《河南理工大学教职工出国（境）留学管理办法》，对出国（境）留学的教师类别和资助标准等作了调整，同时进一步加强了对留学人员的国家安全教育及保密教育等工作。

2009 年以来，学校出国（境）访学教师达 337 人次。其中，由国家留学基金管理委员会公派出国的访问学者 206 人次，出国（境）访学人数总体呈递增态势。通过持续对外交流，这些访学人员及时了解了学术前沿动态，加深了基础理论学习，拓宽了学科知识面，提高了学术研究水平。访学人员回国后，多数已成长为所在学科（专业）的学术骨干力量。

2. 大力实施教师校内教育培训

长期以来，学校高度重视教师的校内培养工作，不断提升教师培养工作的规范化、制度化水平。2012年5月，学校印发实施《河南理工大学师资培训工作规程》，提出包含学历学位教育、博士后科研工作、国内外高级访问学者、短期进修等在内的6种主要培养形式。同时，明确规定了各种培养形式的内容、程序和相关待遇，鼓励教师特别是青年教师在思想政治素质、业务素质等方面积极提升，全面提高教师的教育教学能力和科学研究能力。2015年12月，学校将培养类型细化为8种，进一步提高了待遇，规范了管理。

2016年3月，学校成立教师发展中心（挂靠人事处），作为负责教师培养的专门机构。其主要职责是根据学校发展规划和师资队伍现状，制定实施师资培训、教师发展评价、教学名师及教学团队建设、学历（学位）提升等方面的教师发展规划及制度；负责指导各教学学院对教师制定个人职业发展规划、学术发展计划等开展培训、评估、考核工作；负责教师年度进修、锻炼、培训以及学历（学位）提升年度计划的制定与实施；负责组织开展新进教师岗前培训以及青年教师教学理念和技能、研究能力和方法、学术道德和师德师风等培训工作。教师发展中心的成立，为促进教师队伍可持续发展奠定了坚实的组织基础。

2018年6月，学校印发实施《河南理工大学教师分类培训管理办法（试行）》，根据不同类型、不同层级教师的履职要求，以契合学科建设和教学科研发展需要为前提，依照"按需培训、学用结合、注重实效"的原则，将培训类型分为新进教职工岗前培训、青年教师教学科研能力培训、教师学术水平提升培训、教师业务素质拓展培训等4类。同时，完善培训考核机制，将各类培训的参与情况纳入专业技术人员继续教育考核体系，进一步提升了培训工作的规范化、制度化、科学化水平。

学校坚持实施教师寒暑假培训制度，对全体教师进行以高等教育理论与实践、教学理论与方法、学校重大改革举措等为主要内容的集中培训，切实提高教师对高等教育理论及学校事业发展规律的认识与把握。2009 年以来，共举办 65 场主题报告，邀请校外知名专家学者 49 人次莅校讲学，对广大教师深化立德树人意识、拓宽学术视野、更新思想观念起到了积极的促进作用。

3. 持续强化师德师风建设

学校高度重视教师队伍的师德师风建设，引导广大教师以德立身、以德立学、以德施教，把立德树人作为根本任务，先后印发实施《教师职业道德规范》《师德建设实施办法》《教师工作职责》《学术道德规范》和《学术不端行为预防与处理办法》等相关制度，坚持教书与育人相结合，言传与身教相统一，取得了较好效果。

学校采取多种措施狠抓师德师风建设，不断提升教师队伍的思想政治素质。一是在寒暑假教师培训、新进教师岗前培训及其他教师培训中，积极开展意识形态、马克思主义宗教观、党的教育方针、师德师风教育，引导教职工忠诚党和人民的教育事业，认真履行教师职责，注重师德修养，提升全体教师队伍的思想政治素质和职业道德修养。二是在每年开展不同主题的师德师风演讲与征文主题教育活动，"永远跟党走"主题社会实践等活动，提高全体教师队伍的思想政治素质。三是依托双周二政治理论学习，积极组织开展习近平新时代中国特色社会主义思想学习和培训，使之入脑入心。把教育培养和自我修养有机结合起来，引导广大教师以德立身、以德立学、以德施教，专注教书育人，注重言传身教，真正做学生成长的指路明灯。四是加大宣传典型工作力度，每年底制作三育人、优秀教育工作者、师德师风先进个人等人物事迹展板，大力宣传表彰师德师风建设中涌现出的先进典型，引导广大教师弘扬高尚师德，践行道德规范。五是强化师德考评，突出奖优罚劣，实施师德考核负面清单制度，建立教师个人信用记录，在年度考核、课题申报、职称评审等方面，实行师德建设"一票否决"制度。六是创新教师服务管理机制，加强师德师风监督，学校于 2017 年开通师德师风举报平台，积极回应教师期盼与诉求，着力推动教育服务质量改善、教育行业作风转变。

十年来，学校坚持教书与育人相结合、言传与身教相统一，取得了较好效果，涌现出"爱教育，爱学生"的全国教育系统师德建设标兵、全国优秀科技工作者张玉贵和河南省师德标兵王钦亭等一大批师德建设模范人物。目前，学校拥有全国师德先进个人 1 名，全国优秀教师 2 名，全国模范教师 1 名，全国教育系统职业道德建设标兵 1 名，全国教育系统先进工作者 1 名，全国优秀辅导员 1 名，河南省教学名师 7 名，中原名师 1 名，河南省十佳师德标兵 2 名，河南省优秀教师 15 名，河南省师德标兵 2 名，河南省教育系统先进（优秀）工作者 7 名，河南省教育系统优秀教师 6 名，河南省教育厅优秀教育管理人才 4 名。

4. 加强博士后流动站建设

学校高度重视博士后工作，将博士后研究人员作为高层次青年教师队伍储备的重要来源，高水平科研创新团队建设的重要组成部分和产学研成果转化的有生力量，先后出台《河南理工大学博士后管理工作暂行规定（修订）》等 6 项制度性文件，积极推进博士后管理体制机制改革，逐步形成了"研究型、创新型"的博士后人才培养模式。学校现有博士后科研流动站 5 个，累计招收 192 人，目前在站 118 人，共完成省部级以上科研项目 150 余项。其中，承担国家自然科学基金 68 项，国家基金——煤炭联合基金重点支持项目 12 项，国家"十二五"科技支撑计划课题 2 项；获得各类奖项 60 余项，其中，国家测绘科技进步奖 2 项，省部级科技进步奖 35 项。

经过全校共同努力，学校的人才工作取得了可喜的成绩。2009 年以来，学校共引进博士 503 人、紧缺专业硕士或辅导员 426 人，有效补充了学校师资队伍，破解了因编制限制带来的发展瓶颈问题。整个队伍新老交替有序，规模持续扩大，职称、年龄、学历和学缘等结构进一步优化。截至 2019 年 6 月，学校教职工共计 3127 人。其中，高级职称 1028 人，具有博士学位 1068 人、专任教师 2288 人（占教职工总数的 73.47%），外聘教师 504 人（图 5-1）。

图5-1　2009—2019年专任教师与外聘教师数量变化		
年份	专任教师人数	外聘教师人数
2009	1655	94
2010	1848	89
2011	1953	92
2012	1963	185
2013	1985	174

续表

年份	专任教师人数	外聘教师人数
2014	2111	322
2015	2232	91
2016	2264	498
2017	2258	478
2018	2269	504
2019	2288	504

资料来源：2009—2019年高基报表，下同。

从职称结构方面来看，专任教师中，正高级专业技术职务 232 人，占 10.14%；副高级专业技术职务 710 人，占 31.03%；中级专业技术职务 1167 人，占 51.01%。教师职称结构合理，符合队伍发展规律（见图 5-2）。

图5-2　2009—2019年专任教师职称结构一览表

年份	专任教师人数	教授		副教授		讲师		助教及以下	
		人数	比例	人数	比例	人数	比例	人数	比例
2009	1655	166	10.03%	395	23.87%	716	43.26%	378	22.84%
2010	1848	181	9.79%	447	24.19%	883	47.78%	337	18.24%
2011	1953	197	10.09%	488	24.99%	952	48.75%	316	16.18%
2012	1963	202	10.29%	521	26.54%	1062	54.10%	178	9.07%
2013	1985	212	10.68%	548	27.61%	1085	54.66%	140	7.05%
2014	2111	221	10.47%	612	28.99%	1138	53.91%	140	6.63%
2015	2232	248	11.11%	670	30.02%	1159	51.93%	155	6.94%
2016	2264	263	11.62%	720	31.80%	1068	47.17%	213	9.41%
2017	2258	210	9.30%	652	28.88%	1199	53.10%	197	8.72%
2018	2269	219	9.65%	685	30.19%	1183	52.14%	182	8.02%
2019	2288	232	10.14%	710	31.03%	1167	51.01%	179	7.82%

从学历结构方面来看，专任教师中，具有博士学位的1038人，占45.37%；具有硕士学位的941人，占41.13%。教师学历结构整体较好，具有博士学位的教师数量呈逐年递增趋势（见图5-3）。

图5-3　2009—2019年专任教师学历结构一览表

年份	专任教师人数	博士		硕士		本科及其他		硕博比例	
		人数	比例	人数	比例	人数	比例	人数	比例
2009	1655	392	23.69%	907	54.80%	356	21.51%	1299	78.49%
2010	1848	459	24.84%	1083	58.60%	306	16.56%	1542	83.44%
2011	1953	540	27.65%	1189	60.88%	224	11.47%	1729	88.53%
2012	1963	616	31.38%	1166	59.40%	181	9.22%	1782	90.78%
2013	1985	740	37.28%	1090	54.91%	155	7.81%	1830	92.19%
2014	2111	820	38.84%	984	46.61%	307	14.54%	1804	85.46%
2015	2232	887	39.74%	1000	44.80%	345	15.46%	1887	84.54%
2016	2264	986	43.55%	899	39.71%	379	16.74%	1885	83.26%
2017	2258	998	44.20%	941	41.67%	319	14.13%	1939	85.87%
2018	2269	1026	45.22%	936	41.25%	307	13.53%	1962	86.47%
2019	2288	1038	45.37%	941	41.13%	309	13.51%	1979	86.49%

从年龄结构方面来看，专任教师中，35岁以下370人，占16.17%；36～55岁1775人，占77.58%；56岁以上143人，占6.25%。教师队伍以中青年为主，呈现出较强的后劲与活力（见图5-4）。

图5-4　2009—2019年专任教师年龄结构一览表

年份	专任教师人数	35岁以下		36-55岁		56岁以上	
		人数	比例	人数	比例	人数	比例
2009	1655	1022	61.75%	611	36.92%	22	1.33%
2010	1848	1141	61.74%	681	36.85%	26	1.41%
2011	1953	1221	62.52%	702	35.94%	30	1.54%

年份	专任教师人数	35岁以下		36-55岁		56岁以上	
		人数	比例	人数	比例	人数	比例
2012	1963	1091	55.58%	835	42.54%	37	1.88%
2013	1985	857	43.17%	1074	54.11%	54	2.72%
2014	2111	645	30.55%	1387	65.70%	79	3.74%
2015	2232	539	24.15%	1613	72.27%	80	3.58%
2016	2264	520	22.97%	1664	73.50%	80	3.53%
2017	2258	342	15.15%	1766	78.21%	150	6.64%
2018	2269	356	15.69%	1770	78.01%	143	6.30%
2019	2288	370	16.17%	1775	77.58%	143	6.25%

二、高层次人才队伍不断壮大

2009 年以来，学校坚持"引育并重"的基本工作思路，全面强化人才队伍建设，不断探索人才工作举措，高层次人才队伍规模逐步扩大，质量明显提升。邹友峰、杨小林、魏建平等 3 人入选国家级百千万人才工程；杨小林、张国臣、魏建平、高建良等 4 人获得国务院政府特殊津贴；赵洪波、赵同谦、宋党育、冯文峰、刘宝忠、段培高等 6 人入选教育部"新世纪优秀人才支持计划"；高建良、郭文兵获得河南省政府特殊津贴；余明高、魏建平、张定华、赵洪波、吴家宏、汪旭东、王树仁等 7 人获聘河南省特聘教授；张国臣、景国勋、孙玉宁、高建良、程伟、赵波、余明高等 7 人被评为河南省优秀专家；余发山、高建良、李安铭、郑征、闫安志、杨现卿、王钦亭等 7 人获批河南省教学名师；赵同谦、刘宝忠入选"中原千人计划"河南省中原科技创新领军人才；王钦亭入选"中原千人计划"中原教学名师；王燕、刘勇、王志衡、刘佳佳、张富文入选"中原千人计划"中原青年拔尖人才；米国发、赵同谦、郭文兵、魏建平、刘宝忠、明平美、程伟、钱伟、刘少伟、牛海鹏、段培高等 11 人获批河南省学术技术带头人；王兆丰教授负责的"瓦斯防治技术及装备研究所"入选河南省首批"黄大年式"教师团队等等，培养吸引了一批国内外优秀、拔尖的高层次人才，学校的人才队伍创新水平和综合实力得到明显提升。

为进一步探索丰富科学合理、充满活力的人才工作机制，2013年12月，学校印发实施《河南理工大学柔性引进人才暂行办法（修订）》，按照"不求我有、但为我用、淡化身份、注重业绩"的基本原则，深入推进实质引进与柔性引进并举的人才引进政策，通过顾问指导、短期兼职、候鸟服务、项目合作、退休返聘等多种方式，不断完善高层次人才引进模式。10年来，学校共柔性引进两院院士4人，外籍院士3人，"千人计划"入选者5人，教育部"长江学者"、国家杰出青年科学基金获得者、中科院"百人计划"、教育部新世纪优秀人才等入选者7人，青年"千人计划"入选者4人，其他教授博导等60余人，学校高层次人才队伍得到有力加强。

三、各类人才培养工程持续推进

工作实践表明，实施重大人才工程、对人才工作重点任务实行项目化管理，是开展人才工作的重要抓手，有助于增强人才工作的合力，提高人才开发的效益。10年来，学校通过实施"博士化工程""太行学者"发展计划、青年教师职业发展规划、骨干教师资助计划等一系列扎实举措，高水平高层次师资培育工作取得了明显成效。

（一）实施"博士化工程"

为深入实施"人才强校"战略，进一步优化学校师资队伍学历结构，提高博士学位教师比例，2013年11月，学校印发实施《河南理工大学"博士化工程"实施意见》，正式全面实施"博士化工程"，力求在师资队伍学历层次、学术水平和整体素质等方面取得突破性进展。2009年以来，学校共外派攻读博士学位440人，其中，227人已毕业并返校工作。截至2019年6月，专任教师中，具有博士学位的教师1038人，占45.37%，博士群体已经成为学校相关学科的主导或中坚力量。

（二）推进"太行学者"发展计划

2013年6月，学校印发实施《河南理工大学"太行学者"发展计划实施办法》，明确提出要以学术团队为基础，以各年龄段（多层次）优秀人才为骨干，将人才培养与梯队建设相结合，努力培养造就一批在国内外具有领先水平的知名学者、学术带头人。2018 年 1 月，结合工作中取得的成绩和存在的问题，学校对该实施办法进行了修订完善，更加注重团队建设，明确"太行学者"发展计划以"核心教授 + 创新团队"为基本发展模式，同时提高了岗位条件、工作条件和相关待遇，并专门增加了团队建设经费。

"太行学者"发展计划实施以来，共遴选"太行学者"3 批 51 人，从中培育出了一大批国家科技进步奖获得者、省特聘教授、省学术技术带头人、省师德标兵等人才，进一步提升了学校科技创新与教学科研水平，成为学校杰出人才发展计划的重要组成部分。学校"太行学者"发展计划先后被《中国教育报》《河南日报》等主流媒体专题报道，受到了广泛赞誉，省委组织部将其列入省管高校人才政策和人才工作创新重点任务，对学校创新教师培养方式的做法给予了充分肯定。

（三）开展青年教师职业发展规划

近年来，随着学校办学规模的持续扩大，教师队伍得到大量补充，青年教师已成为学校教师队伍的主要组成部分。为加强对青年教师成长的指导，进一步提高青年教师队伍的整体质量，2010 年 4 月，学校印发实施《河南理工大学青年教师职业发展规划实施办法（试行）》，引导各学院根据学科发展需求，结合青年教师个人特点与职业追求，帮助青年教师制定个人职业发展规划，并为青年教师配备指导老师，指导青年教师构建起个人职业发展规划、学院发展规划和学校发展规划三者相互衔接、相互支撑、定位明确、层次清晰、衔接紧密的职业发展体系，不断加强青年教师的培养和管理工作，促进青年教师健康快速成长。2010 年 4 月以来，参加职业发展规划的教师共计 1400 余人，在促进青年教师成长、提升学校育人质量方面发挥了积极的作用。

（四）实施青年骨干教师资助计划

为建设一支结构优化、富有创新能力的师资队伍，根据国家和河南省青年骨干教师培养的有关文件精神，学校坚持实施青年骨干教师资助计划。结合太行学者、太行名师、中原学者、省特聘教授、优秀青年科学基金项目和国家杰出青年科学基金等各类平台，不断加大青年骨干教师的遴选培养和政策资金支持力度，取得了良好成效。2009年以来，学校共选培校级青年骨干教师240人。其中，121人已成长为省级青年骨干教师，14人成长为校级太行学者，3人入选河南省学术技术带头人等省级人才项目，为学校奋力推进内涵、质量、特色协调发展提供了强有力的人才支撑。

第二节　人事管理与薪酬分配制度改革

一、定编设岗和岗位管理

科学合理地设置教师岗位是保证学校人才队伍发展的重要基础，强化岗位聘任管理则是实现"人才强校"战略的关键环节。近年来，学校不断创新体制机制，通过采取按岗竞聘和实施职务结构比例控制等措施，积极鼓励教师自主择岗，进一步强化了教师的岗位意识、竞争意识和履职意识，为教师的职业发展搭建了平台，打通了渠道，进一步激发了广大教师的工作积极性，使教师队伍结构得到进一步优化，人尽其才、才尽其用的良好局面正在形成。

（一）建立健全岗位管理制度

根据国家、河南省对事业单位岗位设置的总体部署，2010年8月，学校以河南省事业单位人事制度改革为契机，制订出台《河南理工大学岗位设置方案》。通过健全岗位管理制度和人员聘用制度，创新管理体制，转换用人机制，整合人才资源，凝聚优秀人才，进一步细化了教师岗位类别。同时，根据学科专业差异化特点和教师个性化发展需求，分类制定了岗位职责，实施年度检查与聘期考核相结合的考核机制，真正实现了由身份管理向岗位管理、由固定用人向合同用人的转变，极大调动了学校各类人员的积极性和创造性。

2013年5月，学校出台实施《河南理工大学岗位设置管理办法》，将学校岗位分为管理、专业技术和工勤技能等三类，并明确规定：专业技术岗位不低于岗位总量的70%，其中教师岗位不低于岗位总量的55%；管理岗位不超过岗位总量的20%；按照后勤社会化改革方向，逐步减少工勤技能岗位的比例。

其中，管理岗位分为8个等级，即3至10级（岗位职务与岗位级别的对应关系见表5-5）。根据干部管理权限，管理三级、四级领导岗位数量按照上级主管部门规定的职数设置。管理五级及以下岗位数量按照学校党委规定的干部职数和学校核定的岗位总量设置，原则上控制在学校岗位总量的 20% 以内。

专业技术岗位分为 13 个等级（专业技术岗位职务与岗位级别对应关系见表 5-6）。专业技术一级、二级岗位属于国家与河南省专设的特级岗位，岗位的确定按照上级有关规定执行。根据省人力资源和社会保障厅发布的《河南省事业单位岗位设置方案核准通知书》，学校正高级、副高级、中级和初级专业技术职务结构比例，按 1.3∶3∶4.5∶1.2 控制。在专业技术职务结构比例限额内，正高级岗位中，二级、三级、四级岗位之间的结构比例按 1∶3∶6 控制；副高级岗位中，五级、六级、七级岗位之间的结构比例按 2∶4∶4 控制；中级岗位中，八级、九级、十级岗位之间的结构比例按 3∶4∶3 控制；初级岗位中，十一级、十二级岗位之间的结构比例按 5∶5 控制。

工勤技能岗位均为技术工岗位。按照国家规定，技术工岗位分为 5 个等级（工勤岗位名称与岗位级别对应关系见表 5-7）。首次聘任时，工勤技能岗位设置数量和结构比例按学校工勤队伍现状确定，今后逐步减少工勤技能岗位。

表5-5 管理岗位职务与岗位级别对应关系

岗位级别	三	四	五	六	七	八	九	十
岗位名称	正厅级	副厅级	正处级	副处级	正科级	副科级	科员	办事员

表5-6 专业技术岗位职务与岗位级别对应关系

岗位级别	一	二	三	四	五	六	七	八	九	十	十一	十二	十三
岗位名称	正高级				副高级			中级			初级		员级

表5-7 工勤岗位名称与岗位级别对应关系

岗位级别	一	二	三	四	五
岗位名称	高级技师	技师	高级工	中级工	初级工

（二）认真实施专业技术二级、三级岗位选聘工作

2012年，河南省启动事业单位首次专业技术二级岗位选聘工作，事业单位专业技术二级岗位是省重点设置专任岗位，由省人力资源和社会保障厅实行总量控制和管理。学校首次获批二级岗位人员15人，随后每两年进行一次二级岗位人员评聘，不定期进行三级岗位人员评聘工作，严格按照拟聘人员申报条件核准认定。7年来，先后聘任邹友峰、杨小林、王少安、张国臣、王裕清、高建良、夏保成、张玉贵、刘明举、魏建平、王兆丰、余明高、汪旭东、赵波、曾旗、勾攀峰、郭文兵、孙玉宁、祁锋、齐永安、王心义、肖建华、张子敏、张子戌、龚耀清、耿运贵、景国勋、周英、谌伦建、管学茂等专业技术二级人员30人；聘任丁安民、张国成、赵俊伟、郑友益、赵同谦、张新民、梁丽娟、王宝山、李建中、王得胜、宫福满、李德海、于水军、张义顺、米国发、郭增长、刘昌华、余发山、王福忠、杜庆楠、董爱华、王新、郑征、刘传绍、铁占续、付子义、贾宗璞、王晓梅、郭健卿、尤明庆、李化敏、翟新献、郑玉歌、刘希亮、侯菊英、潘国营、胡斌、李凯琦、苏现波、冯有利、荆双喜、张捍卫、卫中玲、张明杰、曹高社、崔洪庆、郭学锋、袁庆龙等专业技术三级岗位人员48人。上述人员均已成为学校相关学科的代表性人物，在人才培养、科学研究、学科建设和服务地方经济发展等各方面发挥着很强的带动和引领作用。

（三）大力实行全员聘用

2013年5月，学校出台《河南理工大学岗位聘用管理办法》，积极推进分类设岗，按岗聘任，全面启动全员聘用工作。具体工作中，学校按照总量控制、竞聘上岗、择优聘用、合约管理和公平、公正、公开的原则，全面实施分类管理，对不同岗位设置不同的职责要求，实行不同的考核评价方式。经过公布岗位、个人申报、评议、审议和公示等环节后，学校与拟聘人员在平等自愿、协商一致的基础上签订聘用合同，明确受聘岗位职责要求、工作条件、工资待遇、岗位纪律、聘用合同变更、解除和终止的条件以及聘用合同期限等方面的内容。

全员聘用制的有效实施，进一步转变了教职工思想观念，优化了教师与管理队伍结构，使大批优秀中青年骨干走上了学科建设、教学、科研和管理工作的重要岗位，极大地激发了各级各类人员立足岗位、干事创业的积极性和主动性，

为建设国内一流特色高水平大学提供了制度保障。

（四）切实加强非事业编制人员管理

为深化人事劳动制度改革，规范非事业编制人员管理工作，2014 年 12 月，学校印发实施《河南理工大学非事业编制人员管理办法》《河南理工大学现有非事业编制人员聘用方案》等文件，并明确提出，学校需与用工人员签订劳动合同，并交纳《社保法》规定的社会保险，工资待遇高于焦作市最低工资标准。2017 年 11 月，学校将校本部在编制限额内外聘的灵活用工更名为外聘合同制人员，并制定《河南理工大学外聘合同制人员工资福利待遇管理办法》，按岗位类别分为专业技术岗和工勤技能岗，设置不同级别，分级别制定工资标准，进一步规范了非事业编制人员管理。

二、薪酬分配制度改革

薪酬激励是聘任制度的重要支撑点。建立健全以绩效产出为主要依据的分配激励机制，就是要按照"效率优先、兼顾公平"的原则，客观评价个人目标任务的完成程度和对整体目标的贡献程度，实施岗位分配，真正体现优质优酬，达到挖掘师资潜力、优化教师资源配置、形成整体合力的效果。为深化人事分配制度改革，破除束缚人才发展的思想观念和体制机制障碍，进一步完善编制控制、岗位约束、以岗定责、竞聘上岗、按岗取薪的全员聘用制度，逐步构建起科学规范、运行高效、择优竞聘、优劳优酬的薪酬分配制度体系，极大地调动了教职工的积极性、主动性和创造性，有力推动了学校事业协调快速发展。

（一）着力完善校内薪酬分配制度

2011 年河南省事业单位实施绩效工资制度前，学校教职工工资由岗位工资、薪级工资、各类津补贴及校内岗位津贴构成。实施绩效工资后，根据相关规定，学校将各种津补贴归入绩效工资管理。绩效工资按岗位标准发放给个人，根据各级各类岗位完成的教学科研业绩情况和学校的财力情况进行校内岗位津贴分配。

2014 年学校将绩效工资分为基础性绩效工资（70% 部分）和奖励性绩效工资（30% 部分），其中基础性绩效工资根据岗位发放给个人，奖励性绩效工资整体切块至二级单位，由二级单位结合学校划拨的岗位津贴经费情况进行二次分配。

2016年学校将岗位津贴全面纳入绩效工资分配。绩效工资分为基础性绩效工资和奖励性绩效工资两部分。在年初绩效经费预算范围内，学校根据绩效考核自主分配奖励性绩效工资，由岗位履职绩效、竞争性绩效和激励性绩效三部分组成，全面实行岗位管理，以岗定薪，多劳多得，优劳优酬。

绩效分配改革实行按岗定薪，以岗位分类为主线，专业技术岗、管理岗和工勤技能岗岗位职责不同，相应的岗位履职绩效不同，注意控制各级各类岗位薪酬差距。鼓励多劳多酬，优劳优酬，在完成岗位职责的基础上，设置竞争性绩效用于奖励超出岗位职责的业绩，设置激励性绩效用于鼓励教职工多出高层次、高水平成果。绩效分配改革注重向关键岗位、高层次人才倾斜，特别是省特聘教授和学校拔尖人才计划（如太行学者、太行名师）设置单独的岗位绩效，鼓励其产出高水平成果、争取高层次的人才项目，提升学校教学、科研水平及学科综合实力。同时，实行灵活多样的薪酬模式，柔性引进的高层次人才实行协议薪酬，全职引进的国家级人才（如国家"千人计划"人才）实行年薪制薪酬。

绩效分配改革从原来的"身份管理"转为"岗位管理"，将教师岗按照教学型、教学科研型、科研型三种类型确定不同的岗位任务，分类进行考核。切实按聘任岗位进行绩效分配，提高了教职工尤其是一线教师的收入；同时，管理岗实行职级制，充分发挥工资和奖金的激励作用，有效地激发了广大教职工干事创业的积极性。

2018年薪酬分配制度改革进一步优化薪酬结构，疏通管理人员待遇晋升渠道，在职级制的基础上设立职员制，打通职员晋升通道，释放专业技术岗位，激发管理干部潜心工作、服务教学科研工作的积极性和主动性。同时，改革绩效考核办法，由原来的业绩点量化考核转为教学学时当量或科研到账经费考核，进一步减轻了教师压力，引导教师结合自身情况，分类快速发展。

（二）实行"重心下移"的二级管理模式

学校采取总量控制与自主分配相结合的分配管理模式，按照校、院两级管理模式，坚持重心下移，实施两级考核和分配，即由学校划拨一定经费，学院结合单位经费情况自主分配，实现学院的责、权、利相统一。主要体现在：一是整体划拨绩效分配经费。学校根据学院总体岗位职责情况和目标考核结果划拨相应经费，由学院对各级各类人员进行薪酬考核。二是学院自主分配。学院可充分考虑学科特点及总体经费情况，制定本单位的薪酬二次分配办法，实行自主分配，分配结果报学校备案。

（三）积极接轨社会保险

2014 年之前，学校正式职工未建立养老保险制度，职工退休后，由省财政发放退休金。2014 年 10 月，国家开始推行机关事业单位工作人员养老保险制度改革。随后，按照我省第二批机关事业单位养老保险分批分类参保登记的要求，学校经过认真细致的信息核对、数据录入和材料准备，在 2017 年基本完成了总体参保工作。随着养老保险改革的基本完成，社会医疗保险制度改革也将很快提上日程。为适应新形势，学校参照省直事业单位职工基本医疗保险和公务员医疗补助制度，积极加入焦作市城镇职工基本医疗保险和大额医疗费补充保险体系。同时，实施校内医疗补助制度，推进学校医疗保险制度与社会医疗保险制度接轨，有效满足了医疗保障的流动性和可持续性。

三、职称评审制度改革

职称评聘工作在人才队伍建设中起着重要的导向作用。学校自 2012 年起，不断完善职称评审制度，深化体制机制改革，逐步探索出一种长期聘任与短期聘任相结合、职称评审与岗位聘任接轨的多元化职称评审模式，有效减少了人为因素对评审结果的影响，进一步彰显了公平，缓解了压力，化解了矛盾，极大地调动了广大教师工作积极性，提升了职称工作水平和质量。

（一）完善职称评审制度，开创职称评审新模式

根据上级职称评审政策变化情况，学校在 2012 年试行的基础上，2013 年全面推进职称评审工作改革，并出台实施了《河南理工大学专业技术职务评审（推荐）办法（试行）》。《办法》明确规定，职称评审由原来单一的专家评议转变为专家评议和量化积分双轨制的方式。其中，教师系列由"学科（专业）评议组"审核申报材料，组织相关申报人员答辩，评议表决，进行综合排名。量化积分参考学院、人事、教务、科技和社科部门审核意见，对申报人员材料按照不同

系列、不同标准、不同权重和分值进行计算排名。学科（专业）评议组和量化积分排名均为前二分之一且教学工作量符合要求的，直接由相应的评审（推荐）会等额投票；学科（专业）评议组和量化积分排名均为后三分之一的直接否决（教学工作量特别饱满的，可提交评委会审议后参加差额投票）；其余申报人员在剩余的指标限额内进行差额投票。

这种方法实行基层评议组、学科组和量化积分、学校推荐会、评审会四级评审，经过层层把关，确保评审工作质量。特别是在指标分配时，充分考虑不同学科专业技术职务结构控制比例、各单位现有人员专业技术职务结构现状、申报总人数等因素，直接将指标下拨到各教学单位。通过一系列配套改革措施，职称评审工作过程进一步规范，教师职称评价体系更加完善，有力推进了学校专业技术职务评聘工作的规范化、科学化和制度化。

随着申报人员数量的逐年增加和申报业绩材料的逐年丰富，学术评价的复杂性也逐年凸显。2015 年，学校参照河南省高校教师高级职务评审委员会的做法，在该年度的推荐工作中细分了学科领域，在"校教师高级推评会"下分设"理工科推荐评议组"和"人文社会科学推荐评议组"，实行"同行评同行"办法，增加了职称评审的专业性和科学性。

为保证职称评审质量，2015 年，在破格申报人员中实行"隐名论文外审"制度，将破格申报人员送审的鉴定论文隐去姓名和工作单位等相关信息，邀请本领域校外权威专家进行评阅，评阅结果作为职称评审的重要参考，确保职称评价公开、公平、公正。

2016 年 10 月，在多方调研、论证的基础上，学校出台实施《河南理工大学晋升教师系列高级职务"代表性成果"评价办法（试行）》《河南理工大学青年教师内部聘任教授职务暂行办法》等文件，进一步完善了职称评审工作的政策体系。代表性成果由申报人自主选定 1 ~ 2 项聘期内论文著作、科研（教研）项目等成果，采取个人答辩、专家评价的方式，考察"代表性成果"的质量、贡献和影响，有力扭转了"重数量，轻质量"的职称评价不良倾向，使专业技术职务评价体系更趋科学合理。为缓解职称评审指标不足的困难，在满足河南省高校教师教授职务申报条件的基础上，对具有博士学历和海外经历、且承担有国家级课题等业绩突出的人员，进行内部聘任教授职务，为人才发展提供了有利的制度支撑。

这些新办法将量化考核、学科组评议和"代表性成果"评价三者有机结合，按照 50%、30%、20% 的权重对申报人员进行全方位的评价。其中，量化考核由"德能勤绩量化考核小组"参考学院和各职能部门审核意见，对教师系列申报人员材料按照"教学、论文论著、项目奖励"三大类分别量化积分，并按三大类同等权重换算成满分百分制；学科组评议根据学科特点和申报人员情况成立教师系列"学科（专业）评议组"，通过审阅申报人评审材料、集体讨论、打分（实行百分制）的方式表决；"代表性成果"评价由专家根据申报人员答辩情况进行打分（实行百分制）表决。通过不断完善评审政策、制度，使评审办法日趋科学健全，评审过程公开透明，职称评审模式更加科学合理。

（二）深化职称改革，全面推进自主评审

按照教育部进一步深化职称改革工作的安排部署，高校职称工作的评审权限逐步下放到各高校。2009 年，学校矿业工程、地质资源与地质工程、测绘科学与技术、力学、环境工程、电气工程、控制理论与控制工程、机械工程和工商管理等 9 个学科取得教师高级职务任职资格评审权。2012 年，学校新增材料科学与工程、计算机科学与技术、马克思主义理论、土木工程、数学、化学、外国语言文学和体育学等 8 个学科的教师高级职务任职资格评审权。截至目前，学校共有 17 个教师序列的学科获得高级职务任职资格评审权。

2017 年，河南省人力资源和社会保障厅在全面下放高校教师系列的任职资格评审权的同时，还下放了实验技术以及科学研究、图书资料、档案、工程、会计等辅助系列高、中、初级职称评审权限。在省人社厅、教育厅等上级主管部门的领导和支持下，学校顺利完成了教师（实验）系列 2017、2018 年度的自主评审工作，整个过程客观公正、平稳有序，得到了教职工的广泛认可。

第六章

科学研究与社会服务

学校高度重视科学研究和社会服务工作。十年来，始终坚持着眼国家创新驱动发展战略和经济社会发展重大需求，立足能源技术创新和煤炭工业科技发展主战场，聚焦科研发展前沿和原始创新能力提升，着力深化体制机制改革，强化协同攻关与开放合作；广大科研工作者矢志不移自主创新，行稳致远追求卓越，奋力攻坚关键核心技术。学校科研创新体系和创新生态显著优化，创新能力大幅提升，整体实力和水平迈上新台阶，日益成为助推国家煤炭工业和河南省经济社会发展进步的重要科研创新基地，为新时代国家安全生产、能源工业和区域经济社会发展做出了积极贡献。

第一节　体制机制改革与创新体系建设

面对21世纪第二个10年科学技术领域的日新月异和突飞猛进，学校坚持科技创新和制度创新"双轮驱动"，以问题为导向，以需求为牵引，在实践载体、制度安排、政策保障、环境营造上下功夫，在创新主体、创新基础、创新资源、创新环境等方面持续用力，全面深化科研管理体制改革，着力破除一切制约创新的思想障碍和制度藩篱，大力提升创新体系效能，激发创新活力。

一、指导思想与发展目标

在坚持"服务行业和地方经济社会发展"的根本宗旨不动摇，"大力提升科研创新能力与水平"的根本目标不动摇的基础上，不断改革创新、与时俱进，根据学校实际情况，实事求是，适时调整指导思想和发展目标，确保科学研究工作紧扣发展脉搏，紧跟时代步伐。

2009年12月召开的中共河南理工大学第一次代表大会提出，科学研究工作要"以服务行业和地方经济社会发展为宗旨，继续面向经济建设主战场，大力推进科技创新体系建设，不断提升解决重大理论与技术问题的能力和水平"，争取在 5 年内把学校建设成为一所以理工为主、多学科协调发展，整体办学实力居河南、行业高校前列，优势和特色学科国内领先，在国内外有较大影响的高水平教学研究型大学，进而再经过一个时期的努力，把学校建设成为特色更加突出的研究教学型大学。

在具体目标方面，大会提出，到 2015 年，年科研经费总额突破 3.5 亿元，其中纵向科研经费超过 5000 万元，科技产业年产值超过 7500 万元；年发表学术论文 3500 篇以上，其中 SCI、EI、SSCI、A & HCI 等收录超过 500 篇，年出版学术专著 80 部以上；年获国家授权专利超过 80 项，其中发明专利 30 项以上；年获国家级科技奖励 1 项以上，省部级一等奖 1～2 项、二等奖 6 项以上，实现科技创新能力、产业效益的显著提高。

2011 年 9 月，为深入贯彻落实学校第一次党代会精神，全面加快特色鲜明多科性高水平大学建设进程，《河南理工大学"十二五"事业发展规划》提出，要进一步加强重大安全领域研究、支持能源开采领域研究、扶持文理学科科学研究、加快科技成果转化步伐、深入开展决策咨询服务等五个方面重点任务，明确了增强科技自主创新能力、提高服务区域行业水平的科研工作重点。

在具体目标方面，学校"十二五"事业发展规划提出，要以提高承担国家及省部级重大项目能力和产出高水平科研成果为目标，着力推进原始与集成创新。到 2016 年，年度科研经费达到 5 亿元，其中纵向经费超过 20%；累计获得国家基金项目 400 项以上，其中重点、重大项目 10 项以上；获国家科技奖励 5 项以上（主持 3 项以上），省、部级一等奖 20 项以上（人文社科 5 项以上）；年度在 SCI、SSCI 源期刊和"三报一刊"发表学术论文 500 篇以上，授权发明专利 50 项以上。

2016 年 9 月，为进一步全面深化学校综合改革、强化内涵建设、提升综合实力和扩大社会影响力，《河南理工大学"十三五"事业发展规划》强调科研工作要通过强化重大项目培育、创新平台管理机制、服务行业转型发展、融入区域经济建设和深化科研评价改革等方式，实施科技创新建设工程，大力提升服务发展能力，努力使学校成为高素质人才培养、高水平科学研究与高层次决策咨询、优秀文化传承创新的重要基地，为建设国内一流特色高水平大学奠定坚实基础。

在具体目标方面，学校"十三五"事业发展规划提出，要围绕国家、区域和行业的重大需求，构建政产学研用相结合的科技创新体系，提升原始创新能力和承担重大科技任务的能力，重大成果产出和综合研究水平达到国内同类高校前列。到 2020 年，科研经费总量达到 10 亿元，其中纵向经费超过 60%；累计获得国家级科研项目 485 项以上，其中重点、重大项目 15 项以上；获国家科技奖励 5 项以上（主持 3 项以上），省、部级一等奖 18 项以上（人文社科 3 项以上）；累计发表 SCI 论文 2600 篇以上，CSSCI 论文 650 篇以上；累计获授权发明专利 500 项以上，其中转化专利 50 项；实现国家级重点实验室（中心）、国家级协同创新中心零的突破。

2018 年 6 月召开的中共河南理工大学第二次代表大会提出，科研工作要立足新时代，着眼于国家创新驱动发展战略，面向经济社会发展重大需求，提升科技创新能力和对经济社会发展的贡献率，确保承担国家级重大科研项目、获得国家和省级政府科技奖励数量和高水平科研成果产出与转化利用水平大幅提高。

在具体目标方面，大会提出，要深化科研体制改革，增强科技创新能力。到 2023 年，承担国家自然科学基金 400 项、社会科学基金 50 项左右，国家级重大重点项目 20 项以上，获省部级一等奖以上科技奖励 25 项以上，年度科研经费达到 3 亿元。要深化校地合作改革，服务经济社会发展。在社会服务方面，要聚焦河南"三区一群"建设，面向区域经济社会发展主战场，深化校地、校企实质性政产学研合作，以学科链、人才链对接产业链，以学科群服务产业群，助推产业优化升级。

二、体制机制改革

2009—2019 年，学校深入贯彻落实国家和河南省关于科研管理的政策和要求，根据不同时期科研管理的具体要求和现实需求，先后制定、修订科研管理文件 70 余项（次），涉及总体规划、项目管理、平台管理、团队管理、经费管理等科研管理工作的各个层面，形成了健全完善的制度体系，确保科研管理工作有制可依、有据可循，极大提升了科研管理的精细化、规范化水平。

（一）部门设置与机构改革

2012年3月，为进一步促进哲学社会科学研究繁荣发展，本着"遵循科研规律，强化分类管理"的原则，学校将科学技术处与发展规划处职责中涉及人文社会科学科研管理的部分划拨调整出来，成立河南理工大学人文社会科学办公室（正处级，挂靠科技处），作为独立的人文社会科学研究管理机构。这是河南省高校较早成立的专门从事人文社会科学研究管理工作的正处级单位。2013年5月，人文社会科学办公室更名为社会科学处。

2016年4月，为进一步加强学校学术管理，规范学术评价与审议活动，成立校学术委员会秘书处（副处级，挂靠科技处），校学术委员会的职权行使能力得到有效加强，为学校良好学术风气的培育提供了有力组织保障。

（二）学术管理制度建设

为深入贯彻落实《高等学校学术委员会规程》要求，不断加强学术管理制度建设，学校先后于2009年、2012年和2015年多次修订《学术委员会章程》《学术道德行为规范》等文件，进一步加强和规范了对学术委员会的管理，提升了学术委员会的履职尽责能力。2015年，根据学术管理特别是在学术不端行为方面出现的新情况和新问题，学校制定了《学术不端行为调查与处理办法（试行）》，为学术不端行为的发现、查处提供了制度保障，为维护学校学术诚信、促进学术创新和发展营造了良好环境。

（三）科研平台管理体制改革

坚持"分类管理、分层建设"的基本思路，不断完善科研平台管理制度建设。2013年，学校印发《科研平台建设管理办法》，明确了科研平台分类管理的基本原则，制定了细致的考核评价指标体系。在此基础上，2014年制定《人文社会科学科研平台分类管理办法》，2016年制定《自然科学类科研平台建设与运行管理办法》，实现了自然科学类和人文社会科学类平台的分类管理，强化了对国家级、省部级和校厅级等不同级别科研平台的分层管理。同时，根据新型科研平台的建设、发展与管理需求，2014年，制定了《省级以上协同创新中心业绩奖励办法》《省级以上协同创新中心科研项目经费管理办法》,2016 年制定了《新型智库建设管理办法》等系列文件,实现了一般性研究基地、协同创新中心、高校新型智库等不同类别平台的分类管理。

（四）科研经费管理体制改革

科研经费管理是科研项目管理工作的重要组成部分。学校先后于 2009 年、2013 年、2015 年、2016 年、2018 年五次修订《纵向科研项目经费管理办法》,并于 2016 年制定了《人文社会科学纵向科研项目经费管理办法》等文件,随时根据上级精神调整、修正学校科研经费管理政策,改革经费管理体制,确保合法、合规使用经费。此外,在上级主管部门仅有原则性规定、没有成熟经验可以借鉴的情况下,积极探索、勇于担当,2018 年先后制定《纵向科研项目间接费用管理办法》《人文社会科学纵向科研项目间接费用支取和使用实施细则》,对间接费用的使用范围、使用方法、审批权限等作出明确规定,解决了困扰广大科研人员的间接费用使用问题。

（五）科研成果管理体制建设

为进一步加大高层次成果培育力度,鼓励广大科研人员潜心学术,努力产出高水平研究成果,2012 年制定《关于促进横向科研项目成果产出的管理办法》,2016 年制定《国家科技成果奖励培育方案》和《人文社会科学高层次成果奖励培育的实施意见（试行）》,加大了对高层次科研成果产出的奖励和支持力度。高度重视成果转化工作,2013 年制定、2017 年修订《自然科学成果转化转移管理办法》,切实加强对自然科学类成果转化的政策支持和引领。2016 年制定《人文社会科学成果转化管理办法（试行）》,在人文社会科学类成果转化的形式、内容、对象和奖励标准方面做出了积极探索。

三、科研创新体系建设

学校坚持依托优势学科,对接区域创新体系建设、产业发展及转型升级,优化整合、精准培育,打造了以各层次、各级别高水平实验室、工程技术中心、协同创新中心、重点研究基地等科研平台为主体,各层次、各级别重点创新团队、高层次创新人才为骨干的科研创新体系,为科研创新能力提升提供了有效载体和强大动力。

（一）自然科学类科研创新体系建设

1.科技创新平台建设

围绕学校科技发展目标，面向学科前沿，结合国家、行业和地方经济建设与社会发展需求，学校着力开展以基础研究、应用研究和工程技术研究为主的创新性研究工作，加快推进科技成果转移转化，培养、造就高素质的科技团队和学术带头人，切实提升高层次科技创新平台建设水平，充分发挥其在科学研究、学科建设、人才培养以及社会服务中的支撑和引领作用，取得良好建设成绩。共新增高级别科技创新平台30个，其中准国家级科研平台2个、省部级重点实验室6个、省部级工程技术研究中心4个、省部级工程研究中心（实验室）10个、省部级国际联合实验室6个、其他省部级平台2个，有力支撑了学科建设、科技创新和人才培养。

依托学校安全科学与工程省级优势学科建设的河南省瓦斯地质与瓦斯治理重点实验室，2010年被科技部批准为省部共建国家重点实验室培育基地。实验室主任为中国工程院院士张铁岗教授，拥有学术骨干及成员80人，其中高级职称人员64人。目前，该实验室设有瓦斯地质理论与技术、瓦斯灾害防治理论与技术、瓦斯抽采理论与技术、瓦斯灾害演化与抢险救灾四个重点研究方向。自批建以来先后承担国家级重大重点项目8项，国家级一般项目81项，教育部创新团队支撑计划2项，国际合作项目5项，省部级重大攻关及重点基金项目30项，年均纵向经费1600多万元。获得国家科技进步二等奖2项，省部级科技进步奖55项；授权国家发明专利110项；出版学术专著18部，发表SCI等高水平学术论文650余篇。

依托学校矿业工程省级重点学科建设的深井瓦斯抽采与围岩控制技术实验室，2011年被国家发改委批准为国家地方联合工程实验室。实验室主任为河南省优秀专家孙玉宁教授，现有研究人员21人，其中高级职称人员12人。目前实验室设有深井岩层控制、动力灾害防治、瓦斯（煤层气）抽采3个主要研究方向。获建以来，先后承担国家自然科学基金（重点、面上、青年）项目、国家科技支撑计划项目等126项，科研经费3600万元；获得国家级奖励2项，省部级奖励 24 项；授权发明专利 72 项，实用新型专利 63 项；发表 SCI 等高水平学术论文 118 篇。

表6-1　2009—2018年学校获得省部级以上科研平台（自然科学）一览表

序号	科研平台名称	批准部门	立项时间
1	河南省瓦斯地质与瓦斯治理重点实验室——省部共建国家重点实验室培育基地	科技部	2010
2	深井瓦斯抽采与围岩控制技术国家地方联合工程实验室	国家发展和改革委员会	2011
3	煤矿瓦斯地质与瓦斯灾害防治国家安监总局安全生产重点实验室	国家安监总局	2009
4	河南省创新方法培训基地	河南省科技厅	2011
5	中原地区土地资源综合监测与持续利用野外科学观测研究基地	河南省国土资源局	2012
6	煤炭节能减排材料与技术河南省工程实验室	河南省发展和改革委员会	2012
7	矿山电气自动化河南省工程实验室	河南省发展和改革委员会	2012
8	精密与特种加工技术与装备河南省工程实验室	河南省发展和改革委员会	2012
9	河南省矿山空间信息技术重点实验室	河南省科技厅	2012
10	河南省生物遗迹与成矿过程国际联合实验室	河南省科技厅	2013
11	矿山生产安全环境监控河南省工程实验室	河南省发展和改革委员会	2013
12	河南省煤矿岩层控制国际联合实验室	河南省科技厅	2014
13	全国煤炭行业瓦斯地质与瓦斯防治工程研究中心	中国煤炭工业协会	2015
14	生态建筑与环境构建河南省工程实验室	河南省发展和改革委员会	2015
15	深井岩层控制与瓦斯抽采国家安监总局科技支撑平台	国家安监总局	2015
16	河南省直驱电梯工程技术研究中心	河南省科技厅	2015
17	河南省矿产资源绿色高效开采与综合利用重点实验室	河南省科技厅	2016

续表

序号	科研平台名称	批准部门	立项时间
18	河南省地下空间开发及诱发灾变防治国际联合实验室	河南省科技厅	2016
19	河南省煤炭绿色转化重点实验室	河南省科技厅	2017
20	光电传感与智能测控河南省工程实验室	河南省发展和改革委员会	2017
21	河南省地下工程与灾变防控重点实验室	河南省科技厅	2017
22	河南省空间大数据获取装备研制与应用工程技术研究中心	河南省科技厅	2017
23	河南省结构功能性金属基复合材料工程技术研究中心	河南省科技厅	2017
24	河南省高性能轻金属材料及其数值模拟国际联合实验室	河南省科技厅	2017
25	河南省非常规能源地质与开发国际联合实验室	河南省科技厅	2017
26	河南省深地材料科学与技术重点实验室	河南省科技厅	2018
27	河南省煤矿机械装备工程技术研究中心	河南省科技厅	2018
28	河南省煤矿安全与职业危害防治国际联合实验室	河南省科技厅	2018
29	河南省固废资源化利用与绿色建筑材料工程研究中心	河南省发展和改革委员会	2018
30	河南省非常规能源清洁高效利用技术及装备工程研究中心	河南省发展和改革委员会	2018

2.协同创新中心建设

2012年10月，由学校牵头，协同河南煤业化工集团有限公司、中国平煤神马集团有限公司、郑州煤炭（工业）集团有限公司等大型煤炭企业，共同组建的"煤炭安全生产河南省协同创新中心"正式获准建设，成为全省首批13个协同创新中心之一。中心整合高校、企业和科研院所的优势创新资源，集中河南省煤炭行业的专业技术人才，共同开展煤矿灾害防治与煤炭开采中共性关键技术的攻关与开发，通过政产学研紧密结合，有效汇聚创新资源，在科学研究、人才培养、社会服务等方面取得显著成效。在 2016 年省教育厅、省财政厅组织的河南省第一批协同创新中心期末验收中，获得优秀评价并获持续支持。

2013 年 8 月，学校联合河南省煤层气开发利用有限公司、山西蓝焰煤层气集团有限公司、美国宾州大学天然气研究所等单位，申报并获批认定"中原经济区煤层（页岩）气河南省协同创新中心"。中心与协同单位合作，在煤层瓦斯安全高效抽采关键技术体系及工程应用、气相压裂低渗煤层瓦斯综合治理关键技术与装备、矿井下钻孔水力压裂增透抽采瓦斯工艺及装备、煤微生物成气应用研究等领域开展协同攻关，大幅提高煤层气产量，努力实现页岩气开采商业化，为提升河南省清洁产能数量与质量，服务供给侧改革提供有力技术支持。2017年 6 月，中心以排名第一的成绩顺利通过周期考核验收，获得优秀评价，进行持续建设。

3. 科技创新团队建设

学校不断凝练学科方向、汇聚研究队伍，凝聚并稳定支持一批优秀创新群体，形成优秀人才的团队效应和当量效应，创新团队建设成效显著。2012年，"煤岩瓦斯复合动力灾害防控"研究团队成功入选教育部创新团队，2016 年，团队获得教育部滚动支持；2006 年获批的"瓦斯地质与瓦斯治理"创新团队于 2016年通过教育部验收，评价结果优秀。此外，新增河南省创新型科研团队和河南省高校科技创新团队各 16 个。

表6-2　2009—2018年学校获得省部级以上创新团队（自然科学）一览表

序号	立项时间	团队名称	负责人	类型
1	2012	煤岩瓦斯复合动力灾害防控科研团队	高建良	教育部创新团队
2	2009	火灾防治理论与技术科研团队	余明高	河南省创新型科技团队
3	2009	矿业材料科研团队	管学茂	河南省创新型科技团队
4	2010	煤层气工程科研团队	苏现波	河南省创新型科技团队

续表

序号	立项 时间	团队名称	负责人	类型
5	2010	非平衡凝固与亚稳材料科研团队	米国发	河南省创新型科技团队
6	2011	瓦斯地质与治理科研团队	崔洪庆	河南省创新型科技团队
7	2012	煤矿采动损害与保护技术科研团队	郭文兵	河南省创新型科技团队
8	2013	深井巷道围岩控制科研团队	勾攀峰	河南省创新型科技团队
9	2014	地理矿情监测与智慧矿山科研团队	卢小平	河南省创新型科技团队
10	2015	煤矿井下瓦斯抽采科研团队	孙玉宁	河南省创新型科技团队
11	2016	深部地热水开采与保护科研团队	王心义	河南省创新型科技团队
12	2016	复杂系统的信息处理与控制科研团队	钱　伟	河南省创新型科技团队
13	2017	矿山电力电子装置与控制科研团队	郑　征	河南省创新型科技团队
14	2017	注浆与充填材料研制及应用科研团队	熊祖强	河南省创新型科技团队
15	2017	岩土工程灾变及控制科研团队	王树仁	河南省创新型科技团队
16	2017	氢能开发利用科研团队	刘宝忠	河南省创新型科技团队
17	2017	微尺度理论模拟与设计科研团队	赵瑞奇	河南省创新型科技团队

4. 创新人才培养

2009 年以来，学校坚持深入贯彻人才强省、人才强校战略，不断加大对优秀拔尖人才特别是中青年人才的培养支持力度，有计划遴选具有发展潜力的青年骨干进行重点培养，积极为人才成长和发展提供有力支持。先后共获得各级各类创新人才称号 58 人次，其中教育部新世纪优秀人才 5 人，河南省科技创新杰出人才 5 人，中原千人计划——科技创新领军人才 2 人，中原千人计划——青年拔尖人才 4 人，河南省科技创新人才 16 人，河南省高校科技创新人才（自然科学类）30 人。

表6-3 2009—2018年学校获得省部级以上创新人才（自然科学）名录

序号	年份	人才名称	获得者
1	2009	教育部新世纪优秀人才	赵同谦
2	2010	教育部新世纪优秀人才	宋党育
3	2011	教育部新世纪优秀人才	刘宝忠
4	2011	教育部新世纪优秀人才	冯文峰
5	2013	教育部新世纪优秀人才	段培高
6	2009	河南省科技创新人才－杰出人才	勾攀峰
7	2010	河南省科技创新人才－杰出人才	汪旭东
8	2011	河南省科技创新人才－杰出人才	管学茂
9	2016	河南省科技创新人才－杰出人才	孙玉宁
10	2018	河南省科技创新人才－杰出人才	郭文兵
11	2018	中原千人计划－科技创新领军人才	赵同谦
12	2018	中原千人计划－科技创新领军人才	刘宝忠
13	2018	中原千人计划－青年拔尖人才	王志衡
14	2018	中原千人计划－青年拔尖人才	刘 勇
15	2018	中原千人计划－青年拔尖人才	王 燕
16	2018	中原千人计划－青年拔尖人才	刘佳佳
17	2009	河南省科技创新人才－杰出青年	魏锦平
18	2009	河南省科技创新人才－杰出青年	张捍卫
19	2010	河南省科技创新人才－杰出青年	雷文杰
20	2010	河南省科技创新人才－杰出青年	原保全

续表

序号	年份	人才名称	获得者
21	2011	河南省科技创新人才–杰出青年	宋党育
22	2011	河南省科技创新人才–杰出青年	焦红光
23	2012	河南省科技创新人才–杰出青年	赵同谦
24	2013	河南省科技创新人才–杰出青年	周爱国
25	2014	河南省科技创新人才–杰出青年	刘宝忠
26	2014	河南省科技创新人才–杰出青年	禹建功
27	2015	河南省科技创新人才–杰出青年	明平美
28	2016	河南省科技创新人才–杰出青年	钱　伟
29	2016	河南省科技创新人才–杰出青年	魏建平
30	2017	河南省科技创新人才–杰出青年	薛　霄
31	2018	河南省科技创新人才–杰出青年	王志衡
32	2018	河南省科技创新人才–杰出青年	段培高

（二）人文社会科学科研创新体系建设

1. 科研平台建设

2009 年以来，学校坚持"发挥优势、突出特色、整合资源、汇聚队伍"的工作思路，充分依托优势学科和优势研究领域，以打造产出重大标志性成果、汇聚优秀人才、服务社会发展和激发研究活力的人文社会科学研究"特区"为建设目标，充分调动二级学院积极性与主动性，不断加大校内培育支持力度，主动向上级主管部门推荐建设成效，先后获得河南省重点社科研究基地、河南省高校人文社会科学重点研究基地建设的新突破。目前，学校已经建成各级各类人文社会科学科研平台 11 个，构建起了省、厅、校三级平台体系。

其中，依托马克思主义理论河南省重点学科建设的中国特色社会主义理论体系研究中心，2011年5月被中共河南省委宣传部批准为河南省重点社科研究基地。中心下设中国特色社会主义理论基本问题与基本经验研究所、中原经济区经济社会发展研究所、中国特色社会主义文化建设理论与实践研究所，汇集了一支知识结构合理、年富力强、团结务实的研究队伍。中心紧紧围绕省委省政府中心工作，大力推进中国特色社会主义理论体系研究，先后承担国家社科基金等省部级以上科研项目23项，纵向科研经费200余万元；公开发表学术论文200多篇，出版学术著作30多部；获得河南省社会科学优秀成果一等奖等省部级以上成果奖励10余项。中心产出了一批具有较强显示度和影响力的研究成果，先后在《光明日报》"头版""理论版"发表理论文章15篇。其中，2012年3月22日发表在《光明日报》头版"光明专论"的理论文章《论抵制低俗文化之风》，先后被中宣部新闻局编发的《新闻阅评》、中宣部马克思主义理论研究和建设工程《参考资料》刊用，并被《新华文摘》全文转载，在全国范围内引起强烈反响。时任河南省委常委、宣传部长赵素萍同志对此专门予以批示表彰。同年8月4日，文章《再论抵制低俗文化之风》被《光明日报》头版"光明专论"刊发，形成了持续性影响。中心连续多年受到省委宣传部发文表彰并予以经费奖励，学校先后多次被评为"河南省重点社科研究基地工作先进单位"。

表6-4 2009—2018年学校获得高层次科研平台（人文社会科学）一览表

序号	科研平台名称	批准部门	立项时间
1	河南省应急管理技术研究与培训基地	河南省人民政府	2010
2	河南省中国特色社会主义理论体系研究中心河南省重点社科研究基地	中共河南省委宣传部	2011
3	安全与应急管理研究中心河南省高校哲学社会科学重点研究基地	河南省教育厅	2012
4	能源经济研究中心河南省高校哲学社会科学重点研究基地	河南省教育厅	2013
5	太极文化研究中心河南省高校哲学社会科学重点研究基地	河南省教育厅	2016
6	国家体育总局体育文化发展中心体育文化研究基地	国家体育总局	2011

续表

序号	科研平台名称	批准部门	立项时间
7	妇女/性别研究与培训基地	河南省妇女联合会	2014
8	河南省非物质文化遗产研究基地	河南省文化厅	2015
9	河南省文联视觉艺术研究与培训重点基地	河南省文学艺术界联合会	2015
10	河南省学校安全管理研究中心	河南省教育厅	2017
11	河南省汉语国际推广太极文化基地	河南省教育厅	2018

2. 高校新型智库建设

为进一步贯彻国家和河南省关于新型智库建设的相关文件精神，全面落实习近平总书记在全国哲学社会科学座谈会上对新型智库建设的新要求，在广汇力量、聚合资源的基础上，学校组建成立了全省第二家高校新型智库"太行发展研究院"，并先后实现了与原河南省人民政府发展研究中心、焦作市人民政府的合作共建。目前，太行发展研究院入选河南省首批高校新型智库，并成为河南省高校智库联盟成员单位。

3. 哲学社会科学创新团队

自2013年以来，学校先后遴选出6个校级哲学社会科学创新团队进行培育，着力推进跨学科、跨学院、交叉学科研究，打造代表省内相关领域最高水平的新兴交叉研究方向。目前6个创新团队全部升级为河南省高校哲学社会科学创新团队，在承担科研项目、产出重大成果、开展社会服务方面取得显著成绩，数量和建设成效均居全省高校前列。

表6-5 2009—2018年学校获得河南高校哲学社会科学创新团队一览表

序号	团队名称	首席专家	立项时间
1	中国特色社会主义理论与实践	王少安	2013
2	社会主义意识形态建设理论与实践	程伟	2014
3	能源经济与区域发展	徐君	2014

续表

序号	团队名称	首席专家	立项时间
4	土地经济与城乡发展	牛海鹏	2015
5	太极拳与地域武术文化	申国卿	2016
6	文化软实力建设理论与实践研究	周玉清	2017

4. 创新人才培养

近年来，学校坚持队伍建设为先、培养引进并重的工作方针，不断加强人文社会科学高层次人才队伍建设。学校人文社会科学研究队伍不断发展壮大，优秀青年人才茁壮成长，团队合力效应逐渐彰显，为哲学社会科学持续繁荣发展提供了坚实的人才储备。2009年以来，学校共获得各级各类创新人才称号35人次，其中，中原百千万人才1人，河南省宣传思想文化战线"四个一批"人才2人，河南省青年文化英才1人，河南省百名优秀青年社科理论人才4人，河南省优秀青年社科专家2人，河南省高校科技创新人才18人，河南省高校哲学社会科学优秀学者7人。

表6-6　2009—2018年学校获得省级及以上创新人才（人文社会科学）名录

序号	获得时间	人才名称	获得者
1	2014	河南省百名优秀青年社科理论人才	张富文
2	2014	河南省百名优秀青年社科理论人才	张玉亮
3	2014	河南省百名优秀青年社科理论人才	张尚字
4	2014	河南省百名优秀青年社科理论人才	程 伟
5	2014	河南省青年文化英才	程 伟
6	2014	河南省宣传思想文化战线"四个一批"人才	程 伟
7	2014	河南省优秀青年社科专家	程 伟
8	2018	河南省优秀青年社科专家	牛海鹏
9	2018	河南省宣传思想文化战线"四个一批"人才	王丽萍
10	2018	中原百千万人才哲学社会科学和文化艺术类中原青年拔尖人才	张富文

第二节　科研项目立项与成果产出

　　科研项目立项和成果产出情况是衡量评判学校科研水平的重要指标。2009年以来，学校围绕国家一流学科和省优势特色学科建设目标，紧跟国家科技项目和计划改革步伐，以提升承担大项目能力、推动高水平成果产出为目标，不断优化政策导向，激励广大教师潜心科研、克难攻坚，实现承担国家级重大科研项目、获得国家和省级政府科技奖励、高水平科研成果产出数量和质量的大幅提高。

一、自然科学类科研项目

（一）纵向项目

　　十年来，学校不断加大校内培育与支持力度，鼓励教师积极申报高级别科研项目，先后获得各级自然科学类纵向科研项目 2408 项，立项总经费 5.24 亿元。其中国家级纵向项目 545 项，包括国家重点研发课题 4 项，国家一般研发课题 12 项，国家自然科学基金项目 529 项。获批的国家自然科学基金项目中，重点项目 7 项，面上项目 165 项，青年基金项目 253 项，联合基金培育项目 57 项，专项基金项目 36 项，国际（地区）合作与交流项目 2 项，应急管理项目 9 项。

　　高建良教授主持的"风井防爆门快速复位技术与装备"项目，获准立项国家重点研发计划项目课题，立项经费 440 万元。该项目主要运用风井防爆门协同防灾减灾理论，开展风井防爆门动态力学响应及协同防灾减灾机制理论研究，突破有效泄压、快速复位及自动锁扣关键技术，研制具有高抗冲击、可靠性强的新型防爆门装备，构建井下爆炸灾变时期风井防爆门的泄压—复位—锁扣—密封技术装备体系，抵御井下多次连续爆炸对通风系统的严重威胁，减小灾害波及范围，最大限度降低伤亡人数，杜绝事故扩大化并提高矿井抗灾能力。最终实现风井防爆门装备抗冲击强度大于 0.8 兆帕，具有 3 次以上泄压及复位功能，复位时间小于 50 秒，研究成果可为现代化矿井通风智能决策与应急控制提供关键技术与装备支持。

　　曹运兴教授主持的"山西重点煤矿区煤层气与煤炭协调开发示范工程——针对潞安单一低渗煤储层地质条件"项目，获准立项国家科技重大专项子课题，立项经费395.91万元。主要研究内容是潞安低渗煤层井下长钻孔气相压裂适应性条件，开发长钻孔多管连接气相压裂技术和施工工艺（钻孔压裂长度达150米），提升压裂增透效果和煤层气抽采量，开发低渗煤层的多缝压裂技术，提高煤层气单井产量。

邹友峰教授主持的"高强度开采地表生态环境演变机理与调控"项目，获准立项国家自然科学基金—煤炭联合基金重点支持项目，立项经费240万元。该项目以神府东胜生态脆弱区为典型研究区，利用野外样地调查、多时段遥感解译等方法，借助"3S"技术及三维激光扫描技术，系统研究高强度开采矿区地表破坏特征与生态环境响应特征，并从覆岩破坏与地表移动、土壤破坏、水分胁迫、植被退化多角度深入探讨高强度开采矿区生态环境演变机理。在此基础上，深入研究不同开采条件下生态环境演变规律，构建生态环境演变与煤炭开采的时空关系模型，探索高强度开采影响下矿区生态环境演变预警机制，提出有针对性的矿区生态环境演变调控技术理论，促进高强度煤炭开采与地表生态环境协调发展。

彭赐灯院士主持的"浅埋薄基岩大开采空间顶板动力灾害预测与控制"项目，获准立项国家自然科学基金—煤炭联合基金重点支持项目，立项经费240万元。该项目针对浅埋薄基岩大开采空间动力灾害问题，以地质参量科学描述为基础，建立三维地质力学模型及其特征模式；分析大开采空间快速推采的覆岩破断运移、采动应力场演化、支架围岩耦合系统的稳定性，研究覆岩空间结构模式的时、空、强演化与动力灾害孕育、发生发展的关系，揭示浅埋薄基岩条件下大开采空间采动应力场的动力学规律；研究顶板动力灾害与地质特征、开采空间、支护系统的耦合力学效应机制，建立开采动力源、地质动力源与开采空间参量、支护系统特征参量等相互作用的多尺度浅埋薄基岩动力灾害致灾模式及准则，建立基于采场支架的电液控系统参量、覆岩结构及运动等多参量前兆信息的顶板动力灾害预测与控制技术体系，为浅埋薄基岩大开采空间顶板动力灾害预测防治技术和方法奠定理论基础。

赵同谦教授主持的"南水北调中线工程水源地氮沉降特征及其生态效应"项目，获准立项国家自然科学基金—河南联合基金重点支持项目，立项经费227

万元。该项目以南水北调中线工程水源地一级保护区小太平洋水域为研究对象，采用野外观测、野外调查、模拟实验和室内分析相结合的方法，系统研究库区氮沉降通量，揭示氮沉降对库区水体外源性氮输入的贡献，厘清氮沉降化合物的形态特征，识别氮沉降的来源及变化规律，阐明氮沉降对库区水质及水生态系统的潜在影响，并在此基础上探索有针对性的库区水体氮污染控制途径和水质保护措施。

表6-7　2009—2018年学校获准立项的国家级重大、重点项目（自然科学）一览表

序号	年份	项目名称	项目类别	负责人	立项经费（万元）
1	2016	大型油气田及煤层气开发/山西重点煤矿区煤层气与煤炭协调开发示范工程	国家科技重大专项	曹运兴	395.91
2	2017	千米深井巷道围岩改性关键材料与技术	国家重点研发计划项目课题	管学茂	320
3	2018	特厚煤层采放协调智能放煤工艺模型及方法	国家重点研发计划项目课题	李东印	365
4	2018	风井防爆门快速复位技术与装备	国家重点研发计划项目课题	高建良	440
5	2012	高强度开采地表生态环境演变机理与调控	国家自然科学基金联合基金重点项目	邹友峰	240
6	2012	浅埋薄基岩大开采空间顶板动力灾害预测与控制	国家自然科学基金联合基金重点项目	彭赐灯	240
7	2013	浅埋藏近距离煤层群开采煤炭自燃防治理论与技术基础研究	国家自然科学基金联合基金重点项目	余明高	230
8	2016	高性能齿轮的抗疲劳制造基础理论与关键技术研究	国家自然科学基金联合基金重点项目	赵　波	210
9	2017	南水北调中线工程水源地氮沉降特征及其生态效应	国家自然科学基金联合基金重点项目	赵同谦	227
10	2017	煤矿瓦斯检测用新型氧化物半导体气敏材料构筑及性能调控	国家自然科学基金联合基金重点项目	张战营	220
11	2018	沁水煤田采空区场地高速铁路路基灾变机制与防控	国家自然科学基金联合基金重点项目	邹友峰	261

表6-8　2009—2018年学校获准立项的国家自科基金面上项目一览表

序号	年份	项目名称	负责人	立项经费（万元）
1	2010	可压缩流体力学方程的数学研究	原保全	28
2	2010	豫西寒武纪沉积底质变革与造迹方式响应	齐永安	49
3	2010	构造煤煤结构的专属性表征及其对煤层气赋存、运移的控制机理	张小东	52
4	2010	深部煤层三相介质条件下煤吸附瓦斯的动态控制机理及吸附模型	张子戌	50
5	2010	煤孔隙结构演化的构造制约及瓦斯富集机理研究	潘结南	49
6	2010	裂隙岩质边坡可靠性分析与失稳机理研究	赵洪波	45
7	2010	煤矿塌陷区动荷载作用下路基的再变形及其控制研究	邹友峰	47
8	2010	煤中有机砷燃烧迁移转化的行为研究	王明仕	49
9	2010	MOEMS三分量加速度地震检波装置新技术研究	恩　德	45
10	2010	采动区建筑物基础与地基增湿压缩变形协调作用机制研究	梁为民	35
11	2010	综放开采上覆巨厚坚硬岩层垮落失稳诱发冲击地压机理研究	翟新献	35
12	2010	基于动态权重的煤炭资源科学采矿指数研究	周　英	37
13	2010	羟自由基降解瓦斯反应体系及效应研究	魏建平	35
14	2010	极端制造中精密重型工件BTA内排屑深孔套料加工理论研究	赵　武	36
15	2010	高精度非球面光学模具的激光超声复合超精密车削关键技术	焦　锋	40
16	2010	永磁直线电机多轿厢无绳提升系统动态性能分析及其控制	汪旭东	34
17	2011	黄河中游梯级水库汞环境化学行为的比较研究	毛宇翔	62
18	2011	渤海湾盆地古近纪海水出入的痕迹学标志及河口湾识别	张国成	72
19	2011	甲烷在煤微晶单元中的赋存与释放特性研究	宋党育	73
20	2011	适用于低高度角GPS观测的大气折射研究	张捍卫	80

序号	年份	项目名称	负责人	立项经费（万元）
21	2011	深部地下工程岩体裂隙系统演化及灾变机理研究	茹忠亮	64
22	2011	基于千米深井构筑物的动力灾变监测研究	杨健辉	61
23	2011	氧化锡基复合纳米棒对甲烷敏感性能及低温响应机理研究	张战营	60
24	2011	煤炭地下气化对地下水的有机污染及修复机理研究	谌伦建	59
25	2011	深井巷道围岩锚固体流变特性及控制原理研究	勾攀峰	60
26	2011	复杂条件下采空区瓦斯运移及分布规律研究	高建良	56
27	2011	受限空间非瓦斯燃烧区复杂条件下瓦斯爆炸传播规律及事故模拟研究	景国勋	65
28	2011	煤层注空气过程中的压力场效应及其置换甲烷消突机理	杨宏民	58
29	2011	构造煤承压过程瓦斯渗透性动态响应机制实验研究	张瑞林	60
30	2011	真空微细电铸制造技术电极过程液相传质机理研究	明平美	62
31	2011	基于多工艺复合的硬脆材料高效镜面加工技术基础研究	赵　波	60
32	2011	基于"反馈进化"的集群式供应链服务系统设计方法研究	薛　霄	58
33	2012	基于导波与模态分析的功能梯度结构材料特性的反演确定	禹建功	82
34	2012	大样本红团簇巨星的类太阳星振研究	杨伍明	80
35	2012	MgO基垂直磁各向异性隧道结的电子输运研究	贾兴涛	75
36	2012	现代与古代河流沉积中生物遗迹组成及分布规律类比研究	胡　斌	80
37	2012	济阳坳陷中、新生代盆地转型期不整合面揭示的构造——沉积响应过程研究	郑德顺	99
38	2012	煤中矿物质对重金属排放和PM2.5生成控制机理研究	宋党育	86
39	2012	基于水化学关键因子的相似矿区煤层底板突水水源的识别	王心义	62

续表

序号	年份	项目名称	负责人	立项经费（万元）
40	2012	基于分布式CCD/GPS的矿区沉陷灾害动态监测融合算法研究	丁安民	85
41	2012	B2型金属间化合物深过冷组织演化规律和高塑性机理	郭学锋	80
42	2012	地应力约束下超细硫铝酸盐水泥基注浆材料的基础研究	管学茂	80
43	2012	高应力作用下含瓦斯煤岩灾变演化机制研究	李化敏	82
44	2012	煤巷顶板锚固孔钻进动力响应特性及冒顶隐患识别	刘少伟	70
45	2012	矿井瓦斯爆炸事故应急救援分布式交互仿真演练技术研究	熊祖强	82
46	2012	基于Bayesian网络的坚硬顶板条件下煤与瓦斯突出预警控制机理研究	杨玉中	80
47	2012	低温环境（0° C以下）煤的瓦斯吸附/解吸特性研究	王兆丰	66
48	2012	液固两相流高速冲蚀条件下的复合热效应研究	李 平	80
49	2012	两自由度直驱实心转子感应电机研究	司纪凯	83
50	2012	基于特征组对策略的分层匹配方法研究	王志衡	81
51	2013	城市污水和污泥处理过程中甲基汞的生成和降解机理	毛宇翔	80
52	2013	鸡啄羽相残行为及其MHC味型社会识别的调控	赵亚军	82
53	2013	高屈曲人工膝关节的高屈曲稳定性机制研究	王建平	80
54	2013	基于冻融作用下特定重金属污染物的迁移及净化技术研究	芮大虎	75
55	2013	基于氢氧稳定同位素空间格局的西南水汽、南海水汽影响区域界定	郝成元	75
56	2013	流视角下区域空间联系及其地理集聚机理研究	王海江	60
57	2013	小浪底大坝建设对黄河下游滨河湿地的影响及其修复途径	赵同谦	70
58	2013	基于外部性多层次边界视角的粮食主产区耕地保护经济补偿及效应	牛海鹏	60

序号	年份	项目名称	负责人	立项经费（万元）
59	2013	低瓦斯煤矿突出源区边界地质条件的突变特征与形成机理	曹运兴	83
60	2013	高突煤层长壁回采工作面四维瓦斯地质研究	崔洪庆	80
61	2013	构造煤甲烷吸附/解吸特征及与其微晶结构耦合机理	潘结南	80
62	2013	煤层气地面开采过程中储层的渗透性动态变化规律及其控制机制	张小东	75
63	2013	我国主要聚煤期原煤、精煤和燃烧烟气中汞的同位素组成特征	汤顺林	73
64	2013	深井巷道围岩再造承载层控制机理研究	勾攀峰	80
65	2013	条带式Wongawilli采煤法覆岩与地表移动规律及参数研究	郭文兵	80
66	2013	多场耦合作用下煤层底板断层活化及突水机理研究	李振华	80
67	2013	煤与瓦斯突出激发阶段微震动态响应时频能谱特征	雷文杰	80
68	2013	基于孔隙结构的煤屑瓦斯放散动力学规律与模型	刘彦伟	80
69	2013	动态扰动诱发含瓦斯煤体失稳破坏机理研究	袁瑞甫	82
70	2014	一些流体力学方程的数学研究	原保全	60
71	2014	豫西寒武纪微生物成因构造与后生动物扰动构造的耦合关系	齐永安	96
72	2014	海相碳酸盐岩储层中增强储集性能遗迹组构的属性表征与制约机制	牛永斌	88
73	2014	生物甲烷代谢与煤结构全程演变的耦合机理研究	郭红玉	80
74	2014	煤裂–孔性双重介质中煤层气吸附/解吸运移机理的分形研究	金　毅	92
75	2014	煤层生物氢形成机理及其向甲烷的转换条件研究	苏现波	85
76	2014	精密引潮力位展开与地球自转速率潮汐变化研究	张捍卫	100
77	2014	相界面对Mg–Ni合金中氢扩散性能的影响及微观机制	刘宝忠	85
78	2014	碳化物二维晶体MXene的制备及性能研究	周爱国	86

序号	年份	项目名称	负责人	立项经费（万元）
79	2014	煤矿科学产能的形成机制研究	李东印	80
80	2014	深部巷道复合支护体系协同耦合传力机理研究	刘希亮	83
81	2014	采掘扰动围岩三维压力拱演化特征及主动调控机制研究	王树仁	83
82	2014	综采工作面复杂条件下人-环关系与安全性研究	景国勋	85
83	2014	铁基砂轮氧化膜中 $\alpha-Fe_2O_3$ 的发现及其对抛光性能的影响与机理	邰吉才	82
84	2014	基于压应力制造的高速超声复合加工表面层演化规律及疲劳行为研究	赵　波	85
85	2014	聚焦射流三维电沉积加工技术	明平美	90
86	2014	基于特征池与特征选择的低存储二值特征描述方法研究	刘红敏	81
87	2014	溶液路线构筑混合钙钛矿薄膜太阳电池及其性能研究	孟哈日巴拉	80
88	2015	低渗煤层 CO_2 驱替 CH_4 煤储层渗透率动态变化规律及变形机制	吕闰生	60
89	2015	面向矿区地理协同设计的空间信息语义服务模式研究	葛小三	65
90	2015	天然气中汞同位素特征及其作为气藏成因的一项鉴别指标研究	汤顺林	73
91	2015	我国北方小流域硫酸参与矿物化学风化过程研究	张　东	73
92	2015	ZrCu基非晶合金电致加热超塑性近净成形及流变机理研究	张宝庆	62
93	2015	Mg-Sn-Si合金凝固过程中 Mg2（SixSn1-x）相的球化与韧化机理	郭学锋	62
94	2015	煤矿深部特厚煤层综放开采覆岩裂隙场演化应用基础研究	翟新献	65
95	2015	采空区煤自燃多场叠加作用机制及影响效应研究	余明高	63
96	2015	受载含瓦斯煤岩破裂过程次声波前兆特征实验研究	魏建平	63

续表

序号	年份	项目名称	负责人	立项经费（万元）
97	2015	基于非平衡现象的金属/聚合物梯度结构的射出成型及模内自组织机理与调控机制	戴亚辉	63
98	2015	硬脆材料表面二维超声高效超精密磨削机理及关键技术研究	闫艳燕	63
99	2015	基于描述子与稀疏性约束的图像信息恢复方法研究	王志衡	66
100	2015	时滞发生概率不确定情形下随机系统的分布式滤波	钱　伟	65
101	2015	量化集值系统迭代学习控制理论及应用	卜旭辉	65
102	2016	采动覆岩与水环境协同作用机理及地表沉陷预测模型构建	李春意	60
103	2016	关中农村居民生活节水行为研究：行为解析–语境分析–3C理论	樊良新	63
104	2016	地温影响下的核素铀钾镭判识煤层底板突水水源技术研究	王心义	62
105	2016	旋转MEMS惯性随钻测量技术研究	杨金显	64
106	2016	钛基MXene及其衍生物增强$NaAlH_4$储氢性能及微观机制	刘宝忠	60
107	2016	深井巷道底板小孔径锚固孔钻渣导升规律与孔壁自修复机理	刘少伟	63
108	2016	煤岩冲击地压光纤光栅传感监测基础研究	魏世明	60
109	2016	等间距破裂层状岩体开挖扰动下的失稳机理及其结构效应研究	常　旭	62
110	2016	岩石动态冲击作用下断裂特性的尺寸效应研究	张　盛	60
111	2016	"三软"煤层煤与瓦斯突出预警系统控制机制研究	吴立云	58
112	2016	多相热流叠加下受载煤体氧化热动力特性研究	潘荣锟	61
113	2016	考虑超压作用的催化型复合粉体抑制管内瓦斯爆炸机理	郑立刚	62
114	2016	CFRP/钛合金叠层结构多维振动精密高效制孔工艺及其制孔缺陷抑制机制	焦　锋	62
115	2016	BiOI基@磁载体可见光催化剂湿法光催化氧化脱除HgO的机理研究	张安超	60

续表

序号	年份	项目名称	负责人	立项经费（万元）
116	2016	基于湿颗粒堆积理论的混凝土工作性能定量设计研究	王雨利	62
117	2016	气候变化和城市化背景下城市内涝灾害风险管理研究	贺山峰	48
118	2017	基于聚酰亚胺-共价有机骨架的固相微萃取纤维的制备及性能研究	李忠月	64
119	2017	超声波耦合废机油加氢改质非粮生物油制取"绿色柴油"	段培高	64
120	2017	地下空间动态LiDAR测量关键问题研究	郭增长	63
121	2017	华北盆地太原组古水深古氧相的遗迹化石响应特征及演变规律研究	宋慧波	74
122	2017	豫西早中三叠世陆相微生物成因构造与遗迹化石的耦合变化	郑 伟	64
123	2017	构造煤微裂隙结构演化特征及对煤储层渗透性控制	潘结南	77
124	2017	冲击荷载下高阶煤的大分子结构及微观\纳观孔隙的动态响应特征及其机制	梁为民	62
125	2017	矿山动力灾害预警多波多分量微地震监测理论与正反演方法研究	云美厚	68
126	2017	河南鹤壁地区金伯利岩中地幔包体地球化学研究及岩石圈地幔演化	侯广顺	68
127	2017	基于CGA初选和Helmert加权优化的北斗/GNSS选星算法研究	李克昭	69
128	2017	红河断裂带现今分段运动特征及其动力学机制的GPS精化研究	徐克科	69
129	2017	Cu-Sb-S系热电材料性能与Sb位孤对电子作用研究	杜保立	60
130	2017	二维碳化物MXene的气体吸附与转化性能研究	周爱国	59
131	2017	多肽修饰的多色荧光磁性纳米探针的构建及肿瘤的可视化诊断研究	贾 磊	58
132	2017	多场耦合作用下覆岩破断失稳致灾机理及控制研究	李振华	60
133	2017	厚煤层高强度开采覆岩"两带"模式形成机理研究	郭文兵	60
134	2017	锚索受拉与反转扭矩耦合效应及诱致锚固段失效承载机制分析	王树仁	60

续表

序号	年份	项目名称	负责人	立项经费（万元）
135	2017	基于随机分析的粉煤气化内源风险稳健操作控制方法研究	张进春	60
136	2017	承压破碎煤体多场耦合渗透性演变及氧化动力行为研究	褚廷湘	60
137	2017	燃烧诱导快速相变及其非稳定超压振荡机理研究	温小萍	60
138	2017	准噶尔盆地东南缘煤系地层硫化氢形成机制研究	邓奇根	60
139	2017	含水煤体瓦斯突出孕灾过程表面温度场分布规律研究	郝天轩	60
140	2017	深部多尺度裂隙煤体瓦斯多机制流动理论研究	王登科	60
141	2017	低渗煤层多尺度煤体全尺度孔裂隙瓦斯运移联动机制与模型	刘彦伟	60
142	2017	复杂条件下受限空间瓦斯煤尘爆炸耦合机理及伤害模型研究	景国勋	60
143	2017	齿轮智能制造的云测量基础理论与关键技术研究	张登攀	55
144	2017	两自由度直线–旋转感应电机电磁耦合与运动耦合研究	司纪凯	61
145	2017	爆破与开挖瞬态卸荷双重动力扰动下岩溶隧道掌子面突水灾变机理研究	郭佳奇	61
146	2018	马铁菊头蝠冬眠行为的表观遗传机制研究	刘　森	60
147	2018	滴灌施氮对冬小麦根活性格局、根源信号和产量形成的调控	马守臣	60
148	2018	小麦长势无人机遥感监测关键指标参数反演机理及长势诊断模型研究	李长春	58
149	2018	基于生物扰动的沉积物混合与寒武纪底质革命	齐永安	66
150	2018	辽东湾坳陷东营组多尺度湖平面变化及影响因素	吴　伟	67
151	2018	构造煤中N_2驱替CH_4纳–微孔裂隙演化特征与发生条件联动效应	倪小明	66
152	2018	煤系气储层纳米级微孔超压环境的形成机制研究	宋金星	66
153	2018	松软煤层钻进钻杆传力特性与煤体动力波动辨识	王永龙	66
154	2018	豫西地区中元古代物源—沉积体系及其大地构造演化	郑德顺	67

序号	年份	项目名称	负责人	立项经费（万元）
155	2018	碳包钴-碳化钴纳米复合材料可控制备及其催化硼氢化物水解产氢	范燕平	60
156	2018	冲击地压下软岩巷道围岩-支护结构协同作用力学响应及其可靠性研究	朱昌星	60
157	2018	瓦斯抑爆粉体的功能导向设计及抑制机理研究	王　燕	60
158	2018	基于Rough集的坚硬顶板条件下煤与瓦斯突出预警机制研究	杨玉中	60
159	2018	废弃矿井遗煤吸附瓦斯储量计算模型及注液促采机制	陈向军	60
160	2018	高压气体冲击作用下含瓦斯煤体的裂纹扩展及扰动规律研究	杨小林	60
161	2018	相变离子液体水溶液-水合物法捕集分离$H_2S/CO_2/CH_4$的双效协同作用及热-动力学激励机制	王兰云	60
162	2018	液氮冷浸作用下煤体热-流-固多场演化机制研究	李　波	60
163	2018	线阳极近接触扫描式掩膜电沉积加工技术	明平美	60
164	2018	金属间化合物多维超声加工表层状态主动可控的超声诱导机制研究	高国富	60
165	2018	大数据环境下双边感知的主动服务聚合理论与方法研究	刘志中	61

2. 企业合作项目

学校高度重视政产学研合作，不断加强与煤炭行业主管部门、煤炭企业的联系和沟通，围绕煤炭行业转型需求，发挥学校传统学科优势，探索学校与煤炭企业合作的新模式；主动联合省内外大型煤炭企业和煤炭科研机构，开展政产学研用协同创新，努力提升服务行业转型发展的能力。2009年至2018年，学校共实现横向项目立项5226项，立项总经费11.4亿元。特别是2011年，横向项目科研经费总数达到2.18亿元，创历史新高。

表6-9　2009—2018年学校立项合同经费300万以上企业合作项目一览表（部分）

序号	年度	项目名称	合作单位	负责人	立项经费（万元）
1	2019	矿用矿物型注浆材料开发	山东安速达新材料有限公司	张海波	300
2	2019	石墨分选精深加工及固废资源化利用成套技术研究	勃利县兴盛石墨有限责任公司	马名杰	1100
3	2018	矿井热害治理及智能瓦斯抽采系统与装备	三河路矿九鼎科技有限公司	盛伟	500
4	2018	张吉怀铁路4标隧道工程监控量测技术服务	中铁隧道勘察设计研究院有限公司	王金星	355.5
5	2018	超声波加工刀具等50项科技成果的专利权、专利申请权技术转让	广州汇专工具有限公司	赵波	850
6	2017	ZY型带式输送机智能化关键技术研究	焦作市钰欣机械有限公司	荆双喜	360
7	2015	井下煤层钻孔高效封孔技术及装备开发	西山煤电（集团）有限责任公司	孙玉宁	385
8	2015	煤层气水平井多级压裂抽采技术体系与示范	山西兰花煤层气有限公司	曹运兴	300
9	2013	重大专项2011ZX-CC-01井井喷研究-水文地质条件探查与总体研究	山西晋煤集团技术研究院有限责任公司	齐永安	487
10	2013	深部矿井开采复合型动力灾害发生机理及防治技术开发研究	平顶山天安煤业股份有限公司	魏建平	500
11	2012	同煤集团塔山循环经济园区三维可视化技术研究	大同煤矿集团有限责任公司	李化敏	360
12	2012	晋煤集团下保护层开采关键技术研究	山西晋煤集团技术研究院有限责任公司	熊祖强	374
13	2012	低产井高压氮气闷井增透与排采技术试验	山西潞安环保能源开发股份有限公司	曹运兴	380
14	2012	主斜井配电系统电能质量综合治理研究	山西晋煤集团赵庄煤业有限责任公司	艾永乐	349

续表

序号	年度	项目名称	合作单位	负责人	立项经费（万元）
15	2012	矿井构造煤与瓦斯突出关联技术及瓦斯防治信息化平台开发	龙煤集团佳木斯瓦斯地质研究院有限公司	魏国营	600
16	2011	新型矿物注浆材料及应用技术研究	焦作坚固水泥有限公司	管学茂	400
17	2011	中平能化集团煤与瓦斯共采模式及关键技术研究——高应力低透气性松软煤层抽采瓦斯运移规律与效果评价指标体系研究	中国平煤神马能源化工集团有限责任公司	张铁岗	300
18	2011	矿用井下可移动硬体救生舱	山西煤矿机械制造有限责任公司	赵 波	550
19	2010	煤矿瓦斯抽放管道抑爆阻火技术及装备研究	西山煤电公司	余明高	358
20	2010	河南大口集等四幅区域地质调查	河南省地质调查院	司荣军	450
21	2009	赵庄矿综采工作面过构造区及顺槽巷道构造区注浆材料选型研究	山西晋城无烟煤矿业集团有限公司	管学茂	330

3. 军工科研项目

2013年6月，学校成功取得国家二级军工保密资格。同年12月，学校签署项目1项，实现了军工项目零的突破，开启学校服务国防科研新领域。2016—2018年，新增军工科研项目7项，研究成果获河南省国防科学技术进步二等奖1项。

2015年10月，学校顺利通过二级军工保密资格现场复查。2018年7月，再次获得国家二级军工保密资格，2018年11月，河南省国防科技工业安全保密工作会议召开，学校从全省300多家军工企事业单位中脱颖而出，被授予"河南省国防科技工业安全保密工作先进单位"。

二、人文社会科学类纵向科研项目

近十年，是学校人文社会科学研究快速、跨越发展的十年。在纵向科研项目立项方面，先后实现河南省软科学重大招标项目、河南省高校科技创新人才支持计划、文化部文化艺术科学研究项目、河南省哲学社会科学规划重大招标项目和河南省高校哲学社会科学重大课题攻关项目等高级别项目从无到有的历史性突破，项目立项数量和质量屡创历史新高。十年里，学校共获得各级各类人文社会科学研究项目 2251 项，立项总经费 5585.21 万元，其中国家社科基金重点项目 2 项，一般项目 36 项，其他省部级及以上项目立项 452 项。

表6-10　2009—2018年学校获准立项的国家社科基金项目一览表

序号	年度	项目名称	负责人	立项经费（万元）
1	2009	煤炭企业实施循环经济的战略规划与系统设计	徐　君	8
2	2010	明代中朝文学交流编年研究	杜慧月	10
3	2010	中美煤矿安全管理体制机制的比较研究	李新娟	10
4	2011	抵制"低俗之风"的理论与现实对策研究	周玉清	15
5	2011	高新技术企业非效率研发投资行为及其治理机制研究	韩　鹏	15
6	2011	荀子诗学研究	刘延福	15
7	2012	"以人为本"的科学内涵与实现途径研究	张富文	15
8	2013	社会主义核心价值体系引领中国特色人文学科和人文文化研究 ※	王少安	30
9	2013	"华夏历史文明传承创新区"建设的现实意义和路径选择	胡昌国	18
10	2013	中西比较诗学视阈下唐诗"客观诗本体"及其世界性影响研究	张少扬	18
11	2013	中国武术百年转型历程的时代语境与宏观特征研究	申国卿	18
12	2013	最低工资标准提高对我国就业的影响研究	傅端香	18
13	2013	环境管制对企业竞争力的影响机制与政策设计研究	李　创	18
14	2013	舆图文献视野下的明清广东海防军事地理研究	鲁延召	18
15	2013	隋代文官制度与文学空间研究	马铁浩	18
16	2013	辽金辞书辑佚及研究	魏现军	18
17	2014	改革开放以来社会意识变动视阈下的国家文化安全问题研究 ※	程　伟	35

续表

序号	年度	项目名称	负责人	立项经费（万元）
18	2014	社会语言学视角下豫西方言变异研究	马　楠	20
19	2014	明清之际江南诗学研究	张清河	20
20	2014	生态保护红线对流域居民多层次福祉的影响及动态补偿策略研究	乔旭宁	20
21	2014	宋词与唐宋诗学	郭　锋	20
22	2015	中世纪印度穆斯林种姓问题研究	蔡　晶	20
23	2015	全球传播进程中我国体育文化的现代性及价值重构	薛红卫	20
24	2015	多元文化场域下马克思主义意识形态话语权建设研究	张国臣	20
25	2015	历史虚无主义思潮对大学生的影响及对策研究	张尚字	20
26	2016	宋元南北官话方言词汇比较研究	张海媚	20
27	2016	供给侧结构性改革驱动资源型城市转型的机制、战略框架及对策研究	徐　君	20
28	2016	生态足迹视角下我国污染产业时空转移机制与环境管制政策研究	王丽萍	20
29	2017	习近平总书记关于人类命运共同体思想研究	邵发军	20
30	2017	跨区域重大突发事件府际应急协同治理机制创新研究	申　霞	20
31	2017	环境管制背景下物流业碳排放测算与低碳化路经研究	李　创	20
32	2017	基于知识图谱的区域高等教育知识产出地图研究	范如永	20
33	2018	农民土地承包权退出绩效评估、模式构建与风险管控	牛海鹏	20
34	2018	20世纪20至30年代欧洲的俄国难民社会研究	郝　葵	20
35	2018	荀学接受史研究	刘延福	20
36	2018	新时代中国武术创造性转化与创新性发展研究	王柏利	20
37	2018	以环境管理会计支撑体系为视角加快构建系统完善的生态环境治理体系研究	王　鑫	20
38	2018	乡村振兴背景下中国农村闲置资源协同激活问题研究	刘　涛	20

注：标 ※ 项目为重点项目。

三、自然科学类科研成果

（一）科研成果获奖

为提升科技创新能力，支持和培育标志性高水平创新成果产出，学校不断加大对高层次成果奖励的支持力度。2016 年，制定出台《河南理工大学国家科技成果奖励培育方案》，明确了培育目标、培育类别、培育对象遴选方法、培育内容和经费资助标准，极大激发了广大教师的科研积极性。2009—2018 年共获科技成果奖励 914 项，其中国家科技进步奖励 5 项，省部级奖励 375 项（政府类奖励 125 项，国家行业协会奖励 250 项）。

表6-11　2009—2018年国家级科技成果奖励一览表

序号	获奖成果名称	负责人	奖项名称	获奖等级	获奖年度
1	中国煤矿瓦斯地质规律与应用研究	张子敏	国家科学技术进步奖	二等奖	2011
2	大面阵数字航空影像获取关键技术及装备研制	邹友峰	国家科学技术进步奖	二等奖	2012
3	全国生态功能区划	赵同谦	国家科学技术进步奖	二等奖	2012
4	拆除工程精确爆破理论研究与关键技术应用	张英才	国家科学技术进步奖	二等奖	2014
5	煤层瓦斯安全高效抽采关键技术体系及工程应用	孙玉宁	国家科学技术进步奖	二等奖	2016

1. 中国煤矿瓦斯地质规律与应用研究

该成果运用瓦斯赋存构造逐级控制理论，通过板块构造控制区域构造、区域控制矿区、矿区控制矿井、矿井控制采区、采面构造及瓦斯赋存特征，逐级圈定高应力区、构造挤压剪切复杂区、构造煤和低透气性煤层发育区、岩浆岩分布区、高瓦斯赋存区及其特征，通过瓦斯地质评价和区块分级进行准确预测。该项目创立的以"通过构造演化，确定瓦斯赋存、构造煤及突出危险区分布，运用瓦斯地质分析法预测预警"为核心的瓦斯防治技术体系，成功指导了煤矿预防瓦斯灾害和资源开发，为有效遏制煤矿重大事故提供了保障。项目成果已在国内 24 省（区）推广应用，降低了瓦斯事故、提高了生产效率、保障了煤矿安全开采。

2.大面阵数字航空影像获取关键技术及装备研制

该成果从根本上改变了我国中小比例尺地形图测绘主要依靠胶片摄影、大比例尺地形图主要依靠野外测绘的作业方式，减少野外工作量 70% 以上；解决了无人区、极其困难地区的地形图测绘难题；所研制的装备，打破了数字航空影像获取完全依赖国外仪器设备的局面，是国内唯一产业化的数字航空影像获取装备，有效保障了国家基础测绘数据的安全。项目成果已广泛应用于国土资源调查、应急救灾、城市规划、矿产资源勘探等领域，特别是在 2008 年汶川抗震救灾中，为国家及时进行灾情评估和救灾决策提供了技术支持，社会效益显著。

3.全国生态功能区划

该成果将国家生态保护战略需求与国际生态学前沿结合，围绕生态系统服务功能机制与评价方法、生态功能区划技术和全国生态功能区划开展了系统研究：在国内率先开展生态系统服务功能评估研究，阐明了我国陆地生态系统服务功能特征；创立了生态功能区划的理论、程序与方法，为开展全国及省市县生态功能区划提供了方法；揭示了我国生态系统服务功能与生态敏感性空间分布规律，为制订区域差异化的生态保护措施与政策提供了科学依据；编制完成了全国生态功能区划并在全国颁布实施，确定了 50 个对保障国家生态安全具有重要意义的重要生态功能区，为国家生态保护与重大生态建设工程、产业合理布局和区域协调发展提供了科学基础。该成果是国际上第一个完成的国家尺度生态功能区划。

4.拆除工程精确爆破理论研究与关键技术应用

该成果对钢筋混凝土爆破拆除倒塌原理，烟囱从切口爆破至倾倒触地全过程和受力状态，爆破拆除安全技术措施等进行研究，完善高耸烟囱爆破拆除的理论体系。揭示了钢筋混凝土烟囱爆破拆除原理，进一步完善了高大钢筋混凝土烟囱精确爆破拆除理论。揭示了钢筋混凝土烟囱爆破拆除倒塌过程和保留筒壁受力状态与过程，烟囱倒塌过程经历爆破切口形成、中性轴形成、定轴转动和塌落触地四个阶段。研究成果对进一步完善精确爆破拆除理论具有重要的现实意义。

5.煤层瓦斯安全高效抽采关键技术体系及工程应用

该成果发展了瓦斯抽采多场耦合流动模型，研发了松软煤层钻进—护孔—

体化技术及装备、抽采钻孔区域密封技术及配套装备和材料，发明了多变可调、可复用的标准化联孔装置和抽采参数自动调控系统，形成了瓦斯抽采"钻—护—封（堵）—联"一体化关键技术体系。该项目成果是瓦斯抽采和灾害防治领域的重大技术集成创新，深刻揭示了提升瓦斯抽采效率和安全度的科学内涵，对煤矿瓦斯抽采工程实践从理论、技术和方法上带来了观念上的突破，实现了示范及应用煤矿的井下瓦斯安全高效抽采，有力保障了矿井安全生产，推动了煤炭工业灾害防治的科技进步。

（二）专利和成果转化

学校积极鼓励教职工申请专利，着力抓好产学研协同创新项目的组织实施，推进科技成果转化，促进科技成果开发并转化为现实生产力。2009—2018年共获得专利授权2714项，其中发明专利1145项、实用新型专利1545项、外观专利24项。2016年，苏现波教授的发明专利"煤矿井下钻孔水力压裂增透抽采瓦斯工艺"获第十八届中国专利优秀奖；2017年，李辉副教授的发明专利"瓦斯预抽钻孔煤屑回填封孔方法"获首届河南省专利奖二等奖，孙玉宁教授的发明专利"瓦斯抽采中心分流式注浆封孔装置与封孔方法"获三等奖。2018年，"瓦斯预抽钻孔煤屑回填封孔方法"又获第二十届中国专利优秀奖。

在相关政策的引导和支持下，广大教师产学研合作意识显著增强，科技创新热情不断提升。2009—2018年，全校共进行专利转让或许可66项，合同总金额1361.6万元。

表6-12　专利转让或许可合同金额100万元以上项目一览表

序号	项目名称	专利受让方	负责人	合同金额（万元）
1	异型多棱刻槽钻杆、非对称异型截面钻杆专利权转让	山东益矿钻采科技有限公司	孙玉宁	141
2	一种锚索锚固增效方法及结构专利实施许可	济宁山云宇内机电科技有限公司	贾后省	120
3	超声波加工刀具等50项科技成果的专利权、专利申请权技术转让	广州汇专工具有限公司	赵　波	850

序号	项目名称	专利受让方	负责人	合同金额（万元）
4	瓦斯预抽钻孔煤屑回填封孔方法专利实施许可	山西大平美固德矿用材料有限公司	李　辉	100
5	双孔管注浆封孔装置专利实施许可	山西联安矿用设备有限公司	孙玉宁	100

（三）论文与专著

学校高度重视论文和专著成果产出，通过修订科研业绩量化办法、职称评审业绩条件、制定《河南理工大学高层次成果奖励办法》等方式不断优化政策导向，加大对高水平研究成果的奖励和支持力度。十年来，学校公开发表的自然科学类学术论文、公开出版的学术著作从数量到质量均实现大幅提升。2009—2018 年共发表高水平论文 8000 余篇，其中被 SCI 收录 2826 篇，EI 收录 3475 篇，其中，SCI 一区收录论文 117 篇；出版学术专著 200 余部。

四、人文社会科学类科研成果

（一）科研成果获奖

学校坚持强化分类指导、树立精品意识、拓宽推广渠道的工作思路，重点依托人文社会科学省部级及以上重点重大项目、各级各类决策咨询类研究项目、科研平台及创新团队，全面深化人文社会科学科研评价改革，切实营造有利于高层次成果产出的良好科研氛围。2009 年以来，学校共获得各级各类人文社会科学科研成果奖励 354 项，省部级以上科研成果奖励 84 项，其中省级一等奖 4 项，省级二等奖 39 项。

表6-13　2009—2018年获得省级一等成果奖励（人文社会科学类）一览表

序号	获奖成果名称	负责人	奖项名称	获奖等级	获奖年度
1	大爱精神与大学文化建设	王少安	河南省社会科学优秀成果奖	一等奖	2009年
2	社会主义和谐文化建设论	王少安	河南省社会科学优秀成果奖	一等奖	2011年
3	社会主义廉洁文化建设论	张国臣	河南省社会科学优秀成果奖	一等奖	2012年
4	论抵制低俗文化之风	周玉清	河南省社会科学优秀成果奖	一等奖	2013年

（二）决策咨询类研究成果

学校聚焦国家、中原经济区、河南省、焦作市及周边地区发展需求，立足学校科学研究优势与特点，坚持围绕中心、服务大局，与地方政府积极开展产学研合作，打造特色新型智库，形成政产学研用紧密结合的良好格局，提升服务区域经济社会发展和党委政府决策能力。2009年以来，共有3篇成果获得省级领导批示，28篇研究成果被中共河南省委宣传部《成果要报》和河南省教育厅《资政参考》刊用。

表6-14　2009—2018年获得批示或刊用成果一览表

序号	成果名称	作者	批示、采纳或刊用情况
1	论抵制低俗文化之风	王少安、周玉清	2012年3月22日在《光明日报》"光明专论"上发表，3月28日被中宣部《新闻阅评》、3月30日被马克思主义理论研究和建设工程《参考资料》全文收入刊用，《新华文摘》2012年第13期全文转载
2	我国教育合同纠纷法律救济机制研究	严鸿雁	2012年被中国人民政治协商会议周口市委员会采纳
3	高校卓越研发能力提升策略研究	周志远	2013年被三门峡市人民代表大会常务委员会采纳

序号	成果名称	作者	批示、采纳或刊用情况
4	中国青年志愿服务项目的现状与对策研究	王 婕	2016年被团中央书记处书记傅振邦批示
5	关于洛阳市城市特色风貌规划建设的建议	中国特色社会主义理论体系研究中心	2017年被中共河南省委常委、洛阳市委书记李亚批示
6	关于郑州国家中心城市规划建设的建议	中国特色社会主义理论体系研究中心	2018年被中共河南省委常委、常务副省长翁杰明批示

（三）论文与专著

学校坚持以高水平研究成果为主要评价对象，针对人文学科和社会科学学科等不同学科类别、基础研究和应用对策研究等不同研究类型，不断完善健全成果评价制度，着力推动高水平人文社会科学类成果产出。2009—2018年共发表人文社会科学类高水平论文4000余篇，其中CSSCI来源期刊及以上级别论文860篇；出版学术专著200余部。人文社会科学研究对学校发展的贡献度显著提升。

第三节　学术交流与学术出版

学校坚持实施"开放发展"战略，持续拓展开放办学领域，不断加大国内外科研交流合作的深度和广度。同时，依托《河南理工大学学报（自然科学版）》与《河南理工大学学报（社会科学版）》两份高质量学术期刊，着力打造学术成果交流与服务的优质平台，学校的学术影响力和知名度得到有效提升。

一、国内外学术交流

（一）国际学术交流

学校积极拓宽办学视野，大力推进国际化进程，深入开展与国外高校的实质性交流与合作，不断提高学校社会影响力和国际知名度。2009年以来，学校先后派出175个团组、810人次赴国（境）外进行交流访问；先后接待国（境）

外友好学校来访 144 个团组、489 人次。通过赴国(境)外交流访问和接待国(境)外友好学校来访，促进了学校同世界大学合作伙伴的相互了解，增进了友谊，夯实了合作基础。学校先后与德国、法国、英国、爱尔兰、意大利、克罗地亚、波兰、美国、加拿大、俄罗斯、白俄罗斯、澳大利亚、新西兰、巴西、韩国、马来西亚、坦桑尼亚、尼泊尔、土耳其、印度和台湾地区的 48 所大学签署合作交流协议。目前，学校的海外友好学校达到 75 所，遍及六大洲，不仅为学校师生提供了大量的优质教育资源，更搭建了坚实的国际学术交流平台，有力推动了学校与国(境)外高校及研究机构的科研合作。

十年来，学校先后建成 6 个中外合作联合实验室，分别为：河南省生物遗迹与成矿过程国际联合实验室、河南省煤矿岩层控制国际联合实验室、河南省地下空间开发及诱发灾变防治国际联合实验室、河南省高性能轻金属材料及其数值模拟国际联合实验室、河南省非常规能源地质与开发国际联合实验室、河南省煤矿安全与职业危害防治国际联合实验室。六个实验室均获得省科技厅的认定和支持。

在具体科研项目合作方面，共有 6 项国际科技合作项目顺利结项，分别是：与澳大利亚合作的"煤炭地下气化过程中地下水污染修复关键技术研究"项目；与英国合作的"高温超导电机磁场特性及优化设计研究"项目；与日本合作的"脂肪族聚碳酸酯基聚合物电解质的研究"项目；与俄罗斯合作的"Cu-2Ag 合金微细线研发"项目；与欧盟合作的"煤矿和不可采煤层的温室气体回收与能源转化""地下煤气化与二氧化碳捕集与储存耦合技术方案"项目。

学校主动对接科学发展前沿，积极主办、承办具有较大学术影响力的国际性、权威性学术会议。2009 年以来先后主办、承办或协办了 50 场国际学术会议，如"第十届国际遗迹组构学术研讨会""2009 年资源、新能源、环境与防灾国际研讨会""2010 年管理科学与人工智能国际学术会议""第六届材料与热加工物理模拟与数值模拟国际学术会议""2010 年安全科学与技术国际会议""第八届中日机械技术史及机械设计国际会议""国际矿山测量协会 2011 年中国国际学术论坛"等。特别是 2015—2018 年连续主办第 34 ~ 37 届国际采矿岩层控制会议（会议由美国工程院院士彭赐灯教授创办，被世界煤炭行业公推为每年一度的国际学者信息交流的顶级论坛），2011、2013、2016、2017 年先后四次承办中国·焦作国际太极拳高峰论坛。这些会议的举办展现了学校国际学术交流的活跃度和影响力，提高了学校国际知名度。

学校还积极邀请国外著名高校的专家学者来校讲学，如美国工程院院士彭赐灯、德芮克，加拿大皇家科学院院士卜拉欣·本莫克伦，德国科学工程院院士布莱恩·霍斯菲尔德，俄罗斯科学院教授弗拉基米尔·谢列金，巴西科学院院士袁锦昀，新西兰皇家工程院院士迈尔斯顿·尼尔·布仑兰，英国剑桥大学研究员马克·安斯利等。

（二）国内学术交流

随着办学层次和办学水平的不断提升，学校学术影响力不断增强，国内学术交流广泛而活跃。2009 年以来学校共主办、承办或协办了 184 场国内学术会议，其中全国性学术会议 91 次，省市学术会议 93 次。国内学术会议召开的场次较上个 10 年增长 6 倍以上。[①] 特别是 2009—2018 年，学校连续主办 10 届全国瓦斯地质学术年会，与瓦斯地质相关的全国各高校、科研院所以及煤炭生产企业的科研技术人员济济一堂，交流瓦斯地质基础理论研究的发展前沿和瓦斯防治与瓦斯抽采的新方法与新装备，并且每两年将年会论文择优结集出版一次，成为从事瓦斯地质、煤层气地质、矿井地质、安全工程、采矿工程等专业或学科方向的科研、教学及现场技术人员的重要参考，学校在瓦斯地质研究领域的学术地位与影响力得到切实巩固和增强。此外，学校连续主办 2015、2016、2017 年海峡两岸应急管理论坛，紧紧围绕大中华地区共同面对的重大自然灾害、电信诈骗等公共安全威胁，在应急管理理论与实践层面展开深入讨论，提出了许多科学见解和政策性建议。

学校不断加强对学术讲座等相关阵地的规范化管理，相继制定修订《学术讲座管理办法》《举办形势报告会和哲学社会科学报告会、研讨会、讲座管理暂行办法》等文件，确保了活动的有序开展。2009 年以来学校共邀请校外专家学

---

① 2000 年至 2009 年 9 月，学校共举办国内学术会议 28 次。参见编写组编：《河南理工大学史（1909—2009）》，中华书局 2009 年版，第 454 页。

者开展学术讲座千余场次，年均学术讲座逾百场次，仅 2018 年学校组织学术讲座就达 136 场次。中国科学院院士李永舫、童庆禧、高德利、郭柏灵、宋振骐、何满潮、沈绪榜、江桂斌、沈岩、刘昌明、陈俊勇，中国工程院院士张铁岗、傅恒志、刘先林、武强、康红普、周丰峻、张国成、汪旭光、陈清如，长江学者徐福建、王树涛、睢依凡、郑强、唐春安等均曾莅校作学术报告。学校注重理论与实践的结合，不断邀请企业高级管理人员来校讲座，焦作煤业集团高级工程师闫鹏飞、郑煤集团总工程师杨治国、煤炭工业郑州设计院工程师惠兵、焦作市小零厨房创办人小零、郑州四维集团董事长王富、河南速升网络科技有限公司总经理龚新友、山西皇城相府文化旅游有限公司总经理陈军、山东益矿钻采科技有限公司董事长王海峰、广州中海达公司副总裁胡炜、北京睿略科技有限公司董事长杨德坡等先后莅校举行讲座报告。活跃的学术讲座，营造了浓厚的校园学术文化氛围，对学校教学、科研水平的提升产生了重要而积极的影响。

二、学术出版

（一）学术出版的办刊宗旨与发展策略

学术出版中心是学校的学术出版机构，编辑出版《河南理工大学学报（自然科学版）》与《河南理工大学学报（社会科学版）》。两份学术期刊均由中华人民共和国新闻出版总署审批，由河南省教育厅主管，国内外公开发行，每期印数均为 1500 册。自然科学版学报为双月刊，一年出版 6 期，单期 160 页，期均 32 万字，以报道矿业工程学科学术研究成果为主，兼顾理学、工学等相关学科，立足本校，辐射全国，突出特色，为促进科技进步和社会经济发展服务；社会科学版学报为季刊，一年出版 4 期，单期 128 页，期均 26 万字，依托本校人文社科优势学科，立足本校、辐射全国、特色鲜明，为推动哲学社会科学进步及社会经济发展服务。

学术出版中心坚持正确的政治方向和办刊理念，凝练形成"四轮驱动"的期刊发展策略：一是打造政治素质高、业务能力强、创新意识足的编辑队伍；二是构建科学的稿件审查与发表机制，加强期刊综合质量控制；三是充分利用新媒体平台实现期刊推广与服务的精准化；四是加大编辑人员从事编辑出版理论研究的支持力度。这些策略的有效实施，使学术出版工作步入良性发展轨道，为学校建设国内一流特色高水平大学做出了积极贡献。

（二）自然科学版学报的发展

自然科学版学报栏目涵盖学校主要专业，强调突出学校办学特色，2016年栏目设置调整为矿业与安全工程、地测与环境工程、机电与计算机工程、土木与材料工程、基础学科，进一步促进了刊物的发展。

2009年，自然科学版学报被中国科学技术信息研究所收录为中国科技论文统计源期刊，进入中国科技核心期刊行列；2011年入选《全国中文核心期刊要目总览》（第6版），同年被评为河南省"二十佳"期刊；2014年入选《全国中文核心期刊要目总览》（第7版），同年获得中国科技论文在线优秀期刊二等奖；2015年获得中国科技论文在线优秀期刊一等奖；2017年再次荣获中国科技论文在线优秀期刊一等奖，同年被评为"RCCSE中国核心学术期刊（A-）"；2018年再次入选《全国中文核心期刊要目总览》（第8版）。

十年来，自然科学版学报的建设发展进入良性循环，影响因子排名快速上升。在中国科学文献计量评价研究中心和清华大学研制的《中国学术期刊影响因子年报（自然科学与工程技术）》中，其影响力指数在包括清华大学等国内120余所"211"高校学报在内的全国400余种综合性科学技术类学术期刊排行榜中，连续多年居于前列：2014年排名77位（复合影响因子0.678）[1]；2018年排名第60位（影响力指数233.988，影响因子0.697），在河南省同类期刊中连续5年排名第一。自然科学版学报已成为国内高质量学术成果的交流与服务平台，有效提升了学校的学术影响力和知名度。

（三）社会科学版学报的发展

十年来，社会科学版学报依托学校人文社科优势学科，先后开设经济管理、政治法律、高等教育研究、历史学研究、语言与文学研究、哲学与宗教、煤炭文化专题研究等特色鲜明的栏目，为人文社科研究领域提供了一个良好的学术交流平台。

---

① 2015年中国科学文献计量评价研究中心开始计算复合影响力指数。

2011 年在由河南省委高校工委、省教育厅组织的河南省高校学报综合质量评估中，荣获"河南省高校学报综合质量评估特色期刊"称号，同年入选"河南省第七届社科期刊综合质量检测一级期刊"；2013 年再次入选"河南省第八届社科期刊综合质量检测一级期刊"。

2014 年社科版学报（四期 83 篇）的基金论文比和高层次作者论文比首次超过三分之二，分别为 67% 和 69%，进入全国学术期刊先进行列；2015 年被中国学术期刊网络出版总库全文收录；2017 年在全国理工农医院校社会科学学报"四优"（即优秀期刊、优秀编辑部、优秀个人、优秀编辑学论著）评比中被评为优秀期刊；2018 年被中国社会科学院的中国人文科学引文数据库收录为入库期刊。

社会科学版学报虽然起步较晚（2000 年创刊），但近十年来严格遵循办刊宗旨，实行开门办刊，加强内部管理，严格执行编排规范，努力提高学术质量和编校质量，其摘转率、被引频次、网上下载量大幅提升，影响因子、社会知名度逐年提高，真实反映出学校人文社科研究的日渐崛起。

第四节　社会服务和校地（企）合作

学校坚持立足国家能源技术创新和煤炭工业科技发展主战场，聚焦河南省和地方经济社会发展现实需求，充分发挥资源和智力优势，找准科学研究与经济社会发展的结合点，着力深化校地、校企实质性政产学研合作，切实增强社会服务能力和水平，大幅提升学校对行业发展、产业转型升级、企业科技创新和地方经济社会发展的贡献度。

一、服务国家能源工业技术进步

十年来，学校依托自身地矿类学科的科技优势，注重产学研深度融合，先后与河南能源化工集团、中国平煤神马能源化工集团、晋城煤业集团、大同煤矿集团、中国石油天然气股份有限公司华北油田分公司、山东临沂矿业集团、广西百色百矿集团等十余个大型能源企业签订校企战略合作协议，建立了战略合作关系，协同攻克行业和区域面临的共性、关键性技术难题，形成了科研开发、平台建设、技术服务和产品研发四位一体服务体系，服务能力不断提升，有力支撑了能源工业的安全健康可持续发展。

围绕煤炭企业的技术需求，开展共性关键技术攻关，一批技术难题得到解决。其中"冲击地压与瓦斯突出互为诱因矿井灾害机理及其对策"成果获 2012 年河南省科技进步一等奖，"三软煤层开采岩层与地表沉陷规律研究及应用""矿井提升机双 PWM 变频调速关键技术与应用""置换解吸与抑制解吸技术防治瓦斯突出试验研究""无烟煤煤层气开发利用关键技术与产业化示范""松软煤层瓦斯抽采钻进关键技术"等多项成果获得省部级成果奖励。学校的技术开发和服务能力得到相关企业的高度认同。2009 年以来，与涉煤企业签订百万元以上横向科研项目 122 项，总经费超过 2.2 亿元，其中 200 万元以上的项目 32 项，总经费达 1.02 亿元，有力推动了能源工业技术变革和产业升级，产生了良好的经济和社会效益。

二、国家安全生产培训

2009 年和 2012 年，学校安全培训中心先后顺利通过第二、三次复审检查，被国家安监总局确认为国家一级安全培训机构，是河南省唯一、全国八家具有一级培训资质的机构之一。2012 年被国家安监总局和国家煤监局命名为全国煤矿安全培训示范基地，是河南省和全国高校唯一入选机构。2015 年被河南煤矿安全监察局确定为第一批设立煤矿安全生产资格考试点的单位。2017 年被河南省煤炭工业管理办公室认定为河南省煤炭安全培训示范基地。2018 年，河南省安全生产监督管理局确定全国 4 所高校的安培机构为河南省安全生产培训基地，学校安培中心又成为河南省唯一入选机构。学校成为河南省唯一一个同时具有国家级和省级煤矿安全培训示范基地的高等学校，成为河南省煤矿安全培训排头兵。

十年来，安全培训中心面向国内外共举办各类培训班 500 余期，开展了诸如"2010 年第二期全国安全培训机构师资培训班""2012 年湖北省煤矿安全培训机构师资培训班""2016 年安徽省煤矿安全培训机构师资培训班""2018 年印度煤炭总公司经理——煤矿安全与管理继续教育培训班"等培训工作，培训人员达 6.2 万人次，学校煤矿安全资格培训和师资培训品牌效应不断提升，为国家煤炭行业安全生产做出重要贡献。

三、应急管理与公共安全研究和培训

2010 年，学校成立国内首家实体意义上的以突发事件应急管理为学科特色的二级学院——应急管理学院，在全国率先确立了应急管理学科体系、率先创立了应急管理人才培养体系、率先形成了应急管理教材体系。学院荣获第四届中国管理科学学会管理科学奖（成效类）。

依托应急管理学院建设的"安全与应急管理研究中心"，2012 年被批准为河南省高校人文社会科学重点研究基地。中心以各类突发事件管理和公共安全风险控制为主攻方向，着力研究和解决当今应急管理和安全生产管理的实际问题。参与原国家安监总局安全生产应急预案国家标准修订工作；承担了河南省政府"十一五"和"十二五"应急体系建设规划、河南省应急预案管理办法的起草工作；主持了广东省政府的避难场所规划和应急管理示范区指标体系设计工作；为广东电网公司、河南省中烟集团、河南煤化集团等单位提供直接的安全管理技术服务，产生了巨大的经济和社会效益。2016 年，学校联合多家单位在北京共同举办中国应急能力研讨暨全国排名发布会，发布中国 31 个省市区 2014 ~ 2015 年《综合应急表现能力评价》等 5 个报告，这是我国首份地方政府应急表现能力评价报告，在全国范围内引起强烈反响。

依托学院设立的"应急管理技术研究与培训基地"，2010 年被河南省人民政府批准为省级培训基地，主要承担河南省政府和各级地方政府、企事业单位委托的公共安全和应急管理理论、知识和技能培训工作，与河南省政府应急办、河南省交通厅、河南省食品药品监督管理局、广东省政府应急办等政府部门建立了广泛的合作关系，与河南省修武县组织部共同建立了干部培训中心，日益成长为具有较强影响力的应急安全管理培训基地。

四、校地、校企战略合作

学校不断深化政产学研合作。2009 年以来先后与河南省土地整理中心、濮阳市人民政府、鹤壁市人民政府、许继电气股份有限公司等省内地方政府、企

业、科研院所签订战略合作协议，推动科技成果快速转化，增强人才培养质量，推动地方经济社会发展。

2015 年，学校与鹤壁市政府签订协议，依托鹤壁职业技术学院合作举办鹤壁工程技术学院，进行本科层次人才培养。同年，鹤壁工程技术学院经河南省教育厅批准正式成立，标志着鹤壁人民孜孜以求"本科梦"的实现，有力推动了鹤壁教育事业发展。

2016 年，学校与中国平煤神马能源化工集团有限责任公司正式签署协议，合作举办平煤工程技术学院。学院以服务能源行业和地区经济社会发展为宗旨，以促进就业为导向，以提升工程技术应用能力为核心，重点培养区域经济社会发展急需的本科层次专业应用技术型人才。学院由校企双方共同管理，积极探索混合所有制办学模式，走出了一条校企合作办学的特色发展之路。

市校合作不断走向深入。2009 年以来，学校先后与焦作市人民政府、马村区人民政府、解放区人民政府、城乡一体化示范区管委会、科学技术局、工商联、环保局、孟州市人民政府、武陟县人民政府、博爱县人民政府、云台山景区管理局、焦作瑞庆汽车发动机有限公司、中国铝业中州分公司、中国兵器工业集团河南平原光电有限公司、多氟多化工股份有限公司、焦作科瑞森重装股份有限公司等签署一系列校地、校企战略合作协议，推动学校与焦作地方政府和企业的全方位合作不断走向深入。2018 年，学校与云台山风景名胜区管理局签署战略合作协议，合作共建云台山文化旅游学院，探索"旅游 + 教育"的新型发展模式，树立了景区与高校创新创业、深化产教融合发展的典范样本。

2013 年，经河南省科技厅、教育厅批准，依托学校泰科资产经营有限公司，与焦作市共建的河南理工大学科技园成立，这是河南省首家以"一校一园"模式自主建设的大学科技园，2017 年正式投入运营。组建以来，科技园坚持"边建设、边运营、边规范"的发展思路，灵活采取多种方式方法，逐步形成"一园三区"（科技园核心园区、大学生创业园区、校内孵化园区）格局，先后荣获第一批河南省技术转移示范机构、河南省"双创"基地等称号，2018 年被河南省科技厅、教育厅批准为"河南省大学科技园"，开启了科技园建设新征程。近年来，科技园累计促成技术转移转化合同金额近千万元，入孵专利成果 24 项，完成 3 家中小科技型企业备案。

五、扶贫攻坚和对口援疆

学校积极响应党和政府号召，提高政治站位，强化责任担当，充分发挥自身优势，坚持"志""智"双扶，扎实开展扶贫攻坚工作。

2015 年起，先后选派陈昊、杨波等优秀干部到焦作市南朱营村担任村党支部第一书记，深入开展精准扶贫工作。先后争取扶贫资金 700 余万元，实施扶贫项目 15 个，综合运用多种帮扶手段为南朱营村提供人才、技术、资金等全方位支持。在学校的有力帮扶下，南朱营村顺利退出省级贫困村序列。首创的第一书记述职制度得到焦作市委充分肯定，并在全市推广，南朱营村党支部获得焦作市"十佳优秀基层党组织"荣誉称号。陈昊先后被评为焦作市优秀驻村第一书记、河南省优秀驻村第一书记，被授予"河南省脱贫攻坚奖——贡献奖"；杨波荣获"焦作市十佳优秀共产党员"荣誉称号。

2018 年 7 月，河南省脱贫攻坚领导小组确定由学校结对帮扶南阳市淅川县。学校专门成立由党委书记任组长、校长和主抓脱贫攻坚工作的校领导为副组长的脱贫攻坚领导小组，制定包括智力帮扶、科技帮扶、培训帮扶、人才帮扶、产销帮扶 5 大方面共 19 项具体措施的《河南理工大学结对帮扶淅川县脱贫攻坚工作方案》，并开展了多层次的扶贫活动，实现校地结对帮扶工作良好开局。

2019 年 4 月 27 日，河南省脱贫攻坚领导小组印发《关于全省 2018 年度脱贫攻坚成效考核情况的通报》，学校在承担定点扶贫任务的高校中综合评价为"好"，并列第一，在承担校地结对帮扶的高等院校中综合评价为"好"。

在对口援疆工作方面，2010 年学校被确定为哈密职业技术学校（2014 年更名哈密职业技术学院）对口援助单位。校党委先后选派 3 批共 11 名优秀干部到哈密职业技术学校工作，在参与援疆工作的高校中选派人数最多、职称学历最高。2014 年 8 月，河南省委书记郭庚茂，2015 年 8 月，河南省省长谢伏瞻先后赴学校援助单位视察，并对学校援疆工作予以充分肯定。2016 年，学校与哈密地区行政公署共同签署《河南理工大学哈密地区行政公署战略合作框架协议》，并与哈密职业技术学院合作共建哈密豫新能源产业研究院，致力打造以服务哈密地区的煤炭企业为核心，覆盖全疆的煤炭高新技术研发与孵化、安全培训及职业技术培训、技术服务与咨询基地。豫新能源产业研究院的建设，开辟了援疆新途径，2018年受到莅临考察的河南省委书记王国生的肯定。学校援疆工作和援疆干部的突出贡献，多次受到河南省对口支援新疆工作前方指挥部和受援地党委政府表彰。三次援疆的刘志怀同志，更是先后被授予"全国对口支援新疆先进个人""最美援疆干部""全国十九省市优秀援疆干部人才""'感动中原'年度人物"等荣誉称号，并当选党的十九大代表。援疆工作成绩和援疆干部先进事迹多次被《人民日报》《光明日报》《中国教育报》等报道，引起强烈社会反响。

第七章

学生工作与队伍建设

学校坚持育人为本的办学理念，落实一切为了学生、为了学生一切的宗旨，不断推进学生工作队伍专业化职业化建设，加强招生宣传力度和生源基地建设，完善学生奖励资助制度，强化学生思想政治教育、心理健康教育、国防教育和日常管理，深化创新创业教育，招生规模和生源质量不断提升，学生教育管理服务体系日臻完善，学生思想政治素质、创新意识和创新能力明显增强，毕业生就业水平和就业质量稳步提高。

第一节　招生工作

一、招生规模与招生层次
（一）招生规模不断扩大

10 年来，随着办学水平和社会美誉度的提升，学校招生人数逐年增加，招生规模逐步扩大。2009 年，学校计划招生 7617 人、实际录取 7763 人。此后，招生录取人数逐年增加。2018 年，学校计划招生 10700 人、实际录取 10704 人，分别比 2009 年增长 40.5% 和 37.9%，其中普通本科计划招生和实际录取均为 9300 人，分别比 2009 年增长 57.6% 和 57.4%；普通本科招生人数占招生总人数的比例从 2009 年的 76.1% 提高到 2018 的 86.9%，招生结构进一步优化。

2009—2018 年，学校累计招生 90723 人，其中普通本科招生 76108 人，专升本 5832 人，高职高专 6374 人（详见表 7-1），为国家经济社会发展培养了一大批专业人才。与此同时，学校为煤炭行业和相关省份培养了一批紧缺人才：2009—2014 年，在河南、山西、安徽、河北等省份开展煤炭类单独招生，累计招生 1047 人；2011—2017 年，开展第二学位招生，累计招生 1362 人。

表7-1 2009—2018年学校招生计划和录取情况统计表

年度	计划招生	实际录取	普通本科		专升本		高职高专		第二学位		煤炭类单招	
			计划招生	实际录取	计划招生	实际录取	计划招生	实际录取	计划招生	实际录取	计划招生	实际录取
2009	7617	7763	5900	5908	857	867	560	689	—	—	300	299
2010	8355	8570	6450	6520	845	884	710	873	—	—	350	293
2011	8830	8326	6722	6769	850	880	880	210	178	290	200	177
2012	8468	8612	7255	7284	693	693	225	225	135	252	160	158
2013	9130	8693	7410	7416	530	556	830	432	200	204	160	85
2014	8946	8912	7520	7541	386	396	830	745	150	195	60	35
2015	8920	8941	7580	7580	390	411	800	800	150	150		
2016	10240	10253	8880	8880	410	422	800	800	150	151		
2017	9949	9949	8910	8910	119	119	800	800	120	120		
2018	10700	10704	9300	9300	600	604	800	800				
合计	91155	90723	75927	76108	5680	5832	7235	6374	1083	1362	1230	1047

资料来源：根据2009—2018年《河南理工大学年鉴》和《河南理工大学年报》综合整理。

（二）招生层次逐步提升

10年来，学校招生层次不断提升，本科一批招生省份、人数和专业不断增加，招生省份从河南省内逐步扩展到河北、安徽、江西、海南、甘肃、四川、福建等7个省份，招生人数从2009年的469人增长到2018年的6776人，增长了14.4倍。2009—2018年，学校本科一批累计招生34057人（详见表7-2），覆盖学校主要优势特色专业。

表7-2 2009—2018年学校本科一批专业招生人数一览表

年度	河南	河北	安徽	江西	海南	甘肃	四川	福建	合计
2009	469	—							469
2010	1329	32	25	20	—				1406
2011	1966	81	83	50	—	—			2180

续表

年度	河南	河北	安徽	江西	海南	甘肃	四川	福建	合计
2012	2442	109	108	60	—	—	—	—	2719
2013	2739	151	141	60	24	—	—	—	3115
2014	2639	160	157	46	36	—	—	—	3038
2015	2798	168	174	50	46	90	—	—	3326
2016	3891	198	210	52	46	98	23	—	4518
2017	5854	203	231	53	50	83	32	4	6510
2018	6121	214	214	50	50	91	32	4	6776
合计	30248	1316	1343	441	252	362	87	8	34057

资料来源：根据2009—2018年《河南理工大学年鉴》和《河南理工大学年报》综合整理。

2009年，机械设计制造及其自动化和电气工程及其自动化2个专业首次列入河南省本科一批招生，招生469人，实现了招生层次的跨越，提升了学校的知名度和影响力。

2010年，首次实行大类招生，机械类、电气信息类和土木工程等10个专业在河南、河北、安徽和江西等4个省份列入本科一批招生，实现了学校在外省本科一批招生的突破。

2011年，电气信息类、机械类、土建类、材料类、采矿工程、安全工程、地质工程、测绘工程、工商管理、会计学等23个本科专业在河南、安徽、河北、江西等4个省份列入本科一批招生。

2012年，新增材料类化学工程与工艺专业在河南省列入本科一批招生，共计24个专业分别在河南、安徽、河北、江西等4个省份列入本科一批招生。电气工程及其自动化、机械设计制造及其自动化、采矿工程、安全工程等4个专业在河南省实现本硕连读招生，共计招生40人。新增电气工程及其自动化中外合作办学、机械设计制造及其自动化中外合作办学等2个本科专业招生。

2013年，新增采矿工程、计算机科学与技术、通信工程、土木类等4个专业在河南省列入本科一批招生，共计28个本科专业在河南、河北等2个省份列入本科一批招生，25个专业在安徽省列入本科一批招生，24个专业在海南省列入本科一批招生，15个专业在江西省列入本科一批招生；新增计算机科学与技术中外合作办学本科专业招生。

2014年，新增遥感科学与技术、地球信息科学与技术等2个专业在河南省列入本科一批招生，共计31个专业全部或部分在河南、河北、安徽、江西、海南等5个省份列入本科一批招生，录取人数在全省高校中位居第三。新增卓越工程师自动化、地质工程、安全工程、矿物加工工程、测绘工程单列招生，新增国防生和地方农村专项计划本科招生，新增土木工程中外合作办学本科专业招生，新增助产、护理专科专业招生。

2015年，新增建筑学、金融学等2个专业在河南省列入本科一批招生；本科一批招生省份新增甘肃省；本科二批招生专业新增人文地理与城乡规划专业；专科批新增医药卫生类医学检验技术、药学、口腔医学技术、针灸推拿等4个专业。同年，学校与鹤壁市政府合作举办河南理工大学鹤壁工程技术学院，其开设的电气工程及其自动化、机械设计制造及其自动化、土木工程等3个专业列入河南省当年本科二批招生。

2016年，新增财务管理、国际经济与贸易、软件工程、材料化学、城乡规划等5个专业在河南省列入本科一批招生，本科一批招生省份新增四川省。同年，学校与平顶山工业职业技术学院合作举办河南理工大学平煤工程技术学院，其开设的电气工程及其自动化、机械设计制造及其自动化等2个专业列入河南省当年本科二批招生。

2017年，河南省招生办公室批准我校普通类本科专业在河南省整体进入一批招生。同时，本科一批招生省份新增福建省。学校在河北、安徽、四川、海南、甘肃、江西、福建等省份部分或全部专业进入一批招生。电气工程及其自动化、土木工程、计算机科学与技术3个中外合作办学本科专业共录取366人。

2018年，74个本科专业全部在河南本科一批招生，共招收6121人，招生规模居于河南省高校第三位；优势专业在河北、安徽、江西、海南、甘肃、四川、福建等7个省份列入本科一批招生，招生655人；省内外本科一批招生人数达到6776人，占当年普通本科招生人数的75.39%。

二、生源质量与新生奖励

（一）生源质量

2009年以来，随着招生层次的提升和招生类型的丰富，学校在省内外的招生录取分数线逐年提高，生源质量稳步提升。2009年，学校在河南省本科一批（理科）按照省控线567分录取招生；本科二批（理科）录取最低分530分，高出省控线10分；本科二批（文科）按照省控线510分录取招生。2018年，学校在河南省本科一批（理科）录取最低分510分，高出省控线11分；河南省本科一批（文科）录取最低分550分，高出省控线3分（详见表7-3）。

2010年，学校本科一批（理科）首次在河北、安徽、江西等3省招生，录取最低分均为省控线；本科二批（理科）录取最低分在29个省高出省控线5分以上，在20个省高出省控线20分以上；本科二批（文科）录取最低分在12个省高出省控线5分以上，在8个省高出省控线20分以上。2018年，学校本科一批（理科）在四川、江西、福建、甘肃、安徽、河北等6省录取最低分高出各省省控线16～38分，本科一批（文科）在河北、安徽等2省录取最低分分别高出省控线14分和25分。本科二批（理科）在25个省录取最低分均高出省控线20分以上，在20个省高出省控线60分以上；本科二批（文科）在17个省份录取最低分均高出省控线20分以上，在10个省高出省控线60分以上，在广西、河北、新疆、湖北等4省高出省控线100分以上。

表7-3 2009—2018年学校生源录取分数线统计表（河南）							
年度	普通本科一批				普通本科二批		
	河南省控线		河南省录取最低分		河南省控线		河南省录取最低分	
	理科	文科	理科	文科	理科	文科	理科	文科
2009	567	—	567	—	520	510	530	510
2010	552	—	552	—	500	489	529	504
2011	582	562	582	562	531	515	565	539
2012	540	557	540	557	481	481	521	527
2013	505	519	495	521	443	454	495	484
2014	547	536	544	540	476	483	527	516

续表

年度	普通本科一批				普通本科二批			
	河南省控线		河南省录取最低分		河南省控线		河南省录取最低分	
	理科	文科	理科	文科	理科	文科	理科	文科
2015	529	513	529	518	458	455	509	489
2016	523	517	525	521	447	458	497	493
2017	484	516	488	517	342	389	442	492
2018	499	547	510	550	374	—	466	—

资料来源：根据 2009—2018 年《河南理工大学年鉴》和《河南理工大学年报》综合整理。

（二）新生奖励

为吸引更多优秀学子报考，进一步优化生源结构，提高生源质量，2014 年学校制定了《优秀新生奖励办法（暂行）》（以下简称《奖励办法》），对成绩优秀的新生予以奖励，高考成绩超出本省一本分数线 60、50、40、30、20 分的，可申请特等、一等、二等、三等和鼓励奖学金，分别减免 4 年、3 年、2 年、1 年及 2000 元学费。2015 年、2017 年、2018 年、2019 年，学校分别对《奖励办法》中的奖学金标准等内容进行了修订和调整。

2014—2018 年，累计有 3 名新生获得特等奖学金，20 名新生获得一等奖学金，81 名新生获得二等奖学金，379 名新生获得三等奖学金，967 名新生获得优秀奖学金，累计发放新生奖学金 417.96 万元（详见表 7-4）。

表7-4　2014—2018年学校新生奖学金奖励情况一览表

年度	特等奖		一等奖		二等奖		三等奖		优秀奖		合计
	人数（人）	金额（万元）	人数（人）	金额（万元）	人数（人）	金额（万元）	人数（人）	金额（万元）	人数（人）	金额（万元）	
2014	1	1.48	1	1.11	2	1.48	18	6.66	148	29.6	40.33
2015	0	0	1	1.02	1	0.74	22	8.08	177	35.4	45.24
2016	2	2.84	15	16.29	46	33.74	207	76.08	642	128.4	257.35
2017	0	0	3	3.15	27	19.8	121	44.41	0	0	67.36
2018	0	0	0	0	5	3.7	11	3.98	0	0	7.68

续表

年度	特等奖		一等奖		二等奖		三等奖		优秀奖		合计
	人数（人）	金额（万元）	人数（人）	金额（万元）	人数（人）	金额（万元）	人数（人）	金额（万元）	人数（人）	金额（万元）	
合计	3	4.32	20	21.57	81	59.46	379	139.21	967	193.4	417.96

资料来源：根据 2009—2018 年《河南理工大学年鉴》和《河南理工大学年报》综合整理。

三、招生宣传与生源基地建设

（一）招生宣传

学校高度重视招生宣传工作，不断完善工作机制、拓宽工作渠道、创新工作载体，按照广告宣传和咨询服务并重的原则，确定了"重点突破河南、稳步推进外省"的招生宣传工作方针，构建起多渠道、多层次、全方位的招生宣传工作格局。

加大招生宣传广告投放力度。学校在《中国教育报》《中国青年报》《河南日报》《大河报》《招生考试之友》《招生考试报》《志愿填报指南》等平面媒体，教育部和河南省"阳光高考"信息平台、中国教育科研网、新浪网、腾讯网等网络媒体发布学校简介、招生章程和招生信息；在 100 多所省市重点高中的阅报栏、电子屏发布招生信息，面向全国 3000 多所高中邮寄招生宣传资料。

积极组织招生宣传咨询活动。学校每年组织参加各地教育厅、招生办组织的现场招生宣传咨询活动，累计组织 1000 人次参加招生宣传活动 300 余场次；积极参加网上招生宣传咨询活动，有效扩大了招生宣传的覆盖面和影响力。2014—2015 年，学校连续两年获得由教育部科技发展中心颁发的"高校科研实力与考生择校"高考招生大型公益系列活动优秀组织奖、河南省"阳光高考"信息平台工作先进单位等荣誉称号。2018 年，学校荣获中国教育在线颁发的"2018年招生宣传创新高校"荣誉称号。

强化优质高效咨询服务。学校不断完善招生信息网功能，及时更新和发布权威招生政策、招生章程和往年录取分数等重要信息；开通招生电话咨询服务，做好接待来访、电话咨询、网络答疑等工作，为考生及家长提供及时、便捷、准确的咨询服务。

创新招生宣传方式。2017—2019 年，学校开展"我的大学我代言"活动，选拔优秀在校生利用假期回访高中母校，开展宣传和咨询活动。2018 年，招生就业处组织拍摄学校首部招生宣传片《青春有梦，理工相逢》，生动展示了学校百年的办学历史和雄厚的办学实力，网络点击量超过 11 万次，受到社会各界广泛好评。学校还先后接受河南电视台、新华网、大河网、大河报豫直播、河南招生考试信息网等媒体的现场采访和网络直播，网络关注度达 24.9 万人次。

（二）生源基地建设

为适应高考招生制度改革新趋势，充分调动学院招生宣传工作的积极性和主动性，2017 年 5 月，学校印发了《关于进一步加强招生宣传工作的意见》，建立了以学院为主体的招生宣传工作新机制，学院负责与分包地区的教育主管部门、重点高中建立长期联系，定期组织教授、博士等人员深入高中开展现场宣讲和咨询活动。2018 年 11 月，学校组织召开"优质生源基地中学校长论坛暨升学在线高中高校对接峰会"，邀请省内 43 所高校代表、86 所河南省重点高中代表参加，加强与高中的互动交流，推进优质生源基地建设。

2017 年和 2018 年，各学院先后组建 21 个招生宣传小组，分别赴省内周口、开封、新乡、信阳、南阳、洛阳、三门峡等 18 个地市的 150 余所高中，以及河北、陕西、山东、内蒙古、山西、安徽、云南、贵州等 21 个省市的 100 余所高中开展招生宣传，并与省内外多所高中签订协议，建立优质生源基地。截至 2019 年 6 月，学校已建立优质生源基地 135 个，其中省内 114 个，外省 21 个。

河南省主要优质生源基地：焦作市第一中学、第十一中学、第四中学、宇华实验学校、沁阳市永威中学、博爱县第一中学、武陟县第一中学、温县第一高级中学，郑州市新密实验高中学，开封市祥符区第四高级中学，鹤壁市高级中学、浚县第一高级中学，济源市第一中学，三门峡外国语高级中学，南阳市第八中学、社旗一高，平顶山市鲁山县第一高级中学，商丘市柘城县高级中学、夏邑县高级中学，永城市高级中学，新乡市辉县市高级中学、长垣县第一中学、延津县第一高级中学，信阳市商城高级中学、罗山县高级中学，洛阳市尹川县第一高中，许昌市高级中学，驻马店市第二高级中学、泌阳县第一高级中学、遂平二高，漯河市舞阳县第一高级中学，濮阳市清丰县第一高级中学，安阳市滑县第一高级中学，周口市扶沟县高级中学。

外省主要优质生源基地：湖北武汉市武钢三中，浙江杭州高级中学，江苏仪征市第二中学，浙江义乌市第二中学，山东济南市历城第二中学，吉林长岭县第三中学，辽宁大连市第三高级中学，陕西咸阳市彩虹中学、咸阳渭城中学，安徽安庆市二中，河北柏乡中学，内蒙古赤峰市红旗中学，广西省苍梧中学，海南省农垦中学。

第二节　学生教育管理

一、思想政治教育

（一）校处级领导干部与学生座谈制度

2009 年以来，学校坚持实施校处级领导干部与学生座谈制度，把其作为一项联系师生的基本制度和开展思想政治教育的重要平台。通过座谈，引导学生树立坚定的政治信念、高远的人生志向、正确的价值观念和明确的发展目标，养成高尚的道德品质、包容的性格性情和积极的生活态度。2018 年以来，在坚持领导干部与整建制班级座谈的同时，进一步拓展座谈形式，丰富座谈内容，实施领导干部与学生干部、学生党员、优秀考研学生、优秀毕业生、经济困难学生等群体座谈，增强座谈的针对性和亲和力。各部门对座谈中学生反映的问题，提出处理意见，能解决的立即解决，暂时不能解决的做好解释说明，并予以公布。2009 年 10 月至 2019 年 6 月，校处级领导干部累计与学生座谈 6757 场次，其中校领导座谈 451 场次，职能部门领导座谈 277 场次，学院领导座谈 6029 场次，参与座谈学生近 20 万人次。座谈制度在坚持中完善，在创新中发展，已成为学校独具特色的思想政治工作品牌。

（二）早操早读制度

早操早读是学校面向学生长期坚持开展的一项活动，是学校的优良传统。2009 年 1 月，学校印发了《学生早操、早读工作管理暂行办法（试行）》，明确了早操早读工作的指导思想、组织领导、具体要求和奖惩措施。2010 年 4 月，学校召开实施学生座谈、专业首席指导教师、早操早读三项制度经验交流会。2011 年 3 月，学校印发《关于公布鼓励高年级坚持开展早操早读试点单位的通知》，探索开展高年级学生早操早读工作。2012 年 5 月，学校召开早操早读工作会议，校党委书记王少安进一步阐述了健康与锻炼、事业、生活的关系，并要求从对学生人生发展和生命质量负责、对学校品位和教育质量负责的高度，不断探索完善学生自觉早操早读的长效机制，努力让早操早读成为广大学生重要的生活方式，成为影响他们一生的生活习惯。2014 年 5 月，河南省教育厅厅长朱清孟莅校调研，对学校坚持开展学生早操早读工作，打造特色育人品牌表示支持和肯定。2015 年 4 月和 2016 年 1 月，学校两次修订《学生早操早读管理办法》。2010 年以来，学校坚持不懈狠抓早操早读工作，学生早操早读出勤率始终保持在 95% 以上，在学生加强体育锻炼、养成良好生活习惯以及培育优良校风学风等方面发挥了重要作用。

（三）形势政策报告制度和领导干部为学生上思政课制度

学校认真落实形势政策报告制度和领导干部为学生上思政课制度，通过多种形式的宣讲会、报告会，宣传党的创新理论和方针政策，帮助学生坚定理想信念，加强理论学习，开阔思维视野，增长知识见识。

2010 年，学校先后举办了全国"两会"精神、"弘扬感恩文化，构建和谐社会"、中国首批驻苏丹维和部队英雄事迹、国际军事形势等 8 场形势政策报告会。2011 年，学校分别邀请浙江大学党委副书记郑强教授和焦作军分区司令员阚辉作了《当代大学生的成才之道与历史责任》和《国际形势、周边安全与国防和军队建设》的报告，举办济南军区优秀大学生士兵和干部典型事迹报告团等多场形势政策报告会。

2012 年 3 月 1 日至 31 日，学校面向一至三年级学生，开展了"理想信念、人生志向、专业道路和生活态度"主题教育活动，全校累计开展教育活动177 场，参与学生 2 万多人次。2013—2015 年，累计开展报告会 155 场，覆盖2013～2015 级全体新生。2016 年 6 月至 2019 年 6 月，学校开展"树人讲堂"活动，邀请校院领导、专家学者以及校友、企业家累计开展专题讲座报告 80 场，覆盖 2 万余名学生，美国工程院院士彭赐灯教授，俄罗斯自然科学院外籍院士牛济泰教授，全国人大代表、学校音乐学院副院长游吟歌等先后为学生作报告。

学校积极落实领导干部为学生上思政课制度。2016年6月27日，校党委书记邹友峰以《锤炼优良作风，发挥表率作用，让青春在奋斗与奉献中绽放光芒》为题，为全校700多名学生干部讲授了一堂思政课。他阐释了学生干部"为何干""干什么""怎么干"等问题，并勉励大家加强思想作风建设、学习风气建设、工作作风建设、生活作风建设，做理想远大、信念坚定的表率，做勤奋好学、勇于实践的表率，做联系师生、服务同学的表率，做明德任责、艰苦奋斗的表率。

2017年6月20日，校长杨小林以《树立"四个正确认识"、担当时代责任使命，用青春正能量共筑民族复兴梦》为题，为大三600余名学生党员讲授了一堂思政课，他阐释了"四个正确认识"的基本内涵，并勉励同学们努力成为严于修身、品德高尚，勤于学习、追求进步，敢于创新、超越自我，甘于奉献、担当责任的优秀大学生。

2018年10月23日，校党委书记邹友峰以《深刻领会党的十八大以来党和国家事业发生的历史性变革》为题，为资环学院700余名师生讲授了一堂思政课。他阐述了党的十八大以来党和国家事业发生的深刻变革以及如何理解这一深刻变革，并向同学们提出三点希望：一要坚定理想信念，立志报效祖国；二要加强品德修养，锤炼奋斗精神；三要珍惜大好时光，提升综合素质。2018年10月30日，校长杨小林以《胸怀理想 志存高远，努力成为"两个一百年"奋斗目标的筑梦人》为题，为700多名学生上了一堂思政课。他从"两个一百年"奋斗目标、建设教育强国、建设国内一流特色高水平大学等三个方面深入阐释了中国梦的深刻内涵，并寄语同学们做大格局和大视野的人，做有理想和有情怀的人，做永葆青春和接续奋斗的人。

2019年5月7日，校党委书记邹友峰以《弘扬"五四"精神，做新时代优秀大学生》为题，为全校800多名团员青年上了一堂思政课。他从深刻理解"五四"精神的历史地位、准确把握"五四"精神的当代价值、"五四"精神在学校的传承与发扬、让"五四"精神在新时代放射光芒等四个方面深刻阐述了如何传承与发扬"五四"精神，并希望广大团员青年树立远大理想，担当时代责任，勇做德智体美劳全面发展的社会主义建设者和接班人；热爱伟大祖国，勇于砥砺奋斗，争做走在时代前面的奋进者、开拓者、奉献者，在实现中国梦的伟大实践中谱写绚丽的青春乐章、绽放诗意的精彩人生。2019年5月21日，校长杨小林以《践行习近平青年观，争做新时代优秀青年》为题，为安全学院、能源学院、土木学院的260余名学生上了一堂思政课。他阐释了习近平青年观的主要内涵，论述了百年理工具有培育优秀青年的光荣传统，并希望同学们成为勇于担当新时代历史使命的优秀青年，成为自觉践行社会主义核心价值观的优秀青年，成为拥有坚定理想信念的优秀青年。

2017年12月1日，中共河南省委副书记王炯莅校宣讲党的十九大精神。他以《放飞青春梦想，书写人生华章，争做担当民族复兴大任的时代新人》为题，为300余名师生代表上了一堂党课。他从中国特色社会主义进入新时代是广大青年拼搏奋进的人生坐标、习近平新时代中国特色社会主义思想是广大青年成长成才的精神航标、党的十九大对青年工作的重要论述是广大青年扬帆远航的不竭动力等三个方面，深入阐释了党的十九大精神，并从河南优越的资源禀赋、宏伟的发展蓝图、叠加的战略机遇等角度，分析了中原大地为广大青年施展才华、建功立业提供了宽广舞台。他最后寄语广大同学要志存高远、好学敏悟、崇德修身、实干创新，坚持以习近平新时代中国特色社会主义思想为指引，争做担当民族复兴大任的时代新人，书写无愧于时代的青春之歌，创造无愧于青春的精彩人生。

2018年5月31日，由中共河南省委高校工委、河南省教育厅主办，学校承办的"党的创新理论万场宣讲进高校巡回报告会"在南校区音乐厅举行。省高校"优秀辅导员讲师团"和"大学生骨干宣讲团"6名成员分别以《新时代、新坐标——辉煌新时代，青春勇担当》《新方位、新作为——谱写新篇章，开启新征程》《新理论、心传承——坚定文化自信，讲好中国故事》《新使命、新征程——弄潮儿向涛头立，勇担使命续华章》《新目标、心坚守——坚定理想信念，实现伟大复兴》《新梦想、新青年——勇做担当民族复兴大任的时代新人》为题，深入阐释了党的创新理论和十九大精神。学校领导、相关部门负责人以及全校700余名师生参加报告会。

2019 年 3 月 11 日，中共河南省委常委、宣传部长江凌莅校调研指导工作，参加了学校"青年马克思主义者培养工程大学生骨干班"寒假学习分享会，指导了能源学院学生党支部主题党日活动，并为同学们上了一堂思政课。江凌深入阐述了新一代大学生应如何认真学习贯彻习近平新时代中国特色社会主义思想，以及如何成长为一名合格的学生党员。他寄语青年学生要树立家国情怀、坚定理想信念、强化责任担当，希望学生党员强化党性修养、做到红专并进、树牢"四个意识"。

2019 年 4 月 4 日，河南省委书记、省人大常委会主任王国生莅校调研，并以《扣好人生第一粒扣子，才能扛起光荣使命》为题，为 2016 级旅游管理专业和数学实验班的 100 多名大学生上了一堂思政课。王国生结合习近平总书记两次到河南视察指导工作的指示精神和今年全国"两会"参加河南代表团讲话精神，深入阐述了河南省近年来在深度融入"一带一路"建设、强力推进脱贫攻坚、实施乡村振兴战略、推进创新驱动发展、加强生态环境保护等方面取得的成绩，并寄语同学们要牢固树立正确的世界观、人生观、价值观，坚定理想信念，勤奋学习、增长才干，把自己的命运与伟大的时代紧紧相连；要葆有家国情怀，用勤劳和智慧创造美好人生，争做出彩河南人；要勇敢地肩负起历史重任，不忘初心、牢记使命，用热血和忠诚书写无愧于伟大时代的青春之歌，做国家和民族的有用之才。

（四）多种形式的思想政治教育活动

学校坚持学生政治理论学习制度，把单周二下午作为固定政治理论学习时间，把党的十八大、十九大精神和习近平新时代中国特色社会主义思想作为学习重点，把党的创新理论、国家法律法规、习近平关于青年和教育的重要论述、各类思想教育活动纳入学习范畴，把学校第一次、第二次党代会精神和相关会议精神作为必学内容，使政治理论学习贴近实际、紧跟形势。同时，加强对政治理论学习的监督检查，促进了学生政治理论学习制度化、规范化。

学校坚持开展大学生思想政治状况调查。2014 年，学校印发《学生思想政治状况调查工作细则》，对学生思想状况调查的程序、方法和要求做出了规定。2010—2019 年，学校每年面向约 1 万名不同年级、专业和班级的学生发放思想政治状况调查问卷，围绕学生理想信念、思想政治素质、道德观念、价值追求、学习生活、网络素养、对学校工作评价等方面进行全面调查，及时了解学生思想状况，掌握学生思想动态。调查结果显示，2010 年以来，我校学生思想政治状况总体稳定向好，学生理想信念坚定，政治素质过硬，价值取向正确，道德观念健康，学习生活和网络素养状况良好。同时，学生思想更加活跃，个性更加鲜明，气质更加自信，眼界更加开阔，符合当代青年的成长特点和发展趋势。

学校把爱国主义教育作为思想政治教育的重要内容，坚持开展升国旗仪式。2010—2016 年，学校坚持每周一举行升国旗仪式。2016 年 9 月起，学校创新形式，以重大节庆日、主题教育日、传统节日为契机开展主题升国旗仪式。截至 2019 年 6 月，学校先后开展了纪念红军长征胜利 80 周年、庆祝建党 96 周年暨香港回归 20 周年、国家宪法日、国家安全日、消防宣传日、一二·九运动纪念日、五四青年节、清明节、端午节、重阳节等 34 场主题升国旗仪式，其中重大节庆日主题 13 场、主题教育日 12 场、传统节日 9 场，累计参与师生 5 万多人次。2017 年，该项工作获得全省高校"礼敬中华优秀传统文化"优秀成果一等奖；2018 年，获得全省高校校园文化建设成果一等奖。

学校认真做好新形势下宗教工作，积极开展马克思主义宗教观教育，筑牢意识形态阵地。自 2015 年起，学校每年向新生发放《大学生宗教知识手册》（后更名为《大学生中国特色社会主义民族宗教理论知识手册》）；2018 年，学校向新生发放《宗教政策明白卡》。2013 年以来，学校每年组织学生参加全省大学生宗教知识竞赛和反邪教知识竞赛，2016 年获得二等奖和优秀组织奖；2017 年在全省第一届大学生反邪教知识竞赛中，学校受到省委高校工委和省教育厅的通报表扬；2018 年，在河南省第二届大学生反邪教知识竞赛中，学校获得优秀组织奖。

（五）"三全育人"综合改革

为加强和改进大学生思想政治教育，探索全员育人途径和载体，2016 年 5 月，学校下发《关于组织开展学院全员育人试点建设工作的通知》，确定土木学院、财经学院、能源学院、医学院为首批全员育人试点学院，开展为期一年的试点工作。2017 年 5 月，学校召开首批全员育人试点学院工作经验汇报会，就下一步推动全员育人试点工作提出明确要求。2017 年 6 月，学校开展第二批全员育人试点遴选工作，确定音乐学院、材料学院、安全学院、化工学院、机械学院、外语学院、工商学院7个学院为第二批全员育人试点学院。2018年5月8日，《光明日报》以《河南理工大学：探索全员育人新途径》[①]为题，从全员参与提升育人广度、创新试点提升育人宽度、强化保障提升育人温度、百花齐放提升育人效度4个方面对学校全员育人工作进行了报道。2018年6月，学校对11个全员育人试点学院进行考核验收并给予奖励。

2018年5月，中共河南省委高校工委办公室、河南省教育厅办公室转发《教育部办公厅关于开展"三全育人"综合改革试点工作的通知》，在全省高校开展"三全育人"[②]综合改革试点工作。学校高度重视，认真准备，积极申报。2018年6月，中共河南省委高校工委、河南省教育厅下发《关于公布河南省"三全育人"综合改革试点高校、院（系）名单的通知》，学校获批河南省首批"三全育人"综合改革试点高校。2018年11月，学校印发《"三全育人"综合改革试点建设工作方案》，对综合改革涉及的27个单位、12个一级指标、29个二级指标、90个三级指标进行了责任分工，明确了学校"三全育人"综合改革试点建设的时间表、路线图和任务书。同月，学校印发了《关于开展基层学院"三全育人"综合改革的通知》，对基层学院"三全育人"综合改革作出安排部署。2019年1月，21个基层学院先后提交本学院"三全育人"综合改革实施方案，明确了本学院"三全育人"综合改革的时间表和路线图。

二、学生管理

（一）制度建设

学校重视学生管理制度建设，努力构建科学规范、系统完备的学生管理制度体系。2012年2月，学校印发《学生突发事件处理暂行办法》，成立了学校突发事件处置工作领导小组，明确了学生突发事件的处理原则、范围和程序，为维护正常的校园秩序奠定制度基础。2017年12月，学校修订《突发事件处

---

① 崔志坚：《河南理工大学：探索全员育人新途径》，《光明日报》2018年5月8日，第8版。
② "三全育人"即全员育人、全程育人、全方位育人，是中共中央、国务院《关于加强和改进新形势下高校思想政治工作的意见》提出的坚持全员全过程全方位育人（简称"三全育人"）的要求。

理暂行办法》，强化了学院主体责任和部门协调配合，细化了相关单位的责任分工和处置程序。2014年9月，学校修订完善《学生管理规定》《学生奖励条例》等20余项学生管理制度，全面加强学校意识形态及学生宗教工作，细化班级学生干部工作职责，对学生权利与义务、奖励与资助、处分与申诉等条款进行修订。2017年2月，教育部颁布了《普通高等学校学生管理规定》。2017年3月至8月，学校全面启动学生管理制度，修订了了《学生管理规定》，进一步完善了学生处分程序、期限、申诉等条款，维护和保障学生权利，倡导学生遵守学术规范、恪守学术道德，维护学校正常的教育教学秩序；修订了《学生违纪处理实施细则》，明确规定学生处分到期后可按程序予以解除，处分解除后，学生获得表彰、奖励及其他权益不受影响，切实尊重和保护学生的合法权益。

2016年5月，学校制定了《关于学工系统与教务系统协调联动的实施方案》《学生安全稳定协调联动机制》等4项制度，加强学工与教务、保卫、后勤等部门的工作联动，全年召开联动会议4次，解决相关问题30余项。2016年9月，学校印发《学生安全教育与管理实施细则》，明确了学校、学院、年级、班级4级安全教育管理职责。同月，学校印发《学生发展教育规划大纲》，通过规划设计一年级领航工程、二年级筑基工程、三年级提升工程、四年级圆梦工程，对学生开展成人教育、成长教育、成才教育和成功教育。

（二）学籍管理

2010—2015年，学校贯彻落实教育部颁布的《普通高等学校学生管理规定》《教育部关于印发高等学校学生学籍学历电子注册办法》《国务院学位委员会　教育部关于印发学位证书和学位授予信息管理办法的通知》和学校学籍学历管理各项规章制度，依法依规做好学籍注册、学年注册、学历注册和学位年报等工作，严格学籍异动流程，切实维护教育公平公正。2010年1月，学校被教育部评为"全国高等教育学籍学历管理工作先进集体"，学生工作部（处）贾宝先被评为"全国学籍学历管理先进个人"。同月，学校被评为"河南省普通高等教育本专科学生管理工作先进集体"，研究生处丁亚红、教务处董运青、机械学院聂凯、土木学院何军、成教学院李好永等5位同志被评为"河南省高等教育学生工作先进工作者"。

为进一步加强学生学籍学历管理，维护学生合法权益，2016年7月，学校成立了学籍管理科，主要负责学生学籍学历的注册、管理、年报和学生学历学位证书的印制、管理、发放等工作。2017年7月，学校印发《学生转学管理办法（试行）》《学生学籍学历电子注册和学位授予信息报送管理办法（试行）》《学生学历和学位证书管理办法（试行）》等文件，对学生转学、转专业的条件和程序以及证书管理、"三大注册"、学位年报、学籍异动等工作作出明确规定，进一步规范了学校办学行为。

2015年6月，国务院学位会员会、教育部下发《学位证书和学位授予信息管理办法》。2017年3月，河南省教育厅下发《关于进一步规范高等教育学历证书管理工作的通知》。根据上级精神，经过公开征集、专家评审、学校审定等程序，学校确定了新版学士学位证书、学历证书和学历证明书。新版证书充分展现了学校的办学历史、办学特色和文化内涵，彰显百年理工的厚重历史。

2009—2019年，学校累计为93234名本、专科毕业生颁发了学历证书，为获得学位资格的73515名本科毕业生颁发了学士学位证书，并在学信网、学位网对学生学历信息、学位信息进行网上标注。

（三）班级管理

2011年3月，学校印发《"学生基层班级建设年"活动实施方案》，加强基层班级建设。2013年4月，学校印发《班级学生干部管理办法（试行）》，明确了班干部的权利与义务、选任程序、岗位职责、培训考核等内容，为加强班级学生干部队伍建设提供了制度依据。2014年10月，学校印发了《学生班级活动管理细则（试行）》《学生班级干部选任与管理细则（试行）》，进一步加强基层班级管理，细化班干部工作职责、选任程序及考核办法。

学校坚持每年向新生发放《学生手册》，并组织学习和考试，引导学生熟悉自身权利义务和学校规章制度，遵守校规校纪。2011—2019年，学校累计举办8届班长、团支书培训班，培训近6000余人次。学校坚持开展学生安全教育和安全隐患排查，做好寒暑假、节假日及重要节点的学生安全教育管理工作，定期组织学工人员深入课堂、班级、宿舍，重点排查安全风险隐患和不稳定因素，开展学生防传销、防电信诈骗、防不良网贷等专项教育活动，提高学生防范意识和技能。

2011 年，为贯彻落实中央新疆工作座谈会精神，新疆维吾尔自治区选送少数民族高校毕业生赴援疆省市进行专项培养。根据中共河南省委、省政府工作安排，学校承担了新疆少数民族普通高校毕业生小城镇规划培训班培训任务。9 月 25 日，41 名新疆哈密地区培训学员入校接受为期两年的专项培训工作。学校成立了以校长为组长，主管学生工作的校党委副书记、主管教学工作和主管后勤工作的副校长为副组长，相关部门负责人为成员的新疆学员培养工作领导小组，选配了辅导员和班主任，制定了《新疆少数民族普通高校毕业生小城镇规划培训班培训计划》《河南理工大学新疆学员培训班工作人员与新疆学员培训班带队干部联席会议制度》等文件，编印了《河南理工大学新疆哈密地区少数民族培训班学员手册》等文件。学校按照培训计划，组织师资力量，认真开展小城镇规划理论、技术等专业知识培训和实践培养，举办"祖国在我心中"升旗仪式、"永远跟党走"主题演讲比赛、古尔邦节晚会等活动，对新疆班学员开展爱国主义、集体主义、社会主义教育，加强民族团结进步教育和思想政治教育，学员的专业素质和思想政治素质得到提高。2013 年 7 月 2 日，历时两年的新疆班学员培养工作圆满结束。

（四）宿舍管理

2016 年 8 月，学校修订了《学生住宿管理办法》，成立河南理工大学学生住宿管理委员会，由后勤处（集团）、学生工作部（处）、研究生工作部（处）、保卫部（处）、校团委等部门组成，负责宿舍管理工作。2017 年 5 月，学校印发《学生宿舍安全管理办法（试行）》。2017 年 12 月，学校印发《学生宿舍安全隐患通报处理细则》。2017 年，学校开展宿舍安全隐患检查 7 次，排查和整治各类安全隐患宿舍 1264 间；2018 年，学校开展宿舍安全隐患检查 11 次，排查和整治各类安全隐患宿舍 617 间。安全隐患学生宿舍数量从 2016 年的 1200 间下降到 2018 年的 225 间，下降 81.3%。2019 年 4 月，学校印发《学生宿舍安全管理办法（修订）》，进一步规范和完善宿舍安全检查、通报、整改和处理的程序。2016 年 7 月，学校建立宿舍门禁管理系统，加强对学生晚归和深夜外出的管理，有效减少了学生宿舍管理的安全风险和隐患。

加强宿舍文化建设。2017年5月，学校开展第一批宿舍文化长廊建设。安全学院、财经学院、测绘学院、电气学院、土木学院5个学院建设的宿舍文化长廊通过验收。2018年10月，学校开展第二批宿舍文化长廊建设，材料学院、机械学院、计算机学院、文法学院、资环学院5个学院建设的宿舍文化长廊通过验收。2018年10月，学校举办"宿舍文化节暨宿舍安全宣传教育月"活动，通过雅室评比、宿舍长培训班、宿舍安全宣传教育等系列活动，提升宿舍文化氛围，增强师生宿舍安全意识，为构建"平安、尚学、文明、和谐"的宿舍环境打下坚实基础。

推进大学生思想政治教育工作进宿舍。2014年9月，学校实施辅导员进驻宿舍办公制度，全校120多名专职辅导员进驻宿舍办公。2016年12月，学校印发《关于进一步完善辅导员入驻学生宿舍的实施意见》。截至2019年6月，各学院辅导员主要在学院办公，节假日和休息日在宿舍轮流值班。学校委托应急学院在竹园3号宿舍楼开展辅导员工作站建设试点。2018年9月，工作站建成并投入使用，工作站设有"辅导员办公室""党建活动工作室""心理健康工作室""就业创业工作室"等，为思想政治教育工作进宿舍提供了有效载体。

（五）学风建设

2011年，学校印发《"学生基层班级建设年"活动实施方案》，组织开展学生基层班级建设年活动。2012年，学校印发《关于开展加强校风、学风、班风建设活动的通知》，切实加强对学生的校纪校规宣传和教育工作。2013年，学校印发《关于加强校风学风暨学生基层班级建设工作的通知》，组织开展班风学风建设主题班会、学习经验交流会、校规校纪教育等活动；印发《关于组织开展"优良考风培育和公正客观评教"主题教育活动的通知》，引导学生诚信做人、诚信考试及认真负责地做好教学评价。2014年，学校印发《关于组织开展"优良学风考风创建"主题教育活动的通知》。2015年5月，学校组织开展学风考风专题调研，2200余名学生参与调查，形成《河南理工大学本专科生学风考风调研报告》，为进一步加强优良学风考风建设奠定了基础。

2017年9月，学校召开学风建设动员会，印发《关于进一步加强学风建设的实施方案》，强化课堂督查，加强考试管理，狠抓考风考纪，创建优良学风。2018 年 3 月，学校召开"2018 学风建设提升年"动员大会，印发《关于开展学生工作系统"学风建设提升年"活动的通知》，开展榜样示范引领、实施看课听课、推行手机休眠、规范课堂秩序、考研奋进工程、设立学风建设督导岗、"我们的课堂"专题展示、约谈启迪督查、严肃考风考纪等九个专项活动。2018 年，1119 名学工人员累计看课听课 10876 次，看课教室 15206 间，督导违反课堂纪律学生 16495 人次；设立 56 个学风督导岗，派出督导人员 9240 人次，督导学生 2 万多人次；开展"我们的课堂"展示，20 个班级、团支部获奖；选出 30 名成绩突出、学生公认的学风建设先进典型。"学风建设提升年"最终评选出学风建设工作先进学院 6 个、先进工作者 20 名、先进班级 100 个、优秀学生干部 100 名。2018"学风建设提升年"使全校学习风气进一步提升，学习氛围进一步浓厚。

（六）毕业生和考研工作

学校扎实做好毕业生教育管理工作，认真开展优秀毕业生评选，2009 年 10 月至 2019 年 6 月，累计评选出 2588 名省优秀毕业生和 5162 名校级优秀毕业生。自 2008 年起，学校坚持每年举办毕业典礼暨学位授予仪式，由校、院领导为学生颁授学位；学校还为毕业生发放毕业纪念册、纪念 T 恤衫，发布文明离校倡议书，开展丰富多彩的毕业主题教育活动，激发毕业生感恩师长、情系母校、报效祖国的情怀。

学校积极鼓励和引导学生勤奋学习、考研深造。2012 年 6 月，学校印发《本科生考研工作实施意见（试行）》，成立本科生考研工作领导小组，建立奖励机制，对考入国外 500 强高校、国内"985"高校、中国科学院和中国社会科学院的应届本科毕业生给予资金奖励。2017 年 12 月，学校修订《本科生考研奖励办法》，将奖励标准提高至考入"世界 200 强高校""国家双一流高校"，进一步鼓励本科毕业生考取高水平大学硕士研究生，提高考研质量。2010 年至 2019 年，学校考研率连续 10 年达到 20% 以上，平均考研率为 23%，2014 年最高达到 25.51%，累计有 16114 名学生考取硕士研究生，其中考取高水平院校（包括原"985""211"院校、中国科学院、中国社会科学院和国外知名高校）7092 人。学校按照奖励办法对考研优秀学生予以奖励，累计发放考研奖励 403.8 万元。

（七）学生获奖与先进事迹

2010 年，由中宣部、教育部、共青团中央、人民日报社共同指导，人民网和大学生杂志社联合举办了"2010 中国大学生年度人物"评选活动，我校应急管理学院公共事业管理 2009-1 班学生练冰月获得"2010 中国大学生年度人物提名奖"（全国 20 名）。

2012 年，人民网和大学生杂志社联合主办"2012 中国大学生年度人物"评选活动，我校建筑与艺术设计学院 2009 级艺术设计专业学生臧亚平入围"2012 中国大学生年度人物"候选人（全国 200 名）。

2017 年，中共河南省委高校工委和河南省教育厅启动河南省首届"最美大学生"评选活动，我校测绘学院测绘工程 2014-1 班学生刘相臣被评为首届"河南最美大学生"（全省 10 名）。刘相臣大一入学后，响应国家号召参军入伍，进入中国人民武装警察部队吉林省公安边防总队服役。服役期间，先后被授予团级嘉奖、优秀士兵等荣誉奖励，并在部队光荣入党。退役后，他重返校园，先后获得国家奖学金、国家励志奖学金、河南省"三好学生"等奖励荣誉。积极参加大学生数学建模大赛、大学生 GIS 应用技能大赛、"挑战杯"课外科技学术作品竞赛等科技创新活动，先后获得国家级奖励 15 项、省部级奖励 5 项，申请实用新型专利 1 项。2018 年，刘相臣被学校推荐到中国科学院遥感与数字地球研究所攻读博士研究生。

2018 年，我校安全学院学生杨雨润因多次见义勇为、乐于助人事迹被学校授予"优秀共青团员""最美大学生"等荣誉称号，其先进事迹先后被新华社、央视网、《河南日报》、新浪新闻等近百家新闻媒体报道。

2017 年 9 月，学校开展首届"最美大学生"评选活动，测绘与国土信息工程学院 2014-1 班学生刘相臣、机械与动力工程学院 2017-1 班学生张世杰、能源科学与工程学院 2015-1 班学生张全勇、资源环境学院 2014-1 班学生张璐璐、电气工程与自动化学院 2014-1 班学生付海生、计算机科学与技术学院 2015-2 班学生陈建、财经学院 2015-3 班学生刘旺、数学与信息科学学院 2015-1 班学生左振萌、物理与电子信息学院 2014-1 班学生郭思梦、化学化工学院 2015-1 班学生张静洋等 10 名学生获得"最美大学生"荣誉称号。

2018 年 11 月，学校开展第二届"最美大学生"评选活动，安全科学与工程学院 2017-1 班学生杨雨润、机械与动力工程学院 2015-2 班学生范伟强、材料科学与工程学院 2015-2 班学生汪梦月、电气工程与自动化学院 2015-4 班学生周庆忠、土木工程学院 2016-2 班学生秦莹、工商管理学院 2016-2 班学生朱梦霆、物理与电子信息学院 2015-4 班学生王圳、应急管理学院 2015-1 班学生汤家辉、体育学院 2015-1 班学生王晨怡、音乐学院 2016-2 班学生白婉莹等 10 名学生获得"最美大学生"荣誉称号。

三、奖励与资助

（一）创先争优活动

学校坚持开展学生"创先争优"活动。2010 年 4 月，学校修订了《国家奖学金管理暂行办法》《国家励志奖学金管理暂行办法》《国家助学金管理暂行办法》，将国家奖助学金纳入学校学生资助体系。2017 年 8 月，学校对上述 3 个文件再次进行修订。2014 年 10 月，学校印发《学生奖励规定（修订）》，对学生奖励评选条件进行修改。同月，学校印发《学生综合评定办法（试行）》，对学生综合评定积分办法作出修改，进一步突出立德树人的根本要求和德智体美全面发展的育人导向。同时，学校制定了《孙越崎优秀学生奖学金评定办法（试行）》《学生先进个人评选办法（试行）》《学生先进集体评选办法（试行）》，强化了先进集体、先进个人的评选条件和要求。

2009—2019 年，学校共评选出国家奖学金获得者 631 人次，奖励金额 504.8 万元；国家励志奖学金获得者 9811 人次，奖励金额 4905.5 万元；国家助学金获得者 70832 人次，资助金额 20247.1 万元；累计评选国家奖、助学金 81247 人次，奖励资助金额 25657.4 万元。评选出孙越崎优秀学生奖学金 81390 人次，奖励 6141.9 万元，其中特等奖 937 人次、奖励 281.1 万元，一等奖学金 10227 人次、奖励 1534.05 万元，二等奖学金 16309 人次、奖励 1630.9 万元，三等奖学金 53917 人次、奖励 2695.85 万元。学校还设立科技创新及发明优秀奖、文体活动优秀奖等单项奖学金，累计评选 2719 人次，奖励 55 万多元。

2009—2019 年，学校在学生中开展"创先争优"活动，涌现出一大批先进集体和先进个人。学校有 349 个班级被评为河南省先进班集体，349 名学生被评为河南省优秀学生干部，1011 名学生被评为河南省三好学生；1656 个班级被评为学校先进班集体，7655 名学生被评为学校优秀学生干部，19361 名学生被评为学校三好学生。2011 年和 2013 年，学校召开学生"创先争优"表彰大会，对获奖学生进行表彰。为扩大学生参与面，2014 年开始，学生"创先争优"表彰大会改由各学院组织召开。2018 年 3 月，学校召开学生"创先争优"表彰大会，对 2017—2018 学年获得各级各类先进集体和先进个人的学生进行表彰，校党委书记邹友峰在大会上对全校学生提出四点希望：要让优秀成为一种习惯，要让奋斗成为一种信仰，要让磨砺成为一种财富，要让青春成为一种风景。

（二）国家助学贷款

2009 年以来，学校坚持做好国家助学贷款工作。积极为家庭经济困难的学生办理国家助学贷款。2009—2014 年，每年贷款人数都在 4000 ~ 5000 人，贷款金额在 2000 ~ 2600 万。2015 年后，贷款人数进一步增加，突破 6000 人，贷款金额突破 4000 万；2018 年，贷款人数达到 9057 人，贷款金额达到 5418.7 万元。学校不断加强国家助学贷款的贷后管理工作，强化国家助学贷款风险管控，开展诚信教育、励志教育、感恩教育，评选诚信自强之星，坚持家访活动，不断提高学生诚信意识和还贷意识，国家助学贷款违约率长期保持在较低水平。截至 2019 年 6 月，学校校园地国家助学贷款违约率为 0.8%，累计获得上级奖励资金约 1403.4 万元。2016 年 4 月，为进一步提升国家助学贷款政策实施效果，确保国家助学贷款工作持续健康发展，根据上级文件精神，学校制定了《校园地国家助学贷款还款救助管理暂行办法》，旨在帮助无偿贷能力的学生代偿国家助学贷款。截至 2019 年 6 月，学校先后为 7 名符合政策的学生，代偿贷款 6.85 万元。

（三）学校资助与社会捐资助学

2009 年以来，学校不断完善以助、减、免、补为主要内容的困难学生资助体系。每年设立 600 ~ 800 个勤工助学岗位，参加学生 5000 ~ 10000 人次，累计受益学生 7.4 万多人次，发放酬金 1115.37 万元。2009 年 10 月至 2019 年

6月，学校累计为691人次学生减免学费196.21万元，为2万多人次学生发放困难补助420.47万元。此外，还有一批优秀校友、社会人士和爱心企业捐资助学，先后设立"九鼎科技奖学金""宏大爆破奖学金""姚晓峰、余丽奖学金"等10余项奖助学金，累计资助3759名学生，资助金额561.8万元（详见表7-5）。

表7-5　2009—2019年社会捐助项目情况统计表

序号	设立时间	捐助项目名称	资助学生人数（人次）	资助金额（万元）
1	2008年	焦作军分区助学金	130	18
2	2009年	朱训教育奖励基金	270	45
3	2010年	采矿工程英才奖学金	456	30
4	2010年	九鼎科技奖学金	200	20
5	2010年	超越助学金	200	120
6	2010年	焦作血站爱心助学金	1320	80
7	2010年	龙软科技奖学金	107	15.4
8	2012年	山东商会助学金	10	2.9
9	2012年	河南省"关心下一代基金会"助学金	400	80
10	2014年	中国移动"爱心接力"助学金	20	10
11	2014年	"河南省军区"助学金	200	30
12	2014年	"光彩圆梦"助学金	21	10.5
13	2016年	宏大爆破奖助学金	225	60
14	2017年	姚晓峰、余丽奖学金	200	40
		合计	3759	561.8

资料来源：根据2009—2019年《河南理工大学年鉴》和《河南理工大学年报》综合整理。

（四）其他资助

应征入伍学费补偿。2010年，根据财政部下发的《应征入伍服义务兵役高等学校毕业生学费补偿国家助学贷款代偿暂行办法》精神，学校积极为应征入伍学生办理学费补偿和贷款代偿业务。2010—2019年，学校累计为840名应征入伍学生办理学费补偿和贷款代偿 848.08 万元，落实了国家征兵优待政策，支持了征兵和国防工作。

学生保险。2010—2019 年，学校积极为学生办理城乡居民医疗保险，共为 78336 人办理城乡居民医保，解决了学生患大病的后顾之忧。从 2016 年开始，为全校学生办理校方责任险，每年缴纳保费近 40 万元。

建档立卡贫困家庭学生资助。2017 年 6 月，根据《河南省教育厅、河南省民政厅、河南省扶贫开发办公室、河南省残疾人联合会关于做好建档立卡贫困家庭学生资助工作的通知》，学校加强了对建档立卡贫困家庭学生的资助工作。同年 12 月，学校组织 20 个学院近 100 名学生工作人员，对河南省 17 个地市的 1750 多名建档立卡贫困学生家庭进行走访。2018 年寒假，学校为近 1110 名家庭经济困难学生报销寒假回家往返路费 15.8 万元。2018 年暑假，学校为建档立卡贫困家庭学生家庭邮寄《温馨告知书》《资助发放明白卡》等资料。2017 和 2018 年，学校为 8 名建档立卡贫困家庭学生减免在校期间全部学费 10.44 万元，为 63 名建档立卡贫困家庭学生发放困难补助 11.39 万元。此外，3414 名建档立卡贫困家庭学生全部享受一等国家助学金资助，建档立卡贫困家庭学生的各项资助政策得到落实。

（五）资助育人活动与成效

2013 年 5 月 28—31 日，学校承办河南省学生资助管理工作业务培训会，来自全省 122 所高校、200 余名学生资助工作人员参加培训。2018 年 4 月 26—28 日，由河南省教育厅、中国人民银行郑州中心支行、中国银行业监督管理委员会河南监管局、国家开发银行河南省分行联合主办，我校承办的河南省大学生"诚信校园行"学生资助知识大赛复赛区 D 组比赛在明德楼音乐厅举行，来自全省的 19 支代表队、76 名选手参加了本次比赛。2009 年 10 月至 2019 年 6 月，学校坚持开展"诚信校园行""助学、筑梦、铸人"主题教育活动，宣传国家资助政策，培养学生诚信意识；编印《国家奖学金获得者风采录》，利用宣传栏、宣传屏、官方微信等多种渠道，宣传优秀学生先进典型事迹。累计评选出 34 名诚实守信、自立自强的学生，加强典型示范和榜样引领。

经过不断努力，学校逐步构建起"以国家助学贷款为主渠道，以勤工助学、助学金为基础帮困手段，以奖学金为主要激励方式，以校友和社会捐助为重要筹款手段，以'减、免、补'为重要辅助措施"的立体式、多元化学生资助体系。10 年来，没有一名学生因贫辍学、退学。学校连续 13 年获得河南省高校学生资助工作考核优秀单位。2014 年 12 月，学校获得全国无偿献血促进奖特别奖；2009 年、2011 年、2013 年、2014 年、2015 年、2016 年、2018 年，学校 7 次获得河南省大学生诚信校园行系列活动优秀组织奖；2014 年、2016 年、2018 年，学校 3 次获得河南省大学生诚信校园行系列活动三等奖。

四、心理健康教育

（一）机构与机制建设

2010 年 4 月，学校印发《关于进一步加强和改进大学生心理健康教育工作的意见》，明确了心理健康教育工作的总体要求、主要任务、工作机制和条件保障，确立了学校心理咨询中心、学院心理健康教育工作小组、班级心理委员、宿舍心理信息员四级心理健康教育工作网络。2013 年 5 月，心理咨询中心更名为心理健康教育与咨询中心（以下简称"中心"）。截至 2019 年 6 月，共有 7 名专职人员，建有个体咨询室、团体辅导室、心理沙盘室、情绪放松室、心理测评室等 500 平方米专门活动场地。

2017 年 12 月，学校决定投资 150 余万元，在南校区规划建设 1600 平方米新中心场地。同时，在北校区规划建设新的咨询服务场地。截至 2019 年 6 月，南北校区新场地建设正在稳步推进。

2014 年 6 月，学校印发《学院心理辅导站建设实施方案》，明确了学院心理辅导站的建设任务与建设标准，强化学院在心理健康教育中的主体作用。2015 年，共有 15 个学院建成二级心理辅导站，场地面积合计 551 平方米。2016 年 12 月，学校确定机械学院"氧心阁"、工商学院"心灵家园"、安全学院"心灵绿洲"和电气学院"心语花园"等 4 个学院二级心理辅导站为首批心理辅导站建设示范单位。2017 年 6 月，学校印发《学院心理辅导站建设标准（试行）》，持续推进学院心理辅导站标准化和规范化建设。同年，财经学院"幸福家园"、材料学院"蒲公英"、能源学院"心语轩"和医学院"向阳花开"4 个学院心理辅导站被确定为第二批心理辅导站建设示范单位。

（二）师资队伍建设

2010—2019 年，学校专兼职心理咨询师和专兼职教师分别从 11 人、10 人，增至 30 人、36 人，组织开展校内学习交流及案例讨论 188 场次，参与老师 1800 多人次，内容涉及家庭治疗、认知行为疗法、团体心理辅导、叙事治疗、艺术治疗等专题，累计组织 570 多人次参加校内外培训。2017 年 4 月，学校印发《河南理工大学心理健康教育专兼职教师外出学习培训管理办法（暂行）》，对专兼职教师外出学习培训的时间和程序做出要求，并明确每年将大学生心理健康专项经费的 30% 用于专兼职教师学习培训。心理健康教育工作队伍的专业技能和水平得到进一步提升，为做好心理健康工作打下了良好基础。

2014 年 3 月和 2016 年 3 月，学校组织两批国家心理咨询师培训班。2018 年 3 月，学校印发了《< 大学生心理健康教育 > 兼职教师资格认定办法（试行）》和《心理咨询师管理办法（试行）》，对心理健康教育兼职教师和咨询师的认定和管理做出规定，并按照程序认定和选聘了 36 名专兼职心理健康教育教师和 30 名心理咨询师。截至 2019 年 6 月，学校有 82 名专职辅导员和 36 名教师获得国家心理咨询师资格证书，其中三级心理咨询师 72 名，二级心理咨询师 46 名。

（三）教学体系建设

2010 年秋季学期，学校首次开设《大学生心理健康教育》公选课，开启了心理健康教育课堂教学工作。2011 年 5 月，根据教育部印发的《普通高等学校学生心理健康教育课程教学基本要求》，学校将《大学生心理健康教育》课程从公选课升格为"限选课"，课时由 16 学时增至 32 学时，学分由 1 学分增至 2 学分。2016 年 12 月，学校修订人才培养方案，将《大学生心理健康教育》列为大一指定选修课，教学模式也由 32 学时理论教学创新为 24 学时理论加 8 学时实操课程的新模式，实现了知识传授、行为训练与心理体验的有机结合。同时，学校还开设《教育心理学》《大学生恋爱心理学》《软技能实训》等公选课，为学生提供多样的心理健康教育课程选择。

2014 年和 2015 年，学校连续两年举办心理健康教育教学竞赛，先后有 19 人次获奖。2014 年 11 月，学校申报的《大学生软技能实训课程育人新模式教学案例》荣获河南省高校实践育人工作优秀案例一等奖。2017年，学校按照本科教学工作审核评估要求，对全校心理健康教育课程进行统一整改和材料归档，并制定《心理健康教育教研室建设与管理实施细则》等制度，全面规范心理健康教育教学工作。

（四）活动体系建设

学校坚持每年5月和10月举办大学生心理健康宣传周（月）活动，2010年至2019年，已连续举办15届。通过开展心理知识、心理漫画、心理情景剧、心理微电影等比赛及心理书画创作、"你的微笑最美""最美微笑宿舍"等评选活动，宣传普及心理健康知识，提高学生心理健康素质。2017年7月，开通"HPU心理健康教育与咨询中心"官方微信公众号。截至2019年6月，已累计推送文章116篇，阅读量达2.5万次以上。2018年5月，建成心理健康教育与咨询中心官方网站，设有课程培训、预约咨询等8个板块，并提供心理测评和自助服务等。

积极开展学生团体辅导活动。2014年10月，《河南教育》以《全方位深化团体辅导、多维度引导自主成长》为题进行了宣传报道。2014年至2019年6月，学校累计举办12期新生班级心理委员培训，参与学生3600多人次。

（五）危机管理体系建设

学校坚持开展新生心理普查和大二学生心理跟踪调查。2010—2019年，累计对91406名学生开展心理普查并建立心理档案，对14173名大二学生开展心理跟踪调查，筛查出心理亚健康学生7930名，并对心理亚健康学生开展集中辅导约谈197场，参与学生6971人次。2011年开始，学校开展特殊群体学生排查及跟进辅导工作。2013年8月，印发《学生心理危机干预管理办法（试行）》，明确了学生心理危机干预的原则、程序、方法等内容。2011—2019年，通过邮件咨询、网络咨询和面询等形式，累计排查跟踪特殊群体学生1887人，开展辅导4497人次，面询学生5177人次，干预心理危机学生597人次，有效预防了学生心理危机事件的发生。学校每年还面向新进教师、班级心理委员、宿管人员等开展学生心理危机识别与干预技能培训，提高相关人员发现和干预学生心理危机的能力。

（六）奖励与荣誉

2013年12月，我校被确定为河南省首批普通高等学校心理健康教育工作试点单位。2014年5月和6月，《河南教育信息》（2014年第41期）和教育部网站分别以《河南理工大学扎实推进大学生心理健康教育工作》为题，报道我校心理健康教育工作。2015年5月，在第十二届全国大学生心理健康教育与咨询学术交流会上，中心被评为"2010—2015年度大学生心理健康教育工作优秀机构"，潘子彦被评为"全国大学生心理咨询专业委员会优秀青年工作者"。2018年1月，潘子彦、胡利霞被评为"2017年度河南省高校心理健康教育优秀工作者"。2018年6月，在第十三届全国大学生心理健康教育与咨询学术交流会上，中心被评为"2015—2018年度大学生心理健康教育工作先进集体"，潘子彦、胡利霞被评为"全国大学生心理咨询专业委员会优秀工作者"。2018年11月，我校心理育人项目《精准滴灌"心"世界，回归初心做好学生心理健康"守门人"》被评为河南省高校思想政治工作精品项目；2019年1月，该项目入选教育部第一批高校思想政治工作精品项目（河南仅2项）。

五、军训与国防教育

（一）军训工作

学校重视大学生军训工作，认真落实教育部《普通高等学校军事课教学大纲》（以下简称《大纲》）要求，把军事技能训练和军事理论教学纳入学校教育教学计划，落实大纲规定的学时和学分，并将考试成绩载入学生必修学分。2010年，学校成立军训工作领导小组，校长任组长，分管学生工作副书记和分管教学副校长任副组长，成员由武装部、教务处、学生处、宣传部等职能部门和各教学学院相关负责人组成，下设军训工作办公室，具体负责军训工作的组织指挥和各项服务保障工作。军事技能训练作为必修课程，计2学分，训练时间2周左右，主要训练内容为《内务条令》《纪律条令》《队列条令》及兵役法规，单个军人动作训练及分队队列动作训练，轻武器瞄准、战术动作、军事地形学等军事技能学习训练；同时融入国家安全、消防安全、人民防空和爱国歌曲等教育内容。2010—2019年，学校组织近9万名学生参加军事技能训练，焦作军分区和驻焦部队共计520名教官承担训练任务，学校737名国防生作为助班教员参与训练，累计开展军事技能训练126天，并创下军训安全工作零事故的纪录。

2017年，学校投入15万元建成军训武器仓库，投入40余万元建成综合训练场，为军训各项科目开展提供了全面的硬件保障。学校创新训练形式，增加了军体拳、刺杀操等军队传统练兵科目的训练；举行总结表彰大会，对拓展科目进行了汇报表演，全面总结展示军训成果，升华凝练军训主题，军训质量不断提升。

军事理论课教学是学生军训工作的重要组成部分。2009年10月以来，学校按照《大纲》要求，加强军事理论课程建设，落实36学时的要求，规范课程教学管理，聘请焦作军分区专职人民武装干部、河南省人武学院军事教员担任任课教师，开展中国国防、军事思想、军事技术、信息化战争、国际战略环境等方面的教学，并根据军事思想发展和国防军队改革，及时更新和丰富教学内容。2012年开始，学校在校内选聘具有军队工作经历的教师承担军事理论课教学任务，选派教师参加教育部、教育厅举办的军事理论课培训，并利用学校赛课（Sakai）网络教学平台及慕课、微课、视频公开课等在线课程开展教学，加强信息技术和多媒体技术的应用，进一步提高军事理论课教学质量。

学校积极开展军训和国防教育实践研究，2012年，武装部编写的教材《普通高校军事教程》入选河南省"十二五"普通高等教育规划教材。2014年，武装部申报的《深入开展国防教育"31"工程，延展军训育人效果》获河南省高校实践育人工作优秀案例（军事训练类）一等奖。2017年，武装部申报的《以"三风"建设推进国防教育纵深发展》获得河南省高校实践育人工作优秀案例军事训练类二等奖。

（二）征兵与国防教育

学校坚持把大学生征兵工作作为贯彻落实党中央、中央军委决策部署的政治任务，着力构建"机构设置完善，制度措施有效，职责分工明确，工作运行规范，各种保障有力"的大学生征兵工作体系，切实把大学生参军这件利国家、利军队、利教育、利学生的好事办好。

2016年以来，学校贯彻落实《中央军委国防动员部、教育部关于进一步做好大学生征兵工作的通知》和《河南省人民政府、河南省省军区关于进一步加大大学生征集力度的意见》等文件精神，成立了校党委书记任组长、分管工作党委副书记任副组长、有关职能部门和教学学院负责人为成员的大学生征兵工作领导小组；领导小组下设办公室，办公室设在党委武装部，实现了机构单设、人员专职。2018年，学校制定了《大学生征兵工作实施细则（试行）》，对学校征兵工作的组织领导、宣传教育、兵源征集、服务保障以及应征入伍学生的学籍管理、优待政策等作出了规定。2009年10月至2019年6月，学校累计有500余名大学生光荣参军入伍，涌现出了河南省首届"最美大学生"刘相臣，被中央军委授予"执行重大任务"勋章、河南省第二届"最美大学生"候选人白婉莹等一大批携笔从戎的优秀学子。

学校把加强国防教育作为做好大学生征兵工作的基石，不断增强大学生的国防意识和国防观念。2009年10月以来，坚持开展多种形式的国防教育活动，组建军事爱好者协会、国旗护卫队等社团组织，开展大学生征兵宣传、军事武器模型展、爱国主义影视剧展播、"军营一日行"，参观革命遗址、革命纪念馆、烈士陵园等活动，邀请军队知名专家、部队首长、优秀士兵到校做学术讲座和形势报告。河南省委常委、河南省军区政委周和平少将，《解放军报》副总编陶克少将，国防信息学院沈树章少将，第二炮兵某部导弹专家吴智福大校等莅校作报告，引导学生献身国防、报效祖国。

第三节 就业工作与创新创业教育

一、就业工作

（一）就业市场开发与建设

10年来，学校始终注重就业市场开拓，不断深化校企、校地合作，在保持与煤炭行业紧密合作的同时，加大与非煤行业、地方人才机构合作，建立校内大型双选会、行业巡回招聘团、企业专场招聘会三级就业招聘市场体系，拓宽了毕业生就业行业和领域，毕业生就业率和就业质量显著提高，就业率稳定在90%以上，学校多次被评为"河南省大中专毕业生就业创业工作先进集体""河南高等教育就业质量最佳示范院校""河南省就业评估优秀高校"。

学校不断深化与煤炭行业企业的合作，河南能源化工集团、中国平煤神马集团、大同煤业集团、潞安集团、晋城煤业集团等省内外大型煤炭企业定期到学校开展招聘活动，招聘岗位多、数量大、待遇优，成为学校煤炭、地矿等主体专业毕业生的主要就业渠道。同时，学校不断加强与有色金属、建筑、铁路、机械、电力、化工等行业企业的联系，积极邀请中国黄金集团、中国一冶集团、中建五局集团、中国铁路集团、中国水利水电集团、中国化工集团等公司来校招聘，并成为有色金属高校就业联盟常务副理事单位。

2015年，经人力资源和社会保障部全国人才流动中心批准，学校与焦作市人才交流中心首次联合举办第三届跨区域（秋季）高校毕业生巡回招聘活动"焦作站"暨河南理工大学大型招聘会，此后每年举办该项招聘活动，学校成为全国大中城市联合招聘高校毕业生巡回招聘会固定站点。四年来，累计参会企业2000余家，提供就业岗位7万余个，学校和周边地市高校参会毕业生达6万余名。2016年以来，学校注重加强与长三角、珠三角等地区人才机构的合作，并广泛参与北京、上海、广州、杭州、南昌、苏州等地的大型校企洽谈会，与常州市、昆山市、宁波市、金华市、合肥市、蚌埠市等25个地市人才机构建立了稳定的合作关系，先后举办专场招聘会16场，组织招聘企业600家，提供就业岗位1.5万余个。

（二）就业指导与服务

学校认真贯彻落实教育部和教育厅关于加强和促进高校毕业生就业工作的精神，加强就业服务软硬件建设，先后投资80多万元建设招聘大厅、远程面试室、就业信息查询室等。学校每年还组织职业规划和就业创业指导教师为学生提供职业生涯规划、就业政策咨询、就业心理调适、就业礼仪与面试技巧等就业指导服务，帮助毕业生实现零距离、无障碍、低成本就业。

积极探索"互联网＋"精准就业服务机制。学校组建专门团队负责就业网、手机短信、微信等就业服务平台的维护管理，设计开发新版就业指导网站，提供职业规划与测评、综合素质和创新创业潜质测评等服务；开通"河南理工大学就业服务"微信公众号，与焦作移动、联通公司合作开通校讯通和高校E通短信平台，定期发布就业信息；与海投网合作开通手机 APP，与天纵英才网和有色金属行业高校毕业生就业联盟网合作，探索精准就业服务。2017年，学校成为全国大中城市联合招聘高校毕业生精准就业服务试点单位。2018年，学校组织全校6000多名毕业生在全国人才中心精准就业平台注册，利用大数据将毕业生求职意愿与用人单位岗位需求进行比对，实现毕业生就业精准对接。

2011年，学校制定《河南理工大学信使活动实施方案》，启动信使工程，截至2019年6月，累计选拔2600余名毕业生担任理工信使，为加强学校与用人单位沟通联系、提供招聘信息、搭建招聘平台发挥了重要作用。2014年，根据《教育部办公厅关于编制发布高校毕业生就业质量年度报告的通知》要求，学校建立第三方调查反馈机制，每年委托第三方调查机构对毕业生就业率、就业地域、薪酬水平、专业相关度、就业满意度、对母校评价等指标进行调查，并根据调查反馈情况，不断完善人才培养方案，改进教育教学方法，提高人才培养质量。2016年开始，学校开展毕业生跟踪走访，利用假期走访毕业生相对集中的省市地区，年均走访毕业生300余人、单位20余家，及时了解毕业生发展情况，征求用人单位意见建议，并邀请相关单位到校开展招聘活动。

（三）毕业生就业状况

10年来，学校毕业生就业状况稳中有进、稳中向好。

从就业率看，毕业生就业率总体保持在90%以上。2009年本科生与研究生就业率分别为89.1%和91.46%，到2012年提高到94.72%和95.19%；2013年和2014年，在国家经济增速放缓、经济结构调整的情况下，就业率有所下降；2015年后，就业率稳中有升；2017年和2018年，本科生与研究生就业率稳定在94%和92%以上。

从就业地区看，毕业生在河南省内就业总体比例在60%左右，在东部发达地区就业的毕业生比例略有提高。2009年，62.22%的毕业生在河南省内就业，9.65%的毕业生在北京、上海、广东、江苏、浙江等发达地区就业；2018年，56.49%毕业生在河南省内就业，13.55%的毕业生在发达地区就业。

从就业单位看，国有企业和其他企业（主要是民营企业）占比最大，2009年，国有企业与其他企业就业人数分别占毕业生总人数的23.73%和50.20%；2018

年，国有企业与其他企业就业人数分别占毕业生总人数的15.80%和61.49%。

从就业质量看，毕业生薪酬水平逐年提高。2009年，学校毕业生平均薪酬为1050元，此后逐年提高，先后突破2000元、3000元、4000元，到2018年，毕业生平均薪酬达到4811元。2009年，学校80.71%的毕业生从事与专业相关或相近的工作，2018年为80.68%（详见表7-6）。毕业生对工作满意度处于较高水平，2014—2018年，毕业生对工作满意度分别为92.46%、90.92%、90.73%、90.49%、90.22%。

表7-6　2009—2018年学校毕业生就业情况统计

年度	毕业生就业率		就业地域分布		就业单位类别		毕业生平均薪酬水平	毕业生从事与专业相关或相近的工作比率
	本科生	研究生	河南省内就业比率	北上广深等发达地区就业比率	国有企业	其他企业		
2009	89.41%	91.46%	62.22%	9.65%	23.73%	50.20%	1050	80.71%
2010	96.05%	97.67%	57.95%	8.44%	23.13%	46.07%	1300	82.23%
2011	94.85%	96.59%	58.68%	10.85%	27.69%	37.56%	1700	77.65%
2012	94.72%	95.19%	62.48%	10.34%	26.52%	42.31%	2180	78.11%
2013	93.91%	93.99%	62.67%	10.02%	25.18%	43.81%	2470	74.32%
2014	92.16%	92.15%	62.96%	11.29%	20.62%	39.38%	2800	75.50%
2015	91.59%	85.57%	63.02%	11.93%	20.13%	57.18%	3612	68.12%
2016	92.45%	83.65%	63.96%	9.91%	31.19%	40.56%	4057	69.58%
2017	94.65%	92.83%	59.56%	11.40%	25.40%	60.25%	4348	74.82%
2018	94.06%	93.50%	56.49%	13.55%	15.80%	61.49%	4811	80.68%

资料来源：根据2009—2018年《河南理工大学年鉴》和《河南理工大学年报》和第三方机构调查数据综合整理。

二、创新创业教育

（一）创新创业教育机构与制度体系建设

学校重视创新创业教育工作，按照"顶层设计、创新理念、多措并举、资源整合"的工作思路，坚持"面向全体、分类施教、结合专业、强化实践"的工作方针，不断加强机构和制度建设，通过完善培养方案、构建课程体系、改进教学方法、强化教学管理、注重师资建设、积极搭建平台、开展实践活动等，深化创新创业教育改革，全面增强学生的创新意识、创业精神和创新创业能力。

2015年5月，国务院办公厅印发《关于深化高等学校创新创业教育改革的实施意见》，从指导思想、基本原则、总体目标、主要任务和措施等方面，对高等学校创新创业教育改革作出全面部署。2016年12月，学校印发《关于深化创新创业教育改革的实施意见》，确立了创新创业教育的改革思路和主要任务，提出到2020年逐步建立起课堂教学、实践实训、自主学习、指导帮扶、文化引领等多位一体的创新创业教育体系，使学生创新精神、创业意识和创新创业能力明显增强，投身创新创业实践的学生显著增加。

2016年11月，学校成立创新创业教育工作领导小组，校长任组长，分管副校长任副组长，相关职能部门负责人和各学院院长为成员。领导小组负责创新创业教育基地的统筹规划、政策制定、经费保障和监督管理等工作；各成员单位在领导小组的指导下，在各自的职责范围内开展创新创业教育工作。同年12月，学校成立创新创业学院，校党委副书记任院长，招生就业处处长任常务副院长，教务处、校团委、工程训练中心负责人任副院长。学院下设办公室和大学生创新创业教育教研室，学院还设立院务委员会，由招生就业处、教务处、校团委、工程训练中心、科技处、学生处等13个部门组成，负责统筹、组织、协调和实施学校创新创业教育与实践工作，建立和完善创新创业教育体系，搭建创新创业实践平台，提供创新创业指导和服务。

建立健全创新创业教育制度体系。2012年，学校修订《本科生素质拓展学分认定及实施办法》，从2012级学生开始增设素质拓展学分，要求学生在校期间至少获得5个素质拓展学分。2015年1月，学校修订《学生竞赛管理与奖励办法》，对参与创新创业训练计划项目和学科竞赛获奖以及发表论文、获得专利的学生，依据获奖等级和排名给予学分奖励。2016年10月，学校制定《创新创业学分认定及转换管理办法（试行）》，实施过程性考核与终结性考核相结合的考试考核方式。2017年6月，制定《创新创业学院职责》，明确创新创业学院是学校统筹、组织、协调和实施创新创业教育与实践的工作机构。2017 年 8 月，学校修订《学生学籍管理规定》，实施 3 ~ 6 年弹性学制，放宽学生修业年限，允许学生调整学业进程、保留学籍休学开展创新创业活动；建立学生创新创业档案和成绩单，支持创新创业成果突出的学生转入相关专业学习或推荐免试攻读硕士研究生。2018 年 5 月，学校制定《学生创新创业中心管理办法》，明确了管理机构、服务内容、团队入驻、退出及管理职责。

（二）创新创业人才培养方案与课程体系建设

学校通过加强组织领导，分层分类制定人才培养方案，完善通识教育与专业教育相融合、理论与实践相结合的课程体系等，将创新创业教育融入人才培养全过程，建立健全具有学校特色的课堂教学、实践实训、自主学习、指导帮扶、文化引领多位一体的创新创业教育体系。2018 年 7 月，学校印发《关于制（修）订 2018 版本科专业人才培养方案的指导意见》，提出以创建一流本科教育为目标，注重培养学生创新、创意、创业的意识和能力，积极构建通识教育与专业教育有机融合、创新创业教育与思想政治教育全程融入的本科专业人才培养体系。同年，学校制定《创新创业教育课程体系建设办法（试行）》，提出以课程体系、人才培养模式、教学模式改革为重点，按照"覆盖全体、融入专业、分类实施、强化实践、贯穿全程"的基本思路，落实"四个融合"，即创新创业教育与专业教育融合、理论与实践融合、第一课堂与第二课堂融合、点与面融合。

学校积极构建创新创业教育课程体系。设置"1+2+X"特色课程群："1"是一门主干必修课《创业基础与就业指导》，"2"是两门选修课《大学生职业生涯与发展规划》《大学生创业教育》，"X"是各学院结合专业特点开设的《创新学》《创造学》《创新设计方法》等 30 多门创新创业教育选修课。设立尔雅通识课网络教学平台、智慧树网络教学平台、赛课（Sakai）网络教学平台等在线开放课程。课堂教学增加案例教学、翻转课堂等环节，实验教学采用讲授、网上演示、现场示范与实际操作相结合模式。组织编写《大学生就业指导》《大学生职业生涯发展规划与就业指导》《大学生创新创业指导教程》等系列教材，建立创新创业典型案例库。

2011 年起，学校开设"产生你的企业想法"（GYB）、"创办你的企业"（SYB）

培训班，截至 2019 年 6 月，累计培训 2685 人，已有 2517 人获得培训证书。2017 年起，学校举办创新创业实验班，截至 2019 年 6 月，创新创业实验班共开设 21 个班次，培训学员 1305 名，1200 名学员获得省人社厅颁发的结业证书。学校每年还邀请国内创新创业知名专家、创投公司负责人、创新创业成功人士来校开展学术讲座、事迹报告、沙龙路演、项目把脉等活动 30 多场次，指导学生 7500 余人次。

（三）创新创业师资队伍建设

学校不断加强就业创业师资队伍建设，将创新创业教师选配、培养、评聘、表彰评优等纳入学校人事管理范畴，鼓励教师开展创新创业实践活动和到行业企业挂职锻炼，努力建设高素质创新创业指导教师队伍。2018 年 5 月，学校制定《学生创新创业导师管理办法（试行）》，建立导师库，分设实践型、培训型和评审型三类导师。截至 2019 年 6 月，学校已选聘 112 名教师承担创新创业（就业）教学任务，选聘 81 名优秀中青年专家、成功企业家、校友担任大学生创新创业导师，派出 236 人次参加省部级交流研讨会、培训班；教师队伍中，有 35 人取得全球职业规划师资格，58 人获 KAB 创业教育资格证书，19 人获全国高校就业创业指导培训中级资格证书。

（四）创新创业实践平台建设

2017 年 12 月，教育部、人社部、国资委联合召开"2017 年全国高校实践育人暨创新创业现场推进会"，学校获评"全国高校实践育人创新创业基地"，并成为联盟会员。截至 2019 年 6 月，共有三批 123 所高校入选，我校是河南省获此殊荣的两所高校之一。

学校发挥办学特色和优势，建立健全协同育人机制，着力建设一批导向明确、结构合理、协同一致、服务区域的校内外大学生创新创业实践基地，构建了由电工电子、工程训练、安全工程等 5 个国家级实验教学示范中心、1 个煤矿开采国家级虚拟仿真实验教学中心、1 个学生创业园和 1 个大学科技园，以及一批校级创新实验中心组成的创新创业实践平台，为创新创业训练提供场地、设备、人员和技术支持。学校与焦作市、鹤壁市、濮阳市等地方政府及河南能源集团公司、平煤神马实业有限公司、中国兵装大江重工有限公司等企业签订战略合作协议，共建就业创业实践基地。截至2019年6月，学校共为学生提供开放实验项目4211项，参加学生超过30000余人次。

学校制定《创新创业中心管理办法》《学生入驻创新创业基地评审与管理办法》等制度，对入驻基地的学生团队免费提供办公场所、办公设备、工商注册及法律咨询等一站式服务，对科技含量高、发展劲头足的团队给予资金扶持。

2015年6月，学校与国家级孵化器焦作高新区创业服务中心签订合作协议，共建河南理工大学学生创业园。园内设施先进、功能齐全，管理服务规范，为创新创业学生提供项目开发、指导培训、风险评估、工商注册、融资合作、政策咨询、资助扶持、产权保护和交易等全方位、一站式服务。目前，已有59个大学生创新创业团队（企业）签约入驻；12个项目获省大学生创业扶持资金76万元，19个项目获5000元创业开业补贴；创业园还获得河南省创新创业基地建设资金13万元。2015年12月，创业园被河南省科技厅评为"省级众创空间"。2016年5月，创业园被河南省教育厅评为"河南省大学生创新创业实践示范基地"。

2017年3月，学校开工建设5000平方米的创新创业中心大楼。大楼建成后，将与学生创业园、大学科技园共同构建起"工场→苗圃→孵化器→加速器→产业园"全链条的创新创业梯次孵化体系。

学校工程训练中心设有工程技术实训、工程技术实践、工程技术创新等3个中心，每年接受学生工程训练达1万多人次。中心设立的"云台创客空间"，拥有1000多平方米的各类创新室，价值100余万元的现代化设备和52个创新团队，成功开发出太极机器人、吊扇自动清洁装置、太阳能空气净化器等科技产品。2009年开始，工程训练中心连续举办机器人大赛、创客竞赛等赛事，每年吸引超过2000余名学生参与。

（五）赛事活动和获奖

学校深入开展校级、省级、国家级大学生创新创业活动。每年投入专项经费350余万元，举办和组织"互联网+"创新创业大赛、"挑战杯"大学生课外学术科技作品竞赛、"创青春"创业大赛、"步步高"大学生科技攀登计划、节能减排社会实践与科技作品竞赛、数学建模大赛、电子设计竞赛、蒲公英创业实践大赛、学生创客大赛、"开来杯"创业计划大赛、机器人大赛、创新创意设计大赛等各级各类精品赛事50余项，开展创业论坛、创业知识宣传展播、创新创业大讲坛、青年创新创业活动月、创新创业暑期训练营等活动，每年参与学生近万人次。

2010年10月，学校在第七届"挑战杯"中国大学生创业计划竞赛中获得"一金两银"的优异成绩，被授予"优秀组织奖"，这是学校参加"挑战杯"国赛的历史最好成绩，实现了河南高校该项赛事金奖零的突破。金奖作品为测绘学院推荐、王晓梅等老师指导、韩小勇等同学完成的作品《农创科技有限公司》。2012年12月，学校3个团队在第八届"挑战杯"中国大学生创业计划竞赛中荣获一银两铜和网络虚拟运营单项竞赛三等奖，并被授予"优秀组织奖"。银奖作品为能源学院推荐、段玉玲等老师指导、邹国龙等同学完成的作品《锐安矿业设备有限责任公司》。2015年6月，在中国河南——美国区域高校大学生创新创业大赛中，学校的"体感音乐手环"项目获得特等奖。2016年，在"中国创翼杯"创新创业大赛中，微力创业团队获得二等奖。2017年，兔比科技公司在河南省"创青春"创新创业大赛中获得金奖。2018年5月，学校在河南省教育厅举办的"新时代、新梦想河南省大学生创新创业优秀项目选拔赛"中荣获三等奖2项和10万元扶持资金。2018年7月，学校在"创青春"全国大学生创业大赛网络信息经济专项赛和"创青春"全国大学生创业大赛MBA专项赛中荣获铜奖。同年11月，学校在首届"能源·智慧·未来"全国大学生创新创业大赛中荣获三等奖2项。2018年9月，学校在"一带一路暨金砖国家技能发展与技术创新大赛——金砖国家青年创客大赛"中，荣获一等奖1项、二等奖1项。2019年6月，在第十四届"挑战杯"河南省大学生课外学术科技作品竞赛中，学校荣获"优胜杯"，并有43件作品获奖，其中特等奖2项，一等奖6项，二等奖17项，三等奖18项。

截至2019年6月，学校组织学生参加全国移动互联创新大赛、智能车竞赛、全国大学生智能互联创新大赛、全国大学生体育产业创新创业大赛等各级各类创新创业类竞赛，获得国际一等奖1项、二等奖14项，国家一等奖5项、二等奖32项、三等奖19项，省级奖励743项；参加"全国大学生工程训练综合能力竞赛""全国大学生机械设计创新大赛""中国机器人大赛暨机器人世界杯

（RoboCup）公开赛"等赛事，获省级及以上奖项 200 多项。学生拥有各种专利
174 项，获批国家级大学生创新创业训练计划 368 项，12 名大学生获得省（市）
级"自主创业之星"称号。学校还成功孵化近 50 个创业团队，培养创客 100 余人。

（六）创新创业典型

创新创业教育的深入开展，有效提升了学生的创新创业能力和水平，涌现
出一批创新创业典型。

电气学院谢贝贝老师指导、2016 届毕业生赵青松等同学完成的"体感音乐
手环"项目，于 2016 年 1 月注册成立北京戴乐科技有限公司，获得中美创新创
业大赛特等奖以及 PreAngel、恺富资本的投资，2018 年 8 月获得 200 万天使
轮投资。公司主要从事智能体感音乐领域的研发，旨在利用黑科技打造让用户快
速上手、随时随地玩音乐的体感音乐产品。

电气学院电气工程及其自动化专业 2017 届毕业生李彦鑫创办的兔比科技公
司项目，获河南省 2017 年"创青春"创新创业大赛金奖，并获得 9 项国家发明
专利和全国科技型中小企业 A 类资质，获美国艾睿电子（ARROW）官方认证
授权。公司主要研发非接触控制模块、传感器开关等，主要产品为无按键 3D 手
势非接触控制油烟机、非接触控制智能家庭电器控制开关系统等，公司油烟机项
目估值 3500 万人民币。

资环学院地球信息科学与技术专业 2014 届毕业生张鹏，创办了河南才经信
息技术有限公司、河南历行教育科技有限公司。2017 年 4 月，在投资人支持下
成立了河南智售宝智能科技有限公司，致力于智能无人售货机、售货机器人等智
能终端设备的研发、生产和销售。公司发展状况良好，产品于 2018 年 7 月量产
上市。

资环学院地质工程专业 2015 届毕业生齐悬悬现任河南千城网络科技有限公
司总经理、河南德艺坊文化发展有限公司执行董事，其项目获第二届"中国创
翼"青年创新创业大赛"创翼之星"和 2016 年"创青春"全国大学生创业大赛
电子商务专项赛河南赛区二等奖。公司于 2017 年 4 月与北京坚果投资有限公司
达成股权战略合作，平台估值达 1200 万元。

财经学院金融学专业 2015 届毕业生李明敏，现任河南智售宝智能科技有限

公司总经理、河南服优宝智能服务有限公司总经理。智售宝项目在河南省 2018 年"创青春"大学生创业大赛中荣获创业实践赛一等奖。2018 年 6 月，公司推出第一代大型消费类智能终端——全品类智能售货机。现公司正在向物联网智慧零售生态系统解决方案平台供应商迈进。

第四节　学生工作队伍建设

一、队伍发展

　　学校重视学生工作队伍特别是辅导员队伍建设，推动辅导员队伍专业化职业化发展。2009 年底，学校共有专职辅导员 88 人。此后，学校加大辅导员引进力度，每年通过公开招聘等形式补充一定数量的专职辅导员。2010—2019 年，累计引进专职辅导员 89 人，截至 2019 年 6 月，学校共有专职辅导员 144 人。

　　学校重视兼职辅导员队伍和班主任队伍建设。各学院每年从优秀青年教师、在读研究生中选拔一定数量政治素质过硬、热心学生工作的人员担任兼职辅导员（全校 30 人左右），辅导员队伍师生比达到 1:200。同时，学校坚持实施班主任制度，全校班主任配备数量从 2010 年的 700 多人增长到 2019 年的 900 多人，为促进学生健康成长、维护学校安全稳定起到积极作用。为促进辅导员、班主任履职尽责，学校落实上级要求，将辅导员、班主任工作表现纳入职称评审条件。2017 年 5 月，学校印发《关于加强和改进新形势下思想政治工作的实施意见》，规定"35 周岁以下的青年教师晋升高一级专业技术职务（职称），必须有至少 1 年担任辅导员或班主任经历并在考核中获良好以上格次"，并从 2018 年起严格执行。这一政策为加强思想政治教育、夯实学生工作基础提供了制度保障。

二、制度建设

　　2010 年 5 月，学校修订了《辅导员工作条例》《河南理工大学辅导员考评办法》《班主任工作条例》《班主任考评办法》，推进辅导员、班主任队伍建设规范化、科学化；文件进一步明确了辅导员工作一定年限可享受相应的级别待遇，有利于稳定辅导员队伍。2014 年 4 月和 11 月，学校分两次对辅导员和班主任管理制度进行了修订，印发了《辅导员工作条例（修订）》和《辅导员考评办法（修订）》《班主任工作条例（修订）》和《班主任考评办法（修订）》，对辅导员、班主任的任职条件、工作职责、评价标准和评价方法等进行了修改，提高了兼职辅导员和班主任的补贴标准，对专职辅导员享受待遇提出了业绩条件要求，促进了辅导员、班主任队伍专业化职业化建设。

2011年11月，学校制定了《"十佳辅导员"和"十佳班主任"评选办法》。2011年，学生工作部（处）组织开展了2010—2011学年"十佳辅导员""十佳班主任"评选活动，评选出王明中等10名同志为"十佳辅导员"，张学博等10名同志为"十佳班主任"。2013年，学校修订了《"十佳辅导员"和"十佳班主任"评选办法》。截至2019年，学校共评选了120人次的"十佳辅导员"和"十佳班主任"，对辅导员和班主任队伍给予了激励和褒奖，增强了辅导员、班主任队伍的荣誉感和使命感。

三、培训交流

学校把培训作为加强辅导员队伍建设的重要手段，建立学习制度，开展培训交流，逐步形成了集中与分散、专题与主题、校内与校外相结合的多形式、多层次的培训体系。学校领导坚持为辅导员做报告。2013年11月，学校举办2013年辅导员集中培训，校党委副书记周志远作了题为《高校学生工作面临的形势与辅导员能力提升》专题报告。2016年8月，在学生工作队伍科级干部延安党性教育培训班上，校党委副书记卫中玲勉励广大辅导员要学习弘扬延安精神的灵魂、精髓、本质和标志，在强根固本、求真务实、服务学生、提升能力上下功夫。2017年7月，在思政工作队伍骨干井冈山专题培训班上，校党委副书记安士伟勉励广大辅导员要深入学习领会井冈山精神的历史背景和深刻内涵，将其融入工作当中，内化为自觉行动，转化为前进动力。

开展专题教育培训。2016年8月23—26日，学校学生工作队伍科级干部延安党性教育培训班在延安大学泽东干部学院举行，学工队伍54人参加了培训。2017年7月11—17日，学校思政工作队伍骨干井冈山专题培训班在井冈山大学举办，专职辅导员、专职组织员等46人参加了培训。2018年8月12—17日，学校学工队伍学习党的十九大精神暨心理健康教育实务培训班在华东师范大学举办，心理健康教育与咨询中心专兼职工作人员 50 人参加培训。

开展业务培训。学校先后邀请第三届全国辅导员职业能力大赛二等奖获得者、郑州大学辅导员张珂，第五届全国高校辅导员职业能力大赛一等奖获得者、河南农业大学辅导员朱瑞萍，河南师范大学法学院党委副书记葛照金，第六届全国高校辅导员职业能力大赛一等奖获得者、郑州大学辅导员胡波，省教育厅思想政治工作处副处长徐军保等，分别围绕辅导员职业能力大赛、辅导员职业能力建设和提升、辅导员工作精品项目、高校心理健康教育等专题，为辅导员队伍做专题报告和讲座。

其他培训活动。学校坚持开展辅导员、班主任工作经验交流会，累计参会 500 多人次，交流发言 40 多人次，促进了辅导员、班主任队伍之间的交流，推广了工作经验。学校先后举办 7 届辅导员趣味运动会，累计有 800 多人次辅导员和学工人员参加趣味运动会。学校连续举办四届辅导员职业能力大赛，200 多人次辅导员参加比赛，累计 9 名辅导员获得一等奖、21 名辅导员获得二等奖、40 名辅导员获得三等奖，通过大赛锻炼了队伍、提升了能力、凝聚了力量。2016 年后，学校还开展了辅导员工作论坛、辅导员沙龙等多种形式的交流活动。

学校每年选派辅导员外出参加各级各类培训。2010—2019 年，先后选派 10 余名辅导员和学工人员参加教育部举办的全国高校辅导员（思想政治工作）骨干培训班，选派 20 余名辅导员参加河南省教育厅举办的全省高校辅导员专题培训，累计选派 400 多人次辅导员和学工人员外出参加学习、培训、观摩和交流。2018 年 3 月，为规范和加强辅导员学习培训活动，学校印发了《河南理工大学辅导员学习交流培训规定》。通过多形式、多层次的学习交流培训活动，提升了辅导员队伍的素质和能力，增强了辅导员队伍的凝聚力和战斗力。

四、成果奖励

10 年来学校辅导员队伍整体素质不断提升，在辅导员年度人物和优秀辅导员评选、辅导员职业（素质）能力大赛、辅导员工作精品项目和优秀论文等方面取得突出成绩。

（一）辅导员年度人物评选

2010 年，数信学院辅导员黄峰获得 2009 年全国高校辅导员年度人物提名奖，并应邀参加了在无锡举行的"2009 全国高校辅导员年度人物"颁奖晚会和第三届全国高校辅导员工作创新论坛。2011 年，土木学院辅导员何军入围 2010 全国高校辅导员年度人物评选活动。2012 年，建艺学院辅导员康件丽入围 2011 全国高校辅导员年度人物评选活动。2013 年，应急学院辅导员高超杰入围 2012 全国高校辅导员年度人物评选活动。2014 年，电气学院辅导员郑伟获得第一届河南省高校辅导员年度人物提名奖，并入围 2013 全国高校辅导员年度人物评选活动。2015 年，应急学院辅导员薛艺君被评为第二届河南省高校辅导员年度人物。2017 年，机械学院辅导员王瑞瑞被评为第四届河南省高校辅导员年度人物，并入围第九届全国高校辅导员年度人物评选活动。

（二）优秀辅导员评选

2011 年，测绘学院辅导员许传阳、资环学院辅导员郑伟被评为 2011 年度河南省高等学校优秀辅导员。2013 年，机械学院辅导员王瑞瑞、电气学院辅导员郑伟、土木学院辅导员肖祯雁被评为 2013 年度河南省高等学校优秀辅导员。2015 年，能源学院辅导员王明中、测绘学院辅导员李静被评为 2015 年度河南省高等学校优秀辅导员。2017 年，外语学院辅导员王雷霞被评为 2017 年度河南省高等学校优秀辅导员。2017 年，机械学院辅导员王瑞瑞被评为河南省高校第一届"大美学工"十佳优秀学生工作者。2018 年，土木学院辅导员何军被评为河南省高校第二届"大美学工"十佳优秀学生工作者。

（三）辅导员职业（素质）能力大赛

2012 年，应急学院辅导员高超杰在郑州大学承办的第一届河南省高校辅导员职业能力大赛中获得二等奖。2013 年，经管学院辅导员孙小婷在河南大学承办的第二届河南省高校辅导员职业能力大赛中获得二等奖。2014 年，文法学院辅导员王冠在河南师范大学承办的第三届河南省高校辅导员职业能力大赛中获得三等奖。2015 年，计算机学院辅导员闪硕、资环学院辅导员张娜在河南科技大学承办的第四届河南省高校辅导员职业能力大赛中分获二等奖和优秀奖。

2016 年 3 月 23—25 日，由中共河南省委高校工委、河南省教育厅主办的第五届全省高校辅导员职业能力大赛在学校举行。来自全省 105 所高校的 121 名选手参加了比赛，全省高校 800 余名辅导员代表观摩比赛。能源学院辅导员梁心愿获得特等奖，应急管理学院辅导员薛艺君和机械学院辅导员王瑞瑞分别获得二等奖，学校获得优秀组织奖。梁心愿在随后举办的第五届全国高校辅导员职业能力大赛第五赛区的比赛中获得三等奖。

2017 年，外语学院辅导员王雷霞和材料学院辅导员赵世芳在周口师范学院承办的第六届全省高校辅导员职业能力大赛中均获得一等奖。2018 年，机械学院辅导员廉宁宁在南阳师范学院承办的第七届全省高校辅导员素质能力大赛中获得一等奖。

（四）辅导员工作精品项目和优秀论文评选

2014—2019 年，机械学院辅导员王瑞瑞申报的《青春梦系列主题教育班会》、理化学院辅导员张科申报的《"金梧桐"工作法》、应急学院辅导员刘蓝蓝申报的《大学生宿舍系列主题教育成长周记》、财经学院辅导员尹祥申报的《沙盘游戏疗法寓学生寝室文化建设》、工商学院辅导员孙玉平申报的《幸福成长训练营》项目，先后获得河南省高校辅导员工作精品项目立项。此外，17 名辅导员撰写的 11 篇论文在全省高校辅导员工作优秀论文评选中获奖，其中，一等奖 5 项、二等奖 3 项、三等奖 3 项。2017 年，数信学院辅导员牛芳撰写的论文《历史虚无主义思潮对大学生的负面影响及其应对》获得 2017 年全国高校辅导员工作优秀论文三等奖，并参加了在云南大学举行的全国高校辅导员思想政治工作研讨会暨第八届全国高校辅导员工作创新论坛。

2017 年，在河南省教育厅举办河南省高校第一届"大美学工"评选活动中，学校获得"大美学工"十佳优秀学生工作先进单位，校团委申报的《创意啦啦舞》获得"大美学工"十佳优秀学生工作品牌。2018 年，在河南省教育厅举办河南省高校第二届"大美学工"评选活动中，应急学院申报的《架起心灵沟通的金桥—大学生宿舍系列主题教育成长周记》获得"大美学工"十佳优秀学生工作品牌。

第八章

管理保障与条件创设

高水平大学建设离不开科学的管理体制和良好的办学条件。2009 年以来，学校全面深化治理体系改革，构建以学校章程、学校及学院工作规程等为核心的内部治理体系，深入实施学院、机关处级单位目标考核制度，逐步建立起校、院、系三级管理体制，现代大学制度日臻完善。同时，着力改善包括基础设施、文献资源、现代信息技术应用、平安校园建设等在内的内部办学条件，着力通过加强和改进校友会与基金会工作营造良好的外部办学支撑，多管齐下，共同为推动学校事业高质量发展提供了可靠的内外部环境保障。

第一节　内部管理体制改革

一、机构设置与调整

科学设置、适时调整内设机构，是学校各项事业高质量发展的重要保障。2009 年以来，根据学校事业发展需要，在广泛调研和充分论证的基础上，学校党委对处级机构和院系及时进行撤并调整。

2009 年 11 月，为进一步加强和改进思想政治理论课建设，理顺思想政治理论课教学与科研管理工作，学校成立了马克思主义学院（正处级，与政法学院合署办公）。

2010 年 3 月，根据学科建设发展需要，学校将公共管理系更名为应急管理学院，这是我国高校首家以应急管理人才培养和科学研究为特色的实体二级学院；文学与传媒系更名为文学与传媒学院，体育系更名为体育学院，音乐系更名为音乐学院；成立太极拳学院（正处级，与体育系合署办公）。5 月，根据学校事业发展需要，成立安全工程实验中心（正处级），设立党委研究生工作部（正处级，与研究生处合署办公）、后备军官学院（正处级，与党委武装部合署办公）和安全技术培训学院（正处级，与安全技术培训中心合署办公）；校医院由副处级机构调整为正处级机构。6月，认定煤矿灾害防治省部共建教育部重点实验室、煤矿瓦斯地质与瓦斯灾害防治国家安全生产监督管理总局安全生产重点实验室、河南省瓦斯地质与瓦斯治理重点实验室——省部共建国家重点实验室培育基地、河南省高等学校瓦斯地质与瓦斯治理国家重点实验室培育基地为正处级机构，依托安全学院建设管理；认定河南省高等学校矿产资源安全高效开采重点学科开放实验室、河南省高等学校煤与煤层气安全高效开采工程技术研究中心为正处级机构，依托能源学院建设管理；认定河南省高等学校精密制造技术与工程重点学科开放实验室为正处级机构，依托机械学院建设管理；认定河南省高等学校矿山环境保护与生态修复省级重点实验培育基地为正处级机构，依托资环学院建设管理；认定河南省高等学校矿山信息化工程技术研究中心为正处级机构，依托计算机学院建设管理。7月，设置河南省应急管理技术研究与培训基地（正处级），依托应急管理学院建设管理；设置公共艺术教育中心（正处级），依托建筑与艺术设计学院建设管理。

2011年2月，根据学校科研平台建设需要，认定河南省高等学校深部矿井建设重点学科开放实验室为正处级机构，依托土木学院建设管理；认定河南省高等学校矿山信息化重点学科开放实验室为正处级机构，依托计算机学院建设管理；认定河南省高等学校矿业工程材料重点学科开放实验室为正处级机构，依托材料学院建设管理。3月，成立文法学院（正处级），同时撤销文学与传媒学院；独立设置马克思主义学院，同时撤销政法学院。5月，根据万方科技学院办学需要，成立万方科技学院保卫处（副处级）。7月，认定河南省中国特色社会主义理论体系研究中心为正处级机构，依托马克思主义学院建设管理。

2012年3月，设置人文社会科学办公室（正处级，挂靠科技处）、国际教育学院（正处级），同时将学校女工委员会、房屋开发办公室由副处级机构调整为正处级机构。4月，万方科技学院（焦作校区）经济与管理科学系更名为万方科技学院工商管理系（副处级），建筑与测绘系更名为地质与交通工程系（副处级）。5月，明确泰科资产经营有限责任公司为正处级机构。7月，成立医学院（正处级），学校开始举办医学高等教育。

2013年4月，成立体育场馆管理中心（副处级）。5月，成立心理健康教育与咨询中心（副处级）；人文社会科学办公室从学校科技处"脱管"，独立设置并更名为社会科学处。7月，成立征地工作办公室（正处级）。12月，成立社会管理学院（正处级，与应急管理学院合署办公）；劳动服务公司由中型二级产业转设为中型一级产业（正处级）。

2014年5月，为办好医学高等教育，学校接收焦作卫生医药学校。6月，接收焦作市第二人民医院，更名为河南理工大学第一附属医院，同时保留"焦作市第二人民医院"名称。9月，成立医学中专部（正处级），同时保留原"焦作卫生医药学校"校名。11月，认定河南省瓦斯地质与瓦斯治理重点实验室——省部共建国家重点实验室培育基地（涵盖河南省高等学校安全工程重点学科开放实验室、国家煤矿安全监察局煤矿安全工程技术研究中心、河南省煤矿瓦斯与火灾防治重点实验室、煤矿灾害预防与抢险救灾教育部工程研究中心、煤矿灾害防治省部共建教育部重点实验室、煤矿瓦斯地质与瓦斯灾害防治国家安全监督管理总局安全生产重点实验室、河南省高校瓦斯地质与瓦斯治理国家重点实验室培育基地）为正处级机构，依托安全学院建设管理；认定深井瓦斯抽采与围岩控制技术国家地方联合工程实验室（涵盖深井瓦斯抽采与围岩控制河南省工程实验室）为正处级机构，依托能源学院建设管理；认定河南省生物遗迹与成矿过程重点实验室（涵盖河南省生物遗迹与成矿过程国际联合实验室）为正处级机构，依托资环学院建设管理；认定矿山空间信息技术国家测绘局重点实验室（涵盖河南省矿山空间信息技术重点实验室）为正处级机构，依托测绘学院建设管理；认定煤炭节能减排材料与技术河南省工程实验室（涵盖河南省高等学校矿业工程材料重点学科开放实验室）为正处级机构，依托材料学院建设管理；认定精密与特种加工技术与装备河南省工程实验室（涵盖河南省高等学校精密制造技术与工程重点学科开放实验室）为正处级机构，依托机械学院建设管理；认定矿山电气自动化河南省工程实验室（涵盖河南省高等学校控制工程重点学科开放实验室）为正处级机构，依托电气学院建设管理；认定河南省高等学校深部矿井建设重点学科开放实验室为正处级机构，依托土木学院建设管理；认定河南省中国特色社会主义理论体系研究中心为正处级机构，依托马克思主义学院建设管理。

2015年3月，成立档案馆（正处级），撤销史志办公室，原史志办公室职能及人员并入档案馆；成立体育运动委员会办公室（正处级），挂靠体育学院。7月，成立河南理工大学鹤壁工程技术学院；万方科技学院转设为独立民办高校。

2016年3月，学校党委按照全校一盘棋的思路，针对处级机构总数偏多、部分机构职责交叉、职能重叠等情况，本着"精简管理机构，建强教学单位"的原则，对学校部分机关职能处室和教辅单位进行了优化调整，新增学术委员会秘书处（副处级，挂靠科技处）、教师发展中心（副处级，挂靠人事处）、教学质量监控中心（副处级，挂靠教务处）；校长办公室法律事务办公室（正科级）升格为副处级，挂靠校长办公室；接收焦作市第六人民医院（正科级机构，原焦作卫生医药学校附属医院），更名为河南理工大学第二附属医院，同时将其升格为副处级机构；高等教育研究所并入发规处，招生办公室与毕业生就业服务中心合并组建招生就业处；后勤管理处与后勤集团公司合并，成立新的后勤管理处，同时保留后勤集团公司建制；成人教育学院与高等职业学院（应用技术学院）合并，更名为继续教育学院，保留高等职业学院建制；撤销学苑宾馆建制，劳动服务公司归入泰科资产经营有限责任公司。按照学科专业归属和有利于学科专业发展的原则，撤销经管学院和理化学院，组建工商学院、财经学院、物理与电子信息学院、化学化工学院。经过优化调整后，学校独立设置的机关单位由原来的47个压缩为39个，教学学院由原来的20个增加到22个，进一步强化了教学学院办学主体地位，激发了学校办学活力。6月，成立河南理工大学平煤工程技术学院。12月，成立港澳台事务办公室（正处级，与国际合作交流处合署办公）和创新创业学院（正处级，挂靠招生就业处）。

2017年3月，成立研究生院（正处级，与党委研究生工作部合署办公），同时撤销研究生处。

2019年4月，按照"总体稳定、优化职能，推动发展、精简高效"原则，学校党委对全校处级机构进行调整，成立实验室建设与设备管理处（正处级）、高层次人才工作办公室（正处级，挂靠人事处）、招标工作办公室（副处级，挂靠国有资产管理处）、餐饮商贸中心（副处级）、物业绿化中心（副处级）、水电暖维修中心（副处级）、理工教育中心（副处级，划归资产经营有限责任公司管理），国际教育学院从国际处剥离单设为正处级机构。武装部与保卫部（保卫处）

合署办公，安全技术培训中心挂靠继续教育学院。心理健康教育与咨询中心升格为正处级（挂靠学生处），征地工作办公室降格为正科级，相关职能划归基建处。法律事务办公室更名为信访与法律事务办公室，发展规划处更名为发展规划与学科建设处，泰科资产经营有限责任公司更名为资产经营有限责任公司（机械厂、印刷厂划归资产经营有限公司管理），现代教育技术中心更名为信息化建设与管理中心（下属的计算中心、多媒体管理中心划归实验室建设与设备管理处管理），对外联络处更名为校友与社会合作办公室，房屋开发办公室更名为房屋管理与开发办公室（后勤管理处房产管理科划归房屋管理与开发办公室管理）。撤销安全技术培训学院，相关职能并入继续教育学院；撤销高等职业学院；暂时保留后备军官学院、中共后备军官学院委员会、万方科技学院、中共万方科技学院委员会，待学校 2019 届国防生和万方科技学院学生毕业离校后，后备军官学院等上述处级机构及内设单位自动撤销。

截至 2019 年 6 月，学校共设有党政管理机构 20 个，纪检和群团机构 3 个，教学机构 23 个，教辅和直属机构 20 个；机关党委等二级单位党组织 32 个。

学校在调整机构的同时，还对相关机构的职责进行调整明确。此外，2009年 10 月份以来，学校根据不同阶段工作需要，设置和调整了 30 余个专门委员会或领导小组，并根据人事变动情况，及时进行了人员调整。

二、学校章程发布与修订

（一）学校章程的发布

大学章程是大学依法自主办学、实施管理和履行大学职能的基本准则。制定学校章程，是建设国内一流特色高水平大学的重要制度保障。2009 年以来，学校以举办百年校庆、召开河南理工大学第一次党代会和编制"十二五"事业发展规划等一系列重大活动和工作为契机，经过充分调研、认真研讨和科学论证，进一步明确了办学理念、办学方向、发展定位和人才培养目标，并持续推进与之相适应的内部管理体制改革，制（修）订了学校和学院工作规程，完善了目标考核体系以及本科教学、科研管理、人事分配、财务管理和系（教研室）建设等重大政策制度体系，修订了处级机构、学院、专门委员会职责、议事规则等规章制度。但在办学实践中，学校发现还缺少一个提纲挈领的章程作为根本制度，将建设发展的系列成果固化其中，以统领办学行为，引领科学发展。2012年1月，教育部印发《高等学校章程制定暂行办法》，为学校制定章程提供了依据。基于依法治校和科学发展需要，实现以学校"宪法"统领规范办学行为的初衷，学校审时度势作出了制定《河南理工大学章程》（以下简称《章程》）的工作部署。

2012年3月，学校成立章程制定工作领导小组，正式启动《章程》制定工作：一是将章程制定工作列入学校2012年度重点工作，并强调章程制定要系统设计、整体推进，抓住关键环节，搞好重点突破，特别是在完善学校内部治理结构、协调学校与政府、社会的关系等方面要有新突破。二是组织校内专家把学校百年办学历史中的各类工作规程、组织大纲等进行系统梳理，吸收其思想精华，传承历史文脉，提炼大学精神，为章程制定提供一手材料。三是按照"边制定章程，边推进工作"原则，安排了前期筹备、宣传动员、调查研究、征求意见和修改完善等5个章程制定阶段，并列入学校重点督办工作。2012年5月，学校章程制定工作领导小组完成《章程（征求意见稿）》后，公开向社会、学校师生和退休老领导、上级主管部门及学校所在地政府、杰出校友和校外合作单位广泛征求意见，并对征求到的意见建议进行梳理研究，进一步修改完善《章程（征求意见稿）》。

2014年4月，在《章程》历时2年制定、修改25次，并提交学校教职工代表大会讨论、校长办公会审议和学校党委常委会审定后，学校向河南省教育厅申报大学章程建设试点高校。5月，省教育厅下发《关于做好高校章程建设试点工作的通知》，学校获批成为河南省大学章程建设试点高校。以此为契机，学校随后继续修改完善《章程》，2014年12月18日向河南省教育厅报送《河南理工大学章程（核准稿）》。2014年12月31日，省教育厅印发《关于核准郑州大学等19所高等学校章程的通知》，《河南理工大学章程》得到省高校章程核准委员会核准。

经核准的《河南理工大学章程》，是依据《教育法》《教师法》和《高等教育法》等有关法律法规，按照教育部和河南省有关文件精神，结合党和国家对高等教育提出的新要求、学校第一次党代会提出的新任务、学校一个时期内涵建设的新成果以及百年理工精神文化品格的新发展编写的。《章程》分序言和正文两部分，其中序言高度凝练概括了学校的基本情况、办学历史与发展成就，体现了学校的办学指导思想、文化传统、改革方向和发展定位，是学校办学宣言；正文包括总则、举办者与学校、学校功能和教育形式、组织与结构、教职工和教职工代表大会、学生和学生代表大会、董事会和基金会及校友会、经费来源、财产和财务制度、学校文化标志、附则等 10 章 91 条，涵盖学校办学活动各个方面，是学校从建设特色鲜明高水平综合性大学的办学定位出发作出的制度性设计。

（二）学校章程的修订

《章程》自 2014 年颁布实施后，作为学校依法治校的基本准则，对推动学校现代大学制度建设、维护师生合法权益、促进学校改革发展等发挥了重要作用。

《章程》颁布实施后的 5 年，是我国高等教育事业大变革、大发展的 5 年。2015 年 11 月，国务院印发《统筹推进世界一流大学和一流学科建设总体方案》文件，确定推进建设一流师资队伍、培养拔尖创新人才、提升科学研究水平、传承创新优秀文化和着力推进成果转化等 5 项建设任务，提出加强和改进党对高校的领导、完善内部治理结构、实现关键环节突破、构建社会参与机制、推进国际交流合作等 5 项改革任务，对进一步完善现代大学制度提出明确要求；2016 年 12 月，全国高校思想政治工作会议召开，指明了时代发展对高校思想政治工作的新要求，并对高校党委职责进行了重新定位；2017 年 10 月，党的十九大召开，形成了习近平新时代中国特色社会主义思想，并被确定为党的指导思想；2018 年 2 月，中共中央组织部、教育部党组下发《高校党建工作重点任务》，对加强高校院系党建工作作出重大调整；2018 年 6 月，河南理工大学第二次党代会召开，提出了学校今后一个时期改革发展的战略目标、基本思路和方法举措；2018 年 9 月，全国教育大会召开，为加快推进教育现代化、建设教育强国、办好人民满意的教育指明了前进方向，提供了可遵循的原则。上述一系列重要文件和会议提出的新理念、新思想、新观点、新战略，对学校进一步健全内部治理体系、完善现代大学制度提出了新要求，也提供了重要依据。2018 年 11 月 4 日至 12 月 20 日，学校接受中共河南省委第七巡视组巡视，按照要求进行自查自纠。根据自查的问题，经学校党委常委会研究，决定按照《河南省高等学校章程建设工作实施方案》有关规定修改《章程》。

作出修改《章程》决定后，2018年11月，在认真研究新的法律法规和规章制度基础上，学校提出《章程》修改方案并形成《章程（征求意见稿）》，向校领导和2名基层学院党委书记、2名基层教学学院院长、9名机关处室负责人征求了意见建议，同时还征求学校法律办公室的意见，从法理上对其进行审核。根据征求到的意见建议，学校又对《章程（征求意见稿）》进行了认真修改，并经2018年12月校长办公会研究后，决定将《章程（修订稿）》提交教代会审议。2018年12月，学校召开第三届教职工代表大会第一次临时会议，校长杨小林向与会代表作《关于〈河南理工大学章程（修订稿）〉的说明》。与会代表经过认真讨论，表决一致通过《章程（修订稿）》，并提出了一些建设性意见和建议。根据代表们提出的意见建议，学校进一步修改《章程（修订稿）》，于2019年1月提交学校党委常委会研究，并根据校党委常委会意见再次进行修改完善。2019年4月，学校将《章程（核准稿）》呈报河南省高校章程核准委员会进行审核。

在《章程》修订过程中，学校将原《章程》（2014年颁布实施的《章程》，下同）中与近年出台的国家法律、党内法规、中央和省委重要文件规定或精神不一致的内容进行了修改，同时将学校第二次党代会提出的"振兴百年理工，建设国内一流特色高水平大学"奋斗目标写入了新《章程》。此外，对原《章程》个别规定与实际不相符、用语表述不够准确的内容也作了相应调整。新《章程》也分序言和正文两部分，其中序言部分依据党的十九大精神，增加了"坚持中国共产党领导""习近平新时代中国特色社会主义思想""坚持党的教育方针和社会主义办学方向""服务经济社会发展"和"振兴百年理工，建设国内一流特色高水平大学"等内容，删除了"河南省人民政府与国家安全生产监督管理总局共建高校"内容；正文保留原《章程》10章结构布局，但内容由原《章程》的10章91条修改为10章87条，并对原《章程》第1章"总则"、第2章"举办者与学校"、第3章"人才培养与专业设置"、第4章"组织结构"、第5章"教职工和教职工代表大会"、第6章"学生和学生代表大会"、第7章"理事会、基金会、校友会"和第8章"经费来源、财产和财务管理体制"等相关内容和表述用语进行了修改。

新《章程》是学校今后一个时期建设发展的指南和宣言，是学校实现依法治校的基本前提和根本保障，对学校进一步完善现代大学制度、深化内部治理体系改革、规范办学行为、维护师生合法权益和激发发展活力都具有重要意义。

三、校院系三级管理体制的构建

（一）目标考核体系修订

学校 2006 年开始施行院（系）和机关处级单位年度目标考核。2009 年以来，为适应内部管理体制改革客观需要，实现由过程管理向目标管理重大转变，调动激发二级单位办学积极性、主动性和创造性，学校不断对考核体系进行修改，这种修改主要经历了 3 个阶段。

第一阶段是完善阶段（2009—2011 年）。这一阶段学校年度目标考核体系主要沿用 2008 年目标考核体系，其中学院目标考核分成两组考核：第一组为安全学院、能源学院等 9 个学科和科研实力较强的学院，第二组为经管学院、理化学院等学科和科研实力相对较弱的学院。考核指标分为党建与思想政治、本科教学、实践教学、师资队伍建设、学生工作、科研工作、学科建设与研究生教育、资产与财务管理等 8 个大方面，每个方面的满分均为 100 分。考核分单项考核和综合考核两部分，两个组单项考核按原始分数积分从高到低排序，随后单项考核积分分别乘以其赋权系数相加后的得分，即为其综合考核得分，学校按综合考核得分从高到低排序确定考核等次。

机关处级单位 2009—2010 年度目标考核，将全校 36 个机关党、政、群团组织和直属机构分成两组实施，其中第一组包括党委办公室、校长办公室、组织部等 20 个单位，第二组包括监察处、机关党委、审计处等 16 个单位。机关处级单位年度考核采取定量、定性考核相结合方式，其中定量考核的主要内容包括履行岗位职责情况、年度目标任务和重点工作完成情况、党建与思想政治工作、工作创新、本单位网站建设等，其得分占总得分 0.6 的权重；定性考核的主要内容包括工作任务完成情况、服务态度与服务质量、团结协作与全局意识，其得分占总得分 0.4 的权重。定量和定性考核两部分总分分别乘以其相应权重后相加得分，即为其最后综合考核得分，学校按照其综合考核得分从高到低排序确定其考核等次。2011 年，学校在修订考核体系时，为使机关处级单位考核更加科学合理，激发机关处级单位工作积极性，将全校机关处级单位分成党群组、行政组和直属机构组三组进行考核，其中第一组包括党委办公室、组织部等 11 个单位，第二组包括校办、人事处等 15 个单位，第三组包括图书馆、外联处等 11 个单位。2011 年修订的机关处级单位年度目标考核体系，在指标设计上更加关注涉及学校上层次上台阶的核心指标完成情况，更加侧重对特色与创新的考核，同时在定性考核方面增加学院测评环节，以促进机关处级单位增强服务意识，提高服务质量。

根据年度目标考核办法，2009 年全校共有 55 个单位参加考核，12 个单位考核为 A 等，41 个单位考核为 B 等，2 个单位考核为 C 等；2010 年全校共有 55 个单位参加考核，12 个单位考核为 A 等，40 个单位考核为 B 等，3 个单位考核为 C 等；2011 年全校共有 56 个单位参加考核，14 个单位获优秀格次（从 2011 年起，学校目标考核按综合考核得分从高到低排名，只按比例设优秀格次，不再按比例设 A、B、C 三个等次。其中机关处级单位第一组设 2 个优秀格次单位，第二组设 3 个优秀格次单位，第三组设 2 个优秀格次单位；学院第一组和第二组各设立 3 个优秀格次单位）。

第二阶段是调整阶段（2012—2014 年）。在 2009—2011 年 3 年考核基础上，2012 年学校在广泛调研和征求意见后，召开专门会议对学院年度目标考核体系进行了较大调整，在考核分组、考核方式、考核程序不变的情况下，将"学院年度目标考核"修改为"学院年度目标与绩效考核"，即在原目标考核基础上，增加对学院绩效考核内容，并对原有考核指标进行了调整。2012 年调整后的学院年度目标与绩效考核体系共有 10 个一级指标，其中党建与思想政治工作等前 7 个指标是将原 2011 年学院年度目标考核体系中的教学工作等 8 个指标增加绩效考核内容后，重新组合调整形成的，并按百分制分配了不同权重；人均总绩效、绩效贡献增长率和绩效贡献系数等后 3 个一级指标则从不同角度，考核学院投入产出情况。2012 年调整后的学院年度目标与绩效考核体系整体框架一直沿用到 2014 年，提高了校院两级办学效益，促进了学院事业发展。

学校在深化学院年度目标考核体系改革的同时，根据 2009—2011 年机关处级单位考核情况，对机关处级单位年度目标考核体系也进行了调整。2012 年，学校将机关处级单位年度目标考核体系中的定量、定性考核权重调整为 0.7 和 0.3，其中定量考核将工作任务与党建工作所占权重调整为 0.9 和 0.1；定性考核将学院测评和学校测评所占权重调整为 0.6 和 0.4。同时，为营造机关单位"比贡献、比作为"的良好氛围，将"特色与创新工作"考核指标调整为"重大贡献"考核指标，列出师资队伍、本科教学、研究生教育、学生管理、科研平台和其他类别项目等 6 个一级指标、24 个二级重大贡献考核指标项，并分别赋予其不同分值，在考核总得分中计 0.1~3 分。2013 年，学校在机关处级单位年度目标考核体系的定量考核中，增加了廉洁自律、工作纪律、工作失误等方面内容的扣分项；在定性考核中增加了全局意识与合作精神考核；将工作任务完成情况与服务情况权重调整为 0.4 和 0.4。2014 年除对少数考核指标进行微调外，基本沿用 2013 年考核体系指标内容。

根据年度目标考核办法，2012 年全校共有 56 个单位参加考核，16 个单位获优秀格次；2013 年全校共有 57 个单位参加考核，15 个单位获优秀格次；2014 年全校共有 57 个单位参加考核，19 个单位获优秀格次。

第三阶段是变革阶段(2015 年至今)。学校年度目标考核制度经过多年运行，考核体系中日常工作的部分内容已基本形成规范运行机制。为简化考核程序及内容，提升学校核心竞争力，2015 年在赴省内外高校调研基础上，经广泛征求意见和充分论证，学校对学院目标考核体系进行了重大变革调整：一是在年度考核的基础上增加了任期考核（3 年为一个任期，给各参加考核单位下达有任期考核指标。同时，根据学院处级干部岗位职责，也下达有任期考核指标），即每年要对各教学学院进行年度目标考核，一个任期 3 年结束后还要对学院领导班子及其成员个人进行任期考核；二是在任期考核中，增加了对各教学学院及其领导班子成员个人定性考核相关内容；三是不再对各教学学院进行绩效考核；四是对各教学学院的党建工作考核单独进行，其党建工作年度考核结果平均值纳入其任期考核中，不再纳入学院年度目标考核指标进行考核；五是学院仍分两组进行考核，但在分组学院类别上有较大调整，其中第一组为理工科学院（医学院除外），包

括安全学院、能源学院等 12 个理工科学院；第二组为文科学院和医学院，包括
工商学院、医学院等 10 个学院；六是年度和任期考核每个一级考核指标下设计
有基础性指标、提升性指标和突破性指标三类指标。

　　在深化学院目标考核体系改革的同时，按照"年度考核与任期考核相衔接，
定量考核与定性考核相结合，推动发展与提升服务相促进"的原则，学校也同步
推进机关处级单位目标考核体系改革。一是明确机关处级单位实行任期制，每个
任期 3 年。机关处级单位目标考核分为年度目标考核和任期目标考核。年度考核
按自然年进行，任期考核按任期进行，每年年末和任期末由机关考核领导小组对
各单位目标任务完成情况进行考核。二是在考核分组上，将全校 38 个机关处级
单位分成"与学院目标直接相关单位（包含人事处、教务处等 10 个单位）""党
政保障类与学院目标间接相关单位（包括党办、校办等 13 个单位）""服务经营
类与学院目标间接相关单位（包括后勤处、图书馆等 15 个单位）"三组进行考核。
三是采取定量与定性相结合的方式进行考核。定量考核内容分为党建与思想政治
工作、日常工作、重点工作、重大突破四类，定性考核分为对口测评和机关作风
评议两部分。

　　学校出台新的年度考核办法与任期考核办法，促进了学校核心指标的完成，
为推动学校上层次上台阶提供了制度保障。2017 年和 2018 年，学校在总结上
一年考核情况及广泛征求意见基础上，分别对机关处级单位和学院目标考核办法
进行了修订，进一步提升了指标设计的科学性，增强了考核指标的针对性，完善
了考核的程序方法步骤，调动激发了学校各二级单位办学活力，促进了学校事业
发展。2015 年全校共有 60 个单位参加考核，18 个单位获优秀格次；2016 年全
校共有 60 个单位参加考核，15 个单位获优秀格次；2017 年全校共有 60 个单位
参加考核，20 个单位获优秀格次；2018 年全校共有 60 个单位参加考核，18 个
单位获优秀格次。

（二）校院两级工作规程制（修）订

　　领导体制是大学内部管理体制的重要组成部分，对大学管理运行和科学发
展发挥着根本性、全局性、稳定性和长期性影响。2009 年以来，学校根据《国
家中长期教育改革和发展规划纲要（2010—2020 年）》《中国共产党普通高等学

校基层党组织工作条例》等文件要求，大胆探索、扎实推进内部领导体制改革，进一步划清各级领导和管理机构权限，厘清各级领导和管理机构关系，明确各级领导和管理机构活动方式，为实现学校各项工作的科学、有序、高效开展提供了制度保障。

2010 年 4 月，为完善学校内部领导体制，理顺工作关系，提高决策水平和工作效率，学校决定开展以制定实施《河南理工大学工作规程》和《河南理工大学学院工作规程》为主要内容的内部领导管理体制改革。9 月，学校正式印发实施《河南理工大学工作规程》和《河南理工大学学院工作规程》。

《河南理工大学工作规程》是学校理顺内部领导管理运行机制的基本依据。该工作规程明确了学校党委领导下的校长负责制的决策机制、议事机制、沟通机制和督查机制，阐明了党委书记和校长职责分工、党委常委会和校长办公会的议事范围和程序规则，提出了保障党委领导下的校长负责制有效实施的会议制度、公文报送和审批制度、联系基层单位制度、内务和外事活动制度、重大事项请示报告制度和请销假制度，进一步理顺了党委和行政之间的工作关系，形成了党委统一领导、党政分工合作、相互协调配合的工作机制，提高了学校管理科学化和决策民主化水平。2015 年和 2018 年，根据全国高校持续深化内部领导管理体制改革的形势和学校发展对自身内部领导管理运行机制改革的要求，学校在总结前一个时期学校工作规程运行情况基础上，结合国家和河南省有关要求，两次对《河南理工大学工作规程》进行修订，使其更加切合国家和河南省对高等学校领导管理体制改革的要求，更加适应学校加快建设国内一流特色高水平大学的需要，进一步完善了学校现代大学制度。

《河南理工大学学院工作规程》是厘清学院党政工作关系，明确学院党政职责权限，健全学院议事决策及相关配套制度的重要举措。该工作规程规定了学院领导组成和学院党政机构、学院学术委员会、学位评定委员会等机构职责分工，明确了学院党政联席会议、党委（党总支）会议、院长办公会的主要任务和程序规则，阐明了重要工作和事项请示报告制度相关内容程序，为促进学院事业健康科学和可持续发展提供了制度保障。2015 年和 2018 年，根据学校内部领导管理运行机制改革要求和建设国内一流特色高水平大学的需要，学校在总结前一个时期学院工作规程运行情况的基础上，两次修订《河南理工大学学院工作规程》，进一步厘清学院党政工作关系，明确学院党政主要职责，健全学院党政联席会议制度和决策配套制度，对完善学院领导管理运行机制意义重大、影响深远。

（三）系（教研室）工作制度制（修）订

系（教研室）是学校人才培养、科学研究、社会服务和学科专业建设的具体执行者。健全完善系（教研室）工作制度，规范系（教研室）工作行为，提升系（教研室）工作水平，是系（教研室）职能落到实处的重要保障。面对全国高校系（教研室）改革的新形势和学校发展对系（教研室）提出的新要求，学校在总结系（教研室）工作情况和建设发展经验基础上，积极探索推进系（教研室）管理体制改革，系（教研室）教学科研水平不断提高，学科专业建设能力持续提升。

2011年8月，为加强系（教研室）（学院下设二级机构，不包括学院所属系、教研室下设的教研室、教研组）组织建设，明确其功能定位、职责权限和发展任务，健全完善其基本管理制度，加快以"重基层、重建设、重实效"为核心的发展方式转变，学校出台了《关于进一步加强和改进系（教研室）建设的意见》，详细阐述了系（教研室）的地位与作用、加强和改进系（教研室）建设的重大意义，深刻剖析了加强和改进系（教研室）建设面临的形势与问题，提出了加强和改进系（教研室）建设的指导思想和基本原则，明确了加强和改进系（教研室）建设的主要任务，并就加强和改进系（教研室）工作领导提出具体要求，成为学校深化系（教研室）改革建设的行动指南。12月，学校在广泛征求意见和充分论证基础上，制定了《意见》的配套制度——《河南理工大学关于加强系（教研室）建设与管理暂行办法》。该文件共6章23条，详细阐明了加强系（教研室）建设与管理的目的和系（教研室）工作职责，明确了系（教研室）设立与建设原则、系（教研室）主任配置程序规则、系（教研室）主任职权范围，提出了系（教研室）工作考核与评估方法、程序和指标。《关于加强系（教研室）建设与管理暂行办法》的实施，促进了学校系（教研室）工作的科学化、制度化、规范化，系（教研室）在教学、科研和学科（专业）建设等方面的作用得到更充分发挥。

2014年10月，学校在总结《关于进一步加强和改进系（教研室）建设的意见》和《关于加强系（教研室）建设与管理暂行办法》两个文件执行情况基础上，出台了《河南理工大学系（教研室）工作规则》，同时废止《河南理工大学关于加强系（教研室）建设与管理暂行办法》。新出台的工作规则包括总则、系（教研室）设置与建设、系（教研室）工作任务、系（教研室）主任配置及职权、系（教研室）工作的考核评优与结果运用、附则等6章内容。与2011年印发的《河南理工大学关于加强系（教研室）建设与管理暂行办法》相比，新工作规则增加了系（教研室）关于师德建设的工作任务，取消了原《暂行办法》思想政治教育工作任务；增加了3条关于教学工作和1条关于科研工作任务，同时对系（教研室）设立与建设、系（教研室）主任职责等相关条款进行了调整充实，使其内容更加完善、更加切合实际，可操作和针对性更强，对进一步规范系（教研室）工作和管理行为，充分发挥系（教研室）在教学、科研和师德建设中的主体作用具有重要意义。为确保《河南理工大学系（教研室）工作规则》落到实处，学校又制定印发《河南理工大学系（教研室）活动实施办法》，作为《工作规则》的配套制度在全校实施，对系（教研室）教研活动、集体备课和相互听课等制度做出详细规定，为《工作规则》落地提供了有力的制度保障。

从2011年出台《关于进一步加强和改进系（教研室）建设的意见》，到2014年《河南理工大学系（教研室）活动实施办法》的印发，学校初步构建起了以一个意见、一个规则和一个办法为主体的系（教研室）建设管理工作体系，有力促进了系（教研室）的内涵建设和工作开展，系（教研室）的地位和作用更加凸显，校院系三级管理体制基本得到确立。

第二节　办学条件建设

一、学校基础设施建设

近10年来，学校按照"功能为主、造价从紧、质量求优"的基建工作指导思想，坚持"功能分区、合理布局、强调特色"的原则，持续完善基础设施，为加快国内一流特色高水平大学建设提供了有力硬件支撑。

着力加强教学楼、实验室、图书馆和档案馆建设，切实保障教学、科研等中心工作需要。2009 年，竣工南校区 3# 教学楼、计算机学院综合楼、热加工实训室；2015 年，开工建设南校区国家重点实验室大楼和第二图书馆工程，建筑面积共计 7.2 万平方米；2016 年，开工建设南校区综合实验楼和档案馆，其中综合实验楼于 2018 年竣工；2019 年 1 月，建筑面积近 2.96 万平方米、投资近 6400 万元的国家重点实验室大楼完成竣工验收。

重视体育场馆和其它校园附属设施建设，为师生活动等提供良好环境。2009 年，竣工南校区东大门工程；2014 年，建成建筑面积约 1.82 万平方米、总投资 8100 万元的学校体育馆，并投资 1500 万元完成南校区东北部水系工程和附属小学教学楼加固工程；2015 年，完成南校区明德楼音乐厅改造、校园东围墙改造、凯越路改造和东北部水系汉白玉栏杆安装等项目，总投资 1100 万元；2016 年，竣工南校区西区运动场改造、综合实验楼污水管网改造等项目，总投资 600 万元；2017 年，完成南校区东区运动场改造、东南区运动场改造及锅炉房改造项目，总投资 1340 万元。

高度重视教职工住宅楼、学生宿舍和食堂建设，不断提升师生生活幸福感和满意度。2009 年，竣工南校区 24# 学生公寓；2010 年，竣工南校区 25# 学生公寓，并建成中华新天地翰苑教职工商住小区 3#、4#、6#、7#、8#、9#、10#、12#、13# 住宅楼（教职工共集资投入 6300 万元，建筑面积达 7.45 万平方米）；2011 年，竣工南校区校内 B8#、B9# 住宅楼（总投资 1100 万元，建筑面积 1.25 万平方米），并建成翰苑教职工商住小区 5# 住宅楼（教职工集资投入 800 万元，建筑面积 0.79 万平方米）；2012 年，竣工翰苑教职工商住小区 2# 住宅楼（教职工集资投入 2700 万元，建筑面积 2.15 万平方米）；2014 年，竣工翰苑教职工商住小区 1# 住宅楼（教职工集资投入 2500 万元，建筑面积 2.15 万平方米）；2015 年，竣工翰苑教职工商住小区 14#、15# 住宅楼（教职工共集资投入 2400 万元，建筑面积 1.75 万平方米）；2016 年，开工建设南校区 5# 食堂、26# 学生公寓，其中 26# 学生公寓于 2018 年完工。学校教职工居住条件明显改善。

学校基建部门通过深入开展"基建工程全面质量管理年"等活动，始终严把工程规划、设计、招标、施工、验收、工程资料管理及工程预决算等关口，建筑造价、质量控制等能力持续提升，学校基建工作多次获得政府有关部门表彰。2009 年，学校第 7 次被评为"河南省高校基本建设管理先进单位"，同时学校 2008 年竣工的文科综合楼项目被河南省教育厅评为"优质工程"；2013 年，学校再次被评为"河南省高校基本建设管理先进单位"；2016 年，国家重点实验室大楼工地被焦作市住房和城乡建设局授予"焦作市文明工地"称号；2017 年，第二图书馆工程和综合实验楼工程被焦作市住房和城乡建设局授予"焦作市文明工地"和"焦作市优质结构工程"称号，同时被河南省住房和城乡建设厅评选为"河南省安全文明工地"，第二图书馆工程还被省建设工程质量监督总站授予"河南省优质结构工程"称号；2018 年综合实验楼工程也被省建设工程质量监督总站评选为"河南省优质结构工程"。

二、图书馆建设与服务

2009 年以来，学校准确把握新时期高校图书馆发展趋势，扎实推进图书馆建设和服务转型，为国内一流特色高水平大学创建提供有力支持。

注重馆舍建设。2014 年接管原焦作卫生医药学校临时图书馆（面积 0.3 万平方米，1996 年建成使用），2016 年接管万方科技学院（焦作校区）图书馆（面积 0.71 万平方米，1994 年落成使用），加上南校区在用图书馆（面积 1.88 万平方米，2003 年投入使用）和计划 2019 年下半年竣工的新图书馆，学校南、北、西三个校区图书馆馆舍总面积将超过 7 万平方米。通过书库库位改建扩容、安装空调制冷系统、加强环境文化建设等措施，各个馆舍内部条件不断改善，为师生提供了较好的学习环境。

强化文献资源保障。2009 年以来，学校不断加大在文献资源建设上的投入，2009 年至 2019 年 6 月，投入文献资源建设专项经费达到 1 亿元，同比增长 209%。新增纸本图书约 116 万册，新增纸本期刊（合订本）2.87 万册，新增中外文数据库 34 个（不含子数据库），占学校所购数据库总数的 81%。图书馆纸质期刊报纸保持在每年 1500 种 / 份左右，较好地满足了师生学习和教学科研需要。

优化文献资源结构。自 2009 年起，图书馆在持续充实纸本文献资源的基础上，进一步加强数字文献资源建设，同时重视开放资源获取。2014 年构建网络环境下开放获取（OA）信息资源新模块，自建河南理工大学开放获取（OA）数字资源平台；2015年引入歌德阅读机，迈出图书馆资源移动利用的步伐；2018年购置首台经典朗读学习亭。

注重特色文献资源建设。2009年创建本校教师教材专著数据库；2013年开始建立"河南理工大学文库"，内容包含本校教师教材专著、本校博硕士研究生学位论文、本校教师国际会议论文、知名学者赠书等，实施纸本文献与数字文献同步建设。截止到2019年6月，"河南理工大学文库"共收纳上述文献9000余册（种）。

积极推进文献资源共建共享。2011年与河南师范大学等高校共同组建豫北地区资源共享平台；2012年参加煤炭高校图书馆联盟；2014年与中国高等教育文献保障体系（CALIS）及中国高校人文社会科学文献中心（CASHL）签订协议，开展文献传递与馆际互借；2015年加入全国高校图书馆数字资源采购联盟（DRAA）和河南省高等教育文献保障体系联盟（HALIS）。文献资源的联合采购及共享利用，提升了资金使用效率，更好地满足了师生需求。

强化读者服务。树立明确的办馆理念。10年间，经过认真凝练，形成了包含馆训、馆风、发展愿景和发展使命在内的一系列办馆理念。2009年明确了"修己惠人，笃行致远"馆训和"奉献、挚诚、服务、创新"馆风；2013年确立了构建"人文、智慧、特色、开放"图书馆，铺就光明与梦想之路的图书馆发展愿景；2017年确立了打造"知识中心、交流中心、学研中心、文化传承与创新中心"，为学校建设国内一流特色高水平大学提供强有力支撑的发展使命。基础服务扎实有力。10年间各书库阅览室年均接待读者近260万人次，读者年均借还纸质图书110余万册次，图书馆网站及数字资源访问量年均近180万人次。更加重视做好读者教育和培训。每年编印《读者指南》《数字资源利用指南》发放给新生；面向全校学生开设《文献信息检索与利用》公共选修课程，每年为全校师生举办文献资源利用培训讲座近20场次；2013年起实施"三新"信息素质教育，即面向全校新本科生、新研究生和新进教职工开展相关培训；2015年5月，成功申报并获批开通图书馆官方微信公众号，开启新媒体服务模式；2017年获批并开通了图书馆官方QQ;2018年首次开通QQ教师学科（文献传递）服务群。

着力探索开展各类创新服务。2013 年起与学校安全技术培训学院（中心）共建煤矿安全信息服务与研究中心，每年编印《煤矿安全信息服务简报》服务煤炭行业；从 2014 年开始，与中国矿业大学图书馆等单位合作，开展科技查新服务，到 2019 年 6 月完成科技查新超过 3000 人次；2016 年起设立专职学科馆员，开展学科服务，2017 年开始开展嵌入式学科服务，通过编写 ESI 学科进展年度跟踪报告等，为学校一流学科建设提供决策参考；2018 年成立知识产权信息服务中心，通过编印《河南理工大学专利分析报告》等开展知识产权信息服务。

积极开展文化育人、服务育人和实践育人。每年举办河南理工大学"读书月"活动（2018 年起升级为"文化阅读行"系列活动），开创多个特色内容，如"青春飞扬"配乐诗朗诵大赛、"乐知讲坛""'咏'远的经典"传颂大赛等。2012 年起，每年开展勤工助学"三个帮扶"（关爱帮扶、教育帮扶、激励帮扶）特色活动。2013 年起，每年举办大学生文献信息检索技能大赛，不断组织学生参加"全国高校数据驱动创新研究大赛"等校内外活动。

图书馆文献资源保障能力、读者服务能力的不断提升和育人工作的开展，为学校教学、科研等中心工作和人才培养提供了积极支持，也得到各方面的认可。2013 年图书馆被中华全国总工会授予"全国五一巾帼标兵岗"称号；2012 年以来，7 次获得河南省图书馆学会"全民阅读活动先进单位"荣誉，4 次获得"河南省高校图书馆管理与服务创新先进单位"称号。

三、档案工作

近 10 年特别是 2015 年档案馆成立以来，档案工作日益得到学校各方面的重视，不断走向科学化、规范化，在学校事业发展中的地位和作用不断凸显。

加强硬件建设，改善工作条件。2015 年，对档案馆综合档案室进行改造，实现档案用房的库存、办公与查阅利用"三分开"，扩大了库房面积，提高了接待服务能力。2016 年，启动新档案馆建设，新馆建筑面积近 0.4 万平方米，计划于 2019 年下半年完成竣工验收，其投用将极大改善档案馆设施条件，结束学校档案分散管理和档案馆多处办公局面。

适应档案信息化管理要求，启动数字档案馆建设。2016 年投入 100 万元，

历时 1 年初步建成数字档案资源库。新建数字档案资源库共扫描文书等档案
183.34 万张，基建档案 1.87 万张，录入条目 2.85 万条，馆藏档案数字化率为
100%，实现了档案的在线归档、借阅审批及检索利用。

强化服务理念，深化档案利用，努力满足师生、校友及校外人员的查档、
借档需求。截至 2019 年 6 月，馆藏综合档案为全宗 1 个，案卷 36437 卷，以
件为保管单位档案 28502 件，照片档案 3039 张，实物档案 1947 件；人事档案
3908 卷。近 10 年来，档案馆综合档案年均查阅 3662 卷（件），借阅 2047 余
卷（件）。

加强档案编研。2016 年档案馆启动首轮口述校史采集，采访对象主要是焦
作矿业学院和焦作工学院时期（1958—2004 年）的部分领导、专家、教授，并
于 2019 年完成《河南理工大学口述历史》编著，抢救挖掘保存了学校大量历史
资料。

四、资产与财务管理

学校不断加强资产与财务管理，保证办学经费的大幅度增长和国有资产的
真实、完整及合法性，学校收入从 2009 年的 4.89 亿元增长至 2018 年的 12.27
亿元，资产从 2009 年的 18.95 亿元增长到 2018 年的 42.56 亿元，有力支撑了
学校事业又好又快发展。

学校科学筹划，开源节流，财务运作能力与资金使用效益显著提升。根据
《中华人民共和国会计法》《中华人民共和国预算法》《河南省省级财政专项资金
管理办法》等文件精神，先后出台《河南理工大学财务管理办法》《河南理工大
学深化财务管理体制改革方案（修订）》《河南理工大学专项资金管理暂行办法》
《河南理工大学经济活动立项管理办法（修订）》《河南理工大学财务审批制度》
《河南理工大学重点学科建设工程经费管理办法》《河南理工大学差旅费管理办法
（修订）》等近 20 项财务制度，构建起完善的财务管理体系，确保了经济活动有
法可依、有章可循，财务管理风险得到有效防控。

为完善学校国有资产管理体系，促进规范管理，2009 年以来，学校制（修）
订了《无形资产管理办法》《土地、房屋和建筑物管理办法》《闲置资产调剂使

用管理办法》《国有资产产权管理暂行规定》《仪器设备验收管理办法》《固定资产报废处置管理办法（试行）》《国有资产管理办法（修订）》等规章制度。同时，全面升级仪器设备、办公家具和低值品三套资产管理系统，构建了网络资产管理系统条形码标签打印平台，实现了固定资产的网络登记、变更、查询和明细账、条形码标签实时在线打印。一系列规章制度的实施和资产管理系统的上线，进一步规范了办事程序，健全了监督检查体系。

学校以资产清理为契机，即期清理与长效管理相结合，进一步规范和完善资产管理长效机制，从源头上管好用好资产。2013 年以来，定期有序开展全校资产清理自查、复查、整改工作。2014 年焦作卫生医药学校并入校后，及时指导其开展资产清查，将其资产纳入学校资产统一管理。

2016 年 11 月，河南省人民政府采购步入"阳光网购"时代。学校积极响应省政府决策，深化招投标采购模式改革，转变招标采购方式，全面取消政府采购的协议采购形式，推进政府采购"阳光网购"模式，规范政府采购管理，提升服务水平。严格按照河南省财政厅批复的采购方式和学校的采购工作程序组织实施采购工作，采取自主采购与政府采购相结合，零星采购、网上商城采购等方式，提高采购工作效率、降低采购成本，保障了教学科研工作顺利开展。

五、后勤改革与服务

2009 年以来，按照"整体切块，自主发展"的改革运行模式，学校后勤不断探索提高经费使用水平、优化运行机制、提升服务保障能力和自主发展的新路径。

2009 年，后勤集团圆满完成"整体切块、自主发展"第一个运行周期，在学生净增加 6727 人、建筑面积增加 32.51 万平方米、绿化面积增加 17.85 万平方米、保洁面积增加 10.83 万平方米、燃煤等材料价格大幅上涨、切块经费总额不变的情况下，后勤集团公司采取多种措施，为学校节约了大量资金，年产值增长到 1.2 亿元。2012 年，完成第二个运行周期，在学生人数增加 4479 人、建筑面积增加 7.34 万平方米、绿化面积增加 17.73 万平方米、保洁面积增加 10.96 万平方米、采暖面积增加 14.5 万平方米、服务内容及工作量不断增加的情况下，累计为学校节省运行经费 2000 多万元，自筹资金近 1000 万元投入服务设施改造和建设。2015 年，完成第三个运行周期，在学生人数增加 2500 人、建筑面积增加 1 万平方米、保洁面积增加 15.74 万平方米、人工费用不断增加的情况下，累计为学校节省运行经费 2300 余万元。2018 年，完成第四个运行周期，在学生人数增加 1250 人、绿化面积增加 5.49 万平方米、保洁面积增加 7.59 万平方米、服务成本持续高涨的情况下，为学校节省运行经费 2700 余万元。

2016 年，学校下发《关于深化后勤综合改革的指导意见》，为今后一个时期后勤事业发展提供了指导性意见和方向。2016 年 3 月，后勤管理处和后勤集团公司合署办公，将原后勤处的 4 个科室和原集团公司的 17 个下属部门整合为新的 17 个下属部门，后勤事业步入改革发展快车道。2017 年，积极推进多元化后勤建设，探索校企合作新模式，引进了自助洗衣、自动吹风机、自动售货、快递服务、洗浴热水等生活设施与服务项目，完善了校园公共服务设施与功能，节约了成本，方便了师生。同时，组建成立维修服务中心，建立了一支统一指挥、便于协调、快速反应的后勤维修队伍。2018 年，成立信息化建设办公室、接待服务中心和 9854 后勤综合服务实体大厅，打造了线上线下同步、高效便捷的服务机制，后勤专业化服务能力进一步提升，形成了全面覆盖师生吃住行的后勤服务保障体系。

后勤工作始终坚持为学校事业发展做支撑，为师生美好生活需要做保障，为立德树人做贡献的初心和使命。2009 年，出资 15 万元设立"后勤大爱奖学金"，扩大勤工助学范围，支持家庭经济困难且品学兼优的学生成长成才。2012 年，设立 45 万元"大爱励志"奖学金，奖励品学兼优的学子。2013 年，设立 20 万元"后勤大爱助学基金"，对在校学生和推动学校后勤服务保障工作方面做出努力和贡献的学生社团及教师进行资助。自 2014 年以来，每年投入 20 万元，在餐厅设立爱心免费汤供应点。

2009 年以来，后勤工作得到上级领导机构和同行的高度认可，后勤集团公司管理的学生食堂和公寓全部被评为河南省高等学校示范性或标准化学生食堂、学生公寓，学校先后被评为"全国高校节能先进单位""全国高校节能管理先进院校""全国高校后勤 10 年社会化改革先进院校""全国教育后勤信化建设先进单位""全国高校伙食工作先进集体""全国高校后勤信息化建设优秀示范单位"。

六、校园信息化建设

学校一直将信息化建设作为提升学校办学实力的重要举措。2012年成立信息化建设与管理领导小组（2017年更名为网络安全和信息化领导小组，2018年又更名为党委网络安全和信息化领导小组），统筹协调有关工作。经过多年努力，学校信息化应用与服务环境不断优化，信息化与学校教学、科研、管理和服务的融合不断加深，智慧校园已现雏形。

在基础网络建设方面，2010年10月，校园网完成网络主干升级改造，主干带宽升级到10000Mbps，形成了双核心结构。同时，全面开通IPv6网络，校内所有用户都可以IPv4/IPv6双栈接入。2011年，学校建设开通校园无线网，图书馆、学院楼、办公楼等校内主要楼宇逐步实现高密度覆盖。2014年，开通西校区互联线路，实现西校区与校本部的千兆网络连接。2018年，全校网络更改为二层结构，加入全球无线网漫游联盟。

在网络安全管理方面，2011年起，全校网站均执行信息发布审核制度，同时实行实名制上网认证。2013年以来，相继出台《河南理工大学校园网管理办法（试行）》《河南理工大学网络保密管理规定（试行）》《河南理工大学网络信息安全管理办法（试行）》《河南理工大学网络安全事件应急预案》《河南理工大学网络信息安全事件报告与处置流程（试行）》《河南理工大学二级网站管理规范（试行）》等网络信息安全管理规章制度，形成了网络信息安全事件监管常态化和规范化机制。为贯彻落实国家知识产权保护及网络信息安全等相关文件精神，做好学校信息和数据的安全工作,2018年学校部署了"校园软件正版化服务平台"。

在信息系统建设与应用方面，2009年学校开始建设高性能计算平台，2013年对平台进行节点扩充，缓解了计算资源的紧张，2017年对平台再次进行升级，较好保障了学校的科研需求。学校2013年部署信息门户平台,2015年实现校内系统和数据的初步集成。2013年正式上线运行赛课（Sakai）网络教学平台，学校2014年被省教育厅确立为网络学习空间试点高校,2016年以"优秀"格次顺利通过验收。2018年11月学校启动主数据管理与分析平台建设。

七、平安校园建设

安全稳定是学校事业发展的基础。近10年来，学校广泛深入地开展平安校园建设，实现了政治稳定、校园安定，保证了改革发展和各项工作的顺利进行。

注重构建"人防、物防、技防"全方位、立体化安全防控体系。一是加强门卫管理。严格门卫制度，落实师生凭证出入，外来人员登记、电话联系制度，严控社会闲杂人员、车辆进入校园。二是加强校园秩序管理。规范设立各类交通标识、科学划定交通标线、喷刷路口道沿警示线，并及时进行维护。通过在校园入口实行人车分流、工程车专用通道、后勤保障车辆分时段进入，在校内道路安装自动测速装置、高峰期安排人员上路引导等办法，有效保障了交通安全。对宿舍区的自行车进行规范管理，使之既不影响交通，又不堵塞消防通道，摆放整齐、规范。三是加强技防建设。2014年，学校投资400多万元新建监控室1个，对技防设备进行升级改造，新增摄像头400个，为校园安全提供了技防保障。2015年南校区学生宿舍全部安装了门禁系统，2016年北校区学生宿舍也都安装了门禁系统。四是加强治安防范。认真落实安全管理制度，对校园分区域实行24小时巡逻，特别是在重点时期、重要节日和案件高发期等时段，增加各巡逻区域的巡逻频次，实行电动巡逻车与校卫队队员交叉巡逻，处理各种不安全因素，为师生营造了安全有序的教学、工作和生活环境。2017年与焦作市城乡一体化示范区公安建立起警校联动机制。五是加强消防安全管理。以学习贯彻《普通高等学校消防安全工作指南》和落实消防安全责任为契机，每年开展"消防安全宣传周"活动，持续增强师生消防安全意识，提高安全防范能力。2015年，学校为18栋楼宇安装远程消防监控系统。2016年，按照河南省教育厅《消防安全重点单位微型消防站建设标准》新建了微型消防站，购置消防电动巡逻车1辆。2017—2018年重点对北校区消防设施进行了更新完善。

重视加强安全宣传教育，始终将其作为安全工作的一项重要内容常抓不懈。一是积极开展日常安全宣传教育。利用校园网、校园广播、电子屏、微博、微信、QQ群等媒介，定期对学生开展防火、防盗、防交通事故、防电信诈骗和抵制宗教渗透等方面的教育。二是开展专项安全宣传教育，包括每年 5 月份的安全教育宣传月活动、每年 11 月份的"119"消防宣传暨校园安全文化节活动等，营造良好的校园安全文化氛围。三是坚持入校新生安全教育全覆盖。坚持"教育在先、防范在前"工作理念，与招生部门结合，将新生报到期间的安全提示，同录取通知书一并寄送新生，使安全教育端口前移。组织编写《安全防范知识手册》，新生人手一册，安排保卫处具有硕士以上学历人员和军队转业干部担任教师，按学院班级讲授安全教育课、进行实地消防演练。四是结合"3·15"普法日、"6·26"禁毒日、"12·2 交通安全日"等重要节日，通过举办主题班会、知识竞赛、法律咨询等形式，对师生开展安全、法制宣传教育，提升师生安全防范能力和遵纪守法意识。

学校平安校园建设多次受到上级领导机关表彰。2011 年，学校被中共河南省委高校工委、河南省教育厅授予"平安建设工作先进单位"称号；2012 年，学校申报的《积极探索"七结合"途径，强化大学生安全教育》被教育部评为首届平安校园建设成果三等奖，是河南省唯一荣获教育部首届平安校园建设优秀成果奖的高校；2013 年，学校被中共河南省委评为"维稳先进集体"；2017 年，学校获得"河南省高校维稳安保工作先进单位"称号，保卫部（处）被省委高校工委、省教育厅评为"河南省高校维稳工作先进集体"；2019 年 5 月，学校被省教育厅、省平安建设工作领导小组办公室、省公安厅联合授予省级"平安校园"称号。

第三节　校友会与基金会

一、校友会

校友是学校事业发展的重要依靠力量。近 10 年来，学校高度重视加强校友会建设，通过完善校友会工作平台和地方校友组织，加强与广大校友的联系和情感沟通，更好地发挥校友作用，助推学校事业发展。

加强校友会工作平台建设。重点做好校友会网站建设、校友数据库建设、《河南理工大学校友通讯》的编发等。目前校友数据库在册校友 24 万余人，班级 7000 多个，收录有联系单位、电话的校友 6 万多人，建立了 58 级以前、58 ～ 77 级、77 级以后、煤炭行业校友等校友数据库，为学校开展校友工作提供了方便可靠的信息服务。《河南理工大学校友通讯》2013 年 7 月被中国高等教育学会校友工作研究分会授予"全国高校校友工作优秀期刊"称号。学校还积极利用新媒体开展校友工作，2017 年 2 月开通河南理工大学校友会微信公众号。校友会微信公众号坚持"联络校友、服务母校"的宗旨，以原创为主，主打"校友情怀牌"，平均每周推送 3 ～ 5 期图文，及时发布母校和校友动态，极大激发了广大校友爱校荣校情怀。另外在全国校友主要聚集地区开设了 60 多个校友微信群，让天南海北的理工校友感受母校脉搏，极大地方便了不同年级、不同专业间校友的感情联络和信息交流。为加强应届毕业生校友联络工作，自 2011 年起，学校推出"校友信使"制度，本着按地区、分专业、均匀分布、保证重点的评定原则，按照自愿报名、学院推荐、学校评定的程序，在应届毕业生中选聘"校友信使"。"校友信使"到岗后，积极与当地校友分会联系，引导应届毕业生加入校友会，为开展校友工作和地方校友分会建设提供了有力支持。

完善地方校友会组织。2009 年百年校庆之后，学校持续引导尚未建立校友会组织的地区在热心校友支持下筹备成立校友分会，到 2016 年年底全国校友分会达到 21 个。2017 年到 2019 年 6 月又先后成立了洛阳校友会、苏州校友会、贵州校友会、青岛校友会、福建校友会、深圳校友会等地方校友会。每次成立校友分会，都有校领导前往参加。在此期间，原有的成立较早的地方校友会基本都按时进行了换届，保持并增强了组织活力。各地校友分会结合自身实际，通过开展学术交流、论坛讲座、创业分享、文体活动等内容丰富、形式多样的线上线下联谊活动，密切了校友之间的联络、增进了校友和母校的感情、增强了不同地区校友之间的互动，既推动了地方校友会工作的有效开展，也凝聚力量为学校发展做出诸多贡献。

二、教育发展基金会

为争取国内外团体和个人的支持捐助，汇八方涓流推动河南理工大学事业发展，2010 年 6 月，经河南省民政厅批准，学校正式成立河南理工大学教育发展基金会（以下简称"基金会"），这是全省高校中首家获得官方批准认定的高校教育发展基金会。基金会获准成立后，通过努力，2011年12月获得公益性捐赠税前扣除资格和非营利组织免税资格。2018年12月，又获得慈善组织资格。

学校注重加强基金会建设。先后制定《河南理工大学教育发展基金会章程》《河南理工大学教育发展基金会管理办法》《河南理工大学教育发展基金会财务管理办法》等制度，完善了基金会内部管理体系，保证基金会能够严格按制度、程序办事，管好、用好募集的资金。重视利用新技术手段开展工作，2017年6月，同时上线基金会网站PC版、手机版，网站由《新闻中心》《我要捐赠》《筹资项目》《捐赠鸣谢》《信息公开》等栏目组成，及时发布学校要闻、捐赠与资助信息等，特别是开通了在线捐赠功能，支持支付宝和微信支付。在线捐赠的开通拓宽了募捐渠道，极大方便了海内外校友和社会各界人士捐资助学。根据学校事业发展需要，基金会精心设计了基本建设基金、奖学金、助学金、奖教金等项目接受捐赠，目前的代表性成果有河南能源化工集团正龙煤业有限公司设立的"国家重点实验室建设基金"、河南和信企业集团（机制82级姚晓峰校友）设立的"姚晓峰、余丽奖学金"、傅恒志院士设立的"傅恒志院士基金"、焦作华飞电子电器股份有限公司（电气80级赵禧林校友）设立的"华飞奖学金"、广东宏大爆破股份有限公司（采矿80级郑炳旭校友）设立的"宏大爆破奖助学金"、北京鑫源九鼎科技有限公司（地勘82级马桂霞校友）设立的"九鼎科技奖学金"、鸿华科技有限公司（材料04级许高云校友）设立的"鸿华奖学金"等。

基金会自成立以来，广泛联络校友和社会各界支持学校各项事业发展，共为学校募集资金2000多万元，同时获得河南省财政配套奖励资金915万元，两项合计超过3000万元，大量师生得到资助，在推动学生成长成才、学科专业建设等方面发挥了重要作用。2018年6月，基金会接受河南省民政厅专家组评估，得到高度评价，获得4A等级。

第九章

党的建设与思想政治工作

加强党对高校的领导，加强和改进高校党的建设，是办好中国特色社会主义大学的根本保证。[①] 学校把抓好党建工作作为办学治校的基本功，坚持全面从严治党，以改革创新精神全面推进党的政治、思想、组织、作风和纪律建设，并把制度建设贯穿其中，以高质量党建引领学校高质量发展，党组织的战斗堡垒作用和党员的先锋模范作用得到充分发挥，党的先进性、纯洁性不断增强。坚持把立德树人作为中心环节和根本任务，牢牢掌握意识形态工作领导权主动权管理权，着力加强和改进思想政治工作，坚持不懈传播马克思主义科学理论，坚持不懈培育和弘扬社会主义核心价值观，坚持不懈促进校园和谐稳定，坚持不懈培育优良校风学风，把思想政治工作贯穿教育教学全过程，实现全员育人、全程育人、全方位育人，保证了学校始终成为培养社会主义事业建设者和接班人的坚强阵地。高度重视统战工作和离退休工作，不断加强和改进党对工会、共青团等群团组织的领导，充分发挥党的群众工作的政治优势和群团党组织作用，为学校各项事业快速发展凝聚合力、提供保障。

第一节　党的建设

一、党的政治建设

（一）严肃党内政治生活

学校党委坚持以改革创新精神加强党的建设，把开展严肃认真的党内政治生活作为党的建设重要任务来抓，以党章为根本遵循，以党员领导干部为重点，旗帜鲜明讲政治，着力增强党内政治生活的政治性、时代性、原则性、战斗性，全面提高党的建设科学化水平。2015年制定《关于严肃处级以上党员领导干部

---

① 习近平就高校党建工作作出重要指示，《人民日报》2014年12月30日第一版。

党内政治生活的若干规定实施细则》，明确了学校处级以上党员领导干部党内政治生活应当坚持的原则、党内政治生活的基本要求、纪律规范及制度规范，为规范党员领导干部党内生活提供了基本遵循。

学校党委认真抓好党员干部政治理论学习，以党委理论学习中心组学习、师生政治理论学习、干部在线学习中心和河南干部网络学院在线学习、上级党组织调训、处科级干部分类培训、党内集中学习教育等为抓手，引领党员干部不断强化理论武装，坚定理想信念。同时，注重加强督促检查，把学习情况作为领导班子和领导干部考核的重要内容，切实保证理论学习的质量和效果，有力提升了党员干部的马克思主义思想觉悟和理论水平。

学校党委高度重视意识形态工作，推动各级党组织全面落实意识形态工作责任制，牢牢掌握意识形态工作的领导权。严格执行重大问题请示报告制度，教育引导党员干部牢固树立"四个意识"（即政治意识、大局意识、核心意识、看齐意识），自觉在思想上政治上行动上同党中央保持高度一致，坚决维护习近平总书记在党中央和全党的核心地位，坚决维护党中央权威和集中统一领导。通过加强纪律教育，强化保密知识学习，开展宗教信仰排查和反邪教斗争，严格执行领导干部个人有关事项报告制度等，严明党的政治纪律。坚决贯彻执行中央"八项规定"精神，开展反对形式主义、官僚主义、享乐主义和奢靡之风教育实践活动，坚持校领导接待日、校处级干部与师生座谈、教代会民主评议领导干部等制度，开设网上校长信箱，保持党组织和党员干部同师生的密切联系。2015年制定《中共河南理工大学委员会关于贯彻执行民主集中制的若干规定》，推动民主集中制具体化、程序化、规范化。坚持和完善校党委全委会及常委会会议制度、校长办公会会议制度、学院党政联席会议制度，校党委常委会向全委会定期报告工作并接受监督，校党委在作出重要决策前一般都要征求二级党委（党总支）意见，严格执行"三重一大"（即重大事项决策、重要干部任免、重要项目安排、大额资金的使用）制度，做到了重大问题都是在集体讨论的基础上按少数服从多数的原则作出决定，民主集中制得到坚决贯彻。

学校党委严格党的组织生活制度，增强党的组织生活活力。坚持"三会一课"（即定期召开支部党员大会、党支部委员会和党小组会，按时上好党课）制度，

2017 年印发《关于进一步落实"三会一课"制度、严格党内组织生活的实施意见》，强调突出政治性、强化严肃性、提升实效性，推动"三会一课"常态长效。要求校处级党员领导干部过双重组织生活，以普通党员身份参加所在党支部活动，并对此开展专项检查和通报。坚持民主生活会和组织生活会制度，认真开展批评和自我批评，要求校级党员领导干部参加分管（联系）单位领导班子民主生活会，处级党员领导干部参加所在党支部的组织生活会，加强工作指导，提高会议质量。坚持党员领导干部上党课制度，严格党费收缴，每年对党费使用情况进行公示。积极开展务实丰富的主题党日活动，深入开展"创新组织生活实例"项目建设。坚持定期开展党员民主评议，督促党员进行党性分析，增强党员意识，增强党性修养；同时完善党员退出机制，妥善处置不合格党员，纯洁党员队伍。

（二）自觉接受中共河南省委巡视

1. 第一次巡视

按照中共河南省委统一部署，2012 年 5 月 8 日，省委第三巡视组进驻学校开展巡视工作。巡视组召开巡视工作动员大会，听取学校党委领导班子工作汇报，并对学校领导班子及成员贯彻执行党的路线方针政策和省委、省政府的决议决定等情况进行问卷调查。巡视期间，巡视组通过听取校纪委、组织部等 10 个单位专题工作汇报，分别召开离退休教职工、专任教师、在校学生座谈会，实地到"瓦斯地质与瓦斯治理"国家重点实验室培育基地、图书馆和万方科技学院等单位走访，与 97 名校处级干部进行个别谈话，查阅相关资料，受理来信来访等方式，对学校贯彻执行党的路线方针政策、执行民主集中制、党风廉政建设、选拔任用干部、作风建设等方面的情况进行了全面深入了解。学校党委自觉把接受巡视的过程当作自我加压、推动发展的重要机遇，密切配合，主动接受监督。

2013 年 3 月 5 日，巡视组召开巡视工作反馈会，向学校反馈巡视工作意见。巡视组认为，近年来，河南理工大学领导班子以科学发展观为指导，紧紧围绕中原经济区建设和能源工业需求，沿着建设特色鲜明高水平大学的战略目标，凝心聚力，治校理政能力明显增强；以营造风清气正的育人环境为主线，着力抓好党的作风建设和反腐倡廉各项工作，干部作风明显好转，校园廉洁文化建设初见成效；以公开竞争的方式选人用人，激发了干部干事创业的内生动力。校级领导班子务实重干，锐意进取，抢抓机遇，奋力拼搏，学校各项事业呈现出跨越式发展的良好势头，综合实力跃居我省高校前列。在肯定成绩的同时，巡视组也明确指出了学校发展存在的主要问题，并就整改工作提出意见和建议，希望学校认真贯彻落实党的十八大精神，深入研究国家有关高等教育的中长期规划及我省高等教育现状；大力加强师资队伍建设、科研平台和团队考核，拓展对外开放合作的广度和深度，提升承担国家、省重大科研项目能力；进一步深化改革，积极解决在管理体制和管理机制方面遇到的复杂矛盾和问题；高度重视惩治和预防腐败体系建设。

学校党委高度重视巡视反馈意见整改工作，制定出包括 4 个方面 32 项具体任务的整改方案，并召开中层正职干部会议，对整改落实工作作出部署，明确责任分工，扎实推进整改。

2013 年 10 月，省委第三巡视回访组对学校整改工作进行巡视回访。期间，巡视回访组通过听取学校领导班子关于巡视反馈意见整改情况专题汇报、与学校领导和中层正职进行谈话、开展问卷调查、召开教师代表座谈会和离退休老同志座谈会等对学校整改工作进行全面了解，并对学校整改工作给予充分肯定。

2. 第二次巡视

根据中共河南省委统一安排，2018 年 11 月 4 日至 12 月 20 日，省委第七巡视组对学校进行巡视。巡视组通过听取专门工作汇报、广泛开展个别谈话、实地走访调研、抽查调阅资料、召开座谈会、深入课堂听课、组织问卷调查、受理群众来信来电来访等多种渠道，对学校学习贯彻习近平新时代中国特色社会主义思想和党的十九大精神、坚持和加强党的全面领导、落实"两个责任"（即落实党风廉政建设责任制，党委负主体责任，纪委负监督责任）、落实意识形态工作责任制、整改落实上次巡视反馈意见等情况进行全面监督检查。

2019 年 3 月 13 日，省委第七巡视组向学校反馈巡视情况。反馈意见认为河南理工大学党委领导班子政治坚定、务实重干、团结协作、创新进取，能够认真学习贯彻习近平新时代中国特色社会主义思想和党的十九大精神，坚决做到"两个维护"，紧紧围绕学校目标定位，坚持以政治建设为统领，认真贯彻落实党的教育方针和省委的决策部署，在党的建设、教学科研、学科建设和人才培养等方面取得了一定成效。反馈意见同时指出了存在的主要问题，并就整改工作提出意见和建议。巡视组要求学校以习近平新时代中国特色社会主义思想为指导，全面落实党的教育方针，加快建设国内一流特色高水平大学；准确把握全面从严治党新要求，牢固树立"抓好党建是最大政绩"的观念；层层落实"两个责任"，持续形成反腐败的高压态势；做好巡视"后半篇文章"，在整改落实上集中发力。

学校党委高度重视巡视反馈意见整改落实，把巡视整改作为增强"四个意识"、坚定"四个自信"、做到"两个维护"的具体行动，作为推动全面从严治党向纵深发展、把党的建设高质量落到实处的重要抓手，召开常委会专题研究，制定包括 4 大方面 136 项具体任务的综合整改工作方案、包括 4 个方面 21 项具体任务的选人用人工作专项整改方案和包括 5 个方面 57 项具体任务的意识形态工作专项整改方案；成立由校党委书记任组长的巡视整改工作领导小组，下设办公室及 3 个工作专班，具体负责巡视整改落实。全校上下提高政治站位，压实政治责任，坚持党的领导，坚持问题导向，坚持"四个结合"（即把巡视整改与"不忘初心、牢记使命"主题教育相结合，与学校中心工作、重点工作相结合，与以往历次巡视整改的问题和平时监督检查发现的问题相结合，与深化改革相结合），坚持标本兼治，按照集中整改和持续整改两个阶段，不折不扣抓好整改，各项整改任务得到扎实推进。

（三）深入开展主题教育

1. 全面推进创先争优活动

2010 年 5 月起，根据中共河南省委高校工委的统一部署，学校深入开展创先争优活动，出台《关于在全校基层党组织和共产党员中深入开展创先争优活动的实施方案》《关于在全校深入开展创先争优活动中建立健全公开承诺机制的通知》等文件，加强组织领导，完善工作机制，确保活动有序开展。以抓好关键环节为突破口，创新方法载体，组织开展公开承诺、践诺评诺、群众评议、"党在我心中"征文比赛、"夺旗争星"评比竞赛、"我为党旗添光彩"演讲比赛、领导干部"下基层大走访"等主题活动。其中在大走访中，党员干部走访教研室、班级、宿舍等基层单位 1058 个次，走访师生家庭 1117 户次，解决实际问题 1041 件，征求意见 1379 条，撰写调研报告 391 篇，切实转变工作作风，不断提高决策能力和服务水平。注重宣传引导和典型带动，开设创先争优专题网站，编制工作简报，及时上报工作信息和总结推广活动开展中的好做法、好经验，营造出学习先进、争当先进的良好氛围，3期简报被省委创先争优简报采用。组织部深入各基层党委、党总支检查活动开展情况，并对全校692个基层党组织进行分类定级，定为先进的310个，较好332个，一般47个，后进3个；同时，针对查找出来的问题，制定相应的整改措施。每年评选表彰先进党委（党总支）、先进党支部、优秀党务工作者、优秀共产党员和优秀特聘组织员等，充分激发基层党组织和党员创先争优的积极性。2012年以来，坚持每年修订创先争优年度目标量化考核指标体系及年度评选实施办法，健全长效机制，加强监督考核，增强了创先争优活动的针对性和实效性。

2011年能源学院党委被评为"河南省创先争优流动红旗"先进基层党组织，2012年学校被河南省委授予"2010—2012年全省创先争优先进基层党组织"称号。

2.扎实开展党的群众路线教育实践活动

根据中央和省委统一部署和要求，2014年2月至11月，学校党委以为民务实清廉为主题，贯彻"照镜子、正衣冠、洗洗澡、治治病"的总要求，分"学习教育、听取意见""查摆问题、开展批评""整改落实、建章立制"三个环节，聚焦形式主义、官僚主义、享乐主义和奢靡之风方面存在的突出问题，在省委第十九督导组的督查指导下，集中开展第二批党的群众路线教育实践活动，推动作风进一步转变，党群干群关系进一步密切。

学校成立教育实践活动领导小组，下设办公室及7个督导组，全面负责教育实践活动方案的制定和组织实施。各二级单位党组织也分别成立组织机构，制定活动方案，进行动员部署，形成了分层实施、压茬有序推进的工作格局。学校领导班子发挥示范带头作用，在深入学习、提高认识的基础上，集中走访调研40个职能部门和20个教学学院，深入师生，近距离倾听呼声，了解实情，查摆问题；召开教师、干部、学生座谈会12场次，分别听取他们对教育实践活动和学校领导班子的意见建议；通过设立热线电话和意见箱，广泛征求师生意见，为活动整改工作找准"靶子"。高质量召开专题民主生活会，得到省委督导组的充分肯定。认真制定整改方案、专项整治方案、制度建设计划和领导干部个人整改措施，明确整改任务的完成时限和具体要求，实行整改周报制度，严格按照时间节点扎实推进整改落实。出台《校处级领导干部联系群众实施办法》《公务接待管理办法》等31项长效制度，进一步完善党的作风建设制度体系。省委教育实践活动《简报》《督导要情》先后10次介绍我校典型做法和先进经验，师生对活动"三评"的满意率均在98%以上。学校在2015年认真开展党的群众路线教育实践活动"回头看"，持续推动了校处级领导班子整改方案的落实，让师生切实看到变化、见到实效。

3. 认真开展"三严三实"专题教育

根据中共河南省委的统一部署，2015年5月起，学校组织校处级领导干部认真开展以"严以修身、严以用权、严以律己，谋事要实、创业要实、做人要实"为主要内容的"三严三实"专题教育。

学校党委制定印发专题教育实施方案，把握主题，明确任务，教育引导校处级领导干部紧紧围绕"严以修身，加强党性修养，坚定理想信念，把牢思想和行动的'总开关'""严以律己，严守党的政治纪律和政治规矩，自觉做政治上的'明白人'""严以用权，真抓实干，实实在在谋事创业做人，树立忠诚、干净、担当的新形象"三个专题，开展专题学习研讨；把握讲好专题党课、写好对照检查材料、召开高质量民主生活会、抓好专项整治等关键节点，贯彻从严要求，强化问题导向，着力解决校处级领导班子和领导干部中存在的"不严不实"问题；坚持以上率下，发挥各级党组织书记第一责任人示范作用，带头学习研讨、带头开展批评、带头深化整改，务求工作实效；注重统筹兼顾，将专题教育与中心工作相结合，做到"两手抓，两促进"。各二级党委、党总支按照学校方案积极做好规定动作的同时，结合单位实际创造性地做好自选动作，提升了专题教育的实效性和影响力。

在教育活动中，学校认真抓好各个环节的工作，校党委理论学习中心组开展集体学习12次，校领导班子成员作党课辅导报告4次，邀请校外专家作专题辅导报告5场，召开学习研讨会3场。广泛征求师生员工的意见建议，梳理校级领导班子整改事项51条、处级领导班子整改事项760条，2015年底整改完成率达94%以上，教职工住房团购、离退休干部职工活动场地改造等一批制约学校发展和师生关切的突出问题得到有效解决，领导干部工作作风持续改进。学校专题教育工作受到省委联络三组和巡回检查组的一致认可，经验做法4次被省委简报刊发，并在全省专题教育推进会上作交流发言。

4. 深入开展"两学一做"学习教育

按照中央和省委统一部署，学校于2016年4月正式启动"学党章党规、学系列讲话，做合格党员"学习教育。

学校党委把开展"两学一做"学习教育作为加强党性党规教育的重要契机，通过召开会议动员部署、制定印发实施方案进行统筹谋划；认真抓好领导干部带头上党课、组织专题学习研讨、召开专题民主生活会、积极查摆整改问题等各项具体工作；注重通过专题学习、辅导报告、研讨交流等，改进理论学习方式；通过实施党委理论学习中心组和教职工政治理论学习月通报制度，督促各基层单位严肃学习纪律，提升学习实效。在完成上级规定动作的同时，注重结合实际，突出学校特色，在理论宣讲、党课辅导、党日活动、志愿服务等方面积极创新，提升了学习教育效果。各二级党委、党总支书记高度重视，加强组织领导、严格方法步骤、突出责任落实、加强宣传引导，推动学习教育深入开展。广大党员以"学"为基础，在学深吃透上下功夫；以"做"为关键，在以知促行上用真力；以"改"为牵引，在整改提高上出真招；以"促"为落点，在推动发展上求实效，确保了学习教育各项任务落地落实。省委简报、《河南日报》《河南教育信息》等刊发学校特色做法10余次，学校先后4次在全省性工作推进会议上做典型发言，并荣获全省"两学一做"学习教育知识竞赛优秀组织奖。

5. 推进"两学一做"学习教育常态化制度化

2017年5月，学校召开"两学一做"学习教育常态化制度化工作座谈会，学习贯彻中央、省委的指示和要求，安排部署学校推进"两学一做"学习教育常态化制度化工作。学校制定《推进"两学一做"学习教育常态化制度化实施方案》，加强组织领导，压实工作责任，坚持以上率下，加强督查指导，强化宣传引导，统筹协调，把握节奏，营造良好舆论氛围，确保各项任务落到实处。

学校党委坚持把"两学一做"学习教育常态化制度化与学习贯彻党的十九

大精神相结合。党的十九大召开后，学校制定实施《关于深入学习宣传贯彻十九大精神，进一步推进"两学一做"学习教育常态化制度化的通知》，要求基层党组织和党员做到"六个一"（即坚持一个方向，突出一个主题，抓住一个重点，提升一个素质，强化一个保证，实现一个目标），引导广大党员以学促做、以知促行。2017年，34个二级党委（党总支）组织开展学习研讨、重温誓词、党日活动、讲党课、轮训等活动910余场次，有力推动了学习贯彻党的十九大精神融入日常、抓在经常。坚持把"两学一做"学习教育常态化制度化与落实全面从严治党责任相结合。制定实施学校党委履行全面从严治党主体责任清单、二级单位党组织党建工作责任清单及党支部主体责任清单，建立起抓党建工作三级联动机制；召开"两学一做"学习教育常态化制度化工作推进会，组织督查指导组通过听取汇报、查阅资料、座谈交流等方式，围绕贯彻落实学校部署情况、统筹安排本单位学习教育情况、落实党支部组织生活制度情况、开展专题党课和主题党日活动情况、党建重点项目进展情况等内容，对34个党委（党总支）推进"两学一做"学习教育常态化制度化情况进行督导检查，2017年抽查组织生活313次，印发通报7期，推进了学习教育常态化制度化向纵深发展。

（四）落实全面从严治党主体责任

自党中央2014年提出全面从严治党以来，学校党委坚持"党要管党、从严治党"方针，牢牢把握正确政治方向，自觉履行全面从严治党主体责任，加强顶层设计和整体谋划，把全面从严治党列入学校年度党政工作要点和重点工作，纳入二级单位党组织年度目标考核体系，层层压实责任，推动全面从严治党在学校落地生根，以党建高质量推进学校发展高质量，为建设国内一流特色高水平大学提供坚强政治保证、营造良好政治生态。

2015年10月，学校被中共河南省委确定为全省县级以上机关"完善和落实全面从严治党监督检查问责机制示范点单位"。为落实省委要求，学校在当年12月召开全面从严治党监督检查问责机制示范点建设动员大会，制定《河南理工大学全面从严治党监督检查问责机制示范点建设实施方案》，从完善全面从严治党的制度体系、着力构建全面从严治党监督检查问责机制、深入探讨全面从严治党监督检查问责规律、努力形成全面从严治党监督检查问责机制的特色经验等四个方面明确了示范点建设的主要任务。

2016 年是中共河南省委确定的"全面从严治党主体责任深化年"。同年 7 月，学校召开全面从严治党主体责任深化年工作会议，制定《全面从严治党监督检查问责机制暂行办法》《河南理工大学二级单位党委（党总支）党建工作责任清单》等制度，健全了全面从严治党责任体系。各二级党委、党总支对照党建工作责任清单严格自查，明确任务，细化责任，建立台账；认真申报和推进落实年度党建工作重点项目，积极参与基层党组织书记抓党建工作述职评议，强化党组织书记履行好第一责任人的责任意识。学校党委通过多种方式开展落实主体责任专项督查，从严考核评价，强化追责问责，确保责任落实。同年 9 月，省委高校工委督查组莅临学校，对学校全面从严治党工作落实情况进行了综合检查，并给予充分肯定。

2017 年学校制定《中共河南理工大学委员会履行全面从严治党主体责任清单》和校党委、校纪委《党内监督责任清单》，分别明确了学校党委领导班子和班子成员、党委工作部门、二级单位党组织以及校纪委、二级纪委、纪检委员的工作责任，使全面从严治党的责任边界更加清晰、责任体系更加完善。修订《二级单位党组织年度工作量化考核实施办法》，进一步强化二级单位党组织的主体责任和领导干部的"一岗双责"，层层传导压力。

2018 年学校制定《全面从严治党工作要点》，召开全面从严治党工作会议，对管党治党工作进行安排部署。修订《机关处级单位目标考核办法》《学院目标考核办法》，调动机关处级单位和学院全面从严治党的积极性；修订《二级单位党委（党总支）工作规则》《基层党支部工作规则》，进一步明确二级单位党委（党总支）、书记、副书记和其他委员以及基层党支部委员会、支部书记和委员的全面从严治党职责，推动全面从严治党向基层延伸。制定学校落实中组部、教育部党组《高校党建工作重点任务》台账和落实省委高校工委《2018 年重点工作安排意见》台账，逐一对账销号，确保全面从严治党各项决策部署得到贯彻落实。召开校党委常委会和全委会，及时传达学习上级党组织全面从严治党的相关精神，听取校纪委工作报告、专题研究全面从严治党相关议题，科学分析研判学校全面从严治党的形势任务，及时协调解决工作中存在的问题，支持纪委深化"三转"，严格监督执纪问责，深入推进全面从严治党向纵深发展。同年9月，省纪委调研组对学校全面从严治党"两个责任"落实情况进行了专题调研。

二、党的思想建设

思想建设是党的基础性建设。[①] 学校坚持用习近平新时代中国特色社会主义思想武装党员干部和师生员工，弘扬理论联系实际的马克思主义学风，不断提高领导干部办学治校能力和党员师生的理论修养，有效地推动学校事业科学发展。

（一）加强和改进理论学习

学校坚持把抓好党委理论学习中心组学习和教职工政治理论学习作为理论武装的一项基础性工作。每学期初，制定学校党委理论学习中心组学习安排和教职工政治理论学习安排，采取集中学习与个人自学相结合、原文研读与辅导讲解相结合、走出去学与请进来讲相结合等方式，通过中期检查、个别抽查和年终考核等，确保学习时间、地点、人员、效果"四落实"。2014年制定《河南理工大学教职工政治理论学习规定与考核办法》，对学习计划、时间安排、内容形式、基本要求、学习组织和检查考核等作出明确规定。2017年制定《河南理工大学党委理论学习中心组学习实施办法》，对校、院两级党委理论学习中心组的学习原则、内容、形式、管理和工作制度、组织领导等进行了详细安排。这两个文件对进一步推进理论学习制度化规范化，推动理论武装工作扎实开展有着重要的促进作用。

为创新理论学习方式，进一步提升理论学习的实效性和影响力，2016年10月，学校召开宣讲团成立大会。会上，校党委书记邹友峰对做好宣讲团和思想理论武装工作提出明确要求。同日，学校印发《河南理工大学宣讲团管理暂行办法》《关于聘任王丽萍等17位同志为河南理工大学宣讲团专家的通知》。宣讲团专家深入基层、深入师生，围绕师生关心、关注的重大理论和现实问题，及时开展理论宣讲报告会和专题讲座，帮助师生释疑解惑，凝聚共识。截至2019年

---

① 习近平：《决胜全面建成小康社会，夺取新时代中国特色社会主义伟大胜利——在中国共产党第十九次全国代表大会上的报告》，新华社北京：2017年10月27日电。

6月，宣讲团专家共开展理论宣讲122场，受到广大师生的好评，做到了理论创新每前进一步，理论武装就跟进一步。

（二）学习贯彻党的十八大精神

2012年11月，学校制定《关于认真学习宣传贯彻党的十八大精神的通知》，要求各基层单位组织丰富多彩、形式多样的学习宣传贯彻活动。全校师生通过观看大会实况、集中学习、交流讨论、党课团课、专家辅导报告、主题党日团日活动、主题班会、演讲征文、图片展等多种形式，深入学习宣传贯彻党的十八大精神。充分利用校报、校园网、广播、宣传栏、展板、电子屏等校内阵地，营造浓厚的学习氛围。同时，组织思想政治理论课教师学深、吃透精神实质，扎实推进党的十八大精神进教材、进课堂、进学生头脑。

（三）学习宣传贯彻习近平新时代中国特色社会主义思想和党的十九大精神

2017年11月，学校制定《关于认真学习宣传贯彻党的十九大精神的通知》，从四个方面，设计了七大类、数十项学习宣传贯彻活动，对各级党组织和师生学习宣传贯彻十九大精神作出系统安排，明确任务要求。选购党的十九大报告、新党章，以及《党的十九大报告辅导读本》和《习近平谈治国理政》第一卷、第二卷，《习近平新时代中国特色社会主义思想三十讲》等辅导读物，利用党员"三会一课"、主题党日活动、政治理论学习、主题班会等载体，通过收看大会直播、组织实践考察、听取辅导报告，以及个人自学等形式，组织党员和师生深入学习领会习近平新时代中国特色社会主义思想和十九大精神。举办校处级领导干部、教师、党支部书记和"青年马克思主义培养工程"学员等多个培训班，通过专家辅导、座谈研讨、分组讨论等，开展学习宣传活动。校党委书记邹友峰带头作十九大精神专题报告，学校宣讲团专家深入基层单位开展专题讲座30余场，帮助师生深入领会精神实质和精髓要义。

2017年11月，成立习近平新时代中国特色社会主义思想大学生学习社，划分若干学习小组，通过专题宣讲、研讨交流、志愿服务等形式，引导青年学生领会掌握党的十九大精神。举办"与党的十九大代表面对面"座谈会、"喜庆十九大党支部书记微党课竞赛"、党的十九大精神知识竞赛，组织"学习十九大，拥抱新时代"专题朗诵会等学习宣传活动，开展"学习十九大精神，重温入党誓词"等系列主题党日活动，增强了学习宣传的实效性。组织思想政治理论课教师集体备课，开展专题宣讲，实现了学习教育的"全覆盖"。

充分利用校报、校园网、官方微博微信等阵地，精心策划、集中报道学校学习贯彻十九大精神的部署要求和行动举措，宣传各基层单位学习宣传贯彻情况的工作动态和经验做法，刊发稿件百余篇。校报开设"贯彻党的十九大精神"专栏，微博开设"贯彻十九大，共筑新时代"专栏，微信开设"点赞十九大"专栏，刊发各单位学习贯彻十九大精神的特色亮点，推出《十九大精神"零时差"走进思政课堂》等报道数十篇，师生点赞、转发、留言数万次。各基层党组织设计制作党的十九大精神宣传展板 500 多幅（块），掀起了全校党员和师生学习宣传贯彻习近平新时代中国特色社会主义思想和党的十九大精神的热潮。

2018 年，制定《关于开展"党的创新理论大宣讲"活动的通知》《关于开展习近平新时代中国特色社会主义思想大学习领航计划系列主题活动的通知》，开展"校领导干部上讲台""马克思主义学院院长论坛""思想政治理论课教师大宣讲""宣传部长理论谈""团学干部讲坛""优秀辅导员讲师团""大学生骨干宣讲团"等系列宣讲活动；以及"庆祝改革开放 40 周年"——大学生思政课艺术作品展、"昂首复兴路·最美新时代"——大学生讲思想政治公开课和"我心中的思政课"——大学生微电影展示等学习实践活动，持续推进习近平新时代中国特色社会主义思想往心里走、往实里走、往深里走。

2019 年 2 月，按照河南省委高校工委的要求，制定《关于"学习强国"学习平台推广运用的通知》，并对学习管理员进行专题培训，组织全体党员使用"学习强国"学习平台，加强对习近平新时代中国特色社会主义思想和党的十九大精神的学习，营造广大党员自觉学习、深入学习、持续学习的良好氛围。

（四）开展系列教育活动

2010 年 6—12 月，学校开展"争创学习型党组织、争当学习型党员活动"。通过组织开展读书学习活动月、"学习争创活动日"活动、专题报告会、读书交流会、书法作品展评、主题演讲比赛、知识竞赛、阅读红色经典、观看红色电影、唱红色歌曲活动，组织学习调研活动等，推动学习争创活动落到实处、取得实效。编印工作简报 30 余期，大力宣传学习争创活动的进展情况、活动成效。学校在全省学习争创活动交流会上作典型发言，充分展示了学习争创活动取得的成绩。

2010 年 6 月，制定《关于在全校组织开展"三平精神"学习教育活动的通知》，明确了学习教育活动的指导思想、主要内容、活动形式和组织领导，通过开展主题学习会、座谈会、报告会、演讲会、专题培训等系列活动，推动"三平精神"融入日常。

2013 年 3 月，制定《关于组织开展"我的中国梦"主题教育活动的通知》，通过"中国梦·理工梦"主题宣传、"我的中国梦"主题征文大赛、图片展、宣讲会、座谈会、班会、党日活动、团日活动、社会实践活动和"自立自强，励志成才"主题演讲比赛、"走向复兴路，实现中国梦"知识竞赛、"最美中国"主题摄影及微电影创作大赛等多种形式，掀起学习宣传高潮，引导师生为实现中华民族伟大复兴的"中国梦"努力奋斗。

开展庆祝新中国成立 60 周年、70 周年，庆祝中国共产党成立 90 周年、95 周年，纪念红军长征胜利 80 周年，建军 90 周年暨香港回归 20 周年，庆祝改革开放 40 周年等系列主题活动，通过组织观看庆祝大会阅兵仪式，主题升国旗仪式，开展主题宣讲，举办图片展和摄影作品展、大合唱比赛、主题演讲比赛，文艺表演等，加强党史、国史、军史、改革开放史、社会主义发展史宣传教育，引导师生培养爱国之情、砥砺强国之志、实践报国之行，弘扬爱国主义主旋律，集聚干事创业正能量。

三、党的组织建设

（一）党代会

1. 第一次党代会

2009 年 12 月 26—27 日，中国共产党河南理工大学第一次代表大会隆重开幕。实际出席大会党员代表 191 名，特邀代表 17 名，列席代表 15 名。中共河南省委组织部、省委高校工委和中共焦作市委有关领导出席开幕式并讲话。王少安代表学校党委作了题为《抢抓新机遇，实现新跨越，全面开创高水平教学研究型大学建设新局面》的工作报告。

会议选举产生：

中共河南理工大学委员会书记：王少安

　　　　　　　　副书记：邹友峰　张国臣　周志远

常委（以姓氏笔画为序）：

　　卫中玲　王少安　邹友峰　张国臣　张战营　周　英　周志远

委员（以姓氏笔画为序）：

　　丁安民　卫中玲　王少安　王晓梅　王裕清　杨建堂　邹友峰

　　张　锟　张玉培　张国臣　张尚字　张战营　周　英　周志远

　　郑广华　孟钟剑　赵俊伟　郭健卿　景国勋

中共河南理工大学纪律检查委员会书记：张国臣

　　　　　　　　副书记：王　勇

委员（以姓氏笔画为序）：

　　王　勇　李书民　李桂林　张国臣　郑之宇　郑友益　康全玉

　　梁丽娟　裴志民

2. 第二次党代会

2018 年 6 月 28—30 日，中国共产党河南理工大学第二次代表大会隆重开幕。实际出席大会的党员代表 195 名，特邀代表 21 名，列席代表 7 名。中共河南省委高校工委和中共焦作市委有关领导出席大会并讲话。邹友峰代表上一届党委作题为《不忘初心，砥砺奋进，全面开启国内一流特色高水平大学建设新征程》的工作报告。

大会选举产生：

中共河南理工大学委员会书记：邹友峰

　　　　　　　　副书记：杨小林　安士伟

常委（以姓氏笔画为序）：

　　田道敏　安士伟　杨小林　邹友峰　张　锟　陈自录　赵同谦

　　赵俊伟　铁占续　谢定均　解　伟　翟传森　翟耀南

委员（以姓氏笔画为序）：

王　勇　王　婕　王建华　田道敏　安士伟　李桂林　李慧敏

杨小林　杨永国　邹友峰　沈记全　张　锟　张国成　陈自录

郎付山　赵同谦　赵俊伟　铁占续　徐亚富　高建良　黄保金

程　伟　谢定均　解　伟　翟传森　翟耀南　魏峰远

中共河南理工大学纪律检查委员会书记：陈自录

　　　　　　　　　　副书记：史君锋　袁　方

委员（以姓氏笔画为序）：

田留轩　史君锋　朱天明　孙响林　陈自录　赵　昉　茹　艳　袁　方
浮新平

（二）校处级领导班子建设

1. 学校领导班子调整

2012年10月，因年龄原因，王裕清不再担任河南理工大学副校长。2014年3月，张战营调离学校担任焦作师范高等专科学校校长、党委副书记。2015年2月，中共河南省委对学校领导班子进行调整充实，张国臣不再兼任学校纪委书记，卫中玲任学校党委副书记、不再担任学校副校长，赵俊伟、翟传森任学校副校长，张尚字任学校纪委书记。2015年5月，中共河南省委对学校党政主要领导进行调整，邹友峰任河南理工大学党委书记，杨小林任河南理工大学校长、党委副书记，王少安因年龄原因不再担任学校党委书记。2015年9月，因年龄原因，张国臣不再担任校党委副书记、杨建堂不再担任校工会主席。2015年10月，景国勋调离学校担任安阳工学院院长、党委副书记。2016年1月，解伟调入学校担任校工会主席。2016年12月，周志远调离学校担任河南科技学院党委书记。2017年3月，中共河南省委调整学校领导班子，安士伟任学校党委副书记，陈自录任学校纪委书记，张尚字调离学校担任河南师范大学纪委书记。2017年10月，因年龄原因，周英不再担任副校长。2017年12月，赵同谦提任学校副校长。2018年1月，学校领导班子再次调整，解伟任学校副校长，不再担任校工会主席；翟耀南任学校工会主席。2018年5月，因年龄原因，卫中玲不再担任学校党委副书记。

2. 处级干部选任与调整

2010 年上半年开展学校处级领导班子换届工作，坚持环环公开、人人平等、公平竞争、择优录用的原则，理论测试、演讲答辩、民主推荐、组织考察、申报岗位等环节顺利完成；下半年又分别组织进行了省部级平台负责人和部分副处级领导岗位的缺额补充，全年共提拔处级领导干部 48 人，其中正处级干部 14 人，副处级干部 34 人；轮岗交流处级干部 15 人，其中正处级干部 8 人，副处级干部 7 人。协助省委组织部推选出 9 名校级后备干部。

2011 年通过民主推荐、组织考察等程序对部分缺职处级领导岗位进行补充调整，新提拔正处级干部 8 名、副处级干部 17 名。

2012 年，本着"为发展配班子、凭政绩用干部"的思路，坚持"注重实绩、群众公认"的用人导向，按照民主、公开、竞争、择优方针，积极推进竞争性选拔，顺利完成处级班子换届工作。此次换届新提处级干部 21 人，其中正处级 8 人，副处级 13 人；轮岗交流处级干部 19 人，其中正处级 11 人，副处级 8 人。换届后学校处级干部平均年龄 45.2 岁，与上届班子基本持平；具有硕士及以上学位的 168 人，占 70.3%，比上届班子提高 3 个百分点；具有高级职称的 198 人，占 83.2%，比上届班子提高 2 个百分点；民主党派和无党派人士 40 人，占 16.8%，比上届班子提高 5 个百分点；女干部 34 人，占 14.3%，比上届班子提高 3 个百分点，一支结构合理、政治坚定、能力突出、作风过硬的处级干部队伍逐步形成。

2013 年，根据处级领导班子建设实际，对个别缺额处级领导干部岗位进行了补充调整，选拔正处级、副处级干部各 1 人。

2015 年，采用民主推荐与任职资历相结合的方式，积极做好处级干部选任工作，提拔处级干部 14 名，轮岗交流处级干部 10 名。同时注重优秀年轻干部的培养，选拔 3 名年轻处级干部到重要岗位进行历练。当年 40 岁及以下年轻干部占处级干部总数的 18.5%。配合上级推荐考察校级后备干部 9 人、中长期培养对象 2 人。

2016 年，在对学校处级机构设置进行优化调整的基础上，精心组织实施处级班子换届，按照先正处、后副处，先轮岗交流、后选拔任用的基本程序，认真制定总体工作方案，细化落实阶段实施方案，稳步推进基层推荐、资格审查、岗位申报、民主测评、组织考察、党委决定和任前公示等各个环节的工作，选拔任用处级干部 37 名，轮岗交流处级干部 83 名，一批组织看好、群众公认、实绩突出、年富力强的干部被选用到合适的处级岗位。特别是探索改进副处级干部提名方式，在干部选拔任用中给予二级单位党组织提名的权力和相关的责任，增强了二级单位党组织在干部选拔中的责任感和使命感，较好发挥了基层党组织的定向把关作用，树起了正确的选人用人导向，受到省委组织部"干部选拔有创新"的评价。

2017 年，对处级领导缺职岗位进行补充，提拔处级干部 12 人，平级交流 5 人。按照"注重实绩、综合评定"的思路，开展干部试用期考核。经民主测评、对口评价、领导评价和个别谈话等程序，对试用期满的 36 名处级干部的政治素质、纪律规矩和工作实绩进行了多维度考评。

2018 年提拔正处 2 人，副处 1 人，交流调整正处 5 人。对 12 名新提拔处级干部进行试用期满考核，全部考核合格。

2019 年，按照省委巡视整改要求，结合学校改革发展实际，学校党委按照"总体稳定、优化职能、科学设置、权责协同、精简高效、推动发展"机构设置思路和"选出好干部、配出强班子、换出好风气"的换届工作目标，对处级机构进行优化调整，并精心组织实施处级班子换届工作。按照先正职、后副职，先轮岗交流、后选拔任用的基本程序，科学民主、公开透明、规范有序、环环相扣地顺利完成了换届工作，选拔任用中层正职 22 人，轮岗交流 54 人，选拔任用中层副职 43 人、轮岗交流 47 人。同时注重健全干部"能上能下"、特别是"能下"机制，出台实施《中层干部回归专业技术岗位暂行办法》《组织员管理暂行办法》，鼓励中层干部任职满一定年限后回归专业技术岗位或转任同级组织员，回归专业技术岗位 29 人、转任同级组织员 7 人，转任其他业务岗位 13 人。换届后中层干部总数为 249 人，比换届前减少 15 人，平均年龄 46.14 岁，比换届前降低了 2.5 岁；具有硕士及以上学位的 212 人，占 85.14%，比换届前提高了 5 个百分点；具有副高级以上职称的 200 人，占 80.32%，与上届班子基本持平；民主党派和无党派人士 11 人，占 4.42%；女干部 43 人，占 17.27%。通过换届，学校中层领导班子和干部队伍知识化、专业化、年轻化水平进一步提升，干部队伍结构进一步优化，工作活力进一步增强。

3. 干部培训与监督管理

2010年制定《中共河南理工大学委员会2010—2015年处、科级干部教育培训工作规划》，旨在建立健全处、科级干部教育培训体系，优化处、科级干部队伍结构。2015年出台《青年干部"综合素质提升工程"实施方案》，建立起理论武装、党性教育、业务培训、学历教育、交流任职、挂职锻炼"六位一体"的青年干部全方位培养锻炼格局。

学校坚持常态化开展干部集中教育培训活动，先后举办2010—2011年处科级干部（暑期）培训班，2012—2013年校处级领导干部井冈山革命传统教育专题培训班，2014年处级干部学习贯彻习近平总书记系列重要讲话和十八届三中全会精神培训班，2016年两期校处级干部党性教育专题培训班，2017年二级单位党组织书记（副书记）、学院院长（副院长）分类培训班、处级干部延安培训班、校处级干部国家教育行政学院培训班、组织员井冈山培训班，2018年条块化行政业务培训班、浙江大学综合改革专题培训班等，进一步提高干部队伍的综合素质与办学治校能力。

2011—2015年，学校还先后举办六期校处级干部赴美研修班，共组织百余名校处级干部前往美国加州州立理工大学、明尼苏达大学等地研修学习，借鉴吸收国外知名大学办学理念和管理经验，启迪思维、拓宽视野，对提高校处级干部的发展意识、创新思维和对外交往能力起到积极作用。

学校与国家教育行政学院、中国人民大学、北京交通大学分别签定协议，进一步加强学校干部培训基地建设，2010—2018年共选派230余名校处级干部外出脱产学习或挂职锻炼。与国家教育行政学院合作，采取"合作共建、数据同步、自主使用、自主管理"的模式，建成"干部在线学习中心"自主选学网络平台，每年为正处级干部安排不少于40学时的培训课程。学校2012年和2015年被国家教育行政学院分别评为"高校干部远程培训工作优秀单位"和"高等教育干部网络培训优秀组织单位"，2016年学校获评全国"高校干部网络培训优秀组织单位"。

坚持"既重选配、又重管理"和"严管就是厚爱"的工作理念,严格干部日常监督管理。制定或修订实施《处级领导干部年度考核办法》《科级干部年度考核办法》《校处级领导干部请销假制度》《关于严肃处级以上党员领导干部党内政治生活的实施细则》《党员领导干部廉政谈话、约谈暂行办法》《校处级领导干部联系群众实施办法》等多项制度,全面考核处科级干部的现实表现,严肃党的政治纪律、严明政治规矩,完善干部正向激励和反向惩戒机制,构建校处级领导干部改进工作作风、密切联系群众的长效机制。进一步建立和完善干部谈心谈话制度,建立起组织与干部间沟通联系的桥梁。组织开展校处级领导干部持有因私出国(境)证件和配偶、子女移居国(境)外情况专项排查、处科级干部在企业兼职(任职)情况专项治理,严格执行处级干部述职述廉、离任审计制度,领导干部的纪律规矩意识明显增强。坚持重大事项报告制度,做好处级干部收入申报和个人有关事项报告,在领导干部个人有关事项报告中着力抓好组织填报、严格核查、结果处理三个环节,先后对近30人次的未如实报告者进行通报、诫勉谈话与批评教育。扎实开展处级干部人事档案专项审核和再审核行动,对260多名处级干部"三龄两历一身份"("三龄"是指年龄、工龄、党龄;"二历"指学历、工作经历;"一身份"指干部身份)等信息进行审核认定,规范了处级干部档案信息。通过以上多种措施,加强了干部日常管理,强化了纪律约束,确保了将干部置于党组织和群众的有效监督之下。

4. 选人用人专项检查

2018年11月12日至11月26日,省委第七巡视组选人用人专项检查组对学校党委选人用人情况进行全面巡视。期间,专项检查组通过听取专题汇报、调阅档案资料、开展"两报告一评议"、进行个别谈话等多种方式,对学校党委选人用人情况进行全面深入地巡视检查。

2019年3月,省委第七巡视组选人用人专项检查组向学校党委书面反馈了《关于巡视河南理工大学党委选人用人情况的反馈意见》(以下简称《反馈意见》)。《反馈意见》认为,学校党委能够以习近平新时代中国特色社会主义思想和党的十九大精神为统领,贯彻落实新时代党的组织路线,坚持党管干部原则和新时期"好干部"标准,探索实行初始提名权下放基层,健全选人用人机制,完善干部教育培训体系，建设高素质干部人才队伍，为推动学校高质量发展提供了组织保证。《反馈意见》同时指出了存在的问题与整改建议。

学校党委高度重视整改落实工作，坚决落实全面从严治党要求，精心制定《河南理工大学选人用人情况反馈意见整改工作实施方案》《河南理工大学贯彻落实省委第七巡视组选人用人专项检查反馈意见整改台账》，梳理出4个方面21条整改事项。按照具体问题立行立改、重点问题专项整治、长期推进工作持续深化的标准建立台账，明确责任领导、牵头单位、责任单位和整改期限。相关责任单位严格按照工作分工，主动认领整改任务，分项提出落实措施，实施对账销号管理，确保巡视反馈问题"条条有整改、件件有着落"。

（三）基层党组织与党员队伍建设

1. 二级党委（党总支）设立、换届与调整

2010年3月，成立应急管理学院、文学与传媒学院、体育学院党委和音乐学院党总支，撤销公共管理系、文学与传媒系、体育系、音乐系党总支；5月，设立后备军官学院党委。

2011年3月，成立马克思主义学院、文法学院党委，撤销政法学院、文学与传媒学院党委。

2012年6月，机关党委等25个党委（党总支）召开党代表会议或全体党员会议，进行了换届选举。根据学校事业发展需要，8月，成立医学院直属党支部；11月，成立后勤集团公司党委，撤销后勤集团公司党总支。

2014年9月，成立医学院、医学中专部党委，撤销医学院直属党支部；10月，成立国家工程训练实验教学示范中心党总支，撤销机械厂党总支。

2015年3月，成立安全技术培训学院（中心）直属党支部。

2016年3月，成立工商学院、财经学院、物电学院、化工学院、第一附属医院党委和继续教育学院、第二附属医院、泰科资产经营有限责任公司党总支，撤销经管学院、理化学院党委、成人教育学院党总支和安全技术培训学院（中心）直属党支部。6月，机关党委等33个党委（党总支）召开党代表会议或全体党员会议，进行了换届选举。

2017年12月，第二附属医院党总支进行换届选举。

2019年4月，撤销高等职业学院党总支；6月，撤销万方科技学院党委、后备军官学院党委。

截至2019年6月底，全校共设置26个二级党委、6个党总支，341个党支部，其中在职教职工党支部204个，离退休党支部15个，学生党支部122个。

2. 二级单位党委（党总支）与党支部建设

2009年以来持续开展"创先争优"活动，在基层党组织中树立"比学赶帮超"导向，修订创先争优年度量化考核体系，完善创先争优活动年度评选实施办法，健全基层党组织和党员立足岗位创先争优的长效机制。2010年制定《学院党委（党总支）职责》，进一步明确学院党组织在党的建设、改革发展中的主要职责；组织开展教工党支部和学生党支部建设试点，在总结试点经验基础上提炼形成《系（教研室）党支部工作规则（试行）》《学生党支部工作规则（试行）》。2011年制定《党支部年度考核实施办法》，坚持实施基层党支部组织生活每月抽查通报制度。2012年修订《二级单位党委（党总支）工作条例》。2013年制定《进一步加强基层党支部建设工作方案》，指导6个学院党组织积极探索学生党支部设置新模式，调整优化党支部设置。在此基础上，修订《党支部工作规则》，进一步明确党支部工作规范和参与行政工作制度，完善党支部工作体制机制。2014年开展教工党支部"先进示范点"培育工作。2015年制定《基层党组织书记抓党建工作年度述职评议办法》，并开始实施基层党建工作项目化管理。2016年制定实施《二级单位党委（党总支）党建工作责任清单》《教工党支部书记抓党建工作年度述职评议指导意见》，进一步明确了基层党组织和党支部书记的党建工作责任。2017年深入推进教工支部书记"双带头人"（即党建带头人、学术带头人）培育工程，截至2019年6月，"双带头人"教工支部书记比例达到81%；辅导员、班主任担任学生支部书记比例达到67%。2018年修订实施《二级单位党委（党总支）工作规则》《基层党支部工作规则》，基本建立起与全面从严治党要求相适应的党建工作制度体系；修订《二级单位党组织年度工作量化考核实施办法》，将基层党建工作的重点、难点、热点、亮点纳入量化考核，实现以考核总结成绩、发现不足、规范工作、促进提升；建立完善三级党组织书记抓党建工作台账，切实将党建工作责任压实到各级党组织，不断提升基层党建工作科学化水平。

2009 年以来，基层党组织建设成绩显著。2010 年万方科技学院党委和资环学院党委分别荣获河南省"五好"基层党组织、河南省高等学校"五好"基层党组织称号。2011 年和 2016 年，能源学院党委、测绘学院党委分别被中共河南省委授予全省先进基层党组织称号。2011—2018 年计算机学院党委、材料学院党委、电气学院自动化系党支部、安全学院瓦斯地质研究所党支部等 29 个二级党委、基层党支部被省委高校工委、省教育厅党组授予河南省高等学校先进基层党组织称号。2017 年全省高校基层党组织建设专项评估专家组莅校检查，对学校基层组织建设给予高度评价，学校获评首批河南省高等学校基层党组织建设先进单位。2018 年能源学院党委、土木学院力学系教工党支部分别获评首批全国党建工作标杆院系培育创建单位、样板支部培育创建单位。

3. 党员发展

按照"控制总量、优化结构、提高质量、发挥作用"的总要求，修订实施《发展党员工作实施细则》《团组织推优工作办法》，严格党员发展标准与程序，严抓发展党员计划管理。党委组织部通过深入基层党组织考核调研、开展发展党员工作专项检查、督导党支部组织生活、抽查党员发展材料、召开党建工作座谈会等途径，强化发展过程指导检查，坚持把政治标准放在首位，严格考察发展对象政治立场和入党动机，严把党员"入口关"，认真做好发展党员质量管控。扎实做好在优秀大学生中发展党员工作，加大在青年教师和学术骨干、学科带头人中发展党员的力度，不断优化党员队伍结构。加强党支部书记和专兼职组织员、特聘组织员队伍建设，坚持开展暑期党支部书记培训，提升党支部书记理论和业务素质，充分发挥其在入党积极分子培养教育、发展党员和党员教育管理工作中的作用，认真开展预备党员和发展对象集中培训，提高发展党员质量。

截至 2019 年 6 月，全校共有共产党员 6334 名，其中在职教职工党员 2848 名，离退休党员 462 名，学生党员 3024 名。

4. 党员教育管理

注重加强和创新党员日常教育管理，保持和增强共产党员的先进性、纯洁性。2010 年以来出台或修订《特聘组织员工作条例（试行）》《党建专职组织员工作条例（试行）》《中共河南理工大学委员会关于加强党员教育的实施意见》《学生党员档案管理工作暂行规定》《毕业生党员教育和转移党员组织关系暂行规定》《河南理工大学党费收缴、使用和管理规定》《河南理工大学党员出国（境）管理暂行办法》等多项制度，进一步推动党员教育管理工作制度化规范化。坚持对"三会一课"与党日活动开展情况进行检查和评比表彰；召开党建工作经验交流会，总结交流党员教育管理的好做法、好经验；及时收缴党费并严格党费及学生党建专项经费的使用管理；健全教工党员志愿服务体系，广泛开展教职工党员志愿服务活动；完善党员管理信息系统，提高学校党建信息化水平；实施党建特色项目申报，严格落实组织生活会、党性分析、民主评议等各项制度。2012 年开展"在社会多元化的环境下保持党员信仰的纯洁性和正确性"专题调研活动；2016 年开展组织关系集中排查，并根据上级精神开展党费补交，全校共补交党费 307 万元；2017 年开展党员和党组织信息采集；2018 年组织征集基层支部"优秀组织生活实例"，开展"每月一主题"支部党日活动，促进党建与业务工作深度融合。与此同时，认真做好新生党员审查，健全毕业生党员组织关系跟踪落实机制，建立流动党员信息库和流动党员管理系统，全面综合的党员管理体系日趋完备。

充分发挥党校在党员教育中的主阵地作用。2011 年制定《党校工作规程》，2018 年进行修订，对党校的组织体制、职责任务、教学管理等作出明确规定，为党校工作提供基本遵循；强化党校师资队伍建设，吸纳学校最优秀的思想政治理论课教师和最有经验的党务工作者进入党校教师队伍；狠抓教学质量管理，通过组织教学研讨会、制定培训大纲、规范专题授课教案、组织集体备课、开展教学评价反馈、加强学员纪律管理等，提高教学质量。每年集中培训党支部书记、预备党员和发展对象数千人，充分发挥了理论培训阵地作用。

2011—2019 年，学校 1 名党员被评为河南省优秀党员，50 名党员被评为河南省高校优秀共产党员，27 人被评为河南省高校优秀党务工作者。

四、党的作风建设与纪律建设

（一）党的作风建设

完善作风建设相关制度。2013年制定《河南理工大学关于改进工作作风，密切联系师生员工的若干规定》，对改进工作作风、转变领导方式、厉行勤俭节约、改进会风文风提出了明确要求。之后，相继制定实施《河南理工大学党政公文处理办法》《河南理工大学会议规定》《河南理工大学校处级领导干部联系群众实施办法》《河南理工大学党委办公室、校长办公室工作规范》《河南理工大学公务接待管理办法（修订）》《河南理工大学领导干部办公用房管理办法》等系列制度，为加强和改进作风建设提供了制度保障。

持续改进作风，深入贯彻落实中央八项规定精神和省委省政府20条意见，"三公"经费逐年下降。校处级领导干部办公用房全部按照《党政机关办公用房建设标准》整改到位。按照上级统一部署，扎实开展党员干部出入私人会所等专项治理，严防"四风"问题反弹。大力弘扬求真务实作风，加强督查督办，狠抓工作落实，校党委常委会、校长办公会等会议决策和领导批示事项得到较好落实。校级领导班子成员带头落实学校《校处级领导干部联系群众实施办法》，按照分工联系基层单位、离退休干部、专家和党外代表人士，开展校领导接待日、校处级领导干部与师生座谈、深入课堂听课等活动，及时回应师生员工诉求，帮助解决思想和实际问题，营造了心齐气顺、风正劲足的良好氛围，凝聚了发展合力。坚持"标本兼治、纠建并举"的方针，不断完善行风评议体制、机制，创新行风评议形式、方法，积极推进行风建设，进一步规范学校办学行为、招生行为、收费行为，提升学校管理、教学和后勤服务质量，2010年和2015年两次被河南省纠正行业不正之风领导小组授予"河南省学校行风建设先进单位"称号。

注重开展机关作风建设。2010年制定《机关服务质量追踪调查及服务质量考核评比办法》，持续开展机关服务质量追踪调查。2011年印发《河南理工大学机关作风评议实施方案》，根据工作性质、业务范围和服务对象不同，将机关所有部门分组，每年接受全校"双代会"代表和从各学院及机关随机抽取的教职工代表的评议，并对评选出的年度机关作风建设先进单位和先进个人给予表彰。2018年开展"机关服务年"活动，实施"党员亮身份，岗位亮职责，服务亮承诺，办事亮标准"等"四亮"工程和首问负责、限时结办等 14 项具体措施；2019 年开展"机关服务深化年"活动，机关作风得到持续改进。

（二）党的纪律建设

1. 加强纪检监察队伍建设

学校党委注重配齐配强纪检监察干部队伍，不断优化队伍结构。各二级党委（党总支）全部配备由副处级以上党员干部担任的纪检委员。组织纪检监察干部认真学习习近平新时代中国特色社会主义思想，特别是习近平总书记关于全面从严治党、党风廉政建设和反腐败工作系列重要讲话，开展党章党规和宪法法律学习教育活动，着力提升纪检监察业务水平，提高监督执纪本领。按照"打铁必须自身硬"的要求，严格执行《中国共产党纪律检查机关监督执纪工作规则》，强化自我约束，自觉接受监督，转变工作作风，树立纪检监察干部忠诚干净担当的良好形象。

2. 构建党风廉政建设和反腐败工作制度体系

2015 年在全省高校率先出台《纪检监察工作规程》，制定《关于对党员领导干部进行任前廉政谈话、任期约谈和诫勉谈话的暂行办法》。2016 年制定《全面从严治党监督检查问责机制暂行办法》《关于加强校纪委派驻纪检组工作的实施意见》《反映党员干部问题线索处置办法（试行）》，2017 年制定《关于加强反腐倡廉宣传教育工作实施意见》《河南理工大学警示教育实施办法》《关于反映党员领导干部问题线索进行谈话函询的办法（试行）》，学校纪检监察工作机制基本得到完善。

2014—2016 年制定《采购招标监督办法》《招生监察工作暂行办法》《职称评审工作监督暂行办法》《建立健全惩治和预防腐败体系实施方案》《贯彻落实"三重一大"制度监督检查暂行办法》《干部选拔任用工作监督暂行办法》《科研经费使用管理监察办法》《人才引进工作监察办法（试行）》，重点领域监督制度得到健全，惩治和预防腐败制度体系不断完善。

3. 健全责任体系，确保责任落实

2014—2017 年制定《关于实行党风廉政建设责任制的规定（修订）》《党风廉政建设和反腐败工作领导小组办公室及成员单位职责》《二级单位党委（党总

支）党建工作责任清单》《中共河南理工大学委员会党内监督责任清单》《中共河南理工大学纪律检查委员会监督责任清单》等系列制度，坚持每年修订《党风廉政建设责任书》，着力厘清校党委、校纪委、二级党委（党总支）、二级纪委（纪检委员）以及处级以上领导干部的责任清单，促进责任内容更加具体、责任边界更加清晰。

坚持党委统一领导、党政齐抓共管、纪委组织协调、部门各负其责的党风廉政建设工作领导体制和工作机制，把党风廉政建设纳入党委重要议事日程，与学校中心工作同部署、同落实、同考核。组织各二级党委（党总支）和各级干部层层签订责任书，形成责任具体、环环相扣的压力传导链条。采取平时督查、中期检查和年终考核相结合的方式，对二级党委（党总支）落实党风廉政建设责任制情况进行全面检查考核，并把考核结果作为领导班子和领导干部评先评优、职务晋升等的重要依据，督促二级党委（党总支）切实落实主体责任。

4. 坚持纪在法前，突出抓早抓小，践行"四种形态"

锲而不舍落实中央八项规定精神，把重要节点反"四风"（即形式主义、官僚主义、享乐之风、奢靡之风）作为学校落实中央八项规定精神的重要抓手并长期坚持，扎实开展落实中央八项规定精神"回头看"，2018 年制定《贯彻落实中央八项规定实施细则精神的办法》，学校呈现出风清气正、干事创业的政治生态。

开展经常性提醒教育。坚持以集体谈话和个别约谈的方式，每年定期在校、处、科级领导干部之间开展廉政谈话，对新选拔的干部开展任前廉政谈话。认真开展提醒谈话和监察建议，针对监督检查中发现的一些部门、党员干部存在的苗头性、倾向性问题，对相关部门提出监察建议、进行集体约谈，对相关党员干部及时提醒教育、谈话函询。

实践运用监督执纪"四种形态"①。坚持问题线索专人负责、台账管理、动态更新，按规定上报、备案。严格按照四类标准分类、规范处置问题线索，对反映

---

① 根据《中国共产党党内监督条例》，监督执纪四种形态即：经常开展批评和自我批评、约谈函询，让"红红脸、出出汗"成为常态；党纪轻处分、组织调整成为违纪处理的大多数；党纪重处分、重大职务调整的成为少数；严重违纪涉嫌违法立案审查的成为极少数。

的一般性问题及时谈话提醒、约谈函询，对如实说明的予以采信，体现党对干部的信任；对确实存在违纪问题的，综合考虑违纪性质情节和认错悔错态度，给予批评教育、组织处理或纪律处分，彰显党纪的严肃性，有效提升了问题线索处置效率和综合效果。

5. 深化纪检监察机关"三转"① 实践，提升监督实效

创新监督方式，转变以往"贴标签"式的监督，从一线和面上监督中解脱出来，把更多的精力投入到对业务主管部门履行监督主体责任情况的再监督、再检查上来，有效提升监督的实效性。同时，建立向后勤集团、泰科公司派驻纪检组长制度，对深化重点领域、重要岗位、关键环节监督进行有益探索。

强化风险防控，集中开展"查找廉政风险，构筑拒腐防线"活动，组织各级领导班子和成员排查廉政风险，界定风险点等级，制定工作流程图及防控措施。集中开展经济活动内部控制、公务接待、校办企业"三公"经费、处科级干部办公用房调整腾退等专项检查，针对发现的问题，提出整改措施，有效化解廉政风险。

深化专项治理，2010 年以来先后开展了严守政治纪律严明政治规矩、"四风"问题、违规经商办企业、出入私人会所或隐蔽会所、"帮圈文化"等 26 项专项治理活动，广大党员干部廉洁从政行为得到有效规范。

6. 深入开展党风廉政宣传教育

2017 年制定学校《关于加强反腐倡廉宣传教育工作实施意见》，把党风廉政教育纳入学校宣传思想工作总体部署，构建党委统一领导，纪委组织协调，宣传、组织、人事等部门齐抓共管，二级单位共同参与的党风廉政宣传教育工作格局。深入开展主题教育和警示教育，每年一个主题，坚持在全体党员干部中集中开展党风党纪专题教育，已成为学校开展党风廉政建设的一个品牌。2017 年制定下发《警示教育实施办法》，以定期开展警示教育周等为载体，对党员干部分层次开展警示教育，成为深化监督执纪"第一种形态"的有效抓手。深化校园廉洁文化建设，充分利用校报、宣传橱窗、宣传展板、校园广播和校园新闻网、官

---

① 三转指转职能、转方式、转作风。

方微博微信等宣传媒介，深入开展全面从严治党、"两个责任"、党规党纪宣传教育，开展丰富多彩的校园廉洁文化活动，营造崇廉尚廉文化氛围。注重廉洁文化理论研究，学校廉洁文化研究中心先后发表高水平论文 26 篇，出版专著 10 部，国家社科基金 1 项，获省部级立项资助 10 项，获省社会科学优秀成果一、二等奖 5 项，为党风廉政建设提供了有力的理论支撑。

7. 深化以案促改工作

学校党委高度重视以案促改工作，将其作为推进全面从严治党向纵深发展的重要抓手。2017 年 7 月，学校制定《开展案件剖析做好以案促改工作方案》，召开坚持标本兼治、推进以案促改工作动员暨警示教育大会，明确了学校坚持标本兼治、推进以案促改工作的指导思想、重点环节、方法步骤和工作要求。同年 9 月，学校召开坚持标本兼治、推进以案促改警示教育大会和以案促改典型案例剖析整改会，通报典型案例，总结工作情况，剖析案发原因，查找廉政风险点，提出整改思路和防控措施。2017 年 9 月，省高校以案促改工作专项检查组莅校检查，对学校工作给予充分肯定。

2018 年，学校印发《关于推进以案促改制度化常态化的实施办法》《开展以案促改专项工作实施方案》，进一步明确了推进以案促改工作制度化常态化的详细步骤、保障措施及工作要求。同年 9 月，学校召开以案促改制度化常态化工作推进会，通报河南省高校系统典型案例，印发《关于开展案件剖析做好以案促改工作的通知》。同年 11 月，学校组织督察组对 34 个党委（党总支）、8 个教科研人财物重点部门进行专项检查。

2019 年 4 月，学校召开推进巡视整改深化以案促改暨全面从严治党工作会议，传达全省省管高校推进巡视整改深化以案促改工作会议精神，组织学习省纪委监委《关于党的十八大以来三起省管高校党员领导干部违纪违法典型案例的通报》。同年 5 月，召开校领导班子推进巡视整改深化以案促改专题民主生活会，提出相互批评意见 137 条。各二级单位召开推进巡视整改深化以案促改警示教育大会，查纠问题 136 个，排查风险点 143 个。相关职能部门围绕巡视反馈意见和典型案例剖析，制（修）订关于干部管理、人才引进、招标采购、工程项目、财务管理、科研经费使用、公务接待等方面的制度 123 项，切实堵塞漏洞，防止权力滥用，降低重点领域和关键部门的廉政风险，真正起到查办一起案件、教育一批干部、完善一套制度、解决一类问题的效果。

2011 年，学校纪委荣获"2006—2011 年度全省纪检监察系统先进集体"称号。

第二节　宣传思想与意识形态工作

一、新闻宣传工作

习近平总书记强调，宣传思想工作一定要把围绕中心、服务大局作为基本职责，胸怀大局、把握大势、着眼大势，找准工作切入点和着力点，做到因势而谋、应势而动、顺势而为 [①]。2009 年以来，学校坚持"高举旗帜、围绕大局、唱响凯歌、服务师生"的工作思路，紧紧围绕中心，主动服务大局，着力创新新闻宣传工作内容、形式和手段，不断推动宣传思想工作因事而化、因时而进、因势而新，为加快建设国内一流特色高水平大学营造了良好的宣传舆论氛围。

（一）完善制度机制

2014 年制定《中共河南理工大学委员会关于加强和改进新闻宣传工作的意见》，明确了学校新闻宣传工作的指导思想、队伍建设、新闻宣传舆论阵地建设、新闻宣传工作纪律，拓宽外宣工作渠道，外宣奖励办法等内容。2019 年制定《中共河南理工大学委员会关于进一步加强和改进新形势下学校新闻舆论工作的实施意见》，提出了加强和改进学校新闻舆论工作的重大意义，指导思想和方针原则，组织领导和队伍建设，新闻报道和阅评督导，突发、敏感事件的报道，接受校外媒体采访，新闻发言人和新闻发布制度，学校网络舆情工作，考核与奖励惩处等，是做好新时代学校新闻舆论工作的根本遵循。学校党委每年初制定印发宣传思想文化工作要点，对学校新闻宣传工作作出安排部署。

（二）对内宣传工作

学校注重整合优化校报、校园新闻网、广播台、电子屏、宣传橱窗、阅报

[①] 习近平：《习近平谈治国理政》，外文出版社 2014 年版，第 153 页。

栏等宣传平台，通过举办新闻写作培训班、记者节系列活动、组织新闻骨干到河南日报等媒体实习，切实提升校园新闻队伍能力素质，确保各个阵地能够认真贯彻习近平总书记关于宣传思想工作的重要思想，自觉肩负起新形势下宣传思想工作的使命任务，有效地发挥教育宣传、思想引导、价值引领作用。

2009年，《河南理工大学报》1件作品获河南省新闻奖二等奖，实现了我校新闻作品获得省级新闻奖零的突破；同年，党委宣传部校报编辑部设计制作校报专题网站，并在校园新闻网上以原版再现的形式展示校报。2011年制定《〈河南理工大学报〉工作制度》，完善了校报质量管理制度、三级审稿制度以及稿酬发放办法等。2012年，校报接受省教育厅校报评估，并顺利通过考评验收，获得优秀评价；同年，校报实行全彩印刷，提高了印刷质量和视觉传达效果。2013年，校报被省教育厅评为"河南省优秀校报"。2014年，校报印刷突破10000份。2015年，校报首次在图书馆、教学楼、实验楼、学院综合楼等校内主要公共楼宇安装免费取阅箱，发行覆盖到南、北校区，以及医学中专部和第一、二附属医院。近10年来，校报累计编印出版250余期，获得全国、全省高校校报好新闻奖、河南省新闻奖近120项，位居省内高校前列，办报质量和水平显著提升。

2009年以来，制定《新闻网稿件发布管理制度》《网络新闻编辑室工作制度》《网络新闻编辑室岗位职责》等制度规定，不断优化校园网络新闻的发布规范和程序。多次对校园新闻网进行升级改版，整合了校报电子版、视频新闻、媒体理工、学校简介片、数字化校史馆、文明网等宣传文化媒介，形成文字、图片、视频三位一体的信息传播载体。近10年来，校园新闻网累计编发各类新闻作品2万余篇、图片4万余幅、视频新闻600余条。校广播台坚持"贴近生活、贴近实际、贴近师生"，制作和播出丰富多彩的要闻、文学、体育、音乐等节目，2009年以来累计播发稿件1650篇，成为连接学校和师生之间的桥梁和纽带。

定期组织专人对宣传橱窗、宣传栏、阅报栏进行日常维护管理，新设计安装100多组异形广告栏、宣传栏等宣传设施，每天组织更换120多组阅报栏。完成3500余场重大活动的摄影任务，举办主题图片展310余期。校园电子显示屏配合校内重大活动、学术报告、部门工作等，及时发布标语口号、通知公告等，立体宣传优势得到充分发挥；2014年，新装户外大型彩色显示屏，转播央视新闻联播节目，直播学校重大活动，拓展了宣传载体，增强了宣传效果，唱响了务实重干、改革发展的校园主旋律。

（三）对外宣传工作

对外宣传工作是学校塑造形象、展示风采、扩大影响、提高声誉的重要途径。为加强外宣工作，进一步提升学校的知名度和影响力，先后制定《关于加强和改进新闻宣传工作的意见》《关于进一步加强和改进新形势下学校新闻舆论工作的实施意见》等，按照"彰显办学成就，推动科学发展"的思路，积极实施"外宣质量提升工程""外宣精品工程"，自觉承担起举旗帜、聚民心、育新人、兴文化、展形象的使命任务，抓住学校省部共建、获得国家科技进步奖、学科评估等重大事件，加强统筹谋划，协调各方资源，提升稿件质量，奋力谱写出学校外宣工作新篇章。学校两次被人民网·中国共产党新闻网评为"基层党建宣传示范单位"，先后荣获"河南高等教育质量社会满意院校""值得推荐的 20 张河南教育名片""省高等教育就业质量最佳示范院校""河南省最具品牌影响力的典范高校""河南十大领军高校"。2014 年 12 月，在人民网·中国共产党新闻网组织开展的基层党建新闻评选活动中，党委宣传部新闻宣传科科长徐春浩采写的新闻稿件《实施学生党员"述责答辩"制》被评为"最受关注的基层党建新闻"，徐春浩被评为 2013 年度"优秀通讯员"。

创新宣传报道方式，实现"量"的新突破。坚持以习近平新时代中国特色社会主义思想为指引，围绕中心、服务大局，探求新情况、研究新问题，着力创新宣传报道方式，变"单一纸质投稿"模式为"大厨房"式操作，按照社会媒体特点，转变新闻宣传"时态""语态"，分别给纸质媒体、电视台、广播台、网络、客户端、微博、微信等媒体统一"配菜"，有计划地在《光明日报》《中国教育报》《中国青年报》《河南日报》，中央电视台、河南电视台、焦作电视台，新华网、人民网、光明网，河南人民广播电台、河南日报客户端、河南教育微博微信群等省市级以上主流媒体发表有影响的新闻稿件 6000 余篇，达到学校对外宣传历史上的新高峰，实现了数量上的"新突破"。

提升新闻稿件水平，实现"质"的新突破。积极实施"出大稿、上层次"战略目标，强化精品意识，打造高质量稿件，在《光明日报》头版并列头条发表了《河南理工大学致力破解瓦斯治理难题》，《光明日报》整版发表了《半个世纪，一种追求，几代坚守——记勇斗"气老虎"的河南理工大学瓦斯地质科研团队》；《中国教育报》头版头条发表了《特殊材料制成的人——记河南省十佳师德标兵、河南理工大学教授张玉贵》《学校领导和老师平等地和我们交流，可亲可信——河南理工大学举行学生座谈4000场》等一系列高层次、高质量稿件，实现了质量上的"新突破"。

提高采访实践力度，实现"融"的新突破。宣传工作队伍进一步提高政治站位，强化责任担当，不断增强脚力、眼力、脑力、笔力，坚持深入基层、深入一线、深入师生，全方位、多层次、多渠道进行采访报道，在《中国煤炭报》整版发表了《科技引领，突破禁区，开启新疆煤层气开发新进程》，《中国矿业报》整版发表了《用执着和奋斗给矿产开发装上"安全阀"——记河南理工大学深井岩层控制与瓦斯抽采科研平台》《强化特色，注重创新——河南首个世界百强学科、河南理工大学矿业工程建设掠影》等一系列深度报道。同时，积极适应社会"融媒体"发展趋势，持续在微信、微博、客户端等新媒体发力，在光明日报、河南日报客户端，河南教育微博、微信等新媒体推送2000余篇，实现了"融"的新突破。

2009年以来，学校在《人民日报》《光明日报》《经济日报》《中国青年报》《中国科学报》《中国煤炭报》《中国矿业报》《河南日报》；中央电视台、河南电视台、焦作电视台；新华网、光明网、中国青年网、大河网等省级以上主流媒体发表各类新闻稿件6000余条，其中，发表影响较大的重头稿件1200余篇，极大地提升了学校知名度和社会影响力。

（四）新媒体建设与管理

1. 新媒体建设与发展

为适应校园媒体融合发展趋势，2014年，学校开通官方微博，2015年开通官方微信，2016年开通官方QQ。学校批准在党委宣传部设置新媒体管理科（正科级），负责学校官方微博、微信、QQ等的运营管理以及对各基层单位新媒体平台的监管工作。制定《新媒体管理办法》，规范校园新媒体的申办、登记、备案及管理运营。注重精品栏目建设，官方微博的"读书明德""馨月心语"等栏目、官方微信开辟的"理工人物""理工记忆""出彩理工"等专题，已经成为有一定影响力的精品名栏。同时，结合官方微博微信的互动优势和交互性特点，在重大节庆日、迎新季、毕业季等时间节点，开展"我们的节日""学生最喜爱的教师"等微话题、微上墙、微直播等互动报道和线上线下活动，推进各类主题活动在线上线下同频共振，使校园网络空间充满正能量。

2016年，以学校官方网站和官方微博微信为龙头，以各部门、学院、学生社团、师生个人微博、微信的新媒体为基础，构建起校园新媒体矩阵，整合了全校129个官方微博平台、110个官方微信平台。2017年制定《新媒体联盟章程》，成立了新媒体工作指导委员会及新媒体联盟第一届理事会，通过举办新媒体管理与运营论坛，每年评选表彰"最具影响力官方微博""最具影响力官方微信"以及"新媒体优秀指导教师""新媒体贡献之星""新媒体优秀原创作品"等先进集体、个人和作品，进一步推动学校新媒体的有序建设和融合发展，不断增强校园新媒体的传播力、引导力、影响力、公信力。

学校新媒体事业蓬勃发展，成绩斐然，官方微信获得"中国大学官微百强奖"，官方微博微信连年入选"河南省教育系统十佳政务微博""河南省教育系统年度优秀政务微博""河南最具影响力高校官微""河南省高校年度最具影响力十大官方微博""河南省教育系统2016年度十佳高校政务微信""河南省高校年度十佳新媒体平台""河南省教育系统年度优秀政务微信"；学校被评为"2017年度全省教育系统新媒体工作先进单位"。

2. 校园网络文化建设

学校以弘扬网上思想文化主旋律、推进网络思想文化阵地建设、增强网络文化育人功效为目标，切实加强校园网络文化建设，举办"大学生网络文化节""网络宣传思想教育优秀作品征集作品推选展示""网络视听节目精品创作传播工程"等主题活动；坚持每年举办网络安全宣传周主题活动，持续深化网络文明教育活动，开展"我是中国好网民，传递青春正能量——大学生网上接力活动""净化校园网络教育环境，培养大学生文明上网"等主题活动；开展"弘扬社会主义核心价值观·共筑中国梦"主题原创网络视听节目征集、网络作品"七个一工程"评选活动、"我与宪法"微视频和廉政微视频征集、"'践行价值观、映像文明河南'微电影微视频征集"等活动，引导师生参与网络文化作品创作生产，建设好网络精神家园。2017 年以来，获批"河南省高校网络文化建设首批试点学校"，荣获"我是中国好网民、传递青春正能量"优秀组织单位奖，4 个项目获全省高校网络文化建设精品项目、4 件作品被评为"全省高校网络宣传思想教育优秀作品"，6 人被评为"河南好网民"。

二、思想政治工作

习近平总书记在全国教育大会上强调，"思想政治工作是学校各项工作的生命线"①。2009 年以来，学校高度重视思想政治工作，聚焦立德树人根本任务，加强组织领导，完善制度机制，创新方式方法，着力加强和改进思想政治工作，巩固了全校师生员工加快建设国内一流特色高水平大学的共同思想基础。

（一）思想政治领导体制与工作机制

学校坚持将思想政治工作纳入党政重要工作议程，校党委常委会定期研究和部署思想政治工作中的重大事项，发现和解决工作难点和问题。根据校领导班子变动和中层干部换届情况，及时调整学校德育工作领导小组、大学生思想政治教育工作领导小组、思想政治理论课教学工作领导小组、思想政治教育研究会等工作机构，成立宣传思想工作领导小组，不断健全和完善"党委统一领导、党政齐抓共管、有关部门各负其责、各单位积极参与"的学校思想政治工作领导体制和工作机制。

为认真贯彻落实全国全省高校思想政治工作会议精神，2017 年 5 月，经过精心筹备，学校组织召开了全校思想政治工作会议，全面总结学校思想政治工作的主要成就与基本经验，安排部署加强和改进思想政治工作的任务举措。会上，校党委书记邹友峰强调，要把学习贯彻全国全省高校思想政治工作会议精神作为首要政治任务，准确把握思想政治工作的新形势新情况，切实选准思想政治工作的着力点、结合点，全面加强和改进思想政治工作，为加快建设国内一流特色高水平大学强基固本。同月，制定《中共河南理工大学委员会、河南理工大学关

---

① 习近平总书记在全国教育大会上的讲话，人民网 2018 年 9 月 10 日。

于加强和改进新形势下思想政治工作的实施意见》，提出要充分认识加强和改进新形势下学校思想政治工作的重要意义，准确把握加强和改进新形势下学校思想政治工作的总体要求，并提出了强化思想理论教育和价值引领，进一步办好思想政治理论课，发挥哲学社会科学育人功能，加强教师队伍和专门力量建设，加强对课堂教学和各类思想文化阵地建设管理，推进学校思想政治工作改革创新，加强党对学校思想政治工作的领导等七个方面的具体措施。进一步明确了工作任务和责任单位，绘制了今后一个时期加强和改进思想政治工作的"任务书"和"路线图"。

2018 年 12 月制定《河南理工大学思想政治工作质量提升工程实施方案》，确立了总体目标、主要任务和工作保障。提出要以习近平新时代中国特色社会主义思想为指导，从统筹推进课程育人、着力加强科研育人、扎实推动实践育人、深入推进文化育人、创新推动网络育人、大力促进心理育人、切实强化管理育人、不断深化服务育人、全面推进资助育人、积极优化组织育人等十个方面，一体化构建内容完善、标准健全、运行科学、保障有力、成效显著的学校思想政治工作质量体系，形成全员、全过程、全方位育人格局，切实提高工作亲和力和针对性，努力培养德智体美劳全面发展的社会主义建设者和接班人。

（二）思想政治教育方法与载体创新

1. 思想政治理论课改革与创新

学校高度重视思想政治理论课建设，注重教学改革，创新教学模式，完善教学管理，使思想政治理论课作为大学生思想政治教育主渠道的作用得到充分发挥，不断成为大学生真心喜爱、终身受益的优秀课程。2011 年 6 月，河南省高校思想政治理论课建设督查组莅校对思想政治理论课建设工作进行督导检查，在听取专题汇报、召开师生代表座谈会、查阅实证材料等环节后，对学校加强思想政治理论课教学与建设工作的做法给予高度评价。

健全思想政治理论课的领导体制和工作机制。2010 年 7 月制定《河南理工大学关于进一步加强思想政治理论课教学工作的意见》，明确加强思想政治理论课教学工作的指导思想、主要任务和组织领导，成立思想政治理论课教学工作领导小组，由负责宣传工作的校党委副书记和分管教学工作的副校长任组长，领导小组办公室设在教务处。同时，印发《河南理工大学思想政治理论课教学竞赛奖励办法》，对完善思想政治理论课管理体制和运行机制，推动思想政治理论课教学与改革起到促进作用。2012年2月制定《中共河南理工大学委员会关于进一步加强和改进思想政治理论课建设与教学工作的意见》，再次明确加强和改进思想政治理论课建设的重大意义、总体目标、基本任务和组织领导，健全完善了学校党委统一领导，党政齐抓共管，宣传部、教务处牵头，人事处、科技处、财务处、学生处、研究生处等部门协调配合，马克思主义学院具体负责的思想政治理论课建设与教学的领导体制和工作机制。2015年12月制定《河南理工大学思想政治理论课建设体系创新计划实施方案》（以下简称《实施方案》），提出要建设立场正确、内容丰富的思想政治理论课教学内容体系，建设专兼结合、结构合理的思想政治理论课教学人才体系，建设理念科学、形式多样的思想政治理论课教学方法体系，建立特色突出、教研相长的思想政治理论课学科支撑体系，建设领导有力、机制完善的思想政治理论课条件保障体系。《实施方案》对进一步明确任务，强化责任，系统规划，整体推进，全面提升思想政治理论课建设水平具有重要意义。

思想政治理论课课程建设与改革。按照教育部的要求，规范开设思想政治理论课5门必修课，同时开设4门选修课，课时学分足额饱满。完善集体备课制度，引导教师用好"全国高校思政课网络集体备课平台"，深化专题教学模式改革，改进课堂教学的呈现方式，灵活运用现场教学和实践教学，增强了教学实效。同时，在课程设计和内容安排上，积极探索由教材体系向教学体系的转化，及时组织教师学习党的理论创新成果并安排系统专题讲授，实现马克思主义中国化最新成果与课堂内容的无缝对接。2017年，组织开展思想政治理论课教学质量年活动，通过深入开展调研，全面了解教学现状，整体推进教学内容、教师队伍和教学方法等方面改革创新，构建思想政治理论课建设大格局。同时，从2010年开始，坚持每年开展思想政治理论课教学竞赛，帮助教师切磋技艺、交流经验、提升水平，激发了思想政治理论课教师投身课堂教学、探索教学改革的热情。从2012年起，坚持每年举办思想政治理论课学生演讲竞赛，参与学生5万多人次，实现了理论教学与实践教学的有机融合，增强了思想政治理论课课程的吸引力和感染力，提高了思想政治理论课的教学效果。

思想政治理论课建设成效。2019年，马克思主义学院入选河南省高校第一批重点马克思主义学院。《思想道德修养与法律基础》《马克思主义基本原理概论》《中国近现代史纲要》《毛泽东思想和中国特色社会主义理论体系概论》等四门课程被评为"河南省高等学校思想政治理论课优秀课程"，《当代世界经济与政治》《马克思主义与近代中国文化抉择》获批为"河南省精品在线开放课程"。思想政治理论课教师中有省优秀专家2人、省高校马克思主义理论本科专业教学指导委员会委员1人、省高校思想政治理论课教学指导委员会分教学指导委员会委员2人，1人获评全国高校"形势与政策"课巡回教学展示活动二等奖，2人被评为"河南省哲学社会科学优秀学者"和"河南省高校创新人才"，5人获得河南省高校思想政治理论课奖励基金，2人被评为"河南省思想政治理论课教学能手"，2人被评为"河南省教学标兵"，5人获得河南省教育系统教学技能竞赛奖，4名教师入选"河南省青年理论宣讲专家"。

2019年4月，中共河南省委书记王国生到焦作市调研教育改革发展工作并为我校学生上思想政治理论课，强调要深入学习贯彻习近平总书记关于教育工作和2019年3月18日学校思想政治理论课教师座谈会上的重要讲话以及党的十九大精神，坚持培根铸魂，加大培养力度，为创新发展提供坚实人才保障。

2. 校级领导干部与青年教师座谈制度

做好青年教师思想政治工作是加强和改进学校思想政治工作的重要内容。2013年4月制定《关于实施校级领导干部与青年教师座谈制度的通知》，规定校领导干部每学期与联系学院青年教师围绕思想认识与现实问题开展1～2次座谈，通过面对面座谈，了解青年教师思想、教学、科研和生活状况，施之以有针对性的引导、关心和帮助，并切实抓好座谈会时反映问题的解释、落实和反馈工作，进一步激发了青年教师教书育人的积极性和创造性。同年7月制定《中共河南理工大学委员会关于加强青年教师思想政治工作的意见》，明确了工作的指导思想、基本任务和保障机制，从深化对青年教师的思想教育引导、拓宽青年教师参加社会实践渠道、加强在青年教师中发展党员工作、注重对青年教师教学科研的指导、重视关心青年教师生活实际问题、完善青年教师的师德考评激励制度等六个方面细化了工作路径和方法举措，构建起青年教师成长成才、施展才华、全面发展的政策机制。

3．教职工思想动态调查制度

准确掌握教职工思想动态是加强和改进学校思想政治工作的重要环节。2010年11月制定《河南理工大学教职工思想动态调查分析汇报制度》，规定党委宣传部每年组织开展一次教职工思想动态调查工作，及时准确地了解教职工思想动态，研究和处理教职工思想上的热点和难点问题，增强教职工思想政治工作的主动性和针对性。之后，党委宣传部每年都精心设计调查问卷，科学选取调查对象，撰写当年度教职工思想状况调查报告，深入了解和分析教职工的思想、工作、学习和生活等情况，掌握教职工对党和国家的方针政策、政治和社会热点问题的看法和评价，对学校改革发展特别是加强和改进思想政治工作的意见和建议。调查结果显示，学校教职工具有较高的思想政治觉悟和积极向上的工作态度，呈现出健康稳定、务实进取的思想状态。通过调查，为校党委、校行政科学决策提供了"第一手"资料。

4．开展先进典型学习宣传活动

一个典型就是一面旗帜。运用先进典型教育引导师生，是新形势下开展思想政治工作的有效载体。2009年以来，学校先后组织开展了向钱学森、焦裕禄、孙晨、长江大学见义勇为群体、王生英、郭明义、李文祥、师昌绪、张丽莉、张伟、黄大年、李芳、张玉滚等先进人物学习活动。同时，在校内重点选树了学校瓦斯团队、"最美援疆干部"刘志怀、"河南省师德先进标兵"王钦亭、国家科技进步二等奖获得者孙玉宁、河南省"扶贫青春榜样"陈昊、勇救落水老人的"见义勇为先进分子"朱林、最美大学生刘相臣、焦作市首例成功捐献造血干细胞志愿者刘俭、最美宿管员杨爱云等师生身边的先进典型。通过学习讨论、座谈交流，开展演讲征文比赛、举办专题报告会、组织主题班会、党团日活动、刊发专题专栏报道等多种形式，教育引导广大师生以先进典型为榜样，见贤思齐，崇德向善，在全校营造了"学习先进、崇尚先进、赶超先进"的良好氛围。

（三）思想政治教育工作研究

学校以召开思想政治教育研究会年会为契机，通过评选表彰优秀论文、评选优秀工作案例和工作品牌、开展学术交流等形式，组织教职工开展思想政治工作理论研究和实践探索，取得了丰硕成果。10 年来，学校共召开了 7 次思想政治教育研究会年会。期间，2012 年 11 月，召开思想政治教育研究会 2012 年年会暨换届大会，校党委副书记张国臣代表第二届理事会作工作报告，会议选举产生了河南理工大学思想政治教育研究会第三届理事会，改选了思想政治教育研究会四个专业委员会；2017 年 5 月，召开思想政治教育研究会 2017 年年会暨换届大会，校党委副书记卫中玲代表第三届理事会作工作报告，会议选举产生了河南理工大学思想政治教育研究会第四届理事会，选举校党委书记邹友峰为第四届理事会会长，改选了思想政治教育研究会四个专业委员会。历届年会共征集到论文 2300 余篇，评选表彰了优秀论文 400 余篇，表彰优秀组织单位 56 个次，35 人次作会议交流发言，充分展示了学校思想政治教育工作研究取得的突出成绩。

（四）思想政治工作成果

2011 年 3 月，中共河南省委印发《关于表彰思想政治工作先进单位和优秀思想政治工作者的决定》，授予学校"河南省思想政治工作先进单位"称号。2013 年 3 月，全省高校思想政治工作先进单位考评组莅校对学校思想政治工作进行实地考评。考评组通过听取工作汇报、参观思政工作成果展、查阅档案材料、实地考察走访、召开师生座谈会等环节，对学校加强和改进思想政治工作的做法和成绩给予了充分肯定。同年，学校获得"河南省高校思想政治工作先进单位"称号。

2009 年以来，学校思想政治工作多次受到上级部门的表彰奖励。截至 2019 年 1 月，《精准滴灌"心"世界，回归初心做好学生心理健康"守门人"》入选教育部第一批高校思想政治工作精品项目，2 个项目入选"全省高校思想政治工作精品项目"，29 项成果被评为"河南省高校思想政治工作优秀品牌""河南省高校思想政治工作优秀成果奖"，11 名教职工被评为"河南省高等学校优秀思想政治工作者"，6 名教师被评为河南省高等学校优秀思想政治理论课优秀教师，66 篇论文获得河南省高校思想政治工作优秀论文奖，学校多次获得优秀组织奖。

三、意识形态工作

习近平总书记指出，"意识形态工作是党的一项极端重要的工作"[1]。高校是意识形态斗争的前沿阵地。学校认真贯彻落实习近平总书记关于意识形态工作的重要讲话精神和中央、省委关于意识形态工作的决策部署，全面贯彻党的教育方针，坚持社会主义办学方向，聚焦立德树人根本任务，着力推进意识形态工作责任制落地落实，巩固了马克思主义在学校意识形态领域的指导地位，为加快建设国内一流特色高水平大学提供了坚强的思想保证。

（一）意识形态（网络）工作体制与机制建设

学校党委坚持党管意识形态原则，切实履行意识形态工作主体责任，始终将其摆在突出位置，真抓真管，常抓不懈。2016年以来，学校坚持将意识形态工作列入党委常委会重要议事日程，专题研究和安排部署意识形态领域重大工作。同时，坚持将意识形态工作作为校级领导班子述职述廉述学、民主生活会和党委书记抓党建工作述职评议的重要内容，进一步压实学校党委的主体责任和党委书记的第一责任、校长的重要责任、分管领导的直接责任和其他班子成员"一岗双责"中的领导责任。2017年和2018年，省委在对校级领导班子年度述职考核中均对领导班子和省管领导干部个人落实意识形态工作责任制情况进行了专项考核。2018年，分别成立学校党委意识形态工作领导小组、网络安全和信息化领导小组，建立起党委统一领导、党政齐抓共管、党委宣传部组织协调、各有关单位分工负责的意识形态工作领导体制和工作机制。

建立意识形态工作责任制是牢牢掌握意识形态工作领导权的重大举措。2016年制定《河南理工大学党委（党总支）意识形态工作实施细则》，按照属地管理、分级负责和"谁主管谁负责"的原则，明确各单位担负的意识形态工作职责、基本任务、工作要求和责任追究办法。2017年制定《河南理工大学党委网络意识形态工作责任制实施细则》，明确各单位在网络意识形态工作中的责任制内容、职责分工、工作制度和责任追究办法。各二级单位党组织也结合本单位工作实际，建立本单位意识形态工作（网络）责任制实施细则，实现了意识形态

---

① 习近平：《习近平谈治国理政》，外文出版社2014年版，第153页。

工作责任落实的全覆盖。

2017年制定《河南理工大学党委意识形态工作制度》，健全完善了意识形态工作的协调联动会议、分析研判、联系沟通、工作报告、专项督查、检查考核等六项制度。学校定期召开意识形态工作协调联动会议，加强对意识形态工作形势的分析研判，安排部署下一阶段重点工作。坚持每半年向省委高校工委报告学校党委落实意识形态工作（网络）责任制情况，督促二级单位党组织每半年向学校党委报告意识形态工作情况。坚持将意识形态工作列入年度党政工作要点和重点工作，作为二级单位党组织述职述廉述学、民主生活会、党建工作责任清单和二级党组织书记抓党建工作述职评议的重要内容。从2017年起，每年修订《二级单位党组织年度工作量化考核办法》，将意识形态工作纳入考核内容，对二级单位党组织意识形态工作进行专项督查和年终考核。切实做到意识形态工作与学校中心工作同部署、同检查、同考核。2019年制定《河南理工大学二级单位党组织意识形态工作责任制考核办法（试行）》，明确意识形态工作考核的指导思想、重点内容和考核组织、考核方式、考核结果运用等内容，进一步推动二级单位党组织做到守土有责、守土负责、守土尽责。

（二）意识形态阵地管理

学校意识形态阵地主要包括：课堂、校报、校刊、网站、新媒体平台、广播台、学生社团、形势政策报告会和哲学社会科学报告会、研讨会、讲座、论坛等。针对这些阵地的不同特点，学校分别制定管理制度，规范工作流程，严格加强管理，使其成为宣传科学理论、实施价值引领、传播先进文化、弘扬新风正气的重要阵地。

1. 网络阵地管理

互联网是意识形态斗争的主战场。为进一步把校园网络秩序的规矩立起来，扎紧制度的"笼子"，从2009年开始，先后制定《校园网管理办法（试行）》《网络保密管理规定（试行）》《网络信息安全管理办法（试行）》《数据中心运行与管理办法》《网络和信息技术从业人员管理办法》《校园网IP地址和域名管理办法》《校园网站登记备案制度》《学生宿舍上网暂行管理条例》《二级网站管理规范》《校园网信息发布审查和登记管理办法》《校园网有害信息监控、过滤、删除制度》

等系列制度，建立起分级、分类的网络信息和网络内容监管、上传审批的制度体系，筑牢网络安全"防火墙"。同时，持续深化网络文明教育活动，通过举办网络安全宣传周活动、开展网站登记备案与安全防护技术专项检查、组织签订《党员干部网络行为承诺书》、开展优秀网站评选和网络文明志愿行动、举办"网聚中原正能量，争做'豫籍好网民'"等系列主题活动，倡导文明健康的网络生活方式，营造清朗网络空间。2018年11月，学校开展新媒体平台登记备案工作，对校内各单位以组织名义开办的各类新媒体平台进行全面登记备案，充分掌握底情。2019年4月，制定《师生个人微博、微信等自媒体登记备案与管理制度》，持续推进新媒体平台登记备案，对以组织名义开办的新媒体平台进行严格管理，对个人微博微信加强引导，纳入校纪校规管理范畴，确保不留死角。

完善网络舆情应对处理机制。制定《网络舆情管理实施办法》《网络信息安全事件报告与处置流程（试行）》《网络安全事件应急预案》等规定，构建起网络舆情监控、预警、研判和分析、处置机制。2017年4月，学校与《东方今报》签订购买互联网信息搜索与监测服务系统的合同。之后，利用该系统对互联网媒体中涉及学校的舆情信息，实现全天候全面采集、跟踪监测。党委宣传部对重要舆情信息，编写《舆情通报》《舆情专项报告》《网络舆情通报单》，会同相关单位加强舆情研判，提出处理措施，化解舆情危机。同时，加强正面舆论引导，及时批驳错误言论，维护学校形象和声誉。

2. 课堂和教材管理

课堂是学校意识形态工作的主阵地。学校坚持把贯彻党的教育方针作为课堂教学基本要求，健全完善课堂教学管理、教学考核、教材使用、教师工作规范、课堂教学规范、教学督导、学生评教等制度，保证对课堂教学的全过程管理和全方位监控，确保教师严格遵守课堂教学的政治纪律。深化思想政治理论课教学改革，坚持集体备课制度，推进"一课多师"专题教学模式，提高备课和授课质量，进一步增强学生的"获得感"。修订《教材供应管理工程规程》，实施学院、教研室和任课教师三级审核和报批制度，全校公共课、学科基础课教材换版必须经过教务处审批。加强对选用教材思想性、政治性的审核把关，重点审查外文原版教材和社会科学类教材，每学期对教材选用情况开展专项督查，并将结果作为学院年度目标考核的重要内容。目前，思想政治理论课教材全部选用中宣部和教育部组织编写的"马克思主义理论研究和建设工程重点教材"。

3. 哲学社会科学报告会、研讨会等阵地和学生社团的管理

2009年10月，制定《河南理工大学举办形势报告会和哲学社会科学报告会、研讨会、讲座管理暂行办法》，按照"谁主办、谁负责，谁审批、谁监督"的原则，实行"一会一报"和主办单位党组织、党委宣传部和校领导三级审批制度，对主讲人员、宣讲内容严格把关。2018年12月，学校对原有办法进行了修订，制定《加强和规范形势报告会和哲学社会科学报告会、研讨会、讲座、论坛管理办法》，要求课堂讲授有纪律、公开言论守规矩，注意区分政治原则问题、思想认识问题、学术观点问题，旗帜鲜明反对和抵制各种错误观点，坚决斩断错误思想传播渠道。加强学生社团的管理，实施登记报批和年检考核制度，2016年以来新登记注册学生社团48个、注销20个，现有94个。为进一步严格学生社团的管理，2019年4月，修订《河南理工大学学生社团管理条例》，要求进一步严格落实学生社团登记报批和年检考核制度，严把社团成立审批关、社团负责人资格审核关和社团活动内容审查关，切实加强学生社团管理。

4. 学报、校报和校内出版物、宣传品等的管理

学校注重加强学报、校报、出版物、宣传品等阵地管理，修订或制定《河南理工大学学报管理办法》《学术出版中心严格审查涉及国家主权与安全等题材稿件的有关规定》《学术出版中心审稿制度》《学术出版中心编辑出版工作流程》《学术出版中心责任编辑工作职责》等系列制度，对学报组稿、审稿、编辑和出版进行了全方面规定；制定或修订《校园环境宣传管理规定》《河南理工大学报工作制度》《视频新闻录制播出流程》《视频资料管理办法》《河南理工大学广播台章程》等多项规定，为进一步加强对校报、广播台、电子屏、宣传橱窗等阵地的管理提供了制度保证。2018年11月，学校对校内自办刊物和印刷点进行登记备案，2019年制定《校内印刷厂所管理办法》《学校内部资料性出版物管理办法》。通过完善制度机制、开展定期督查、加强教育培训等方式，要求各单位切实担负起主体责任，严格加强管理，确保不出现意识形态安全和泄密问题。

5. 对外文化交流和学术交流活动管理

学校高度重视对外文化交流和学术交流活动的管理，制定《因公出国（境）团组访问交流管理办法》《党员出国（境）管理办法》《教职工因私出国（境）管理办法》《科研人员因公出国（境）管理办法》《教职工出国（境）留学管理办法》《研究生国际交流活动资助办法（试行）》《学生赴国外学习管理办法（修订）》《中外合作办学项目专项经费管理办法》《资助中外合作办学项目学生出国交流暂行办法（试行）》等系列制度，同时，注重加强对出国研修人员和师生的政治纪律、宗教知识和安全保密知识教育，筑牢思想政治防线。修订《关于进一步加强接受境外资金资助科研项目管理的规定》《关于加强哲学社会科学研究意识形态管理的实施细则》等规定，健全申报、审核和管理、定期排查和报送机制，有效管控境内外基金资助项目研究，确保学术活动健康有序开展。

6. 防范和抵御宗教、邪教和非法宗教渗透

建立健全制度机制。学校认真贯彻中央、省委关于宗教工作的决策部署，多次组织学习习近平总书记关于民族宗教工作的重要论述和宗教政策法规，成立民族宗教工作领导小组、防范和处理邪教问题领导小组等工作机构，切实加强党委对宗教工作的领导。制定《信教学生教育引导办法》《关于团员信仰宗教和参加宗教活动的处理办法》《职工和学生参加邪教组织处理办法》等制度，推动宗教和反邪教工作各项部署落实见效。

强化宣传教育引导。从2015年开始，坚持每年开展新进教职工、新生宗教信仰摸排登记，全面了解师生宗教信仰情况。坚持常态化开展马克思主义宗教观和反邪教宣传教育，组织开展反邪教宣传月、宣传周以及法治宣传教育月活动，通过组织学习《高校宗教知识工作手册》《大学生宗教知识读本》、举办反邪教知识和民族宗教知识专题报告、发放反邪教宣传页、举办反邪教图片展、编印反邪教警示教育读本、播放警示教育片、播放电子屏标语、发放宗教政策明白卡、开通反邪教专题网站、宗教和反邪教知识进课堂等多种形式，积极宣传党的宗教政策，普及宗教知识和反邪教知识，进一步提升了师生抵御非法宗教和邪教渗透的能力。

加强重点人群管理。学校制定《外国专家和海外留学生突发事件应急预案》

《外籍教师聘用管理办法》《国际学生管理办法》等制度，与留学生签订"在校学习期间不得向其他同学传播宗教"承诺书，强化外籍教师和留学生管理。加强对信教师生的教育引导，建立"一对一"教育引导机制，加强跟踪观察，了解思想动态，主动关心其工作、学习和生活情况，帮助解决实际困难。同时，强化校园安全和学生宿舍管理，加大校园监控覆盖面，加强校园巡逻力度，严格校园出入登记，定期与公安部门联合开展校园周边环境整治，坚决防范校外人员入校传教，保证校园安全稳定。

（三）意识形态（网络）重要专项工作

1. 2016年省委意识形态工作责任制专项督查

2016年12月，省委意识形态工作责任制第二督查组莅校，对学校党委意识形态工作责任制落实情况进行专题督查。在汇报会上，校党委副书记周志远作题为《切实履行主体责任，全面落实党委意识形态工作责任制》的主题汇报。从自觉主动"抓"，牢牢掌握意识形态工作领导权；旗帜鲜明"引"，牢牢掌握意识形态工作话语权；科学规范"管"，牢牢掌握意识形态工作管理权；理直气壮"占"，牢牢把握意识形态工作主动权四个方面，详细了解学校贯彻落实意识形态工作责任制的主要做法。督查组通过与相关职能部门负责人、部分学院党委书记、院长一对一谈话，查阅档案材料等形式，对学校贯彻落实意识形态工作责任制情况给予了充分肯定。

2. 落实中央意识形态工作责任制巡视检查反馈意见整改工作

2018年8月，根据省委高校工委、省教育厅的统一安排，学校对照中央意识形态工作责任制巡视检查反馈意见要求，认真制定整改方案，精心组织整改工作，扎实推进整改落实。制定学校《关于落实意识形态工作责任制的专项整改方案》《关于基督教问题的专项整改方案》《对外文化交流、学术研究等项目和活动排查方案》，明确了整改工作的指导思想、目标原则、任务分工、组织领导和工作要求，建立了整改工作台账，细化了整改标准、任务、措施、责任单位和完成时限。同年9月，学校向省委高校工委、省教育厅专题报送了《贯彻落实中央意识形态工作责任制巡视检查反馈意见整改落实情况的报告》《基督教问题整改落实情况报告》《关于对外文化交流项目和活动整改落实情况的报告》《关于学术研究项目和活动整改落实情况的报告》，中央意识形态工作责任制巡视检查反馈意见中提出的涉及学校的问题，已经全部整改完成并长期坚持。同年9月，驻焦高校落实中央巡视反馈意见整改工作督查汇报会在学校召开。省委高校工委落实中央巡视反馈意见整改第八督查组通过听取工作汇报、实地检查、查阅整改资料等方式，对学校整改工作给予了高度评价。

3. 省委第七巡视组意识形态工作专项巡视

2018年11月4日至12月20日，省委第七巡视组对学校党委落实意识形态工作责任制情况进行全面巡视。期间，省委第七巡视组通过听取专题汇报、开展个别谈话、查阅实证资料、召开干部师生座谈会、深入课堂听课、组织问卷调查和意识形态工作专题考试、实地调研走访等多种方式，对学校意识形态工作进行全面深入地巡视检查。

2019年3月，省委第七巡视组向学校书面反馈了《关于巡视检查河南理工大学党委落实意识形态工作责任制情况的反馈意见》（以下简称《反馈意见》）。《反馈意见》认为河南理工大学党委深入贯彻落实习近平总书记关于意识形态工作的重要讲话精神和中央、省委关于意识形态工作的决策部署，毫不动摇坚守意识形态"主阵地"、尽心尽力种好意识形态"责任田"，牢牢把握意识形态工作领导权、主动权、话语权，旗帜鲜明，敢于发声，敢于亮剑，意识形态工作取得明显成效，意识形态领域基本面和总态势积极健康向上。《反馈意见》同时指出了巡视发现的主要问题：学习习近平新时代中国特色社会主义思想和党的十九大精神、落实意识形态工作责任制、意识形态阵地管控、意识形态工作队伍建设、宗教和邪教渗透等5个方面存在的问题，并针对上述问题提出了5个方面的整改建议。

学校高度重视省委第七巡视组意识形态反馈意见整改落实工作，精心研究制定《河南理工大学贯彻落实省委第七巡视组意识形态专项检查反馈意见整改工作方案》《河南理工大学贯彻落实省委第七巡视组意识形态专项检查反馈意见整改台账》，明确了整改工作的指导思想、基本原则、责任分工、整改步骤和工作要求，明确了责任单位和完成时限，提出了5个方面、57项具体整改措施。通过召开整改动员部署会、工作推进会、定期督查督办等方式，全面推进整改任务落实，扎实做好"巡视后半篇文章"。

第三节　校园文化与精神文明建设

一、校园文化建设

学校大力实施"文化兴校"战略，以习近平新时代中国特色社会主义思想为指导，以培育和践行社会主义核心价值观为主线，着力加强校园文化建设，大力营造健康高雅的校园文化氛围，进一步丰富了校园文化内涵，提升了校园文化品质。

（一）顶层设计与谋划部署

2010 年，制定《河南理工大学 2010—2015 年校园文化建设规划》，提出分阶段、分步骤推进校园精神、制度、环境与行为文化协调发展。2016 年，制定《河南理工大学"十三五"事业发展规划》，提出要把学校建设成为"优秀文化传承创新的重要基地"。2018 年，学校第二次党代会报告强调，"培育大学文化，不断提升学校的精神文化品质"。2019 年，印发《河南理工大学校园文化建设规划（2019—2023 年）》，在总结学校校园文化建设发展成绩的同时，指出了存在的问题和不足，分析了未来五年校园文化发展面临的重大机遇，提出了校园文化建设的指导思想与未来五年发展目标，明确提出照"一轴线""两核心""八大文化区"进行整合和功能分区，设计建造文化景观和公共文化活动场所，打造以"阔达大气，现代清新"为特点的南校区文化；实施绿化、美化、文化"三化"综合改造工程，建设以"精致优雅、底蕴深厚"为特点的北校区文化。

（二）学校核心价值理念的内化和传承

学校高度重视大学精神培育，广泛开展学校核心价值理念主题教育实践活动，开展校风、学风主题教育，组织师生参观校史馆，举办校史校情讲座，展出校史图片，以社会主义核心价值体系为根本、"明德任责"校训和"好学力行"校风等为支撑的学校核心价值理念和百年理工传统精神日益内化为师生员工的共同价值与信念。2017 年，教育部专家对我校进行本科教学工作审核评估时，高度赞扬和肯定了学校的办学精神和办学传统，誉称学校为"小城办大学的典范"。

2009 年，学校组织创作"河南理工大学赋"，在《光明日报》进行刊载；2014 年，组织创作"河南理工大学颂"，"赋"与"颂"既叙述了学校百年沧桑历程、辉煌办学成就，又充分彰显了学校深厚的精神气韵与人文积淀，广为师生传颂。邀请著名词作家乔羽作词，著名作曲家张丕基谱曲，创作歌曲《青春百年》，由著名歌星毛阿敏首唱。歌曲对百年理工的文化积淀和精神品格进行了深刻的阐释，激昂的旋律把理工人带进了新百年、新征程的美好畅想之中，进一步厚植了理工人的爱校情怀。

2009年，学校组织编印《河南理工大学视觉形象识别系统》，制定实施《河南理工大学形象识别系统管理办法》，促进了校徽、校名等形象识别系统使用管理的制度化、规范化。2017年，制定《校旗、院旗等校内旗帜管理规定》《校旗、院旗等校内旗帜制作规范》，丰富了学校形象识别系统内涵。自2009年起，学校分批向国家商标局申请了校徽、校名、校训、校风等商标注册，以及校徽标识的著作权登记，并获准商标专用权注册保护，对维护学校声誉和权益、推动学校知识产权开发与保护工作有着非常重要的作用。2018年，学校注册成立河南理工明德文化发展有限公司，加快推进校园文化品牌的开发及推广，进一步提升校园文化品牌影响力。

学校重视文化科研平台的建设，推进大学文化建设和理论研究。先后建成了河南省非物质文化遗产研究基地——传统体育非物质文化遗产研究基地、河南省高校人文社科重点研究基地——太极文化研究中心、河南省文学艺术界联合会社科重点研究基地——视觉艺术研究与培训重点基地、河南省全媒体科普传播中心建设基地、河南省汉语国际推广太极文化基地等；出版了《社会主义核心价值观引领大学文化建设论纲》《社会主义廉洁文化建设论》《社会主义核心价值体系引领社会诚信建设》等文化理论著述，为进一步挖掘校园文化内涵，凝练和丰富学校核心价值理念奠定了理论基础。2017年，学校成为中国高等教育学会大学文化研究分会常务理事单位。

（三）校园环境的美化与完善

为进一步加强校园环境文化建设，2009年，在学校南大门内东侧，设计建造"中国矿业高等教育发源地"纪念石，并邀请第八、九届全国政协副主席孙孚凌题写石铭；同年，设计建造南、北校区校训校风广场。自2015年起，学校持续推进精神文化成果进楼宇、进学院，组织设计制作了校训、校风、教风屏风，分别摆放在机关行政办公楼、教学楼以及部分学院综合楼；在教师休息室、会议室、楼宇走廊墙壁，组织创作了反映焦作路矿学堂风貌的大型油画，制作历史文化名人画照，以及一批古今中外格言警句匾牌，引导师生自觉践行学校核心价值理念，传承优良校训校风。

2009 年，在南校区明德楼和北校区老工程馆内，同时设计建造校史馆，将学校历史按创建至新中国成立，1949 年至 20 世纪末，新世纪至今三个阶段，图文并茂地陈述其历史轨迹，记载其成就贡献，彰显其思想精神，全面再现了学校与国家、民族同呼吸共命运的百年画卷。2015 年，学校设计开发了数字化校史馆，充分利用多媒体技术，以文字、声音、图片、视频及 3D 模型等多种手段，立体展示学校发展历程，增强了校史校情教育的效果。同年，在南校区闻涛林内，设计建造名人雕塑广场，以此纪念蔡元培、孙越崎、翁文灏、张伯声在学校百余年办学历史上，为学校建设和发展做出的重要贡献。2017 年，学校颁布实施了北校区道路、楼宇的命名方案，完成了北校区道路指示牌、楼宇名牌的设计制作安装工程。2019 年，在三号教学楼南侧设计建设"河南理工大学赋"纪念石墙、校徽雕塑、文化连廊，以及反映学校历经的焦作路矿学堂、私立焦作工学院、焦作矿业学院、焦作工学院和河南理工大学重要历史时期的雕塑景观，彰显了学校厚重的历史积淀，传承了学校百余年历史文脉。

学校围绕培育和践行社会主义核心价值观，设计建设了一大批异形雕塑和文化标牌建设，在明德楼、图书馆、部分学院综合楼等地，设计建造社会主义核心价值观墙 10 余处；在南北校区校园内分类分区设计建造了以中国梦、"讲文明树新风"等为主要内容的公益广告 50 余处；在校园内主要干道设计安装了 300余块灯杆标牌。在南校区世纪广场设计建造升国旗台，成为对师生开展爱国主义主题教育的重要场所。学校每年组织设计更新南、北校区新版平面图，组织开展校园平面图手绘大赛、大美理工摄影大赛，遴选校园优美风光图片，编印《百年理工画册》《大美理工图册》；每年设计更新学校宣传画册、宣传折页，提升了宣传效果。

学校扎实推进校园水系建设和绿化美化规划建设。2014 年，建成南校区东部水系，水系上建造"致远""笃行""乐学""立德"四座桥；2019 年，该水系定名"清涟湖"，以此纪念著名工程教育家、曾两度出任焦作工学院院长的张清涟。设计建成三号教学楼南侧花园景观、文苑 6 号教师公寓北侧游园，建成牡丹园，推进体育馆、新图书馆、国家重点实验室大楼、综合实验大楼等新建楼宇周围绿化、美化、硬化工程，建成一批具有清新自然风格、充满人文精神的永久性绿化场地，构建起点、线、面、带相结合的校园绿化体系，日益形成以校园人文景观为重点，以绿化、美化为补充的格调高雅的优美校园。2017 年，学校被授予"高校后勤文化建设先进单位"荣誉称号。

（四）校园文化品牌的培育和推广

学校紧紧围绕立德树人根本任务，通过实施校园文化品牌培育工程、开展优秀成果展演活动等，着力打造了一批具有时代精神、富有强大生命力和感染力、彰显学校特色的文化品牌，使师生在潜移默化中泽润心灵，点亮了理想的灯、照亮了前行的路。

自 2007 年起，材料学院首创"本科毕业生德育答辩会"制度，从 2007 届毕业生开始组织进行"双答辩"，即学位论文答辩和德育答辩。通过答辩进一步提高毕业生的思想政治素质，同时，通过面对面的交流给低年级的同学带来启迪和思考，传承优良学风。2012 年，该项目荣获教育部高校校园文化建设优秀成果优秀奖及河南省高校校园文化建设优秀成果一等奖。自 2012 年起，学校探索举办创意啦啦舞大赛，至今已连续举办 7 届，该活动以学生喜闻乐见的啦啦操和舞蹈的形式，融入爱国爱校、青年责任、社会热点等创意，充分调动学生积极参与，年度参与人数 7000 余人，发挥了独特的校园文化育人功能，荣获"第九届全国高校校园文化建设优秀成果"全国优秀奖。2015 年，学校以音乐学院师生为主体，打造推出了原创大型交响清唱剧《抗倭英雄戚继光》，并在河南艺术中心成功首演，《中国青年报》等媒体进行了广泛报道，先后被河南省教育厅、河南省委宣传部列入"高雅艺术进校园""中原文化大舞台"演出项目，分别赴省内 10 余所高校和三门峡等地演出。该项目获得全省高校校园文化建设优秀成果，并入选教育部第二批"高校原创文化精品推广行动计划"。2011 年以来，学校坚持每周开展升国旗仪式，2016 年下半年开始，利用重大节庆日、纪念日，组织举办主题升国旗仪式 30 余场，累计参与师生 5 万多人次，成为弘扬爱国主义精神、培育和践行社会主义核心价值观的重要舞台和生动课堂。该项目先后获得全省高校"礼敬中华优秀传统文化"优秀成果和全省高校校园文化建设成果一等奖。同时，安全学院实施大学生成长报告制度，建艺学院培育《传承井冈山精神，打造实践育人品牌》，文法学院培育《文化传承"四步曲"》，获得河南省校园文化建设优秀成果奖；马克思主义学院培育《开好〈论语〉课堂，讲好孔门故事》，获得全省高校"礼敬中华优秀传统文化"系列活动成果奖。

学校坚持开展"高雅艺术进校园""戏曲进校园"、大学生艺术展演等活动；组织大学生科技文化艺术节、社团文化节，"挑战杯"课外科技学术作品竞赛、"创青春"大学生创业计划竞赛，形成届次化、项目化、品牌化。每年组织开展元旦联欢晚会、深秋歌会，以及"百年理工，梦想起飞的地方"新生联欢会、"放飞梦想，情系理工"欢送毕业生晚会、"缤纷校园"周末文化广场、"靓丽舞台"周末舞会、新年音乐会等系列文艺活动，寓思想政治教育于生动的校园活动中，使师生思想感情得到熏陶、精神生活得到充实、道德境界得到升华。

学校坚持举办一年一度的体育节暨春季运动会、新生运动会、教职工趣味运动会、老年春秋季活动月等群众性体育健身活动，组织开展阳光体育冬季长跑比赛、教职工登山比赛以及篮球、排球、乒乓球等各类体育竞赛；校领导带头参加"校长杯"乒乓球比赛，积极组织学生参加全国、全省各类体育竞技比赛，推动了阳光体育运动广泛开展，增强了师生的体质。以体育课为基础，在全校本科生中普及太极拳，持续举办5届全校太极拳教学比赛，参与规模10000多人次。承办第十八届中国大学生篮球联赛、全国青少年校园足球联赛等大型赛事，以及"汉语桥"世界大学生中文比赛选手观摩夏令营等，促进体育文化交流。2017年8月，学校被国家体育总局评为"2013—2016年度全国群众体育先进单位"。

二、精神文明建设

学校坚持将精神文明建设摆在重要位置，以社会主义核心价值观为引领，以思想道德建设为核心，持续推进以"五创两争"为载体的群众性精神文明创建活动，2016年获得"河南省文明单位标兵"称号。

（一）全国文明单位创建

2009年12月，学校第一次党代会提出"努力把学校建设成为全国文明单位"的奋斗目标。2010年4月，出台《河南理工大学创建全国文明单位工作规划》，分三个阶段开展全国文明单位创建工作：2010年为创建准备阶段；2011年为迎评创建阶段；2012年为巩固成果阶段。学校注重加强对精神文明创建工作的组织领导，结合处级领导班子换届，及时调整学校精神文明建设指导委员会的人员组成，在党委宣传部增设精神文明创建科，负责精神文明创建的日常工作。同时，不断加大财力物力投入，用于校园基础设施、环境和安全保障体系建设，为创建安全文明和谐校园奠定了坚实基础。

围绕全国文明单位的价值取向和创建要求，学校扎实推进群众性精神文明创建活动。一是深入开展"五创两争"活动。组织广大师生创建文明部处、文明学院、文明班级、文明宿舍、文明家庭，争当文明教工、文明学生，把文明创建活动覆盖到每个学院、处室、班级和全体师生员工，形成了"一带十、十带百、百带千、千带万"的示范辐射效应。2009—2011年，学校有2名教师被评为河南省文明教师、8名学生被评为河南省文明学生，2个学生班级被评为河南省文明班级。二是深入开展公民道德实践活动。深入贯彻落实《公民道德实施纲要》，广泛开展"我推荐、我评议身边好人"活动、向全国百名优秀志愿者学习活动、"迎世博、迎亚运、讲文明、树新风"主题道德实践活动、"学生文明教育活动月""大学生读书月""心理健康教育月""感恩教育月"系列活动和"学风考风"巡回宣讲、主题辩论赛等主题活动，大力倡导和践行公民基本道德规范。三是开展新农村结对帮扶活动。先后与修武县方庄镇王庄村、武陟县嘉应观乡北贾村开展结对帮扶活动，帮助完善基础设施，整治村容村貌，建设文化设施，培育文明乡风，提高乡风文明和村容整洁程度。2009年9月，学校获得"河南省扶贫开发对口帮扶先进单位"称号。四是积极参与文明城市共建活动。开展"护绿在行动，共植纪念林"活动、"焦作市6·26国际禁毒日禁毒宣传暨公开销毁毒品"活动、"焦作市'全国科普日'"活动和"节能减排，低碳生活""关爱进城务工青年群体、构建和谐社会""黄河母亲环保行"等社会实践活动，为焦作市文明创建做出积极贡献。2010年12月，学校青年志愿者协会荣获首届"焦作市志愿服务市长奖"

银奖。青海玉树震灾发生后，学校积极组织爱心捐助活动，共计捐款 28 万元，为灾区救援和重建贡献了力量。面对我国西南地区遭遇历史罕见的特大旱灾，广大团学青年积极参与抗旱救灾帮扶捐助活动，累计捐款 5 万元用于抗旱救灾工作。

全国精神文明建设工作先进单位每届 3 年。河南省、焦作市文明办每年对组织开展 1 次复查工作，2009 年、2010 年，学校均顺利通过复查。2011 年 7 月，全国文明单位考评组莅校对我校全国文明单位创建工作进行考评验收。通过听取专题汇报、组织精神文明知识测试、群众评议，查看创建实证材料、实地考察校园环境等形式，对学校精神文明创建工作给予充分肯定。8 月，学校入选河南省文明办在《河南日报》上公示的拟向中央文明委推荐的全国文明城市、文明村镇、文明单位名单。

（二）河南省文明单位创建成果的巩固

根据中央文明办、河南省文明办的有关文件精神，全国精神文明建设工作先进单位届满 3 年且没有实现全国文明单位创建目标的，其称号转为河南省文明单位。2012—2014 年，学校持续推进以"五创两争"为载体的群众性精神文明创建活动，着力巩固河南省文明单位创建成果。一是扎实开展基础文明创建。每年初，组织召开全校精神文明创建动员表彰大会，对校级精神文明建设先进单位、先进个人、文明家庭进行表彰，进一步激发了各单位和师生参与文明创建的积极性。期间，有 4 名教师被评为河南省文明教师、9 名学生被评为河南省文明学生、2 个班级被评为河南省文明班级。二是广泛开展"培育和践行社会主义核心价值观"主题活动，学习雷锋精神见行动、"三平"之中做贡献主题活动、"学习、推荐、评议身边好人"活动和"学习张伟、践行焦裕禄精神"师德主题教育活动，引导师生将社会主义核心价值观内化于心、外践于行。三是开展道德模范学习活动。2012 年 10 月，学校举办焦作市道德模范基层巡讲专场报告会，4 位报告人分别讲述了感动全国道德模范谢延信和 2011 年度"中国好人"谢谨如、王秋生、任抗战的典型事迹，我校学生张婉婉宣讲了身患强直性脊柱炎、被誉为用特殊材料制成的 2011 年度"中国好人"、安全学院教授张玉贵的感人事迹。2014 年 7 月，学校道德讲堂开讲，分为"做自省，学模范，讲故事，诵经典，谈感受，唱歌曲"六个环节，旨在讲述道德故事、弘扬道德精神、培育道德风尚。

河南省文明单位每届 5 年。2012—2014 年，学校每年都精心做好省级文明单位年度复查工作，均顺利通过复查验收。

（三）河南省文明单位标兵创建与巩固

2015 年 9 月，学校召开创建河南省文明单位标兵迎评动员会，校党委书记邹友峰强调要统一思想、明确任务、强化责任、确保顺利实现创建河南省文明单位标兵目标。围绕河南省文明单位标兵创建指标体系，着力深化精神文明创建工作。一是修订《河南理工大学精神文明建设先进单位、先进个人考评实施办法（修订）》，加强过程考核，注重日常管理，坚持分类评选，激发了各单位和师生参与文明创建的热情。2015—2016 年，学校有 5 名教师被评为河南省文明教师、9 名学生被评为河南省文明学生、4 个班级被评为河南省文明班级；学校青年志愿者协会被评为"河南省教育系统学雷锋活动优秀群体"、4 名师生被评为"河南省教育系统学雷锋活动岗位标兵"。二是深入开展社会主义核心价值观学习教育活动。制定《河南理工大学培育和践行社会主义核心价值观实施方案》，广泛开展"做党和人民满意的好老师"师德师风主题实践活动，清明祭英烈活动、"礼敬中华优秀传统文化"系列活动和"说文明话、做文明事"签名活动，举办河南省"感动中原"年度教育人物事迹报告会，引导师生自觉践行社会主义核心价值观。三是深化道德实践活动。建成"文明使者"志愿服务站，推动学雷锋志愿服务品牌化。持续推进道德讲堂走进基层学院活动，及时总结经验，凝练特色品牌，2015 年荣获河南省高校道德讲堂优秀案例二等奖，2016 年荣获全省高校"礼敬中华优秀传统文化"优秀成果一等奖。

2015 年 11 月，河南省文明单位标兵考评验收组莅临学校对精神文明创建工作进行实地考评。考评验收组在听取工作汇报、观看创建专题片、查看创建工作档案、实地考察校园环境和文明创建阵地后，对学校精神文明创建工作给予高度评价并充分肯定学校改革发展成绩。2016 年 3 月，中共河南省委、河南省人民政府印发《关于命名 2015 年度省级文明单位（标兵）和限期整改、撤销、恢复部分省级文明单位称号的决定》，学校喜获"河南省文明单位标兵"称号。这是省委、省政府授予精神文明创建工作的最高荣誉，是学校扎实推进精神文明建设取得的又一丰硕成果，标志着学校精神文明单位创建工作再上新台阶。2016年10月，学校召开省级文明单位标兵年度复查工作部署会，之后，全校各单位积极参与，精心准备，学校以"免检"成绩顺利通过复查。

（四）全国文明校园（单位）创建和省级文明单位标兵复查

2016年12月，学校召开创建全国文明单位动员会，校党委书记邹友峰要求，全面分析、全员参与、全力以赴，努力确保创建目标的顺利实现。焦作市文明办副主任王保杰作专题辅导报告。2017年6月，学校召开创建全国文明单位工作推进会，要求全校上下进一步强化认识，振奋精神，真抓实干，以更加饱满的热情、更加务实的作风、更加过硬的措施，确保实现创建全国文明单位的目标。

围绕全国文明校园（单位）测评体系和省级文明单位标兵创建指标体系，学校全力推进精神文明创建工作。一是推进"五创两争"活动深入开展。制定《学雷锋志愿服务活动实施方案》《诚信建设主题宣传教育活动实施方案》《道德经典诵读活动实施方案》《关于开展"我们的节日"主题活动的通知》《文明有礼教育实践活动实施方案》《关于开展"六文明"主题教育实践活动的通知》等系列专项方案，组织开展丰富多彩、形式多样的群众性精神文明创建活动。期间，学校有4项案例被评为全省高校精神文明建设工作优秀案例。二是制定《河南理工大学精神文明奖管理暂行办法》《河南理工大学文明学生、文明班级、文明宿舍评选办法》，同时，加强对校级文明单位、文明个人和文明家庭的评选考核工作，进一步增强了各单位和师生做好文明创建工作的责任感和自觉性。2017年11月，刘志怀被评为全省教育系统"感动中原"十大年度人物，2018年4月，刘志怀被评为河南省"感动中原"十大年度人物，均是我校历史上首次获得此项荣誉。2017—2018年，学校有5名教师被评为河南省文明教师、8名学生被评为河南省文明学生、3个班级被评为河南省文明班级、2个学生宿舍被评为河南省文明宿舍；学校后勤处（集团）和美丽乡村行动计划服务团队被评为"河南省教育系统学雷锋活动优秀群体"、8名师生被评为"河南省教育系统学雷锋活动岗位标兵"。三是在校内和校园周边设计和制作公益广告牌、宣传标牌，营造了浓厚的创建氛围。四是积极参与焦作市全国文明城市创建。先后与示范区理工大滨河花园小区、中华翰苑小区和示范区宁郭镇马村开展"单位携手社区、共创文明城市"帮扶共建活动，通过开展党员志愿服务进社区活动、开展环境道路和卫生整治、制作安装公益广告牌、文明使者志愿服务、捐建文明宣传栏等形式，为焦作市全国文明城市创建做出了积极贡献，受到焦作市"四城联创指挥部"、焦作市文明办的充分肯定。

2017年7月，中央文明办和河南省文明办要求，高校不再申报全国文明单位，符合条件的学校，转入全国文明校园创建序列。同时，教育部办公厅、中央文明办秘书局印发《全国高校文明校园测评细则》，要求高校按照此标准开展创建工作。至此，学校从创建全国文明单位转入全国文明校园创建，并精心准备了139盒档案材料、5万余字的自评报告、2本精美的创建工作画册和1部文明校园创建专题片。同年8月，学校向河南省文明办报送了上述材料，受到省文明办领导的高度评价。需要说明的是，由于河南省文明办要求全国文明校园候选单位必须从在届的拥有全国文明单位称号的高校中产生，因此，学校虽然在实证材料得分上位居省内高校前列，但仍然与全国文明校园失之交臂。之后，学校经请示省文明办，仍然按照省级文明单位标兵进行创建和复查。2017年9月，学校以免检的成绩，通过省级文明单位标兵验收。2018年11月，省级文明单位标兵年度复查考核组莅校对学校精神文明建设工作进行复查验收。考核组通过听取工作汇报、查看档案材料、实地查看校园环境和创建氛围，对学校精神文明创建工作高度认可，学校顺利通过省级文明单位标兵年度复查。

三、法治宣传教育

（一）加强顶层设计

学校认真学习贯彻国家、河南省关于法治宣传教育工作的决策部署，注重加强顶层设计，及时制定工作规划，为加强和改进法治宣传教育工作提供了"施工图"。2011年，制定《河南理工大学开展法制宣传教育的第六个五年规划》；2017年，制定《河南理工大学开展法治宣传教育的第七个五年规划（2016—2020年）》，分别明确学校"六五"和"七五"普法工作的指导思想、总体目标、工作原则、主要任务、工作要求、工作步骤和保障措施等，为持续深入推进法治宣传教育提供了基本遵循。

（二）开展法治宣传教育

2009年以来，学校把每年的11月定为法治宣传教育月，每到11月初，制定印发当年度法治宣传教育月活动方案，明确活动主题、主要任务和工作要求。通过召开动员会、开展交流研讨、举办法律专题知识讲座和报告会、开通普法网、播放法治电影、参观警示教育基地，开展法律知识测试、举办法治图片展、开展法律义务咨询和法律志愿服务进社区等丰富多彩的学习宣传教育和主题实践活动，进一步增强师生的法律意识和法治素养，提升师生遵纪守法的自觉性。同时，紧密结合宪法日、法制宣传日、禁毒日、消防日等，开展宪法晨读、宪法日主题升国旗、禁毒签名、开展保密知识宣传教育、举办11·9消防宣传演练等系列宣传教育活动，营造学法尊法守法用法的良好校园氛围。2014年5月，焦作市第三届大中专院校法治文艺汇演在南校区小礼堂上演，河南省普法教育工作领导小组办公室领导以及焦作市有关部门领导和800多名师生观看演出。2015年5月，学校召开"依法治教年"活动动员大会，印发《河南理工大学开展"依法治教年"活动实施方案》。同时，在总结"五五"普法经验的基础上，坚持将集中法治宣传教育与日常法治宣传教育相结合，推动法治宣传教育常态化开展；坚持将法治宣传教育与依法治校、依法治教实践相结合，加强现代大学治理体系和校园民主政治建设，扎实推进学校治理体系和治理能力现代化，全面提升依法治校水平，为建设国内一流特色高水平大学营造良好法治环境。2016年3月，学校3件作品在河南省首届大学生法治教育文艺汇演中获奖。2018年11月，我校学生赵世纪荣获第三届全国学生"学宪法，讲宪法"活动河南赛区总决赛大学生组一等奖，文法学院教师蔡骞获优秀指导教师。

（三）总结与验收

2010年11月，河南省教育系统"五五"普法考评专家组莅校检查"五五"普法工作情况，通过召开听取汇报、查看档案、实地考察等形式，对学校"五五"普法工作进行全面检阅，并给予充分肯定。同年，学校获得全省教育系统"五五"普法先进单位称号。

2012年12月，河南省依法治校示范校考评专家组莅校对依法治校工作进行检查验收，并对校务公开、教代会建设、法制宣传教育等工作给予了高度评价。同年，学校获得"河南省依法治校示范校"称号，邹友峰、朱雪里、孟战福荣获"河南省依法治校工作先进个人"称号。

2015年12月，学校获得河南省教育系统"依法治教年"活动暨"六五"普法先进单位，王艳红被评为河南省教育系统"依法治教年"活动暨"六五"普法先进个人。

第四节　统战、群团与离退休工作

一、统一战线工作

（一）高度重视统战工作

高校是党外知识分子集中的地方，是党的统一战线工作的重要领域和传统阵地。学校党委高度重视并不断加强对统战工作的组织领导，保证了统战工作的扎实有序开展。

健全和落实统战工作机制，重视统战制度建设。2016年5月和2017年6月，分别成立河南理工大学统战工作领导小组和河南理工大学民族宗教工作领导小组，均由校党委书记担任组长。2018年6月，校党委统战部部长铁占续当选为校党委常委。2017年4月制定《河南理工大学关于加强和改进新形势下宗教工作的实施意见》，6月制定《中共河南理工大学委员会关于进一步加强新形势下统一战线工作的意见》，12月对2009年制定的《中共河南理工大学委员会统战工作制度》进行修订完善，将相关制度从9项增至18项。学校把统战工作纳入党建目标考核，促进了职能部门和各学院党委（党总支）协同开展工作，增进配合，使各项制度和政策措施更好得到落实，构建起校党委统一领导、统战部协调、各部门积极配合、二级党组织发挥基层作用的统战工作格局。

坚持把统战工作列入校党委的重要议事日程，专题研究统战工作，及时解决重大问题。2016年10月校党委召开常委（扩大）会议，就成立河南理工大学党外知识分子联谊会（简称知联会）和《河南理工大学党外知识分子联谊会章程（草案）》进行研究。2017年11月校党委召开常委（扩大）会议，研究进一步做好归国留学人员队伍建设，决定成立河南理工大学归国留学人员联谊会（简称留联会）。校党委领导积极参加学校的各类统战活动，加强与党外人士的沟通联系。2017年，学校被河南省委高校工委、省教育厅评为"河南省首批高校统战工作示范单位"。

（二）党外代表人士队伍建设

1. 抓思想建设，筑牢共同思想政治基础

学校组织开展统一战线"我建言、我出力"建言献策主题活动和凝聚力征文等活动；利用周末组织党外知识分子赴西柏坡、白洋淀、焦裕禄纪念馆、豫西抗日纪念馆等红色教育基地进行爱国主义教育；开展统一战线"同心杯"系列活动（沙龙、春季踏青登山赛、趣味运动会）；召开纪念建党90周年、建军90周年暨香港回归20周年座谈会、茶话会等活动。学校还积极组织党外知识分子参加各种形式的政治理论学习，分批选送35人次民主党派、知联会和留联会成员到中央和省、市社会主义学院参加培训，选派民主党派基层主委参加暑期处级干部培训。这些工作增强了党外知识分子接受中国共产党领导的自觉性和坚定性，提高了党外知识分子思想政治素质，激发了干事创业热情。

2. 抓政治安排，拓宽党外干部任职渠道

学校党委历来重视党外人士的政治安排。建立了各民主党派和无党派人士、归国留学人员及新归侨数据库，为学习培训和培养选拔党外干部做好信息储备。2009年以来，积极从民主党派和无党派知识分子中推选各级人大代表和政协委员，游吟歌当选第十一届、第十二届全国人大代表，李东艳当选第十三届全国人大代表，张动天当选第十三届、第十四届焦作市政协副主席，李新现当选第八届河南省文联副主席、河南省音乐家协会副会长。另外还有3人当选河南省政协委员、4人当选焦作市人大代表、15人当选焦作市政协委员。在校内积极选拔使用优秀党外人士。截至2019年6月，学校有11名党外人士担任行政处级干部（正处级5人，副处级6人），占学校处级干部总数4.4%，27名党外人士担任科级干部，占学校科级干部总数9.6%。

3. 积极发挥党外人士作用

学校党委坚持领导联系党外代表人士制度、座谈会和情况通报会制度，搭

建党外人士参政议政平台，主动就学校重大工作向在校工作的各级人大代表、政协委员、民主党派负责人、党外知识分子代表通报情况，广泛征求并听取他们对学校事业发展规划、人事薪酬分配改革、科研政策修订、教研教改、民生工程等工作的意见建议。学校召开党代会、教代会前，通过召开党外人士座谈会，广泛征求意见，对工作报告修改完善。同时，大力支持省市政协委员积极参加省市政协会议和各项调研活动，充分发挥自身学科特色和专业优势，为地方经济社会发展建言献策，不少提案被评为重点提案或优秀提案。在学校引导支持下，我校党外人士在校内外都充分展现出强大智慧和力量，涌现出"河南省社会扶贫先进个人"任长江、"河南省教育系统凝聚力建设行动先进个人"李新现、苏现波和李化敏等诸多社会服务先进人物和重点学科带头人或学术骨干，为区域经济社会发展和学校事业发展做出重要贡献。

（三）民族宗教工作、归国留学人员和侨属侨眷工作

积极开展民族团结进步创建进学校活动。2017年，制定《河南理工大学民族团结进步创建活动实施方案》，在全校开展民族宗教知识政策宣传教育月活动，加强爱国主义教育，营造民族团结氛围，促进各民族学生交往交流交融，牢固树立中华民族共同体意识。因成效良好，我校被评为"河南省民族团结进步创建活动示范单位"。

认真做好抵御校园传教和境外渗透工作。在全体师生员工中开展宗教信仰摸底调查登记，开展宗教知识普及教育，倡导树立马克思主义宗教观，提高师生识别、防范邪教的能力，筑牢抵御校园传教和境外宗教渗透的思想防线。积极筹建"民族宗教知识政策宣传教育基地"。2017年，中共河南省委高校工委、河南省教育厅委托我校试点建设"高校民族宗教政策宣传教育基地"。

加强归国留学人员统一管理。学校建立归国留学人员数据库，关注他们的思想状况。对于其中的优秀代表，安排行政职务或科研平台任职，鼓励他们在各自的专业领域发光发热。在学校职称评定时，留学归国人员享受加分的政策倾斜。2013年，在焦作市海外联谊会第一届理事大会上，高建良当选为副主席，罗绍河当选为常务理事。2017年高建良当选为河南欧美同学会（河南留学人员联谊会）第一届理事会理事。

认真做好侨属侨眷工作。2017 年 4 月进行全校范围内侨属侨眷情况摸底，2018 年 4 月对新归侨情况进行摸底，全面掌握学校侨情动态。在此基础上，贯彻党的侨务政策，依法保护归侨侨眷合法权益。

二、工会与教代会

（一）工会工作

1. 教职工会员队伍建设

作为党领导下的群众组织，学校工会重视通过各种活动促进教职工思想和业务素质提升，激发其主人翁意识，引导广大教职工爱党爱国，立足本职建功立业，助推学校发展。

利用重大纪念日和重要时间节点开展教职工主题文化活动。2009 年以来，校工会先后举办以"喜迎建党九十周年""喜迎党的十九大胜利召开""庆祝改革开放 40 周年"等为主题的教职工摄影比赛，以"纪念世界反法西斯战争胜利 70 周年""庆祝建军 90 周年暨香港回归 20 周年"等为主题的教职工书画展，以及主题硬笔书法比赛、教职工大型合唱比赛等，在潜移默化中进行爱国、爱校思想教育，引导广大教职工会员听党话、跟党走。

积极开展以师德师风为重点的职业道德建设。每年组织开展学校年度师德先进个人和"三育人"先进个人（优秀教师、优秀教育工作者）评选表彰宣传，单独或与学校人事部门共同举办师德主题征文、演讲比赛等。经校工会推荐，余明高、张玉贵、王钦亭等多位老师分别获得"全国优秀教师""全国教育系统职业道德建设标兵""河南省师德标兵"等称号。

每年组织相应专业的老师参加河南省教育系统年度教学技能竞赛。从 2009—2018 年，共计 63 位老师获得一等奖、63 位老师获得二等奖、17 位老师获得三等奖。在校工会引导下，各学院基本每年都开展教学竞赛，图书馆、后勤集团公司等单位开展职工业务技能竞赛、技术大比武等活动，校园里逐步形成竞相钻研业务的良好氛围。

坚持每年开展河南理工大学五好文明家庭（2017 年起改称"文明家庭"）评选表彰及宣传活动。2009—2018 年，共有 206 户教职工家庭获此荣誉，推动了良好家风在广大教职工家庭的形成。

重视弘扬劳动精神和劳模精神。2016年起开始启动劳模（科技人才）创新工作室创建，2017年明平美、潘结南、魏建平三个创新工作室被省教科文卫体工会授予"劳模创新工作室"称号。经推荐，2013年王钦亭获得河南省五一劳动奖章，2017年刘宝忠获得焦作市五一劳动奖章。

注重激发女教职工干事创业的热情。每年三八节举办优秀女职工风采展、全校范围的女职工趣味体育比赛、健步走和气排球比赛等庆祝活动，并为全体在职女职工购买发放卫生用品；关注女职工身心健康，每两年开展一次妇科专项检查，并邀请专家举办疾病防治或心理健康知识讲座；举办"我荐好书大家读""写家书·传亲情"、亲子教育、法律与维权讲座、单身教职工联谊会等符合女职工需求的各类活动，做好女职工的教育与服务工作。2017年启动巾帼建功示范岗创建活动并评选出首批10个巾帼建功示范岗和首届十佳女教职工。2009年以来，经过校工会、女工委推荐，图书馆被全国总工会评为"全国五一巾帼标兵岗"，郑征、梁丽娟分别被授予"全国五一巾帼标兵""河南省巾帼建功标兵"称号，校女工委员会多次荣获焦作市妇女工作先进集体称号。女教职工的"半边天"作用得到较好体现。

2."三送三心"主题活动

2010年以来，我校工会以开展"三送三心"（送温暖、送健康、送快乐，暖人心、稳人心、凝聚人心）主题活动为载体，关注民生、认真做好群众服务工作，使广大教职工的获得感、幸福感、安全感不断增强。

帮扶困难教职工。2013年起建立教职工大病困难帮扶基金，每年春节前都会开展"双节"送温暖活动，到生活困难的教职工家中走访探望，发放补助资金；每年开展金秋助学活动，为子女考上大学的困难教职工家庭发放助学金和生活用品。

关怀普通教职工。坚持开展教职工结婚祝贺、大病住院探望、去世吊唁等慰问活动，2018年印发实施《工会教职工慰问实施办法（试行）》，构建起校、院两级工会立体化、网络化慰问格局；关注教职工身体健康，与校医院合作每年为全体教职工开展普通体检，并组织了颈动脉堵塞筛查和甲状腺疾病普查等专项体检。每年号召全校各单位为附属小学和幼儿园献爱心，改善其办学条件，尽量解除教职工在子女教育方面的后顾之忧。

保障教职工正当集体福利。2016 年以前每年教师节和春节分别为教职工发放一定金额的福利费，2016 年制定《在职教职工福利费使用管理办法（试行）》，每年春节、端午、中秋三次为教职工购买发放传统节庆集体福利；2010 年开始为 50 周岁教职工过生日送礼品，2018 年开始为全体在职教职工送生日蛋糕（券）。校工会每年暑期还组织优秀教职工外出进行疗休养。

开展丰富多彩的文体活动。2013 年以前每年春节主办学校新年团拜会，2009—2015 年每年主办教职工元旦文艺晚会，2016 年开始与其他单位共同主办（师生）元旦联欢会和教职工深秋歌会；每年组织教职工参加学校体育节暨春季运动会，并主办钓鱼比赛、登山比赛、秋季球类比赛，2016 年又开始举办教职工冬季长跑比赛，多次参与主办青年教职工趣味运动会，积极组织教职工代表队参加校外比赛并在桥牌、健美操等项目上取得优异成绩。

3. 工会自身建设

2009 年以来，学校以创建学习型、服务型、创新型组织为目标加强工会自身建设，工会的政治性、先进性和群众性显著提升。

抓学习以提升服务能力。及时组织广大工会专兼职干部积极学习党的十八大和十九大精神、习近平新时代中国特色社会主义思想及学校第一次、第二次党代会精神；2009—2015 年连续举办七期工会信息员培训班；多次举办全校专兼职工会干部工运理论研究征文和工会业务知识竞赛；2015 年主办全国煤炭高校工会工作研讨会年会，2016 年编印发放《教代会、工会知识学习资料》，2018 年在南水北调干部学院举办工会干部党性教育培训班。

抓基层以固本强基。按照二级工会设置与学校二级党委（党总支）设置相对应原则，2010 年对二级工会组织进行重新设立，设置 24 个分工会、4 个直属小组，2016 年调整为 29 个分工会、3 个直属小组；建设一支数量足、能力强的二级工会干部队伍，并根据人员变动情况及时进行调整；2017 年开始，每年向二级工会划拨一部分经费，增强其开展活动的能力；不断改进工会先进集体和个人的评选表彰，调动基层工会干部的积极性、创造性。

抓宣传以扩大影响。重视宣传阵地建设，2010 年将 2004 年开始创办的河南理工大学《教工报》改为《教工》杂志，工会网站多次获评学校优秀网站；每年大量稿件在校内外媒体发表。我校工会多次被上级组织授予"信息工作先进单位"称号。

我校工会 2010 年被河南省教科文卫体工会授予"模范教工之家"，被河南省总工会授予"模范职工之家"，2011 年被全国教科文卫体工会授予"模范职工之家"。2013 年体育学院、图书馆等 8 个分工会被河南省教科文卫体工会授予"河南省模范教工小家"。

2015 年，学校工会被河南省教科文卫体工会授予"先进工会组织"、"财务工作先进单位"称号，校医院荣获"女职工建功立业先进集体"；2017 年，学校工会被河南省教科文卫体工会授予"工会工作先进单位"称号，图书馆被授予"女职工先进集体"称号；2018 年，学校工会被河南省教科文卫体工会授予"工会工作先进单位""工会财务工作先进单位"和"'网上工会'工作先进单位"称号，附属小学被授予"女职工建功立业先进集体"称号。

（二）教代会和工代会

1. 定期召开会议

2010 年 1 月召开河南理工大学第一届教职工代表大会第三次会议。代表们听取校长邹友峰所作《坚持科学发展，全面提升内涵，不断加快高水平教学研究型大学建设步伐》工作报告，并首次对校级领导干部和职能部门正处级领导干部进行民主评议。12 月召开河南理工大学第二届教职工代表大会第一次会议暨第二次工会会员代表大会。河南省教育工会主席李新江出席会议并致祝辞，校长邹友峰作《着力转变发展方式，注重内涵协调发展，为加快高水平教学研究型大学建设进程而奋斗》的工作报告，校工会主席杨建堂代表上届工会作《围绕中心，凝心聚力，为学校又好又快发展建功立业》的工作报告。大会还听取提案征集情况报告，选举产生河南理工大学第二届工会委员会，表决通过第二届工会经费审查委员会和第二届教代会六个专门委员会组成人员名单。

2011 年 8 月召开河南理工大学第二届教职工代表大会第二次会议。经过充分讨论，大会审议通过《河南理工大学"十二五"事业发展规划》《河南理工大学住宅区物业管理办法》《河南理工大学滨河花园住房管理暂行办法》。

2012 年 12 月召开河南理工大学第二届教职工代表大会第三次会议。校长邹友峰作《推进内涵建设，提高办学质量，不断加快特色鲜明高水平大学建设步伐》的工作报告。大会表决原则通过《河南理工大学章程》《河南理工大学教职工代表大会实施细则》。

2014 年 11 月召开河南理工大学第二届教职工代表大会第四次会议。大会经过充分讨论，表决并原则通过《河南理工大学教职工基本医疗暂行办法》《河南理工大学二级教职工代表大会实施办法》。

2015 年 7 月召开河南理工大学第二届教职工代表大会临时会议。代表们听取校长杨小林所作《关于河南理工大学万方科技学院转设情况的报告》。经过审议，大会表决通过《关于河南理工大学万方科技学院转设情况的决议》。

2016 年 6 月，召开河南理工大学第三届教职工暨工会会员代表大会第一次会议。河南省教科文卫体工会主席符明轩出席开幕式并致贺词。大会听取审议校长杨小林所作《坚持改革创新，共享发展成果，勠力同心加快特色鲜明高水平大学建设步伐》的工作报告，听取并讨论通过校工会主席解伟代表上届工会所作《积极作为、凝智聚力，为建设特色鲜明高水平大学而努力奋斗》的工作报告。大会经过认真讨论，原则通过《河南理工大学"十三五"事业发展规划》《河南理工大学人事管理及薪酬分配制度改革方案》。会议还审议通过工会经费审查报告和教代会提案工作报告。大会选举产生河南理工大学第三届工会委员会、工会经费审查委员会、工会女职工委员会及教代会下设的 7 个专门工作委员会组成人员。这次大会开创性地审议了学校财务工作报告并首次成立教代会执行委员会。

2017 年 4 月召开河南理工大学第三届教职工暨工会会员代表大会第二次会议。大会听取校长杨小林所作《激发改革活力、共谋发展新篇，加快国内一流特色高水平大学建设步伐》的工作报告，听取校工会主席解伟所作《服务大局，凝心聚力，主动作为，建功立业》的工作报告，书面审议了《河南理工大学财务工作报告》《河南理工大学工会经费审查报告》《河南理工大学三届一次教代会提案办理及三届二次教代会提案征集情况报告》。

2018 年 4 月召开河南理工大学第三届教职工暨工会会员代表大会第三次会

议。大会接受解伟因职务变动辞去学校第三届工会委员会委员、主席职务的请
求，通过投票补选翟耀南为学校第三届工会委员会委员。大会听取校长杨小林
《不忘初心、锐意进取，全面开启国内一流特色高水平大学建设新征程》的工作
报告，听取翟耀南代表校工会委员会所作的工会工作报告，书面审议了《河南理
工大学财务工作报告》《河南理工大学 2017 年度工会经费审查报告》《三届二次
教代会提案办理及三届三次教代会提案征集情况报告》。会上对在任校领导、职
能部门正处级领导干部、教辅与直属机构正处级领导干部进行了民主评议。12
月召开河南理工大学第三届教职工代表大会第一次临时会议，会议审议并原则通
过《河南理工大学章程（修订）》《河南理工大学人事管理及薪酬分配制度改革
方案（修订）》。

2. 教代会闭会期间的工作

在定期召开会议的同时，学校高度重视代表巡视和代表提案办理工作，实
现闭会期间教代会职能的充分发挥。教代会代表巡视每年开展一次，主要围绕学
校中心工作和教职工关注的热点问题展开。2009 年 6 月以来的巡视内容包括中
华翰苑一期教职工住宅建设、万方科技学院郑州校区建设、学校幼儿园和附属小
学建设、学校基建工作和后勤工作及校园环境文化建设等。巡视以现场考察和座
谈交流相结合的形式进行，对于沟通信息、凝聚共识、解决问题、维护和谐起到
积极作用。

从 2016 年第三届教代会第一次会议开始，学校将过去召开教代会换届大会
才进行提案征集改为每年召开教代会都进行提案征集，并且通过召开提案办理工
作推进会、进行督查等形式督促承办单位认真办理提案。2017 年开展优秀提案
和提案办理先进单位的评选表彰，2018 年启用教代会电子提案系统，学校提案
工作整体水平不断提升。

学校重视教代会专门工作委员会建设和教代会代表培训工作。2017 年召开
教代会各专委会主任会议，推动各专委会积极开展活动。提案工作委员会、生活
福利委员会、教育委员会和民事调解委员会等都根据自身职责，开展或参与某些
方面的工作，发挥出一定作用。校工会通过举办专家讲座、编印发放教代会相关
制度文件汇编、购买发放《习近平的七年知青岁月》等对教代会代表进行培训，

代表们参与学校民主管理的能力不断提高。

三、共青团与学生会、研究生会、学生社团

（一）共青团工作

2009—2016 年，共青团河南理工大学第一届委员会坚持以党的十七大、十八大精神和团的十六大、十七大精神为指导，全面贯彻落实科学发展观和学校第一次党代会精神，紧紧围绕"服务党政中心工作、服务青年成长成才"的宗旨，切实加强团的思想建设和组织建设，团结带领广大团员青年为建设高水平教学研究型大学做出了积极贡献。校团委先后荣获"全国五四红旗团委"、全国大中专学生志愿者暑期"三下乡"社会实践活动先进单位、全国煤炭行业"五四红旗团委"、全国大学生节能减排优秀组织奖等荣誉称号。2010 年 9 月，在第七届"挑战杯"中国大学生创业计划竞赛决赛中，我校取得一金两银的优异成绩，实现了河南高校该赛事金奖零的突破，学校被授予"高校优秀组织奖"。2015 年 12 月，学校在第二届中国青年志愿者服务项目大赛中，获得金奖。

2016 年 12 月，共青团河南理工大学第二次代表大会召开，选举产生茹艳等 21 人组成共青团河南理工大学第二届委员会，茹艳当选为书记，陈昊、阎俊豪、谢珺（青年教师，兼职）、苗鑫（学生，兼职）、杨素娟（学生，兼职）当选为副书记。

2017 年以来，共青团河南理工大学第二届委员会认真学习宣传贯彻习近平新时代中国特色社会主义思想和党的十九大精神，深入贯彻落实全国高校思想政治工作会议精神和高校共青团改革方案，紧密围绕学校中心工作和人才培养目标，坚持立德树人，坚持改革创新，不断加强和改进共青团各项工作。以思想引领为核心，坚定青年理想信念。开展"一学一做"（"学习总书记讲话，做合格共青团员"）教育实践和学习宣传贯彻十九大精神系列主题教育活动，不断创新"青年马克思主义者培养工程"等大学生骨干培养工作，加强"网上共青团"建设。以组织建设为根本，激发基层团组织活力。扎实推进从严治团，严肃组织生活，不断夯实团的基层组织，增强团员意识，提升基层团组织的号召力、凝聚力和战斗力。以品牌活动为载体，服务学生成长成才。积极开展创新创业活动，不

断加强志愿服务，创新社会实践活动机制，深化校园文化活动内涵，积极探索实施"第二课堂成绩单"制度，进一步优化活动品牌、强化活动主题、提升活动质量。以"一心双环"（即在校党委领导下，以团委为核心和枢纽，以学生会组织为学生自我服务、自我管理、自我教育、自我监督的主体组织，以学生社团及相关学生组织为外围延伸手臂）为格局，指导学生组织加强内部建设，支持学生组织发挥自身职能。以联系服务为途径，强化青年教工工作。截至2019年6月，校团委在"挑战杯"课外学术科技作品竞赛、"创青春"创业大赛、节能减排社会实践与科技竞赛、暑期"三下乡"社会实践、科技文化艺术节、志愿服务等活动中多次荣获"优秀组织奖""先进集体"等荣誉称号。多个基层团组织和个人荣获"河南省五四红旗团委""河南省五四红旗团支部""全国煤炭行业优秀共青团干部""全国煤炭行业优秀共青团员""河南省优秀共青团干部""全省教育系统学雷锋活动先进个人"等荣誉称号。2016年，学校6个团支部荣获全国高校"活力团支部"。2018年12月，学校在第四届中国青年志愿服务项目大赛中荣获金奖。

2017年12月1日，中共河南省委副书记王炯莅校期间，出席了安全工程专业2015级1班团支部"写给2035年自己的一封信"主题团日活动，并与同学们互动交流，亲切寄语青年学生。2019年3月11日，中共河南省委常委、宣传部长江凌莅校期间，参加了"青年马克思主义者培养工程大学生骨干班"寒假学习分享会，充分肯定了我校共青团在大学生思想政治工作方面的创新与实践。

（二）学生会与研究生会

校学生会和研究生会均是全国学生联合会委员团体和河南省学生联合会主席团团体及委员团体，分别是全校本专科学生和全校博士、硕士研究生的群众组织，在学校党委的领导及校团委的指导下，依照国家法律法规、学校规章制度和本会章程，履行"自我教育、自我管理、自我服务、自我监督"职能，独立自主地开展工作。校学生会下设办公室、人力资源部、宣传部、科创学习部、实践部等12个部门，校研究生会下设办公室、文艺部、学术部、创新实践中心等10个部门。

2010 年 4 月，学校召开河南理工大学第三次学生代表大会暨研究生代表大会，选举 59 人组成第三届学生会，周洋任主席；选举 14 人组成第十二届研究生会，张勐任主席。

2015 年 11 月，学校召开河南理工大学第四次学生代表大会暨研究生代表大会，选举 64 人组成第四届学生会，张世杰任主席；选举 14 人组成第十七届研究生会，高军伟任主席。研究生会每年召开一次换届会议，2009 年 5 月到 2018 年底先后担任过主席的有：付栎臻、吕鹏、夏成龙、王友、郭跃闪、刘源、许之磊、杨晓雨。

校学生会通过组织开展十九大精神学习交流会、五四青年节系列活动、菁菁校园生活文化节、"桃李讲堂"、炫影 SHOW 主持人大赛、理工杯球类比赛、"3·15"维权日、后勤座谈会、早操早读督察、学风督导等活动积极打造校园文化精品，推动学风、校风建设，在思想引领、校园文化建设、学生维权、勤工俭学、参与学校民主管理等方面取得丰硕成果。

校研究生会自觉做学校各级党政部门联系研究生的桥梁和纽带，引领广大研究生认真做好科研，自觉树立和践行社会主义核心价值观。每年通过宣传鼓励各学院研究生积极参加"新生运动会""体育节"等体育活动和"知行讲坛""研海探航——我来做主讲""学术人生"等知识讲座，举办"宿舍文化节""英语文化月"、联谊和元旦晚会等丰富多彩的校园活动，增强广大研究生科研和社交能力，提升人文素养，促进培养质量的提高。

（三）学生社团

河南理工大学学生社团联合会是校党委领导、校团委具体指导下监督和管理学生社团的学生组织。学生社团联合会每年召开学生社团代表大会，2009 年以来，黄广帅、陈艺豪、郭登辉、刘寒楚、施福、陆世强、王庆川、王乐庆、王毅昂、郭佳先后担任第五届到第十四届联合会主席。

截至目前，河南理工大学注册学生社团共计七大类、94 个，包括思想政治类、学术科技类、志愿公益类、文化艺术类、体育健身类、自律互助类、创新创业类，涵盖科技、文艺、公益、实践和体育等领域。通过加强建设，学校学生社团获得诸多荣誉。其中大学生数学建模协会、大学生篮球协会、大学生通讯社、大学生消防协会、大学生力行服务社、大学生爱心社、大学生舞蹈协会等学生社团先后荣获"全国高校优秀学生社团""河南高校百佳大学生社团""河南省共青团系统先进集体""河南省优秀学生社团"等称号。

四、离退休工作

（一）离退休职工服务与管理

截至 2019 年 6 月，我校有离退休人员 737 人，其中离休干部 8 人、退休教师和干部 428 人，退休工人 301 人。学校坚持服务老同志的基本工作理念，努力提升服务质量，让老同志舒心、放心、安心；认真落实离退休干部政治、生活待遇，让老同志更好地享受学校发展成果；开展形式多样的文化体育活动，丰富老同志的精神文化生活。

学校贯彻执行中央及河南省关于离退休工作的各项方针政策，根据实际情况先后印发《关于进一步加强和改进离退休工作的实施意见》《河南理工大学教职工丧事办理办法》等文件，为做好离退休教职工服务管理工作提供制度保障。坚持慰问困难离退休职工、看望生病住院离退休职工、孤寡老人家访和为离休老干部祝贺寿辰等制度，使广大离退休职工充分感受到学校的关怀与温暖。

认真落实老同志政治待遇。通过在阅览室设立学校党政务信息夹、在活动中心及时张贴涉及老干部切身利益的重要通知或文件、将有关学习资料及时送到老干部家中、落实学校党政主要领导每年向离退休职工通报情况制度等多种途径，及时向老同志传达重要信息；通过在教代会设立离退休老同志讨论团、推选离退休老同志代表参加学校党代会等拓宽建言渠道，发挥老同志监督作用；动员老同志中的党员积极参与党的群众路线教育实践活动、"三严三实"专题教育和"两学一做"学习教育活动，积极邀请老党员和群众代表参加座谈会、民主生活会或谈心谈话等活动，听取他们的意见建议；通过党支部加强与党员群众联系，认真倾听群众呼声，及时反映、妥善解决老同志关心的热点难点问题。每年按时发放书报费、考察费。

认真落实老同志生活待遇。保证离退休老同志各项政策性补贴及时、足额发放；建立特困群体帮扶体系，坚持重大节日走访慰问，特别是关注孤寡空巢家庭，及时探望生病住院及家庭发生变故的老同志，从 2016 年起学校每年专门划拨离退休职工困难帮扶专项 6 万元，对有困难的老同志予以重点帮扶；每年给老同志们订阅、发放《老人春秋》《健康文摘》等各类报纸期刊，及时发放《爱心联系卡》《职工健康档案》和附属医院就诊卡等；关心外地老同志，报销外地人员寄来的医疗费，从 2016 年起连续对外地老同志进行走访慰问；2016 年起为离退休教职工发放传统节日慰问品。

完善基础设施，开展丰富多彩的老同志文化体育活动。2010 年起在新校区设立离退休教职工活动中心。2015 年学校投入资金百万元对新、老校区活动场所进行整修，老校区新建成标准化门球场两个、塑胶气排球场两个、塑胶羽毛球场两个，塑胶多功能活动场 300 多平方米，新增健身设备 15 处，新校区活动中心配置了台球、乒乓球、麻将、棋牌等基本活动设施。目前新、老校区离退休教职工活动中心室内建筑面积总计为 1200 余平方米，室外活动场地达到 2310 余平方米。

2016 年修订《河南理工大学老年文体活动规定》，对老年体协进行调整和换届选举。学校现有各类离退休教职工文体协会 8 个，各类活动小组 9 个，各协会及活动小组均有专人负责日常活动及各类比赛交流。

学校每年组织开展老年春、秋季活动月暨老年趣味运动会，举办元旦游园、庆"三八"游园活动，组织离退休职工开展春、秋季参观考察活动，还举办老同志电脑培训班、老年葫芦丝培训班。2018 年起加快老年大学建设步伐，开办了声乐、舞蹈、古诗词鉴赏、摄影、书画等兴趣班。学校支持离退休职工参加全国、省市举办的各项文体比赛和表演活动，在乒乓球、老年门球等项目上获得多项荣誉。我校连续多年荣获焦作市"老年体育先进单位"称号，2015 年被河南省老年体育协会授予"支持老年体育事业发展先进单位"荣誉。

（二）关心下一代工作委员会（简称关工委）工作

学校高度重视关工委工作。2011 年修订《关于进一步加强关心下一代工作委员会建设的意见》，为关工委工作扎实开展明确了工作路径和组织领导。2012 年进一步完善学校二级关工委机构设置，分别由学院党委书记或副书记担任关工委主任。修订《河南理工大学关心下一代工作委员会工作职责》《河南理工大学关心下一代工作委员会会议规则》等文件，提升关工委工作科学化水平。从2016年起，组织开展年度二级学院"五好关工委"评选。通过加强关工委的组织建设、制度建设，夯实了关工委工作的基层基础。

关工委立足本职工作，发挥自身优势，通过德育宣讲做好青年学生社会主义核心价值观教育，通过坚持完善特聘组织员制度提升大学生思想政治工作效果，通过教育督导全面提升青年教师教育教学水平，为学校事业发展做出积极贡献，取得了众多荣誉。2011年校关工委被授予"焦作市关心下一代工作先进集体"和"河南省教育系统关心下一代工作先进集体"称号，校关工委常务副主任苗建勃荣获"河南省关心下一代工作先进工作者"，王怡录、郑树森、杨雁举荣获"全省教育系统关心下一代工作先进工作者"，全国关工委主任顾秀莲到河南省调研高校关心下一代工作时对我校关工委汇报的特聘组织员工作给予充分肯定。2012年河南省高校关工委经验交流会在我校召开。2013年校关工委被省教育厅关工委评为"河南省教育系统'五好'关工委"，我校学生党建特聘组织员工作被省教育厅关工委推荐为全国高校关工委工作品牌。同年争取到省关心下一代基金会捐资助学项目110万元。2014年校关工委再次被省教育厅评为"河南省教育系统'五好'关工委"。

附录一　河南理工大学校领导任职年表

（2009—2019）

姓　名	职　务	任职时间
王少安	河南理工大学党委书记	2004.7—2015.5
邹友峰	河南理工大学党委副书记、校长	2004.7—2015.5
	河南理工大学党委书记	2015.5—
张国臣	河南理工大学党委副书记兼纪委书记	2004.7—2015.2
	河南理工大学党委副书记	2015.2—2015.9
周志远	河南理工大学党委副书记	2004.7—2016.12
杨小林	河南理工大学校长、党委副书记	2015.5—
杨建堂	河南理工大学工会主席	2004.7—2015.9
卫中玲	河南理工大学副校长	2006.2—2015.2
	河南理工大学党委副书记	2015.2—2018.5
周　英	河南理工大学副校长	2006.2—2017.10
张战营	河南理工大学副校长	2007.8—2014.3
王裕清	河南理工大学副校长	2008.8—2012.10
张　锟	河南理工大学副校长	2008.8—
景国勋	河南理工大学副校长	2008.8—2015.10
张尚字	河南理工大学纪委书记	2015.2—2017.3
赵俊伟	河南理工大学副校长	2015.2—
翟传森	河南理工大学副校长	2015.2—
解　伟	河南理工大学工会主席	2015.11—2018.1
	河南理工大学副校长	2018.1—
安士伟	河南理工大学党委副书记	2017.3—
陈自录	河南理工大学纪委书记	2017.3—
赵同谦	河南理工大学副校长	2017.12—
翟耀南	河南理工大学工会主席	2018.1—

附录二 河南理工大学教师名录

（2009—2019）

2009—2019 年正、副高级职称人员名录（1315 人、以姓氏笔画为序）

院士及博士生导师名录（175 人）

彭赐灯	丁亚红	丁梧秀	卜旭辉	马耕	马超	王心义	王永刚
王成	王兆丰	王志衡	王丽萍	王雨利	王明仕	王宝山	王树仁
王恩营	王家耀	王裕清	王登科	王新	王福忠	尤明庆	牛海鹏
毛宇翔	勾攀峰	孔留安	卢小平	田军	史才军	付子义	司纪凯
吕有厂	朱化雨	向道辉	刘少伟	刘文锴	刘先林	刘红敏	刘希亮
刘招伟	刘昌华	刘明举	刘宝忠	刘彦伟	刘高峰	刘淑芬	齐永安
米国发	汤顺林	安士伟	孙广	孙玉宁	孙琦	孙殿柱	苏现波
李子臣	李化敏	李东印	李成名	李创	李英成	李明珠	李忠月
李济顺	李振华	李浩	李德海	杨小林	杨玉中	杨宏民	杨金显
杨政鹏	吴伟	余发山	余明高	谷建全	邹友峰	汪旭东	沈记全
宋运忠	宋志敏	宋克兴	宋党育	张东	张小东	张长森	张玉龙
张玉贵	张永领	张传祥	张合兵	张安超	张国成	张金山	张建国
张战营	张捍卫	张铁岗	张盛	张锐	张瑞林	张麟	陆庭侃
陈东科	陈向军	陈安	陈晓祥	陈强	郅晓	卓越	明平美
罗绍河	金毅	周英	周峰	周爱国	郑伟	郑征	郑德顺
单智勇	孟海东	赵同谦	赵武	赵波	赵俊伟	孟哈日巴拉	
赵洪义	赵洪波	郝天轩	郝成元	荆双喜	胡斌	茹忠亮	南华
段培高	禹建功	施进发	袁瑞甫	贾明魁	贾宗璞	钱伟	倪小明
徐克科	徐君	高国富	高建良	郭文兵	郭红玉	郭学锋	郭增长

唐果宁　黄金亮　曹运兴　曹建亮　曹高社　常　旭　崔凤奎　崔洪庆
梁为民　谌伦建　韩　阳　惠延波　景国勋　焦　锋　曾宪桃　曾　旗
雷文杰　管学茂　翟新献　熊祖强　樊良新　潘荣锟　潘结南　魏建平

正高职称人员名录（357人）：

丁亚红　丁安民　于水军　于金霞　卫中玲　马小娥　马名杰　上官璇峰
马　明　马　超　王小林　王少安　王风香　王心义　王双亭　王玉法
王玉梅　王玉琨　王永建　王永保　王有凯　王兆丰　王庆林　王志衡
王丽萍　王狂飞　王国东　王明仕　王　欣　王育红　王宝山　王建中
王建华　王树仁　王　虹　王钦亭　王素玲　（资环）　王素玲　（电气）
王晓梅　王　晖　王恩营　王得胜　王裕清　王登科　王　新　王新建
王福忠　云美厚　历长云　尤明庆　牛国庆　牛海鹏　毛宇翔　勾攀峰
尹国勋　邓　乐　邓寅生　艾永乐　卢小平　卢盛华　申国卿　申艳梅
田　书　田道敏　冉玉体　付子义　白云峰　白聿钦　冯有利　司纪凯
巩　琦　成凌飞　吕宝占　吕　鲲　朱世松　朱建平　朱建安　任卫红
任保才　向　阳　向道辉　刘少伟　刘凤仙　刘　伟　刘传绍　刘红敏
刘志超　刘希亮　刘昌华　刘明举　刘　宝　刘宝忠　刘彦伟　刘洪江
齐永安　闫安志　关荣锋　米国发　汤友谊　汤永利　汤顺林　安士伟
安葳鹏　祁　锋　许合利　孙玉宁　孙东升　孙君顶　孙岩洲　孙建华
孙　娟　苏现波　苏承东　杜庆楠　李大伟　李小雷　李长有　李长青
李化敏　李玉东　李　平　李东印　李东艳　李立新　李　创　李安铭
李　红　李克昭　李　明　李明秋　李明理　李凯琦　李建中　李建林
李泉溪　李振华　李爱军　李　浩　李　辉　李　雷　李照修　李新现
李新娟　李德海　杨玉中　杨玉东　杨立身　杨　军　杨运良　杨宏民
杨现卿　杨政鹏　杨素香　杨健辉　杨凌霄　杨鉴淞　杨黎明　杨耀华
肖建华　吴　冰　余本胜　余永强　余发山　余明高　邹友峰　邹正盛
邹有明　辛文昉　汪旭东　沈记全　宋运忠　宋党育　宋清华　张小东
张小兵　张义顺　张子戌　张长森　张玉龙　张玉贵　张玉德　张世君
张永领　张亚静　张传祥　张合兵　张如意　张红岩　张　志　张　丽

张纳新　张英才　张尚字　张国臣　张国成　张明杰　张治斌　张春香
张战营　张捍卫　张笑莉　张健雄　张爱芸　张　海　张　盛　张雁儒
张新民　陈东海　陈江峰　陈兴义　陈国强　陈思杰　陈俊杰　陈超平
陈新明　邵　超　武秀芳　武学超　范如永　茅　艳　明平美　罗东芝
罗绍河　罗　静　金　毅　周玉清　周　英　周爱国　庞绪成　郑小九
郑广华　郑友益　郑玉敏　郑玉歌　郑立刚　郑伦仁　郑　征　郑建新
郑继东　郑德顺　孟钟剑　赵文涛　赵同谦　赵军良　赵　昉　赵忠明
赵　波　孟哈日巴拉　　　　　赵俊伟　赵洪波　赵新平　赵增虎　郝吉生
郝成元　荆双喜　胡　越　胡　斌　茹忠亮　南　华　南红艳　冒建华
邵书锴　邵进海　禹建功　侯守明　侯菊英　宫福满　袁　方　袁世鹰
袁东升　袁占良　袁庆龙　袁瑞甫　耿运贵　莫亚林　贾宗璞　原保全
顿志林　柴华彬　恩　德　钱　伟　铁占续　倪小明　徐文忠　徐　君
高国富　高　岩　高建良　高彦彬　高晓梅　郭文兵　郭白妮　郭红玉
郭伶俐　郭学锋　郭建卿　郭培红　郭　辉　郭　锋　郭增长　黄小广
黄光许　黄定国　曹建亮　曹高社　龚耀清　常　旭　崔洪庆　符　勇
康全玉　康润生　阎秋凤　梁为民　梁华伟　梁丽娟　谌伦建　董火林
董爱华　蒋文昭　韩用顺　韩　鹏　景书杰　景海涛　程　伟　程明娥
程　钢　傅端香　焦红光　焦　锋　舒良友　鲁忠良　曾　旗　谢东方
谢洪波　靳海亮　雷文杰　解东辉　褚怀保　蔡成功　管学茂　翟新献
熊祖强　熊德国　缪　娟　樊良新　潘志勇　潘国营　潘结南　薛铜龙
薛　霄　穆乃堂　魏凤清　魏平儒　魏国营　魏建平　魏建设　魏峰远

副高职称人员名录（869 人）：

卜旭辉　于立竟　于吉涛　于海洋　万长军　卫富堂　马　光　马守臣
马安平　马孝志　马志洋　马建宏　马星河　马　娇　马哲伦　马　莉
马铁浩　马爱华　王一新　王大虎　王广收　王　元　王云飞　王云刚
王少华　王　文　王允建　王双萍　王世东　王丙新　王　帅　王立国
王兰云　王永龙　王永军　王永茂　王永胜　王发辉　王　朴　王　成
王光勇　王同文　王　华　王全才　王全印　王庆丰　王庆花　王兴国

王　军　　王红英　　王红星　　王红旗　　王志军（外语）　王志军（安全）

王志红　　王志强　　王　芳　　王李波　　王　丽　　王丽娜　　王　利　　王利红

王兵建　　王　枫（体育）　王　枫（化工）　王雨利　　王国亮　　王金星

王建平　　王建州　　王建芳　　王建保　　王春娅　　王　挺　　王革学　　王柏利

王秋芬　　王秋娟　　王秋梅　　王科平　　王俊峰　　王衍榛　　王洪丽　　王洪昌

王　勇　　王艳红（宣传部）　王艳红（数信）　王泰华　　王素萍　　王振辉

王　哲　　王　莉　　王晓冬　　王晓雪　　王　晖　　王留召　　王　海　　王海江

王海邻　　王海星　　王海涛　　王海娟　　王海燕　　王润怀　　王敏霞　　王彩虹

王淑芳　　王　辉　　王景琳　　王　锐　　王　强　　王　瑞　　王　勤　　王新生

王新刚　　王新闻　　王新良　　王新环　　王新掌　　王　静（数）王　静（外）

王静（计）王　磊　　王　燕（安全）　王　燕（体育）　韦四江　　韦延方

韦纯福　　牛双建　　牛永斌　　牛　枫　　牛海峰　　牛　娟　　毛桂英　　勾密峰

卞平艳　　文广超　　文红霞　　文运平　　亢春光　　孔娜娜　　孔祥增　　孔继川

邓正龙　　邓奇根　　邓继恩　　邓　超　　毋小省　　毋爱君　　毋海根　　毋雪梅

毋福祥　　石贵生　　石　勇　　平　瑞　　卢兴光　　申　江　　申　霞　　田心记

田　根　　田留轩　　田海燕　　史长亮　　史君锋　　史　明　　史建朝　　史新宇

付乌有　　付生德　　仪桂云　　白桂芬　　仝茂华　　冯文峰　　冯永华　　冯加才

冯　莉　　冯爱云　　冯高明　　冯　磊　　兰建义　　宁　超　　司荣军　　司智勇

司增艳　　邢心伦　　邢秀玲　　邢学玲　　邢宝林　　邢敏玲　　邢智峰　　戎　涛

吉春和　　成军祥　　成爱枝　　毕小山　　毕　剑　　毕福利　　吕云龙　　吕闰生

吕淑丽　　吕　辉　　朱天明　　朱艺锋　　朱贞卫　　朱刘娟　　朱　军　　朱　林

朱昌星　　朱宝锋　　朱晓丽　　朱晓波　　朱雪里　　朱智秀　　乔全喜　　乔旭宁

乔美英　　伍福蓉　　任天平　　任长江　　任　华　　任连伟　　任　燕　　华绍烽

向宏桥　　刘小满　　刘　中　　刘　文　　刘丙国　　刘石安　　刘　龙　　刘占博

刘付民　　刘永利　　刘永和　　刘永强　　刘亚杰　　刘　刚　　刘　伟　　刘传宏

刘延福　　刘全润　　刘多兰　　刘　宇（万方）　刘　宇（安培）　刘　军

刘红波　　刘红海　　刘志中　　刘志怀　　刘志忠　　刘丽辉　　刘沛骞　　刘　坡

刘国利　　刘佳佳　　刘建民　　刘建新　　刘建慧　　刘春霞　　刘战豫　　刘保民

刘俊利	刘俊领	刘剑飞	刘庭华	刘 彦	刘 洁	刘 勇	刘艳霞
刘 晓	刘高峰	刘 涛	刘 娟	刘 琨	刘琨珊	刘 辉	刘 瑜
刘 靖	刘群坡	刘 静	刘德林	刘 豫	刘 巍	齐修东	齐俊艳
齐新民	闫江伟	闫玲玲	闫艳燕	闫玺玺	闫海燕	闫领先	米爱中
江林华	安月英	安吉宇	安运杰	安景旺	许传阳	许孝卓	许幸新
许 波	许宝玉	许荣梅	许胜军	许彦鹏	许焱平	许 磊	孙 广
孙卫东	孙云普	孙自俭	孙 抗	孙拥军	孙响林	孙顺利	孙俊岭
孙 彦	孙 垒	阳 虹	芮大虎	严鸿雁	芦碧波	苏玉娜	苏 卉
苏发强	苏 波	苏 珊	杜久升	杜守恒	杜泽兵	杜学武	杜保立
杜振华	杜绪明	杜 锋	杜静静	杜慧月	李小军	李广武	李卫国
李卫彬	李飞飞	李天子	李天姿	李长春	李文忠	李文彩	李文清
李世顺	李东风	李永胜	李永强	李亚鲁	李西新	李同卓	李旭升
李 冰	李志明	李志强	李志鹏	李劲涛	李英杰	李尚升	李国斌
李明心	李忠月	李 波	李宝华	李宝富	李春意	李珍珍	李香红
李彦伟	李 艳	李艳利	李桂林	李晓斌	李爱国	李爱琴	李海玉
李海霞	李培富	李章东	李惠敏	李 辉（统战部）	李 辉（安全）		
李智国	李 赓	李富国	李 强	李瑞华	李 新	李新芬	李 静
李毓琼	李 端	李慧军	李慧娟	杨乃积	杨小林	杨中娟	杨文涛
杨双安	杨玉海	杨 伟	杨伍明	杨志波	杨国英	杨 明	杨金显
杨 波	杨建国	杨建堂	杨俊起	杨晓燕	杨海兵	杨海柱	杨 娟
杨 锋	杨富卿	杨 雷	杨韶昆	杨 磊	杨磊库	肖同强	肖伟韬
肖知国	肖春艳	肖 亮	肖淑敏	时 洋	吴中清	吴玉萍	吴玉敏
吴正江	吴立云	吴尧辉	吴 伟	吴伟娜	吴庆华	吴志强	吴 君
吴晓涛	吴 敏	吴鋆萍	何小芳	何全秀	何 苗	何 荣	何 俊
何艳冰	余 阳	余琼芳	邹有莲	冷军发	汪 舰	沈军生	宋金星
宋树磊	宋爱琴	宋常胜	宋慧波	张万玉	张小雨	张小虎	张小明
张飞燕	张开洪	张少扬	张文艳	张玉均	张玉亮	张玉培	张世锋
张 东	张付领	张立军	张汉瑞	张永远	张圣利	张动天	张光胜

张 伟	张延良	张向锋	张会菊	张会端	张庆岭	张庆智	张宇华
张安超	张军鹏	张 如	张运兴	张志军	张苏燕	张丽梅	张利伟
张宏伟	张英琦	张国宏	张昌娟	张 明	张佳丽	张 炜	张宝庆
张建设	张建新	张春生	张春静	张贵江	张顺祥	张 洁	张素华
张素荣	张振华	张益民	张 涛	张海波	张海媚	张 展	张 通
张培玲	张培峰	张 乾	张梅英	张跃敏	张敏霞	张 辉（校医院）	
张 辉（能源）	张富文	张富增	张登攀	张 锟	张新良	张 静	
张 燕	张 燚	陆银平	陈文波	陈玉梅	陈亚娟	陈西平	陈光霞
陈向军	陈志超	陈 昊	陈国艳	陈昌禄	陈俊杰	陈俊涛	陈晓祥
陈航州	陈留根	陈海龙	陈 康	陈 强	陈新岭	邵发军	邵明双
邵 强	武亚遵	武 俐	武 涛	苗珊珊	苑东亮	范广新	范云场
范利丹	范应仁	范彩霞	范燕平	林 龙	林忠华	林晓英	尚显光
尚海锋	尚 敏	易伟欣	罗 威	罗贵发	罗斌元	岳高伟	周志远
周爱平	周德军	庞密香	郑之宇	郑 伟	郑宏涛	郑软林	郑忠耀
郎付山	孟凡茂	孟天屹	孟月丽	孟红旗	孟海平	孟祥存	封海潮
项晓乐	赵 丹	赵文波	赵玉环	赵丕峰	赵占喜	赵 宁	赵发军
赵亚军	赵延霞	赵观石	赵 丽	赵 武	赵 杰	赵明利	赵法坤
赵 珊	赵彦如	赵素霞	赵 铁	赵鸿图	赵瑞奇	郝天轩	郝 葵
郝富昌	郝 豫	胡圣武	胡 伟	胡治国	胡建平	胡春红	胡前库
胡振兴	胡新前	南大伟	钟福平	郜 莉	段玉玲	段俊东	段继绪
段培高	段喜征	段 鹏	侯广顺	侯占伟	皇甫玉高	侯爱军	姜国权
洪振涛	宫 伟	宫 丽	祝 瑜	姚小平	姚邦华	姚军玲	姚绍文
贺山峰	贺子杏	贺玉晓	贺春元	贺 拿	秦本东	秦龙头	秦 刚
秦 歌	敖 山	袁兴起	袁海滨	耿莉萍	聂小军	聂立新	聂 凯
栗 志	贾天让	贾兴涛	贾泽露	贾宝先	贾保军	贾海林	贾智伟
贾智宏	贾慧娟	贾 磊	夏大平	原东芳	原江涛	原魁社	原黎君
党建军	钱洪伟	倪水平	徐文鹏	徐 平	徐冬霞	徐永亮	徐自友
徐克科	徐 君	徐周庆	徐学锋	徐春浩	徐海涛	徐海宾	徐景文

栾　军　　高如新　　高宏鹰　　高　昆　　高　迪　　高　岩　　高保彬　　高　娜
高　峰　　高爱华　　高彩玲　　高彩霞　　高瑞棉　　郭三明　　郭文平　　郭巧玲
郭永东　　郭佳奇　　郭政慧　　郭相坤　　郭保华　　郭艳华　　郭艳艳　　郭晓明
郭海儒　　唐庆杰　　唐恒娟　　海林鹏　　浮红霞　　浮新平　　陶　慧　　姬玉荣
桑俊勇　　桑振平　　黄　丹　　黄　玉　　黄平华　　黄雨生　　黄建军　　黄保金
黄俊杰　　黄祖坤　　黄　梅　　曹中秋　　曹　军　　曹军勇　　曹旺儒　　曹国华
曹俊伟　　曹莲英　　曹根记　　曹　爽　　曹淑娟　　曹锦文　　曹新鑫　　龚　关
龚　红　　龚红梅　　龚迎春　　龚　健　　盛　伟　　常天俊　　常玉光　　常春勤
常剑若　　常朝阳　　崔红保　　崔　晓　　崔晓斌　　崔润卿　　崔燕岭　　阎有运
梁　伟　　宿太超　　逯　静　　彭红星　　彭维平　　揣小明　　葛小三　　董安国
董春敏　　董喜燕　　韩宏斌　　韩学锋　　韩宪军　　斯琴格日乐　　　　韩素敏
韩晓明　　韩遂太　　韩　颖　　智东杰　　智慧来　　程书波　　程志波　　程建华
程结海　　程　磊　　焦红光　　鲁永梅　　鲁延召　　童景琳　　曾玉凤　　曾　平
曾志辉　　曾　强　　温小萍　　温志辉　　游吟歌　　谢小石　　谢　丹　　谢定均
谢　珺　　强晓焕　　靳小翠　　雷乃清　　雷伟伟　　雷金民　　路　长　　鲍甬婵
解　伟　　廉　勇　　窦纪平　　蔡太义　　蔡红新　　蔡　晶　　蔺志渊　　蔺海晓
蔺新艳　　臧传义　　裴志民　　裴银生　　裴彩利　　裴　蓓　　鲜保安　　廖明成
廖建国　　谭兴国　　谭志宏　　谭劲松　　翟宝红　　翟海霞　　熊政专　　樊小利
潘兰英　　潘荣锟　　薛万东　　薛中会　　薛晓丽　　薛瑞芝　　霍卫世　　霍占强
霍洪涛　　霍晓阳　　冀国良　　戴亚辉　　戴　俊　　戴　菲　　戴喜梅　　魏世明
魏绍亮　　魏海霞　　魏　锋　　魏锦平　　魏新强

附录三 河南理工大学组织机构设置一览表
（2019）

机构类型	名称
党政管理机构	党委办公室（保密委员会办公室）
	党委组织部（党校办公室）
	党委宣传部
	党委统战部
	党委老干部工作处（离退休工作处）
	校长办公室（信访与法律事务办公室）
	学生工作处（党委学生工作部、心理健康教育与咨询中心）
	人事处（高层次人才工作办公室、教师发展中心）
	财务处
	教务处（教学质量监控中心）
	发展规划与学科建设处
	科学技术处（学术委员会秘书处）
	社会科学处
	国际合作交流处（港澳台事务办公室）
	国有资产管理处（招标工作办公室）
	审计处
	招生就业处（创新创业学院）
	基建处
	后勤管理处（后勤集团公司）
	保卫处（党委武装部、党委保卫部）

机构类型	名称
纪检和群团机构	纪律检查委员会办公室
	监察处
	工会委员会办公室
	女工委员会
	校团委
教辅和直属机构	研究生院（党委研究生工作部）
	实验室建设与设备管理处
	信息化建设与管理中心
	校友与社会合作办公室
	图书馆
	档案馆
	国家工程训练实验教学示范中心
	学术出版中心
	继续教育学院（安全技术培训中心）
	国际教育学院
	房屋管理与开发办公室
	资产经营有限责任公司
	校医院
	第一附属医院
	第二附属医院
	体育场馆管理中心
	餐饮商贸中心
	物业绿化中心
	水电暖维修中心
	理工教育中心
基层党组织	机关党委
	安全科学与工程学院党委
	能源科学与工程学院党委
	资源环境学院党委
	机械与动力工程学院党委
	测绘与国土信息工程学院党委

续表

机构类型	名称
基层党组织	材料科学与工程学院党委
	电气工程与自动化学院党委
	土木工程学院党委
	计算机科学与技术学院党委（软件职业技术学院党委）
	工商管理学院党委
	财经学院党委
	数学与信息科学学院党委
	马克思主义学院党委
	物理与电子信息学院党委
	化学化工学院党委
	外国语学院党委
	建筑与艺术设计学院党委
	应急管理学院党委
	文法学院党委
	体育学院党委
	音乐学院党总支
	医学院党委
	医学中专部党委
	离退休工作处党委
	图书馆党总支
	国家工程训练实验教学示范中心党总支
	继续教育学院党总支
	后勤集团党委
	资产经营有限责任公司党总支
	第一附属医院党委
	第二附属医院党总支

附录四　院（部）简介

安全科学与工程学院

一、历史沿革

安全科学与工程学院成立于 2005 年 5 月，是在原资源与材料工程系安全工程教研室和瓦斯地质研究所的基础上发展而来。学院成立之初，设安全工程专业，2005 年底增设消防工程专业。教学科研机构在原有安全工程系和瓦斯地质研究所的基础上，2005 年 9 月成立消防工程系和煤矿安全工程技术研究中心，2007 年 5 月成立瓦斯防治技术及装备研究所，2010 年 2 月获批河南省瓦斯地质与瓦斯治理重点实验室—省部共建国家重点实验室培育基地并组建重点实验室办公室，2016 年 6 月成立化工安全研究所。

二、发展现状

学院设有安全工程、消防工程 2 个本科专业，其中安全工程为国家级特色专业和教育部卓越工程师教育培养计划试点专业，并在 2016 年第二次通过中国工程教育专业认证。建有安全科学与工程和矿业工程 2 个博士后流动站，设有安全科学与工程、矿业工程 2 个一级学科博士授权点，安全科学与工程一级硕士学位授权点，供热、供燃气通风及空调工程、减灾防灾工程及防护工程 2 个二级硕士学位授权点，拥有安全工程领域工程硕士授予权，已形成了一套科学完整的高层次人才培养体系。目前在校本科生 1156 名，硕士研究生 331 名，博士研究生 41 名，在站博士后 19 人。

学院下设安全工程系、消防工程系 2 个教学实体单位，拥有瓦斯地质研究所、瓦斯防治技术及装备研究所、化工安全研究所、安全技术研究中心、国家重点实验室办公室（实验教学中心）等 5 个研究所（中心）。

学院现有教职工 97 人，其中专任教师 86 人，教授 21 人，副教授 37 人，具有博士学位教师 70 人。有中国工程院院士 1 人，百千万人才工程国家级人选 1 人，全国优秀科技工作者 2 人，教育部新世纪优秀人才支持计划获得者 1 人，国家安全生产专家 5 人，全国优秀教师 1 人，国务院政府特殊津贴获得者 4 人，河南省政府特殊津贴获得者 1 人，省特聘教授 4 人，河南省教学名师 2 人，河南省优秀专家 4 人，"中原千人计划"中原青年拔尖人才 3 人，博士生导师 16 人，硕士生导师 74 人。拥有国家级教学团队 1 个，教育部创新团队 2 个，河南省高校科技创新团队 2 个，河南省博士后科研创新团队 1 个，河南省科技创新团队 2 个，河南省首批"全省高校黄大年式教师团队" 1 个。

三、特色与优势

1. 学科建设与专业发展。安全科学与工程学科于 1996 年被评为河南省重点学科，2000 年被评为河南省一类重点学科，在 2012 年全国第三轮学科评估中排名第 5，是河南省唯一进入全国前五名的学科。该学科于 2015 年获批河南省 A 类优势学科，第一期建设 5 年，河南省年拨建设经费 2000 万元；在 2017 年全国第四轮学科评估中全国排名并列第 3，成功进入全国 A 类（A-）学科，是河南省属高校唯一进入 A 类的学科。

学院重视本科教育，建设有安全工程国家级特色专业、安全工程国家级实验教学示范中心、安全工程国家级专业综合改革试点、安全工程专业国家级教学团队、安全工程教育部卓越工程师教育培养计划试点专业、安全工程全国工程教育专业认证、系统安全评价与预测国家级精品资源共享课程、系统安全评价与预测和瓦斯地质学国家级精品课程、瓦斯地质学国家级精品教材、安全与消防河南省虚拟仿真实验教学中心、煤矿事故应急救援虚拟仿真实验项目、安全工程学省级精品课程、PM2.5 与粉尘防治和安全与我们的生活河南省精品在线开放课程、安全工程学省级精品资源共享课程、安全系统工程省级双语教学示范课程、河南省教学名师、首批高等学校教学名师等 19 项国家和省级质量工程项目。

2. 科学研究。学院在瓦斯地质与瓦斯治理、通风与防火防爆、安全系统工程与安全信息、工业安全与职业健康等领域形成鲜明的特色和优势，建成河南省瓦斯地质与瓦斯治理省部共建国家重点实验室培育基地、煤矿灾害防治省部共建教育部重点实验室、煤矿灾害预防与抢险救灾教育部工程研究中心、河南省煤矿瓦斯及火灾防治重点实验室、河南省煤矿安全与职业危害防治国际联合实验室、河南省安全技术及工程重点学科开放实验室、煤矿瓦斯地质与瓦斯灾害防治国家安监总局安全生产重点实验室，国家煤矿安全监察局煤矿安全工程技术研究中心、瓦斯地质与瓦斯防治煤炭行业工程研究中心，河南省高校瓦斯地质与瓦斯治理国家重点实验室培育基地，河南省煤矿灾害预防与抢险救灾院士工作站等11个省部级科研平台；拥有瓦斯预测与治理、煤岩瓦斯复合动力灾害防控2个教育部创新团队。近10年来，承担和完成了100余项国家级科研项目，累计发表高水平论文1700余篇，获发明专利120余项，国家科技进步二等奖1项、国家级教学成果二等奖1项、省部级二等奖以上奖励40余项。2012年2月，"中国煤矿瓦斯地质规律与应用研究"成果获国家科学技术进步二等奖。主（协）办国际学术会议8次，全国性学术会议15次。

3. 国际合作交流。学院积极开展国际合作与交流，与印度理工学院、澳大利亚卧龙岗大学、加拿大麦吉尔大学、日本长冈技术科学大学、波兰中央矿业研究院等多所大学建立了稳定的校际合作关系并签署学生互换交流协议，每年均可选派优秀学生公费赴国外高校短期交流或攻读学位，每年邀请多名国外知名学者来学院讲学。（供稿：孙超伦　审稿：魏建平）

能源科学与工程学院

一、历史沿革

能源科学与工程学院前身是创办于1909年的焦作路矿学堂矿务学门，历经福中矿务大学采矿冶金科、私立焦作工学院采矿冶金科、国立焦作工学院采矿系、焦作矿业学院采矿工程系、焦作工学院资源与材料工程系、河南理工大学资源与材料工程系等不同发展时期，2005年更名为能源科学与工程学院。百余年来，先后为国家培养了本科毕业生20000余名，硕士、博士研究生2100余名，形成了一套科学完整的高层次人才培养体系。

二、发展现状

学院设有采矿工程（含煤与煤层气方向）、工业工程和交通工程 3 个本科专业，拥有矿业工程博士后科研流动站，矿业工程一级学科博士点，矿业工程、管理科学与工程 2 个一级硕士点，矿业工程、工业工程、交通工程 3 个工程硕士点，其中矿业工程是学校首个一级学科博士点。科研实力雄厚，建有深井瓦斯抽采与围岩控制技术国家地方联合工程实验室、国家级煤矿开采虚拟仿真实验中心、国家安监局深井岩层控制与瓦斯（煤层气）抽采安全生产科技支撑平台、矿产资源绿色高效开采与综合利用河南省重点实验室、河南省煤矿岩层控制国际联合实验室、河南省煤矿现代化开采与岩层控制院士工作站、河南省杰出外籍科学家工作室、煤炭安全生产河南省协同创新中心、中原经济区煤层（页岩）气河南省协同创新中心等 9 个国家及省部级教学科研平台；拥有煤层气工程、煤矿采动损害与保护、深井巷道围岩控制、煤矿井下瓦斯抽采与装备、注浆材料与注浆加固等 5 支河南省创新型科技团队。

学院现有教职工 100 人，其中外籍院士 1 人（美国国家工程院院士彭赐灯），教授 26 人，副教授（含高级工程师）28 人，博士生导师 21 人，具有博士学位教师 74 人。拥有采矿工程国家级教学团队 1 个，国家安全生产专家 2 人，全国师德先进个人 1 人，全国煤炭工业先进工作者 1 人，河南省优秀专家 1 人，河南省教学名师 2 人，河南省学术技术带头人 3 人，河南省优秀教师、河南省文明教师 5 人。多人获得包括河南省政府特殊津贴、河南省科技创新杰出人才、河南省高校创新人才、河南省杰出青年人才、河南省高校中青年骨干教师等称号，多人获得河南省高等学校思想政治教育先进个人、河南省高校辅导员职业能力大赛特等奖等荣誉。目前在校生 1884 人，其中本科生 1707 人，硕士研究生 145 人，博士研究生 32 人，已形成科学完整的高层次人才培养体系。

三、特色与优势

1. 人才培养。结合国家新能源战略和地方经济社会发展的重大需求，形成了以矿业工程为特色的学科专业优势，采矿工程专业为学校首批国家级特色专业，是国家级专业综合改革试点、教育部卓越工程师教育培养计划试点专业，拥有国家级教学团队，先后于 2010 年、2013 年和 2017 年三次通过全国工程教育专业认证，2016 年在全国 51 个开设采矿工程专业的高校中排名第 4 位，进入全国 A 类专业行列。学院建有煤矿开采国家级虚拟仿真实验教学中心，建成有采煤概论和开采损害与保护 2 门国家级精品课程、国家级精品资源共享课程，省部级精品在线课程 2 门等国家、省级质量工程项目，为社会输送了一大批优秀学子，遍及政府机关、企业集团、研究院所等企事业单位，涌现出了中国工程院院士张铁岗，国家能源集团党组书记、董事长王祥喜等众多知名校友和杰出人才，为国家建设事业作出了突出贡献。目前有博士留学生 2 人，硕士留学生 2 人，实现了学院培养外国留学生的突破。

2. 学科建设及成果。矿业工程学科属于河南省重点学科和省优势特色学科，在 2017 年教育部学位与研究生教育发展中心发布的全国第四轮学科水平评估排名中并列第 6 位，分档等级为"B"；在上海软科发布的 2018 年"软科世界一流学科排名"中，矿业工程学科为河南省唯一的世界百强学科。近 10 年完成了包括国家科技重大科技专项课题、国家"973"项目、国家自然科学基金重点项目等国家级及省部级科研项目 80 余项，横向科研项目 350 余项，国家级、省级教学质量工程项目 15 项，科研到账总经费 2.1 亿元，获省部级科技进步奖 60 余项，国家级及省级教学成果奖 8 项，发表 SCI、EI、CSSCI 高水平论文 300 余篇，获发明专利 180 余项。2016 年"煤层瓦斯安全高效抽采关键技术体系及工程应用"获国家科技进步二等奖。学院注重国际交流与合作，与美国、澳大利亚、加拿大等国多所大学建立了良好的校际关系，每年邀请多名国内外知名学者来院讲学，并派出多人次师生出国进行学术交流和访学。近 10 年来主办国际学术会议 9 次。

3. 党建与学生工作。学院党委按照新时代党的建设总要求，充分发挥学院党委政治核心作用，扎实做好党的政治、思想、组织、作风、纪律、制度建设等各项工作，先后荣获教育部首批"全国党建工作标杆院系"培育创建单位、河南省高校先进基层党组织、校级先进党委、校级精神文明建设先进单位等荣誉称号。学院秉承"大爱、和谐、敬业、服务、规范、高效"的学生工作理念，不断提升育人工作质量和层次，先后获得国家百万青年志愿者助残行动先进集体、第八届挑战杯中国大学生创业计划大赛银奖、第四届中国青年志愿服务项目大赛金

奖、第十一届中国青年志愿者优秀项目奖等国家级荣誉称号。（供稿：刘晓光　审稿：郭文兵）

资源环境学院

一、历史沿革

资源环境学院是在 1909 年焦作路矿学堂建立的采矿冶金门地质学科基础上，历经百年的专业增扩、院系调整而发展起来的。1960 年开始招收煤田地质与勘探、水文地质和工程地质 4 年制本科生。1961 年成立地质系，1995 年更名为资源与环境工程系，2005 年更名为资源环境学院。

二、发展现状

学院设有资源勘查工程、地质工程、环境工程、水文与水资源工程、地球信息科学与技术、生物技术 6 个本科专业和地质工程第二学士学位专业，其中地质工程为国家级特色专业。拥有地质资源与地质工程博士后科研流动站和地质资源与地质工程一级学科博士点；地质资源与地质工程、环境科学与工程和地质学 3 个一级学科硕士学位授权点；地质工程和环境工程 2 个领域工程硕士授予权。有地质资源与地质工程、环境科学与工程 2 个省级一级重点学科，遗迹化石与地球生物学、孔隙地热水中三氮转化与预测、煤生物成气理论、技术与环境效应和煤储层物性 4 个河南省科研创新团队，是河南省古生物学会挂靠单位。

学院设有资源勘查工程系、地质工程系、地球信息科学与技术系、环境科学与工程系、水文与水资源工程系、生物技术系和中心实验室等 7 个二级教学科研机构，建有煤田地质与瓦斯地质国家级教学团队，瓦斯地质学国家级精品资源共享课和地球科学国家级双语教学示范课程、云台山世界地质公园国家级大学生校外实践教学基地、地质工程教育部卓越工程师教育培养计划试点专业和煤田地质与勘探国家级实验教学示范中心等 6 个国家级教学平台，中原经济区煤层气、页岩气河南省协同创新中心、河南省生物遗迹与成矿过程重点实验室（国际联合实验室）、河南省非常规能源与工程国际联合实验室、矿山环境保护与生态修复河南省重点实验室培育基地和河南理工大学非常规天然气研究院、煤层气（瓦斯）地质工程研究中心、生态环境研究中心和水科学研究所等8个科研平台，以及全国科普教育基地——地球科学馆。

学院现有教师122人，其中教学科研人员101人，教授23人，副教授52人，具有博士学位教师88人；博士生导师20人，硕士生导师101人；拥有国家教学名师1人，省特聘教授1人，教育部"新世纪优秀人才支持计划"入选者2人，享受政府特殊津贴专家1人，河南省杰出青年基金获得者2人，河南省"555人才工程"入选2人，河南省高等学校青年骨干教师9人，河南省教育厅学术技术带头人6人，河南省高校科技创新人才5人。目前在校生2405人，其中本科生2115人，硕士研究生246人（含在职工程硕士40人），博士研究生30人，博士后19人，留学生3人。

三、特色与优势

1. 人才培养。学院以资源和能源为特色，结合国家新能源战略和"四个河南"建设及能源工业发展的重大需求，与现代计算机技术、环境、水文与生物相结合，培养新时代高素质、强能力、有潜能的创新型复合型人才。努力打造本科教学课程体系和质量工程，先后建有地质工程国家级特色专业和煤田地质与瓦斯地质国家级教学团队等6个国家级教学平台，省部级精品课程和在线课程7门，2018年资源勘查专业通过教育部工程专业认证。学生先后荣获国家挑战杯三等奖、优秀奖以及省级特等奖、一等奖多项，全国地质技能大赛、全国GIS大赛等专业性竞赛二等奖以上奖项多项；学生考研录取率连续6年位居全校前列，其中5次第一、1次第二。2017年1月接收1名坦桑尼亚博士留学生，开创了学院培养外国留学生之先河。

2. 师资队伍建设。学院坚持人才强院战略，出台了杰出人才、杰出教师培养计划实施办法，出国访学、论文论著和项目鉴定资助办法等政策，成为高层次创新人才培养的有力抓手，先后有8名教师获得杰出人才培养计划资助、4名教师获得杰出教师培养计划资助。培养期内，2013年至2017年新增主持国家自然科学基金面上项目8项、教育部留学回国人员科研启动基金1项、山西省煤层气联合研究基金 1 项、河南省高校科技创新团队 2 项、校科技创新团队 1 项以及河南省青年骨干教师 2 人，发表高水平 SCI 论文 49 篇，获得授权专利 7 项，获省级教学质量工程 4 项，获批国家级规划教材 1 部、出版省级教材 1 部等，促进了学院师资队伍建设。

3. 科学研究。学院紧紧围绕建设高水平研究型学院的战略目标，主动适应河南省三大国家战略规划、"四个河南"（富强河南、文明河南、平安河南、美丽河南）建设和能源工业发展的重大需求，充分发挥煤田地质传统学科专业优势，积极开拓新的学科方向，提升服务企业能力，在科研经费、项目数量与级别、平台建设等方面实现了重大突破。2009 年以来，科研项目、经费总额和平台建设均居学校前列，并多次荣获国家级、省部级等各级科技成果奖和优秀教学成果奖。共承担科研课题 753 项，项目总经费达到 15905 万元，其中包括国家自然科学基金、国家"十二五"科技攻关、国家"973"课题等在内的国家级课题共计 116 项，2018 年科研经费突破 2500 万元，居全校第一；各级科研获奖 37 项，其中省部级以上奖项 15 项；申请专利 76 项，获专利授权 69 项；发表学术论文 1000 余篇，其中被 SCI、EI 等检索机构检索 295 篇；出版著作 36 部。2017 年获得国家自然科学基金重点项目 1 项，实现了河南省联合基金重点项目的突破；中原经济区煤层（页岩）气协同创新中心在中期验收中位列全省第一，副省长张维宁批示表扬并追加建设经费 1200 万；获批河南省非常规能源地质与开发国际联合实验室。（供稿：郑伟　审稿：张贵江　齐永安）

机械与动力工程学院

一、历史沿革

机械与动力工程学院的前身，是 1946 年 7 月私立焦作工学院在河南洛阳关林复校时设立的机械工程学系，1947 年该系合并于西北工学院。1950 年 10 月，中国矿业学院重设机械工程系，历经焦作矿业学院机电系、焦作矿业学院机械工程系、焦作工学院机械工程系等时期，2005 年 5 月更名为机械与动力工程学院。

二、发展现状

学院设有机械设计制造及其自动化(含机械设计、机械制造2个专业方向)、能源与动力工程、测控技术与仪器、车辆工程、机械电子工程5个本科专业,其中机械设计制造及其自动化是国家级特色专业,能源与动力工程、测控技术与仪器是省级特色专业。有机械工程、动力工程及工程热物理、仪器科学与技术3个省级重点学科;机械工程博士后科研流动站,机械工程一级博士点,机械工程一级硕士点及流体机械及工程、测试测量技术及仪器2个二级硕士点,拥有机械工程、动力工程等2个工程硕士授权领域。

学院下设机械设计工程系、机械制造及其自动化工程系、能源与动力工程系、测控技术与仪器系、车辆工程系、机电工程系和机械工程基础部等专业系部。设有先进制造技术研究所、机械监测与故障诊断研究所、机械传动研究所、特种加工技术与装备研究所、高压水射流技术研究所等5个研究所和1个国家级工程实训中心。建有精密制造技术与工程河南省高校重点学科开放实验室,精密与特种加工技术河南省工程实验室,煤矿装备与技术河南省高校工程技术中心,河南省非常规能源清洁高效利用技术及装备工程研究中心;拥有河南省高端装备制造协同创新平台和先进制造技术河南省创新型科研团队。此外,还建有4个大学生创新实验基地和2个研究生创新实验室。

学院现有专任教师128人,其中教授24人、教授级高工1人,副教授46人、高级工程师2人、高级实验师1人,外籍双聘院士1人,博士生导师11人,具有博士学位教师105人,享受国务院政府特殊津贴专家1人,省管优秀专家、省学术技术带头人、省优秀教师、省教学名师、省青年骨干教师等省级以上优秀人才20余人,德国洪堡学者1人。在校本科生3155人,全日制硕士、博士研究生252人,留学生21人。

三、特色与优势

1. 人才培养。学院具有完备的人才培养体系,能够培养本科生、硕士研究生、博士研究生,具有本科毕业生免试推荐硕士研究生资格。近10年来,每年一本招收本科生近900人,硕士研究生近100人。紧紧围绕提高人才培养质量这一主题，全面落实立德树人根本任务，坚持以学生为中心的人才培养理念，培养具有社会责任感、健全人格，扎实基础、宽阔视野，创新精神、实践能力的高素质应用型人才。近 10 年来，学生在全国大学生"挑战杯"、机械创新设计大赛、先进制造技术创新比赛、互联网大赛、机器人大赛等活动中获国家级、省部级奖逾 400 项，获国家级、省部级等各类荣誉称号 300 余项。2015 级本科生范伟强荣获"中国青少年科技创新奖"；工程硕士李玉龙、徐瑞东获"全国工程硕士实习实践优秀成果获得者"称号；工程硕士孟祥哲获"全国做出突出贡献的工程硕士学位获得者"称号。学院先进的教学理念和严谨的治学方法，培养了大批适应社会需求的合格大学生，受到广大用人单位和社会各界的广泛认同，毕业生就业率保持在 98% 以上。近 10 年获批省部级以上质量工程项目 8 项，承担国家级教研教改项目（子项目）2 项，省级重点教改项目 1 项，获省部级以上教学成果奖 10 项；出版教材 10 部，其中河南省规划教材 3 部；发表教研教改论文 150 余篇。

2. 科学研究。学院立足矿山，重点发展特色鲜明的先进制造技术、智能装备与微纳米技术和矿山机电、热能动力学科群，在精密与超精密加工等研究领域形成一定特色。近十年承担国家级、省部级项目 110 余项，获省部级科技进步奖 7 项；发表论文 1837 篇，其中被 SCI、EI 收录 874 篇；出版专著 26 部；获发明专利 174 项。

3. 学术交流合作。学院重视国内外学术合作与交流，多次成功举办中日超精密加工国际会议、中日机械技术史及机械设计国际会议、全国磨粒技术学术会议、全国振动利用工程学术会议等国际和国内学术会议，邀请国内外知名专家学者来院讲学和从事合作研究。与美国哈佛大学、日本东京大学、英国伯明翰大学、英国布鲁内尔大学、德国锡根大学等国外知名大学开展国际交流合作，派出学术骨干赴国内外知名高校和科研单位访问、进修和参加学术会议。（供稿：王东升　审稿：荆双喜）

测绘与国土信息工程学院

一、历史沿革

测绘与国土信息工程学院是在 1923 年福中矿务大学开设的测量课程基础上，历经近百年的专业增扩、院系调整发展起来的。1960 年，焦作矿业学院地质系开始招收矿山测量本科生；1994 年经学校系部调整，独立成为测量工程系，2005 年更名为测绘与国土信息工程学院。

二、发展现状

学院设有测绘工程、遥感科学与技术、地理信息科学、人文地理与城乡规划、自然地理与资源环境、土地资源管理 6 个本科专业，其中测绘工程专业是国家级特色专业、国家级专业综合改革试点专业、教育部卓越工程师教育培养计划专业。有测量工程系、地理信息科学系、遥感科学与技术系、土地资源管理系、资源环境与城乡规划管理系 5 个系和 1 个中心实验室。现有测绘科学与技术、地理学、公共管理学（土地资源管理）3 个河南省重点学科，其中测绘科学与技术学科是河南省首批优势特色学科。建有测绘科学与技术博士后科研流动站，测绘科学与技术一级博士授权点、测绘科学与技术一级硕士授权点（含大地测量学与测量工程、地图制图学与地理信息工程、摄影测量与遥感 3 个二级授权点）、公共管理一级硕士授权点（土地资源管理），以及地图学与地理信息系统二级硕士授权点，拥有工程硕士测绘工程授权领域和 MPA 招生权。

学院坚持"强化特色、重点突破、多方协同、服务社会"发展思路，建有测绘工程专业国家级实验教学示范中心、矿区地表变形监测国家虚拟仿真实验项目、矿山空间信息技术国家自然资源部重点实验室、矿山空间信息技术河南省测绘局重点实验室、河南省空间信息获取与处理院士工作站、空间大数据获取装备研制与应用河南省工程技术研究中心、自然资源部野外科学观测研究基地、智慧中原地理信息技术河南省协同创新中心、北斗导航应用技术河南省协同创新中心、测绘科学与技术博士后科研流动站、河南省测绘工程专业领域特色品牌等 11 个省部级及国家级教学科研平台。建有 5 个河南省科技创新团队、1 个河南省博士后科研创新团队。具有国家乙级测绘资质和甲级土地规划机构资质。

学院现有教职工 117 人，其中专任教师 93 人，教授 19 人，副教授及高工 29 人，博士生导师 18 人，具有博士学位教师 76 人。刘先林、王家耀 2 位中国工程院院士为学院双聘院士，陈俊勇、李德仁、宁津生等 7 位院士及 20 多位国内外知名教授、专家担任学院兼职教授。教职工队伍中，享受国务院政府特殊津贴专家 1 人，入选"2013 年国家百千万人才工程"并获"有突出贡献中青年专家"称号 1 人，河南省优秀专家 2 人，河南省学术技术带头人 4 人，河南省高校科技创新人才 5 人，河南省优秀学者 4 人，河南省高等学校青年骨干教师 7 人，河南省青年优秀社科专家 1 人。2009 年以来，共招收本科生 5204 人，考取研究生 1197 人；招收硕士研究生 706 人、博士研究生 53 人，授予学士学位 4169 人，硕士学位 479 人，授予博士学位 20 人。在校本科生 2313 人，硕士研究生 280 人，博士研究生 36 人。

三、特色与优势

1. 人才培养。学院紧紧围绕人才培养质量核心，以专业认证为抓手，深入推进专业建设与教学改革工作，取得较好成效。测绘工程专业于 2014 年、2017 年分别通过首次和第二次全国工程教育专业认证；2016 年遥感科学与技术以试点专业通过全国工程教育专业认证，并作为标准在全国开展遥感科学与技术专业认证工作，学院成为学校及全国同类院校中首家有两个专业通过全国工程教育专业认证的学院。2012 年测绘工程专业被列入教育部卓越工程师教育培养计划专业、地理信息科学专业获批河南省本科工程教育人才培养模式改革试点专业，2013 年地图学、2015 年地理信息系统被列为省级双语教学示范课程，2017 年自然地理与资源环境专业获批河南省高等学校专业综合改革试点项目，2018 年地理信息科学系被列为 2018 年度河南省高等学校优秀基层教学组织；测量工程系被列为 2018 年度河南省高等学校合格基层教学组织。

坚持赛教融合，着力提升教师教育教学水平。2009 年以来，建成 1 个河南省教学团队，有 4 人获全国测绘类高校青年教师讲课竞赛特等奖、5 人获一等奖；1 人获河南省测绘类青年教师讲课竞赛特等奖、4 人获一等奖；1 人获全国高校

GIS 专业青年教师讲课竞赛特等奖、3 人获一等奖；2 人获河南省教育系统教学技能竞赛一等奖。2 人分别获首届和第二届叶雪安优秀青年教师称号；1 人获全国煤炭教学名师称号；2 人分别获河南省优秀教师、河南省文明教师称号，2 人获河南省教学标兵称号等。

以学科竞赛和科研项目训练为抓手，全力培养德才兼备的一流人才。2009年以来，学生获得全国大学生测绘技能大赛特等奖、全国 GIS 技能大赛一等奖、全国不动产估价大赛三等奖、中国高校地理科学展示大赛全国总决赛自然地理组二等奖和人文地理组三等奖等全国性专业奖励 30 余项，获全国大学生英语竞赛一等奖 2 项、二等奖 1 项，第三届全国工程硕士优秀实践成果奖 1 项（全国测绘工程领域首个优秀实践成果奖）。

2. 科学研究。学院着力加强科研内涵建设，在重大项目承担能力、高水平标志性成果产出能力等方面取得积极进展，特色更加鲜明。2009 年以来，学院承担国家自然科学基金（含重点）、"十二五"国家科技支撑课题、国家公益行业科研专项等国家级项目 60 余项、省部级项目 160 余项，企事业委托项目 230余项，科研总经费 8000 余万元；获省部级以上科技奖励 48 项，其中国家科技进步二等奖 1 项；发表论文 1300 余篇，SCI、EI 收录 293 篇，出版专著 48 部，获专利和软件著作权 80 项。

高度重视对外合作与交流，与中国测绘科研研究院、中科院遥感所等国内外高水平大学及科研机构建立了长期的科研与教学合作关系，深化了与河南煤业化工集团有限责任公司、中平能化建工集团有限公司、河南中纬测绘公司等企事业单位的产学研合作；积极承办、参与各类学术会议，邀请国内外学者讲学，支持教师多渠道出国（境）留学、进修、做访问学者，拓展学科和教师学术视野。

3. 科技开发与社会服务。学院始终立足地方经济社会发展和行业需求，多次参与国家、省市测绘、国土、煤炭等行业规范编写与修订、发展研讨及决策咨询等工作；联合北京四维远见、河南省测绘工程院等单位建立 26 个成果转化示范基地，转化成果 40 余项，推广科研成果 70 余项，完成了 260 余项技术研发项目，产生经济效益近 50 亿元，在国家及河南省信息化测绘、国土资源调查监

测、煤矿安全生产等工作中发挥了积极作用。（供稿：梁翠英　审稿：王艳红　魏峰远）

材料科学与工程学院

一、历史沿革

材料科学与工程学院成立于 2005 年 6 月，其前身是 1921 年创办的采矿冶金科，历经福中矿务大学、私立焦作工学院、焦作矿业学院、焦作工学院等不同发展时期，在能源科学与工程学院、机械与动力工程学院以及物理化学学院部分专业的基础上发展至今。

随着学校、学院的发展壮大，以及社会和行业发展对人才的实际需求，学院学科专业不断调整。2005 年 6 月成立时，学院拥有材料科学与工程、材料成型及控制工程、矿物加工工程 3 个本科专业。2006 年增设化学工程与工艺专业；2016 年，材料化学专业由物理化学学院转入，矿物加工工程和化学工程与工艺专业转到化学化工学院；2017 年增设新能源材料与器件专业；2018 年获批材料科学与工程一级学科博士学位授权点。

二、发展现状

学院设有材料科学与工程、材料成型及控制工程、材料化学、新能源材料与器件 4 个本科专业，其中材料科学与工程专业在 2018 年通过中国工程教育专业认证。拥有材料科学与工程一级学科博士点，1 个博士后科研流动站，材料科学与工程、矿业工程 2 个一级学科硕士学位授权点。建有 1 个国家工程训练中心、1 门国家级双语教学示范课程，2 个省级特色专业、1 个省实验教学示范中心、2 门省级精品课程、2 门省级双语教学示范课程和 1 支省级双语教学团队。拥有材料科学与工程省级重点学科，建有省重点实验室、省工程实验室、省国际联合实验室、省重点学科开放实验室、省院士工作站、省工程研究中心和省重点实验室培育基地、省高校工程技术研究中心等科研平台，有省创新型科技团队、省高校科技创新团队各 3 个。综合楼和实验基地建筑面积 1 万多平方米，教学科研设备价值 6000 多万元。

学院现有教职工 91 人，其中专任教师 80 人，教授 18 人，副教授 36 人，博士生导师 12 人，具有博士学位教师 63 人，省级优秀教师 2 人，省和省教育厅学术技术带头人 8 人，教育部霍英东教育基金会高校青年教师奖获得者 1 人，省科技创新人才、省高校科技创新人才、省高校青年骨干教师等 13 人。另有 1 位诺贝尔化学奖获得者为学院兼职教授，1 名中国工程院院士、1 名中国科学院院士、1 名俄罗斯自然科学院外籍院士和 2 名国家级高层次人才为学院特聘教授。学院具有推荐免试硕士研究生和硕博连读资格。目前在校生 2133 人，其中本科生 1925 人，硕士、博士研究生 203 人，国际学生 5 人。

三、特色与优势

1. 人才培养。2011 年，学院开始一本招生。截至目前累计招生 4720 名，毕业 3309 人。教师在全国讲课比赛获奖 3 人次。国家级本科教学工程项目立项 2 项，省级本科教学工程项目立项 8 项。傅恒志院士、赵振业院士捐资 336 万元设立"材料学科发展基金"，获奖师生累计 1000 余人；2008 届校友许高云捐赠 50 万元设立"鸿华奖学金"，首批 60 名学生获奖。与美国中佛罗里达大学、克罗地亚里耶卡大学、英国伦敦大学学院等国外 10 余所高校开展科技交流与学生培养。5 名国际生来院就读，20 余名教师出国访学或参加学术会议，20 余名国（境）外专家学者来院学术交流。

注重学生思想教育创新，2007 年创建本科毕业生德育答辩制度，获省高校校园文化建设优秀成果一等奖和教育部高校校园文化建设优秀奖；2012 年创建的"蒲公英之家"团体辅导和 2014 年创建的学生党支部"红色话剧"展演活动先后获得省高校思想政治工作优秀品牌。在全国挑战杯、节能减排及社会实践等竞赛中，先后获得国家级和省级奖励 30 余项，省级及以上学科竞赛获奖学生 220 人。本科毕业生考研率连续多年超过 30%，就业率始终保持在 95% 以上，位居学校前列。共有 12 名研究生获得省级优秀硕士学位论文，23 名研究生获学校"学术之星"称号。

2. 科学研究与技术服务。近 10 年来，学院累计承担国家重点研发计划课题、国家自然科学重点基金项目等国家级项目 54 项、省部级项目 87 项，科研经费 5500 多万元。获省部科技成果奖 32 项。出版教材和专著 26 部。获发明专利 259 项。SCI、EI 收录论文近 450 篇，其中 SCI-1、2 区论文近 150 篇，2016 年、2017 年和 2018 年 ESI 高被引论文共 11 篇。

积极开展技术服务工作，先后与山西晋城无烟煤矿业集团有限公司、河南中轴中汇汽车零部件有限公司、内蒙古稀奥科贮氢合金有限公司、南京工业大学、华南理工大学、山东大学、中国一拖集团有限公司工艺材料研究所、中国航空工业集团公司北京航空材料研究院、国网河南省电力公司电力科学研究院等 59 家企业、高校及科研院所签订横向项目立项协议，经费 1400 多万元。

3. 党建与文化建设等工作。近 10 年来，通过两代材料人的实践，凝练了以"材料人好材料、团结心共辉煌"材料人品质、"团结、务实、创新、奉献"院风和"材成构艺、料性知能、学贵创新、院誉传承"专业精神为内容的学院精神文化，学院先后获得省高校先进基层党组织、省"五四红旗团委"、省教科文卫体系统模范教工小家、省教育系统"五好关工委"以及学校先进基层党委等荣誉称号 50 余项（次）。制修订党政管理制度 20 余个；拍摄全校首部学院宣传片；为每位教工摄影一套形象照，并制作映像长卷；学院楼内部设置电子屏 2 个、橱窗 10 个，悬挂校训匾、人物画照和格言警句牌匾 80 余块；在学院网"材料人风采"专栏发表人物通讯 27 期，编印工作信息 44 期和党建与思想政治工作汇编 3 本；评选表彰五届师生"材料之星"共 104 人。（供稿：李梦珍　审稿：管学茂）

电气工程与自动化学院

一、历史沿革

电气工程与自动化学院的前身是创建于 1938 年的电机工程学系，1958 年更名为机电工程系，1986 年成立电气工程系。2005 年更名为电气工程与自动化学院。

1935 年设立电机工程专业。1950 年设立机电专业（本科），后改为矿山机电专业（1958 年）、煤矿机电专业（1972 年）。1976 年设立煤矿电气化与自动化专业（本科），后改为工业电气自动化专业（1980 年）、工业自动化专业（1994 年）、自动化专业（1999 年）。1987 年设立电力系统及其自动化专业（专科），1994 年升为本科，1999 年改为电气工程及其自动化专业。1993 年获批工业自动化硕士学位授权点，1995 年更名为控制理论与控制工程硕士学位授权点。1999 年计算机及其应用专业调至计算机科学与技术系，2001 年增设电子信息工程专业，2002 年增设电子信息科学与技术专业。

随着学校、学院的发展壮大，以及社会和行业发展对人才的实际需求，学院学科专业不断调整。2009 年增设电子信息技术与仪器专业，2011 年增设光电信息工程专业，2012 年撤销电子信息技术与仪器专业，2013 年增设测控技术与仪器专业、轨道交通信号与控制专业。2010 年获批控制科学与工程、电气工程一级学科硕士授权点，2014 年获批矿业控制工程交叉学科博士授权点。2016 年电子信息工程、电子信息科学与技术、光电信息工程 3 个专业调整到物理与电子信息学院。2019 年 3 月，申报的机器人工程专业获教育部备案。

二、发展现状

学院设有自动化、电气工程及其自动化、轨道交通信号与控制、测控技术与仪器 4 个本科专业，其中电气工程及其自动化专业于 2008 年建成国家级特色专业，自动化专业于 2013 年成为教育部卓越工程师教育培养计划试点专业。有电力工程系、自动化系、电工电子技术系、测控技术与仪器系、交通信息工程与控制系、电机工程系等 6 个系，电工电子实验教学示范中心、电气信息实验中心等 2 个实验教学中心。拥有矿业控制工程交叉学科博士授权点，电气工程、控制科学与工程 2 个一级学科硕士授权点，以及控制工程、电气工程 2 个专业学位硕士授权点和工程硕士授权领域，具有同等学力申请硕士学位授予权。

学院现有教师 131 人，其中教授 14 人，副教授 35 人，高级工程师 9 人；博士生导师 9 人，硕士生导师 72 人；具有博士学位教师 68 人，占教师总数的 51.9%。有"全国五一巾帼标兵"1 人，河南省教学名师 1 人，省特聘教授 1 人，省创新人才、杰出青年和学术带头人等 9 人。目前在校生 3691 人，其中本科生 3361 人，硕士研究生 310 人，博士研究生 7 人，国际生 13 人。

三、特色与优势

1. 人才培养。学院按照"科教并重、学科引领、人才强院、质量为先"的发展思路，以国家、区域经济和行业人才需求为导向，着力于培养具有良好的工程素养、高度的社会责任感和创新意识的宽口径、高素质、创新型高级工程技术人才。学院生源质量一直保持较高水平，每年第一志愿上线人数均超招生计划。2009 年电气工程及其自动化专业在河南省参加本科一批录取；2010 年学院所有专业按电气信息类进行大类招生，并参加河南省本科一批录取。为更好对接行业需求，2012 年，电气工程及其自动化专业单独在一本招生。2018 年，自动化专业通过中国工程教育专业认证。在武书连 2018 年中国大学排行中，电气工程及其自动化排名为 B+。

学院重视本科教学质量工程建设，拥有多项国家级和省级教学质量工程项目，一直处于学校前列。其中国家级质量工程 6 项，包括精品资源共享课程 2 门，实验教学示范中心 1 个，教学团队 1 个，特色专业 1 个，教育部卓越工程师教育培养计划试点专业 1 个；省级质量工程 13 项，包括特色专业 2 个，精品资源共享课程 1 门，双语教学示范课程 2 门，精品在线开放课程 1 门，教学团队 2 个，专业综合改革试点专业 2 个，虚拟仿真实验教学中心 1 个，示范性虚拟仿真实验教学项目 1 个，省优秀基层教学组织 1 个。注重培养学生的创新意识和工程实践能力，本科生在全国大学生电子设计竞赛等活动中，获国家级奖励 140 余项；获发明专利和实用新型专利 40 余项。

2. 科学研究与学科建设。近十年来，学院承担国家自然科学基金项目 45 项，承担省级项目 69 项，政府和企业委托的技术服务与技术开发项目 165 项，累计科研经费 6300 余万元；获国家级与省部级科技进步奖 19 项；在核心以上刊物发表论文 1200 多篇，被 SCI 收录 156 篇（其中二区以上论文 40 篇），EI 收录 633 篇；获发明专利 72 项，出版专著 28 部。

经过多年积淀，学院在直线电机理论及应用、电气传动系统及其自动化、电力系统运行与控制、电气安全与绝缘技术、复杂工业过程建模与控制、现代检测技术与装置、运动驱动与控制等领域形成了鲜明的特色和优势。拥有直线电机与现代驱动、复杂系统的信息处理与控制、矿山电力电子装置与控制 3 个河南省创新型科技团队。建有直驱电梯河南省工程技术研究中心、工矿电气自动化河南省工程实验室、工矿自动化河南省高校重点实验室培育基地和控制工程河南省重点学科开放实验室。有电气工程、控制科学与工程 2 个河南省一级重点学科，在教育部 2017 年全国第四轮学科评估中，控制科学与工程进入 C 类，电气工程进入 C- 类。

3. 合作交流。学院积极开展国际交流与合作，不断提高办学国际化水平。先后与美国肯塔基大学、日本室兰工业大学、英国谢菲尔德大学、南非斯特兰堡大学、韩国东新大学等大学开展教育、科技交流与合作，承担国际合作项目 2 项。成功举办国际学术会议 3 场，邀请国外知名专家学者 45 人次来院讲学或从事合作研究，派出学术骨干 32 人次赴国外知名高校或科研单位进修或访学。2013 年，与美国北卡罗莱纳农工州立大学联合培养电气工程及其自动化专业本科生项目获教育部批准，并于当年开始招生。2018 年，自动化专业招收本科留学生 13 名。（供稿：高庆华　审稿：王福忠　欧阳文峰　钱伟）

土木工程学院

一、历史沿革

土木工程学院的前身是私立焦作工学院于 1931 年设立的土木工程科，1959 年为采煤系，1978 年增设煤矿建井专业，开始培养土木工程专业人才。1994 年 1 月成立建筑工程系，1999 年 4 月更名为土木建筑工程系，2005 年 5 月更名为土木工程学院。

二、发展现状

学院设有土木工程（含岩土工程、建筑工程、道路与桥梁工程 3 个专业方向）、工程管理、工程力学、建筑环境与能源应用工程、城市地下空间工程 5 个本科专业，以及土木工程本科中外合作办学项目和留学生培养土木工程专业。有矿山建筑工程、矿山岩土工程 2 个二级交叉学科博士学位授权点，力学、土木工程、管理科学与工程 3 个一级学科硕士学位授权点和建筑与土木工程工程硕士授权领域。

学院现有岩土工程系、建筑工程系、道路与桥梁工程系、力学系、工程管理系、建筑技术科学系、城市地下空间工程系 7 个教学系和 1 个实验中心，建有土木工程、力学 2 个河南省重点一级学科；地下工程及灾变防控河南省重点实验室、河南省地下空间开发及诱发灾变防治国际联合实验室、生态建筑与环境构建河南省工程实验室、河南省高等学校深部矿井建设重点学科开放实验室 4 个省级科研平台。

学院现有专任教师 131 人，其中教授 19 人，副教授 40 人，具有博士学位教师 87 人，享受国务院政府特殊津贴专家 1 人、教育部"新世纪优秀人才支持计划"入选者 2 人，河南省特聘教授 1 人，河南省杰出青年基金获得者 2 人、河南省教学名师 2 人、河南省中青年骨干教师 10 人、河南省教育厅学术技术带头人 5 人，柔性引进加拿大工程院院士 1 人、高端外国专家 1 人、"青年千人计划"入选者 1 人。在读全日制本科生 2489 人，硕士研究生 344 人（含工程硕士 106 人），博士研究生 9 人，留学生 52 人，目前在校生共计 2894 人。

三、特色与优势

1. 人才培养。学院坚持"育人为本，崇尚学术"办学理念，不断强化专业建设，完善教育教学体系，取得明显成效。土木工程专业 2009 年被评为国家级特色专业，2014 年入选省级专业综合改革试点专业。力学系 2017 年被评为省级高等学校优秀基层教学组织，工程管理专业 2019 年 5 月通过住建部专业评估认证。学院现有国家级特色专业 1 个，国家级双语教学示范课程 1 门，国家级精品在线开放课程 1 门；省级综合改革试点专业 1 个，省级精品课程 2 门，省级精品资源共享课程 1 门，省级视频公开课程 1 门，省级精品在线开放课程 2 门，省级教学团队 1 个，省级实验教学示范中心 1 个，省级优秀基层教学组织 1 个。

学院重视开放办学，注重学生素质拓展训练。先后与加拿大麦吉尔大学（McGill University）等 12 所国外知名高校开展教育、科技交流与合作。与中铁隧道勘测设计研究院等 8 家单位签署了战略合作协议，与煤炭工业郑州设计研究院股份有限公司等 17 家企业签署产学研基地合作协议，与金诚信矿业管理股份有限公司等 16 家用人单位签订了就业基地协议。2016 年出台《土木工程学院学生素质拓展实施办法》，以学生科技创新、学科竞赛为主要内容，实施素质拓展项目化管理，扎实推进素质教育。在 2017 年第十一届全国周培源大学生力学竞赛中有 1 人获一等奖，这是自 1988 年该奖项设立以来河南学生获得的最高荣誉。

2. 科学研究。2009 年以来，学院着眼于服务土木工程行业和地方经济社会发展，立足土木工程学科优势，积极开展科研与学术活动，实现了科研经费、项目数量与级别、成果数量与层次和国内外学术交流的重大进展，科研实力和服务行业与地方经济发展的能力快速提升。

"十二五"期间，共获批国家自然科学基金 15 项、省部级纵向科研课题 13 项，累计科研经费达 1965.29 万元；发表学术论文 719 篇，其中 SCI 收录 29 篇，EI 收录 102 篇，出版学术专著 13 部；获国家级科技进步二等奖 1 项、省部级奖项 12 项，发明和实用新型专利 32 项。新增"生态建筑与环境构建"河南省工程实验室。引进国家外国专家局高端人才 1 人，邀请国外知名大学学者进行学术交流 19 人次，参加国际学术交流 12 人次。

"十三五"以来，学院科研工作继续扎实推进，并取得明显进展。新增地下工程及灾变防控河南省重点实验室、河南省地下空间开发及诱发灾变防治国际联合实验室。新增国家自然科学基金项目 16 项（含面上项目 6 项，"NSFC－山西煤基低碳联合基金"重点支持项目 1 项）、省部级项目 11 项；SCI 收录论文 35 篇，EI 期刊收录 39 篇；出版专著 8 部，发明专利 21 项，省部级科技成果奖 13 项；获批河南省高校科技创新人才支持计划 1 项、河南省岩土工程灾变及控制创新型科技团队 1 个。

3. 党建与思想政治工作。学院按照"围绕发展抓党建，抓好党建促发展"的工作思路，贯彻全面从严治党方针，加强基层党组织建设，为学院各项事业发展提供坚强的思想、组织保证和强大的精神动力。2012 年，院党委开展"三级管理体制下教师党支部工作模式的探索"党建工作重点项目研究，探索实行系（室）主任、党支部书记分设，党支部书记兼任系（室）副主任的工作模式，促进了党支部工作与中心工作的有机结合。同时建立党委委员联系党支部工作制度，加强对党支部工作的指导，2016 年力学系教工党支部荣获"河南省高校优秀基层党组织"称号。2018 年学院党委被评为河南省高校优秀基层党组织，力学系教工党支部被评为全国党建工作样板支部。

重视学生思想政治建设，着力在教育方式、方法和手段上进行创新。2018 年 10 月，出台《土木工程学院推进"三全育人"工作实施方案》，探索提出"3712"育人方案，初步构建了"十大"育人体系，形成了"党委统一领导，党政工团齐抓共管，系、室各负其责，教职员工共同参与，辅导员、班主任深入指导，全员、全程、全方位育人"的思想政治工作领导体制和工作机制，着力培养具有社会责任感、健全人格、创新能力、宽厚基础和国际视野的高素质应用型人才。2010 年 1 人入围"全国高校辅导员年度人物"候选名单。2018 年 1 人荣获河南省第二届"大美学工——十佳优秀学生工作者"称号。（供稿：田琳　审稿：朱天明）

计算机科学与技术学院（软件学院）

一、历史沿革

计算机科学与技术学院成立于 1999 年 7 月，2008 年 9 月学校成立软件职业技术学院，依托计算机科学与技术学院实行一体化办学。学院 2001 年 2 月开设通信工程专业，2003 年 2 月开设信息管理与信息系统专业，2006 年 3 月开设网络工程专业，2008 年 12 月开设软件工程专业，2012 年 2 月开设物联网工程专业，2016 年 4 月通信工程系及通信工程专业转隶新成立的物理与电子信息学院。

二、发展现状

学院设有计算机科学与技术、软件工程、信息管理与信息系统、网络工程、物联网工程 5 个本科专业及 3 个专科专业，计算机系、信息管理系、网络工程系、软件工程系、物联网工程系、基础教学部、计算机实验中心等 7 个教学单位，建有图像技术研究所、信息仿真技术研究所。拥有计算机科学与技术、软件工程 2 个河南省重点一级学科；矿业信息工程博士学位授权点，计算机科学与技术、软件工程 2 个一级学科硕士学位授权点，计算机技术、软件工程 2 个工程硕士授权领域。拥有矿山生产安全环境监控河南省工程实验室、矿山信息化河南省重点学科开放实验室、矿山信息化河南省高校工程技术研究中心、现代服务业河南省高校工程技术研究中心、河南省创新方法培训基地 5 个省厅级科研平台。

学院现有专任教师 120 余人，其中教授 19 人，副教授 42 人，博士生导师 7 人，具有博士学位教师 61 人。拥有教育部新世纪优秀人才 1 人，河南省科技创新杰出青年 2 人，河南省教育厅学术技术带头人 4 人，河南省高校科技创新人才 2 人，河南省优秀青年科技专家 2 人，河南省高校骨干教师 7 人，河南省教学标兵 4 人，河南省教育厅优秀管理人才 1 人，焦作市市管专家 1 人，焦作市优秀青年科技专家 6 人，焦作市优秀教师 2 人。目前在校生 3739 人，其中本科生 2894 人，专科生 555 人，研究生 228 人，国际留学生 62 人。

三、特色与优势

1. 人才培养。2010 年以来，学院成功获批计算机科学与技术国家级特色专业、计算机科学与技术河南省综合改革试点专业、计算机科学与技术中外合作办学项目，接口技术、计算机网络、C 语言程序设计、数据库系统原理等 4 门省级精品课程，C 语言程序设计、数据库系统原理、计算机网络 3 门省级精品资源共享课程，数据库系统概论省级高校精品在线开放课程，面向对象技术及应用课程获河南省研究生教育优质课程立项支持。2016 年设立计算机科学与技术专业人才实验班，实施导师制管理，从实践创新、科学研究等方面进行重点培养。2009 年以来，先后获得省级教改项目立项 4 项，通过省级高等教育教学改革研究项目鉴定 4 项，获省级高等教育教学改革成果奖 4 项，出版教材 15 部，发表教改论文 97 篇。高度重视学生的实践能力培养和综合素质提升，积极组织学生参加各类学科竞赛和科技创新活动，累计获得国际级奖励 1 项、国家级奖励 251 项。

2. 科学研究。近 10 年来，学院共承担国家自然科学基金项目 26 项，其他国家级项目 3 项；获得省部级奖励 30 余项；获发明专利近 30 项；发表高水平学术论文近 2000 篇，其中 SCI 收录 70 余篇；出版专著 20 余部。重视国内外学术合作与交流，多次成功举办国际和国内学术会议，学院每年都派出数十位教师参加国际国内学术会议。与爱尔兰利莫瑞克大学、日本室兰工业大学等多所大学建立了良好的校际关系，定期邀请国外知名学者来院讲学，并派出 30 余名教师出国访学进修、20 余名学生出国留学。积极开展技术服务工作，与政府企事业单位进行项目合作，其中横向合作项目 5 项，被采纳的科学成果项目 10 余项，成果应用给企业创造的价值超过 2000 万元。

3. 党建和文化建设等工作。学院高度重视党建和思想政治工作，按照"思想引领，凝心聚力，服务师生，推动发展"工作思路，重视基层党支部建设，积极开展精神文明创建活动，重视文化氛围营造，设计制作了学院"历史步点"文化长廊，围绕"立德树人"根本任务，加强教风、学风和机关工作作风建设；坚持讲好身边故事，用身边典型教育身边人，连续开展"四星评比"（师德之星、教学之星、科技之星和服务之星）活动并大力表彰，有力推动了良好院风的形成。加强工会和共青团建设，工会活动积极健康，丰富多彩，共青团工作引导学生积极参加科技创新活动，参加学科竞赛和开展多层次社会实践活动，提高了学生素质，扩大了办学影响，收到良好效果。高度重视学生工作，开展高年级党员联系学生宿舍制度和朋辈引领工程，2013 年 12 月《中国教育报》、中国科学网、省教育厅新闻网等新闻媒体以《河南理工大学"党员联系学生宿舍制度"发挥引领效应》为题进行了集中报道。学院党委被评为 2018 年度河南省教育系统先进党委。（供稿：庞晓艳　审稿：王全才）

工商管理学院

一、历史沿革

工商管理学院是一所具有博士学位、硕士学位和学士学位授予权的教学研究型学院，前身是原焦作矿业学院采煤系经济教研室，1985 年成立经济管理系，2005 年成立经济管理学院。2016 年由原经济管理学院的工商管理专业、市场营销专业、人力资源管理专业和旅游管理专业组建成立工商管理学院。

二、发展现状

学院拥有矿业管理工程博士学位授予权，工商管理、管理科学与工程 2 个一级硕士学位授予权，工商管理硕士（MBA）、物流工程 2 个专业硕士学位授予权。工商管理学科是河南省重点学科，工商管理专业是国家级特色专业。建有工商管理省级教学团队，经济管理实验中心省级实验示范教学中心，能源经济研究中心河南省普通高等学校人文社会科学重点研究基地，能源经济与区域发展河南省高校哲学社会科学创新团队。下设工商管理系、市场营销系、人力资源管理系、旅游管理系和 MBA 教育中心，有能源经济与区域发展研究所、环境经济研究所、煤炭物流与供应链研究所、中原文化与可持续发展研究所、旅游文化与经济研究所等 5 个研究所。

学院现有教职工 61 人，其中二级教授 1 人，教授 6 人，副教授 19 人，博士生导师 6 人，具有博士学位教师 25 人，河南省学术技术带头人 1 人，河南省高校创新人才 1 人，河南省高校科技创新人才 2 人，省中青年骨干教师 1 名。目前在校生 1587 人，其中本科生 1404 人，硕士研究生 169 人，博士研究生 6 人，留学生 8 人。

三、特色与优势

1. 人才培养。学院坚持以本科教学为中心，不断完善教学管理制度，加强教学督导与教学改革研究，全面提升人才培养质量，已建成工商管理国家级特色专业等 7 项省级以上本科教学工程项目。学院积极开展对外合作办学，促进产学研合作，产学合作协同育人工作取得重大突破。积极鼓励学生参加学科竞赛和创新创业项目，近年来多项成果获得全国及省级大赛奖，其中"'两化融合'视角下工商管理类专业课程体系与教学内容整体优化研究"获河南省高等教育教学成果一等奖。学院基层教学组织标准化建设获得突破，2018 年工商管理系获批校级优秀基层教学组织，并通过河南省教育厅组织的基层教学组织达标活动。大学生"幸福成长训练营"被评为河南省高校思想政治教育工作优秀品牌。

学院大力发展研究生教育，以矿业管理工程博士点建设为引领，带动工商管理、管理科学与工程、工商管理（MBA）与物流工程硕士学位授权点协同发展，目前有博士生导师 6 人，在校博士研究生 6 人，在校硕士研究生达 200 余人，研究生导师及研究生数量与质量稳步提升。

2. 学科平台建设。学院以团队建设为基础，以高层次成果激励为导向，扎实开展省级重点学科、省人文社科重点研究基地建设，工商管理省重点一级学科（第八批、第九批）、能源经济研究中心（2013 年、2018 年）省人文社科重点研究基地连续两届获得省级立项。

3. 科学研究。学院以高层次科研成果为突破口，全面提升科学研究水平，建院以来获批各类项目立项 111 项，其中国家自然科学基金项目 6 项、省部级项目 33 项。纵向课题经费 220 万元，横向课题经费达 124 万元。发表学术论文 169 篇，其中教育厅权威 A 类期刊 2 篇，SCI 检索期刊 4 篇，SCI 收录 3 篇，人大复印资料全文转载 4 篇，CSSCI 核心和 CSCD 核心 16 篇，CSSCI 扩展和 SCD 库收录 54 篇，《资政参考》1 篇，EI 检索 3 篇，北大核心 8 篇，一般外文期刊 11 篇。共获省部级奖励 2 项。出版专著 6 部。科学研究工作有力地支撑了学院教学、平台和研究生事业的发展。（供稿：钟仙珍　审稿：曾旗）

财经学院

一、历史沿革

财经学院的历史可以追溯到焦作矿业学院采煤系经济教研室的劳动经济专业。1985 年成立经济管理系，2005 年成立经济管理学院。2016 年 3 月，以原经济管理学院的会计学、财务管理、国际经济与贸易和金融学 4 个本科专业为基础成立财经学院。

二、发展现状

学院设有会计学、财务管理、国际经济与贸易和金融学 4 个本科专业，招收培养会计学、国际经济与贸易 2 个专业双学位学生，其中国际经济与贸易专业招收留学生；拥有会计学省级特色专业，工商管理省级教学团队，经济管理省级实验教学示范中心，中级财务会计河南省精品课程，中级财务会计河南省精品视频共享课，生活中的会计学和大国贸易 2 门河南省本科教学工程在线课程。拥有管理科学与工程、工商管理 2 个一级学科硕士学位授予权，会计学二级学科硕士学位授予权，会计专硕（MPACC）和金融专硕 2 个专业学位授予权。目前在校本科生 2126 人，硕士研究生 15 人，留学生 59 人。

学院下设会计系、国际经济与贸易系和实验室 3 个教学实体单位，管理会计与企业发展研究所、生态经济与产业发展研究所、科技金融研究所 3 个研究机构，能源经济省级人文社科重点研究基地，研究方向涵盖了管理学和经济学学科及相关主要领域。

学院现有专任教师 64 人，其中教授 7 人，副教授 20 人，博士生导师 1 人，硕士生导师 27 人，具有博士学位教师 27 人。有全国煤炭教育先进教育工作者 1 人，河南省优秀教师 1 人，河南省宣传思想文化战线第七批"四个一批"人才 1 人，河南省先进会计工作者 1 人，河南省科技厅创新型科技团队带头人 1 人，河南省高校科技创新人才支持计划入选者 1 人，河南省教育厅学术技术带头人 1 人，河南省高校青年骨干教师 1 人，河南省会计领军（后备）人才 5 人。聘请兼职教授 18 人。拥有能源经济与区域发展省级哲学社会科学创新团队。

三、特色与优势

1. 人才培养与学位点建设。学院以培养高素质应用型人才作为培养目标。本科生和研究生人才培养方案每两年修订一次，突出综合素质、自主学习能力、实践动手能力、创新创业能力的培养，开设有通识课程、专业课程和实践教学课程。2016 年所有本科专业在河南省实现本科一批招生，录取分数呈现出稳步上升的态势。本科毕业生平均就业率达到 97.79%。在 2017 年河南省普通高等学校专业评估中，会计学、金融学专业分别位列第 4 名、第 6 名。"'两化融合'视角下工商管理类专业课程体系与教学内容整体优化研究"获 2016 年河南省教学成果一等奖，生活中的会计学、大国贸易分别获批 2017 年、2018 年河南省本科教学工程在线课程建设立项，"财经类专业虚拟仿真实验平台建设问题研究"获批 2017 年河南省高等教育教学改革研究与实践项目立项，会计系被评为 2018 年河南省高校优秀基层教学组织。

学院 2016 年入选学校首批全员育人试点建设单位，2017 年通过验收。全员育人工作持续推进"656"工程，通过实施本科生导师制、学长制、财经讲堂、幸福家园、座谈会制度和能力提升计划，努力做好管理育人、心理育人、资助育人、文化育人、服务育人等工作，逐步构建全员育人工作长效机制。制定奖励办法，进一步激发了学生参与社会实践和科技创新的热情，财经学院青协获全国大学生百强实践团队、全国高校百强学生社团等荣誉称号，学生先后获得挑战杯全国铜奖、挑战杯省级一等奖，全国财税领域百校百题二等奖，首届中国大学生投资交易策略大赛团体冠军和个人冠军、季军，全国大学生沙盘模拟大赛一等奖等奖励。

2018 年获得会计硕士、金融硕士 2 个专业学位授权类别，应用经济学作为学校硕士学位授权点培育学科得以遴选立项。2019 年开始招收会计硕士专业学位研究生、金融硕士专业学位研究生。

2. 科学研究与社会服务。建院 3 年来，学院完成 2 项国家社会科学基金项目，39 项省部级项目，发表核心期刊论文 79 篇；获河南省社会科学优秀成果奖、河南省教学成果奖、河南省发展研究奖等省级和厅级奖励 18 项；与多氟多化工股份有限公司、河南强耐新材股份有限公司、郑州航空港经济综合试验区和建行焦作分行等企业建立了合作关系。

3. 党建工作。学院坚持在党支部中实施"四个结合"：坚持支部建设与系室（班级）发展相结合，坚持支部建设与师生发展相结合，坚持支部建设与社会实践相结合，坚持教工支部与学生支部相结合。立足师生需求和关切，实现党组织建设与师生发展同心同向，较好发挥了党建工作对高校基层系室（班级）发展、教师成长和学生成才的推动作用，增强了党员教育的影响力和实效性，激发了党支部的活力，以党建发展高质量推动学院发展高质量，把党建工作落到实处。每年开展党支部党建经验交流会，各支部交流工作思路，分享工作经验，解决工作疑惑，对加强党支部的内涵建设，提升党员的整体素质，实现学生、教师和学院的成长成才和科学发展具有较好的指导作用。2018 年，学院党委被评为河南省高校先进党组织。（供稿：裴建伟　审稿：梁丽娟）

数学与信息科学学院

一、历史沿革

数学与信息科学学院成立于 2005 年，其前身是 2002 年创办的数学与信息科学系。2000 年，学院依托原焦作工学院基础教学部数学教研室开办了信息与计算科学专业，开始招收第一届本科生。2003 年获应用数学硕士学位授权点，2004 年开始招收硕士研究生。2006 年获得基础数学硕士学位授权点，应用数学、运筹学与控制论入选校级重点学科。2008 年获批应用数学省级重点学科，2011 年获得数学一级硕士学位授权点，2012 年获第八批河南省数学一级重点学科，2018 年获第九批河南省数学一级重点学科和校级博士学位授权点培育学科。

二、发展现状

学院设有数学与应用数学和信息与计算科学 2 个本科专业。拥有数学省级重点学科，数学一级硕士学位授权点。有数学与应用数学系、信息与计算科学系、公共数学教学部 3 个教学单位，非线性科学研究所、应用数学研究所 2 个研究所，大学生数学建模实验中心、信息与计算科学计算中心 2 个校级实验中心，研究方向涵盖了基础数学、应用数学、信息计算、运筹控制、概率统计、机器学习等数学学科及相关主要领域。

学院现有教职工 109 人，其中专任教师 95 人，具有博士学位教师 62 人，双聘院士 1 人，河南省特聘教授、河南省讲座教授、优秀专家（教师）3 人，河南省科技创新人才 1 人，河南省学术技术带头人 1 人。目前在校本科生 567 名，硕士研究生 37 名。

三、特色与优势

1. 人才培养与学科优势。学院秉承学校的优良传统和深厚文化底蕴，努力建设在数学领域特色鲜明，优势突出，在全国同类高校处于先进水平，各学科协调发展，办学实力和社会影响力明显增强，在国内有较大影响力的教学研究型学院。基础数学方面，主要研究半群的代数结构、Hopf 代数分类、凸几何分析、调和分析、量子信息论与算子理论、不等式理论和特殊函数等。应用数学方面，主要研究具有鲜明物理背景的非线性（偏）微分方程，如非线性抛物型方程（组）和流体力学方程（组）、色散波方程、椭圆型方程和P-Laplace方程以及非线性双曲型方程等。计算数学方面，主要研究复杂流体的建模、计算、分析及应用等现代计算数学的前沿问题。探讨（特征）有限元、有限体积、界面追踪、模型降阶和时空并行等数值方法在不可压缩粘性流体、聚合物注塑成型和最优控制等问题中的数值和理论分析结果，为实际生产应用提供理论指导和技术支撑。运筹学与控制论方面，主要以数学理论和计算机为工具，对图论、决策和优化等问题进行研究。探讨图的对称性、匹配理论的共振性、边 – 平衡指数集、图的划分；探讨不确定系统的分析与决策、动态博弈生存域；探讨非线性规划的理论和算法、矩阵优化、模糊优化、金融优化、复杂网络控制及其优化等问题。毕业硕士研究生96人，获河南省优秀硕士学位论文6篇。

2. 科学研究。近十年来承担国家自然科学基金等国家级项目56项，省部级项目14项，河南省高等学校重点科研项目36项，科研经费达893.8万元；发表论文800篇，其中ESI高被引7篇，SCI收录论文637篇；出版专著1部，教材1部；获河南省科技进步奖二等奖2项、三等奖1项，河南省高等教育教学成果奖二等奖2项。

3. 合作交流。学院积极开展国内外学术交流，与英国牛津大学、剑桥大学、拉夫堡大学，美国俄克拉荷马州立大学、韦恩州立大学、匹兹堡大学等多所大学建立了校际联系。主办或承办2013年数学流体力学方程国际研讨会、2016年调和分析及其应用国际会议、2018年数学流体力学方程国际研讨会、2019年国际代数组合会议等国际国内学术会议10次，邀请中科院院士、国家杰青及长江学者等知名专家200余人次来院进行学术交流，50余人次受邀在国内外重要学术会议上作学术报告。（供稿：关静　审稿：成军祥）

马克思主义学院

一、历史沿革

马克思主义学院源于 1958 年焦作矿业学院设立的马克思主义原理教研组。1959 年，马克思主义原理教研组改为马列主义教研室。1985 年，马列主义教研室改为马列主义教研部。1993 年 4 月在原马列主义教研部的基础上，成立了社会科学系。2006 年 3 月，社会科学系更名为人文政法学院，下设思想政治理论课教学部。2008 年 10 月，原人文政法学院的思想政治理论课教学部和法学系合并为政法学院。2009 年 11 月，马克思主义学院成立，与政法学院合署办公；2011 年 3 月独立设置马克思主义学院。

二、发展现状

学院于 2006 年获得马克思主义基本原理、思想政治教育 2 个二级学科硕士学位授予权，2011 年获得马克思主义理论学科一级学科硕士学位授予权，拥有马克思主义基本原理、马克思主义发展史、马克思主义中国化研究、国外马克思主义、思想政治教育和中国近现代史基本问题研究等 6 个二级学科招生权。2018 年获得教育学学科（思想政治教育方向）教育专业硕士学位授予权。马克思主义理论学科于 2012 年被评为河南省第八批一级重点学科，2018 年再次被评为河南省第九批一级重点学科，在 2017 年教育部组织的全国第四轮学科评估中，该学科被评为 C+，在河南省高校排名第三位。2011 年 5 月，河南省中国特色社会主义理论体系研究中心在学院成立，是学校唯一经中共河南省委宣传部批准建立的河南省重点社科研究基地。2019 年 3 月，学院被中共河南省委宣传部、河南省教育厅遴选为全省首批重点建设的马克思主义学院。

学院下设思想道德修养与法律基础教研室、形势政策与中国近现代史纲要教研室、马克思主义基本原理教研室、毛泽东思想和中国社会主义特色理论体系概论教研室等 4 个教研室，具体负责各门思想政治理论课的教学。专用资料室面积近 200 平方米，藏书 2 万余册，期刊 142 种，在服务教学与科研工作中发挥着重要作用。

学院现有专职教师 51 人，其中教授 3 人、副教授 16 人；具有博士学位教师 32 人，在读博士 4 人。教师中，有省普通高校马克思主义理论类本科专业教学指导委员会委员 1 人、省高等学校思想政治理论课教学指导委员会分教学指导委员会委员 2 人、省学术技术带头人 2 人、省宣传文化系统"四个一批"人才 1 人、省青年文化英才 1 人、省百名优秀青年社科人才 3 人、省科技创新人才（社科类）2 人、省中原千人计划人才 1 人、赴美高级访问学者 2 人。目前在校硕士研究生 68 人。

三、特色与优势

1. 人才培养与思想政治理论课教学。学院致力于培养具有较高马克思主义理论水平和思想政治教育理论水平、能够独立从事该领域理论研究的创新型专门人才。2007 年以来共招收硕士研究生 287 人，毕业并获得硕士学位 218 人，其中考取博士研究生 10 人，获河南省优秀硕士学位论文 1 篇。毕业研究生大多在政府机关、国有企事业单位就业。

学院立足于思想政治理论课的内涵建设，从教师和学生两个方面推动教学改革。2010 年开始实施思想政治理论课教师教学竞赛制度，已连续成功举办 9 届；2012 年开展思想政治理论课大学生演讲竞赛，已连续举办 7 届。目前，学院承担的 4 门思想政治理论课必修课程均为河南省优秀课程，2 门选修课程"当代世界经济与政治""马克思主义与近代中国文化抉择"为省级精品在线开放课程。2017 年、2018 年，学院教师指导的学生作品"践行核心价值观，凝聚最美中国梦"和"理想信念是精神之'钙'"获"全国高校学生讲思政课公开课"三等奖，6 位教师获"优秀指导教师奖"。2018 年，学院建成 5 门课程的"名师示范课堂"，用于学习宣传党的十九大精神；同年 3 月，河南省高校思想政治工作信息网"校园采风"栏目以《五个结合，打造有温度、有深度的思想政治理论课慕课课堂》为题，详细报道了学院思想政治理论课的教学改革探索。

十年来，学院教师中获全国高校"形势与政策"课巡回教学展示活动二等奖 1 人，省思想政治理论课教学能手 2 人，获省教育系统教学技能竞赛一等奖 4 人、二等奖 3 人、三等奖 1 人，被授予"教学标兵"称号 4 人，获省高校思想政治理论课奖励基金一等奖 4 人、二等奖 4 人、三等奖 2 人，思想道德修养与法律基础教研室被评为河南省高等学校优秀基层教学组织。

2. 科研成果与学术会议。2011 年以来，学院主持承担国家社会科学基金项目 9 项（含重点项目 2 项）、教育部人文社科项目 9 项、省部级项目 64 项。获得省部级以上社科优秀成果奖 17 项。出版专著 30 部。发表论文 400 余篇，其中 CSSCI 来源期刊 90 余篇；在《人民日报》《光明日报》《新华文摘》等发表理论文章 10 余篇，多篇被"光明专论"刊载，在学术界影响较大。独立承办或合作承办了教育部"和谐校园与和谐文化建设"理论研讨会、"新常态下资源型城市转型发展研讨会""中国特色社会主义文化建设与让中原更加出彩"理论研讨会等大型学术会议，在国内产生了较大反响。

3. 社会服务。学院积极为省市政府机关、企事业单位提供培训和决策咨询。坚持每两个月向省委宣传部上报有关文化、意识形态方面的社会重大舆情及分析，多项研究成果受到中宣部、省委宣传部和焦作市委、市政府的嘉奖，并被《新闻阅评》《马克思主义理论研究和建设工程参考资料》《资政参考》《河南省哲学社会科学成果要报》等权威刊物转载。学院 4 名青年教师入选省委宣传部青年理论宣讲专家，8 名教师入选学校宣讲专家，年均宣讲 50 余次。获省社会科学普及优秀成果奖 13 项，其中特等奖 2 项、一等奖 2 项。承担 2018 年度全省高校马克思主义学院院长（思政部主任）培训班、2017 年暑期思想政治理论课骨干教师研修班等培训任务，有力提升了学院的影响力和教师服务社会的能力。

（供稿：成小明　审稿：侯菊英）

物理与电子信息学院

一、历史沿革

物理与电子信息学院成立于 2016 年 3 月，其前身是 1915 年成立的福中矿务学校预科组，1933 年更名为焦作工学院公共科目组，1962 年变更为基础教学研究部，2005 年成立物理化学系，2008 年更名为物理化学学院。2016 年，为促进理工融合，进一步优化学科专业，学校对原物理化学学院的系部与专业进行拆分和重组，将计算机学院的通信工程系及通信工程专业，电气学院的信息工程系、原电工电子技术系的电子信息工程、电子信息科学与技术、光电信息工程 3 个专业，原物理化学学院的应用物理系、物理系等相关系部合并组建成立物理与电子信息学院。

二、发展现状

学院设有通信工程、电子信息工程、光电信息科学与工程、微电子科学与工程、应用物理学 5 个本科专业，有通信工程系、信息工程系、微电子科学与工程系、应用物理系、物理系等 5 个教学单位，拥有通信与信息系统二级学科硕士学位授权点 1 个，建有物理实验中心和通信工程实验中心 2 个实验室，光电通信、信号处理、光电传感等 6 个专业研究室。学院承担全校理工类专业大学物理基础课和实验课教学任务，以及部分专业研究生基础教学任务。

学院现有教职工 110 人，其中教授 8 人，副教授 43 人，博士生导师 2 人，硕士生导师 49 人，具有博士学位教师 63 人。拥有河南省重点学科带头人 1 人，河南省教育厅学术技术带头人 2 人，焦作市优秀教师 1 人，焦作市优秀青年科技专家 2 人。目前在校本科生 2277 人，硕士研究生 43 人。

三、特色与优势

1. 人才培养。学院着眼"新工科"建设，注重理工融合，不断加强通信工程、电子信息、应用物理等特色专业建设和实验教学工作，广泛开展国内外学术交流，探索开展新型产学研合作育人。2016 年，通信工程成为河南省特色专业，信息与通信工程被确立为河南省重点一级学科。2017 年，信息与通信工程获批河南省第 9 批重点学科，通信工程系获评河南省优秀基层教学组织，大学物理实验室获批河南省实验教学示范中心。学院建有省级重点实验室 2 个，物理学、光学工程 2 个校级重点学科，校级重点学科开放实验室 2 个。拥有物理与文化省级精品视频公开课和编码理论河南省研究生优质课程 2 个品牌课程。2018 年 9 月，与韩国国立釜山大学共同举办的电子信息工程专业本科教育项目获批，从 2019 年起每年计划招生 120 人，学院在国际化教育方面迈上了新的台阶。先后与北京、武汉等多家企业开展基于新工科建设的研究合作，在课程建设、实践基地、学分置换、培养模式改革等方面积极实践，累计获批教育部产学合作协同育人项目20余项。

学院始终坚持把培养具有国际视野、创新精神、具备扎实理论基础的高素质应用型人才作为目标，高度重视学风建设，坚持全员育人，大力培养学生创新精神和实践能力。通过实施"本科生导师制"，学生学习积极性和专业认同感显著提升，形成了院风优、学风好、班风正的良好氛围。积极同国内外相关高校进行学术交流活动，邀请西安电子科技大学、中国矿业大学、美国加州浸会大学、爱尔兰利莫瑞克大学、新加坡南洋理工大学、美国北卡罗莱纳农工州立大学、韩国汉阳大学等知名高校的专家学者莅院开展学术交流，拓宽了视野，增进了交流。

学院注重学生创新能力的培养，创办光电科技协会，指导带领优秀学生参加国际数学建模竞赛、中国工程机器人大赛、全国数学建模大赛等专业大赛并取得优异成绩。学院成立3年来，先后获国际荣誉16项，国家级荣誉160项，省级荣誉363项。学生培养质量优良，毕业生基础理论扎实、综合素质突出，受到诸多高校、科研院所、企业的一致好评，平均就业率为92.14%，2017年高达99.7%，全校排名第一；研究生平均录取率为22.69%，2016年高达26.96%，电信专业考研录取率稳定保持在40%以上。

2. 科学研究。学院把"科研兴院、科技强院"作为实现中长期发展目标的重要抓手，克服成立时间短、底子薄等劣势，健全奖促机制，激发科研创新活力，取得了一大批在国内外具有一定影响的研究成果。建院以来累计获批国家自然科学基金项目12项，其中2018年获批6项；发表SCI、EI等高水平学术论文130篇，其中2018年48篇；出版学术专著、教材10余部；发明专利36项，实用新型专利20项。2017年"光电传感与智能测控"获批河南省发改委工程实验室（省级科研平台）。

3. 科技开发与社会服务。积极发挥专业与人才优势，为地方和社会经济发展服务提供科技支撑。先后与中电科二十二研究所、焦作华晶钻石有限公司、河南鑫宇光科技股份有限公司、河南天博电子等10余家企事业单位、科研院所签订了科技合作协议和产学研合作协议，建立了长期稳定的科技合作关系，解决了企业大量的技术难题，取得了良好的效果。建院以来，学院共承担横向科研合作项目 7 个，立项经费 270 万元，签订技术转让合同 2 项。（供稿：赵丽　审稿：张长森）

化学化工学院

一、历史沿革

化学化工学院的历史发端于 1909 年建校时的采矿冶金科，当时开设有选矿学、化学分析等课程。国立西北工学院时期曾设有化学工程学系，焦作矿业学院及焦作工学院时期的基础部设有化学教研室和化学实验室，2005 年基础部更名为物理化学系，化学实验室更名为化学实验中心。2008 年物理化学系更名为物理化学学院，原化学教研室拆分为化学系和应用化学系。2016 年 3 月，由材料科学与工程学院原矿物加工工程系、化学工程与工艺系，原物理化学学院的化学系、应用化学系、化学实验中心五个系（中心）整合成立化学化工学院。在专业建设上，1995 年成立矿物加工工程系，1998 年设立矿物加工工程本科专业，2001 年获硕士学位授予权，2005 年获矿业工程一级博士学位授权点；2007 年成立化学工程与工艺系，增设化学工程与工艺和应用化学 2 个本科专业；2017 年改化学系为能源化学工程系，增设能源化学工程本科专业。

二、发展现状

学院设有矿物加工工程、化学工程与工艺、应用化学、能源化学工程 4 个本科专业，拥有矿业工程博士后流动站、矿业工程一级博士点、矿业工程一级硕士点、应用化学二级硕士点和矿业工程、化学工程专业学位工程硕士授权点，形成本科、硕士、博士三级培养体系，并具有推荐免试硕士研究生和直接攻读博士研究生资格。有矿物加工工程系、化学工程与工艺系、应用化学系、能源化学工程系和化学实验中心 5 个教学单位。拥有矿业工程、化学工程与工艺 2 个河南省重点学科，化学校级重点学科。建有新能源材料与器件、煤制气和煤系气绿色高效利用材料、生物质能源等3个河南省高校科技创新团队，矿产资源绿色高效开采与综合利用、煤炭绿色转化2个河南省重点实验室，煤炭节能减排材料与技术河南省工程实验室、矿物加工与矿用材料河南省高校工程技术中心。与澳大利亚纽卡斯尔大学、中国矿业大学等国内外大学联合成立了碳基能源与碳经济国际合作研发中心。

学院现有教职工87人，具有博士学位教师63人。专任教师71人，其中教授8人，副教授33人，博士生导师8人，硕士生导师40余人。现有国家"千人计划"专家1人，教育部新世纪优秀人才支持计划获得者2人，河南省（教育厅）技术学术带头人5人，河南省优秀教师1人，河南省高校青年骨干教师6人，河南省教育厅教学标兵3人，焦作市青年科技专家1人。目前在站博士后5人，在校博士、硕士研究生101人，本科生1400余人。

三、特色与优势

1. 人才培养。学院拥有矿物加工国家级特色专业，2012年该专业获批成为"卓越工程师教育培养计划"专业。构建了适应社会需求的矿物加工工程学科人才实践能力培养体系，形成"四层次、七类别"的实践教学体系架构，研究成果从基本技能、专业技能、科技创新和工程应用四个层次进行设计和改革了教学模式。通过制定校外培养管理办法，进一步深化与校外企业的科教一体化合作，完善人才共育、资源共享、过程共管、成果共享的人才培养机制。积极探索校企联合培养、协同育人的新途径，主要实行"3+1"培养模式，即前3年学生主要在学校进行专业学习，最后1年主要在联合培养企业内进行工程实践和毕业设计。各专业均重视实践教学环节，强化学生实验与实践技能、科研能力及工程应用能力培养，积极吸纳学生进实验室参与科研项目，有不少学生在本科期间就发表了SCI、EI收录论文。近年来，学生在全国挑战杯、大学生数学建模大赛、全国矿加实践作品大赛、节能减排等活动中获得国家级和省级奖励60余项（次）。

2. 科学研究。近年来，学院累计承担国家自然科学基金项目、河南省杰出人才创新基金项目、河南省杰出青年科学基金项目、教育部新世纪优秀人才支持计划项目、河南省高校优秀人才支持计划项目、河南省重点科技攻关项目等纵向项目 100 余项，获得各类科研资助 1000 余万元。出版专著 20 余部。获发明专利 70 余项。获省部级奖励 5 项，发表论文 800 余篇（含 SCI 和 EI 收录 513 篇）。

学院积极开展国际学术交流与合作，与美国肯塔基大学、日本室兰工业大学、日本山形大学、意大利都灵理工大学、澳大利亚纽卡斯尔大学等多所高校开展科技交流、合作研究及学生培养，先后选派多名优秀教师和研究生赴美国西弗吉尼亚大学、哥伦比亚大学、澳大利亚纽卡斯尔大学、昆士兰科技大学、新加坡南洋理工大学、香港中文大学等进行国外访问、学术交流或攻读学位，承担完成多项国际合作研究项目，聘请西弗吉尼亚大学颜芬华（Felicia Fen-Hwa Peng）等国外教授给本科生上课。

3. 科技开发与社会服务。学院根据教师自身的专业特色，鼓励教师积极与相关企业联系，同时学院定期组织青年教师到河南能化集团、晋煤集团、大同煤矿集团、邯郸选煤厂、多氟多新能源科技、河南佰利联等相关企业从事调研，了解企业的实际需求，让青年教师在学习现场知识的同时，将已有的科学理论与企业实际有效结合，服务地方经济发展。近年来，学院青年教师分别与神华神东煤炭集团有限公司、新乡市锦源化工有限公司、冀中能源峰峰集团、陕西榆林兴友物资有限公司等十余家企业合作完成横向项目 10 余项，到账经费 180 余万元。

（供稿：别红彦　审稿：谌伦建　郭学鹏）

外国语学院

一、概况

外国语学院成立于 2008 年，是在 1994 年从基础部分离出来并成立的外语系基础上发展起来的。

学院设英语、日语 2 个本科专业，其中英语专业为校双学位专业。下设英语系、日语系、大学英语第一教研室和大学英语第二教研室 4 个教学单位。拥有外国语言文学校级重点学科，涉外事务管理二级学科硕士点，汉语国际教育、学科教育（英语）专业学位硕士点及翻译专业学位硕士点。建有中原文化翻译研究中心，下设太极文化翻译研究所、中原旅游翻译研究所、翻译与中原经济发展研究所 3 个研究所。

学院现有教职工 121 人，其中教授和副教授 37 人，具有博士学位教师 13 人，在读博士 14 人；具有国外留学、工作和培训经历的教师占教师总数的 70%，外籍教师 10 余人。目前在校本科生 563 人、硕士研究生 21 人，已形成从本科、双学位到硕士的人才培养体系。

二、特色与优势

1. 人才培养。学院立足学科实际，着力推动国际合作人才培养体系建设，提高培养人才的国际视野、语言交汇能力并增强对外国文化的直接体验。先后与美国东卡罗莱纳州立大学和北卡农工大学合作开设本科生网络课程，每年有 100 余名学生参加网络课程的学习；与加拿大拉瓦尔大学文学与人文学院合作，开展本科生交换培养，已有 10 余名学生成为联合培养毕业生。积极推进学生海外实习实训基地建设，目前已建成海外实习实训基地 3 个，50 余名学生参加了海外实习实训。英语系 2018 年获批河南省优秀教学基层组织，2019 年 5 月获批翻译专业学位硕士授权点。

学院承担全校各办学层次英语、日语教学任务，恪守教学单位本色，坚持"四有"（有理想信念、有道德情操、有扎实知识、有仁爱之心）好老师标准，大力推进师资队伍建设。近十年来共选派 42 名教师到英国朴茨茅斯大学、雷丁大学、谢菲尔德大学，美国塞勒姆大学、加州大学、伍斯特理工大学，新西兰坎特伯雷大学，爱尔兰利莫瑞克大学等国外大学做访问学者。注重提升教师教学素养，力促教学方法、手段更新，扎实推进教学水平提高，曹旺儒等 9 人获河南省教学技能大赛一等奖且获"教学标兵"称号，张芳芳、张苏燕在"外教社杯"全国高校外语教学大赛中获奖，郜莉、曹敏等 5 人在"外研社"教学之星全国高校外语教学大赛中获奖，25 位教师在全国外语微课大赛中获奖。

2. 科学研究与社会服务。学院重视科研工作，狠抓项目申报和成果产出。目前在研国家社会科学基金项目 2 项，分别是张少扬博士主持的"中西比较诗学视域下唐诗'客观诗本体'及其世界性影响研究"和郝葵博士主持的"20 世纪 20 至 30 年代欧洲的俄国难民社会研究"。主持完成或在研教育部项目 5 项，分别是刘文博士主持的教育部人文社科项目"认知诗学研究"、王祖友博士主持的"美国后现代派小说的后人道主义研究"、朱晓丽博士主持的"基于儿童读物英汉平行语料库的语义角色知识研究"、杨晓斐主持的"地方高校转型发展国际经验及借鉴——以欧洲应用科学大学为例"、秦琴主持的"太极拳典籍翻译实践研究"；主持河南省哲学社会科学规划项目 8 项、省科技厅软科学项目 14 项、省级教研教改项目 5 项。2017 年，英语系获得河南省优秀教学基层组织立项建设。2018 年，冉玉体博士和吴敏分获省级精品在线开放课程立项，冉玉体博士获河南省研究生教育改革与质量提升工程项目立项，王静获教育部产学研协同育人项目立项。2018 年 5 月，以赵昉教授为组长、冉玉体教授等为成员的"太极英文译写组"跻身河南省政府外侨办"翻译河南"工程编纂组，并承办河南省外事侨务办公室主持召开的"翻译河南"工作会议。发表 CSSCI 高级别论文 23 篇，出版省级规划教材 1 部。

3. 党建与思想政治工作。学院认真贯彻党的教育方针，坚持把立德树人作为根本任务，大力加强党建与思想政治工作，深化学院领导与学生座谈制度，取得良好效果。2011 年和 2016 年学院党委和大学英语第一党支部获评省高等学校先进基层党组织。2012 年至 2014 年先后获得省高等学校思想政治工作优秀品牌 3 项。2015 年获省思想政治工作优秀研究成果 1 项。2016 年，品牌·创新·凝聚·先进——"一月一主题"基层党日活动创新实践，被省委高校工委批准为河南省高等学校基层党建创新项目。2018 年获学校学院年度目标考核小组第一名、党建工作考核小组第二名、先进党委、精神文明建设先进单位、五四红旗团委、先进教工之家等荣誉。此外，多名教师分别获得省级优秀共产党员、河南省文明教师称号。（供稿：李治民　审稿：平　瑞　李惠敏）

建筑与艺术设计学院

一、历史沿革

建筑与艺术设计学院成立于 2008 年 10 月，由土木工程学院建筑系、机械与动力工程学院工业设计系、文法学院艺术设计系组成。学院建院之初，设有建筑学、城乡规划、工业设计和艺术设计 4 个本科专业，其中艺术设计专业有环境艺术设计、视觉传达设计、装饰造型设计 3 个方向。2013 年，根据教育部《2012 年本科专业目录》要求，艺术设计专业调整为环境设计专业、视觉传达设计专业和产品设计专业，其中产品设计专业 2019 年开始招生。2012 年，广告学专业从文法学院转入，2016 年 7 月重新转回文法学院。

二、发展现状

学院设建筑学、城乡规划、工业设计、环境设计、视觉传达设计和产品设计 6 个本科专业，学科涵盖工学和艺术学 2 大门类。建筑类专业 2015 年成为省级优势专业，设计类专业 2014 年在河南省教育厅组织的专业评估中获优秀评价。现有建筑科学及技术、工业设计、学科教学（美术）、建筑与土木工程 4 个硕士点，2019 年成功获批建筑学一级硕士点。建筑学、设计学 2 个学科为校级重点学科。建有中原传统村落与建筑文化艺术研究中心、视觉艺术研究中心、河南省全媒体科普传播中心创作基地和实验中心。专业画室、专业设计室、平面设计实验中心（机房、摄影实验室、模型试验室、丝网版画实验室）、建筑物理实验室、创意车间、美术展厅、图书资料室、教学档案室等，可满足各专业的教学与实验等方面的需求。现有教职工 74 人，其中专任教师 64 人，高级以上职称 19 人。目前在校本科生 1215 名，硕士研究生 6 名。

三、特色与优势

1. 人才培养。根据学校人才培养的总体目标和学院实际，结合社会对设计人才的需求，着重培养学生的社会责任感、健全人格，宽阔视野、扎实基础，确立了"两种能力、两种精神"（即创新能力、实践能力，团队精神、工匠精神）的高素质"艺术 + 技术"应用型人才的人才培养目标。

学院不断完善人才培养模式，围绕"一个目标"，即培养高素质应用型人才；"两个基础"，即艺术基础与技术基础；"三个优势"，即学院工学与艺术学并存、学校工科优势突出、河南为文化资源大省等优势，"多措并举"，积极探索多元化人才培养模式，优化人才培养机制，鼓励和支持教师开展以提高学生学习成效为核心的教育模式、教学方式方法改革研究，取得一定成果。建院以来，各专业教师积极开展教研教改活动，主持各类教改项目 32 项，其中省级教学质量工程项目 3 项，省级教改项目 2 项，校级重点项目 10 项，校级一般项目 20 项；发表教改论文 15 篇。建筑学系获校级优秀系（教研室）建设立项，建筑学专业入选校级特色专业提升行动计划。

2. 社会服务与社会实践。学院依托中原传统村落与建筑文化艺术研究中心，以传统村落保护与活化为根本，组织建筑类与设计类两大学科的骨干教师带领学生前往豫北乡村、吉林白山、福建土楼、闽南碉楼、浙江义乌等地开展传统村落测绘、手绘、影像采集、设计规划等多种形式的社会服务，当好传统建筑文化的守护者和建设者。紧密结合国家美丽乡村建设，组织师生开展持久而广泛的社会实践活动，形成了红色文化、传统文化和乡村建设实践育人品牌。美丽乡村建设志愿者服务队深入鹤壁西顶村、社区等基层开展活动，多次前往院党委副书记杨波为第一书记的对口扶贫村南朱营村开展美丽乡村活动，为南朱营村绘制多种主题的墙绘等，与第一书记一道做好扶贫工作。积极发挥学科优势，为学校结对淅川帮扶工作提供服务，多次召开美丽乡村建设规划调研动员会，组织师生规划设计团队深入淅川县，在村庄规划、旅游开发、文创产品开发与设计、扶贫产业等方面开展精准扶贫工作。

学院社会实践特色鲜明，育人效果显著，井冈山社会实践团队自 2015 年起，连续 3 年获团中央"井冈情·中国梦"优秀成果奖，并被评为优秀团队。"传承红色基因，打造育人品牌——井冈山精神实践育人的创新与探索"获全省高校实践育人工作优秀案例一等奖，"传承井冈山精神，打造实践育人品牌"获河南省普通高等学校校园文化建设成果二等奖。"情绘白山，筑梦匠心"暑期社会实践团获 2017 年全国大中专学生"三下乡"暑期社会实践"千校千项"成果"最具影响好项目"荣誉称号，"塞上西口，匠心文创"实践团在团中央 2018 第三届全国大中专学生暑期社会实践公益传播力展示活动中荣获"优秀实践团队"荣誉称号。

3. 科学研究与合作交流。近十年来，学院主持国家自然科学基金项目 2 项和教育部人文社科项目 5 项、国际合作项目 1 项，获发明专利 3 项、实用新型专利 30 项、外观专利 3 项。在 SCI、EI、四级期刊上发表高水平学术论文 60 余篇，其中闫海燕博士撰写的论文获得 ESI 高被引论文奖。

2015 年 5 月，视觉艺术研究中心获批河南省文学艺术届联合会视觉艺术研究与培训重点基地。2015 年 11 月，中原传统村落与建筑文化艺术研究中心获批第四批校级人文社会科学重点研究基地。2017 年 10 月，由学院牵头申报的"河南省全媒体科普传播中心建设基地"获批，成为学校又一个省级科研实践教育平台。2018 年该平台由建设基地升格为创作基地。

积极开展国际国内学术交流，与意大利都灵理工大学、台湾昆山科技大学等多所大学建立了校际合作关系，先后派出师生 30 余人次到国外或台湾进行学习与学术交流，每年邀请多名国外知名学者、建筑师、规划师、艺术家等来院讲学。还与广州市建筑科学研究院有限公司、河南省建筑设计研究院、景德镇胡塗窑陶瓷工作室、义乌浪尖工业设计有限公司、河南绿建景观设计工程有限公司等多家知名公司与企业签订产学研合作协议或达成合作意向，建有多个实习基地，办学实力和社会影响力逐年提升。（供稿：李倩　审稿：王同文）

应急管理学院（社会管理学院）

一、概况

应急管理学院（社会管理学院）成立于 2010 年 3 月，其前身是创建于 2008 年的公共管理系。设有公共事业管理、公共事业管理（应急管理方向）和管理科学 3 个本科专业方向。拥有公共管理一级学科硕士点，公共管理（MPA）和教育硕士 2 个专业学位硕士授权点。

学院建有河南省应急管理技术研究与培训基地、河南省高等学校人文社会科学重点研究基地、河南省学校安全管理研究中心和河南省协同创新中心等省级科研平台 4 个。中国管理学会公共管理专业委员会秘书处和中国"双法"学会应急管理专业委员会的教育工作委员会秘书处均设在学院。2010 年，时任国务院应急管理专家组组长、国家减灾委专家委员会副主任、原国家安全生产监督管理局副局长闪淳昌应邀担任学院名誉院长，河南省政协经济委员会主任、省政府应急管理专家组组长、省政府原副秘书长介新应邀担任学院首任院长，后又应邀担任学院名誉院长。

学院现有教职工 43 人，95% 以上的专任教师毕业于美国、日本、德国和国内知名高校、科研院所。其中，具有高级职称教师 19 人，占专任教师总数的 63%；具有博士学位教师 22 人，占专任教师总数的 73%。拥有国家应急管理部（原安监总局）安全文化专家 1 人，河南省高校优秀青年社科学者 1 人，河南省高校人文社科类科技创新人才 1 人，河南省高校青年骨干教师 1 人，河南省煤矿安全文化专家 3 人，省级安全应急管理专家 4 人。目前在校本科生 680 余人，硕士研究生 200 余人。

二、特色与优势

1. 人才培养。学院人才培养目标是培养造就具有一定管理实践和研究能力的复合应用型人才。为达成人才培养目标，学院重视基础条件建设，拥有高标准的公共管理案例分析室和案例讨论室，专门的公共管理专业图书资料室，馆藏中文图书 4.75 万册、英文图书 3000 多册。已建成电子政务实验室、应急技能实训室、安全心理学实验室等应急管理类专业实验室，总面积 300 多平方米，设备总价值 280 余万元，投入 60 万元完成应急指挥中心（模拟）、应急会商室（模拟）2 个分室建设。与河南、广东和陕西等省政府应急办及全省 18 个地市应急办保持密切合作关系，与国家和河南省地震系统、环保系统、交通系统等建立了稳定的业务联系。聘请 10 余名政府部门和大型企业技术负责人或业务骨干作为学院兼职教授，为学生实习实训提供实践指导。

学院贯彻落实立德树人根本任务，扎实推进全员育人工作。建院十年来，学院学生工作获省高校第二届"大美学工"十佳优秀学生工作品牌 1 项，为学校首个获此殊荣的学院；获省高校思想政治工作品牌 2 项，省基层党建创新项目 1 项，省辅导员精品项目 1 项，省高校辅导员职业能力大赛二等奖 1 项，其他学生工作品牌 10 余项；加强学生思想政治与教育管理阵地建设，建成了学校首个辅导员工作站并投入使用。学生参加各类科技创新和学科竞赛获国家级奖励 30 余项，省级奖励 50 项；500 余人次获得各类奖学金，涌现出各类先进集体 30 余个、先进个人 800 余人次。本科毕业生一次就业率达 92% 以上，毕业生以综合素质高、创新动手能力强受到用人单位好评，为社会输送高素质人才近 2000 人。

2. 科学研究。建院以来，教师共主持各类科研项目 198 项，其中国家自然科学基金项目 9 项，国家社会科学基金项目 2 项，教育部人文社科基金项目 15 项，省社科规划项目 11 项，省招标决策项目 17 项，省科技厅项目 11 项，省级人才称号类项目 5 项，其他省部级项目 5 项，纵向科研经费达 600.49 万元。承担政府和企事业单位委托项目 30 余项，横向科研经费达 683.48 万元。发表论文 570 篇，其中 SSCI 收录 5 篇，SCI 收录 13 篇，EI 收录 25 篇，"三报一刊" 1 篇，其他 CSSCI 源刊论文 66 篇，CSCD 源刊论文 35 篇，二级学报及以上 17 篇。出版教材和专著 20 余部。获中国管理科学奖、河南省科技进步奖、河南省社会科学优秀成果奖和河南省教学成果奖等各类奖励 50 余项。

学院注重对外学术交流，多次承办全国性学术会议，邀请国内著名学者王保庆教授、童星教授、米加宁教授、王郅强教授、李雪峰教授等莅院讲学并聘为兼职教授。"应急管理学科建设及应用"获第四届中国管理科学学会管理科学奖（实践类）。在国内应急管理学科建设领域"十年磨一剑"，达到 3 项全国第一：第一家率先确立了应急管理学科体系，第一家率先创立了应急管理人才培养体系，第一家率先形成了应急管理教材体系。学院顺利通过 2018 年 MPA 专项评估，在全国 77 个参评单位中排名第 19 位，位列省内 5 所参评高校第一位；公共管理学科在全国学科评估中获得"C+"格次，位列省内参评高校第二位。获批河南省安全生产培训基地，该基地是河南省应急管理厅在省内高校设立的唯一安全生产培训基地。

"河南省灾害应急仿真技术创新中心"获批成为省应急厅首批建设的河南省应急与安全科技支撑平台，是省内高校唯一入选的项目。

3. 科技开发与社会服务。学院坚持以服务地方经济社会发展为使命，以社会重大现实需求为导向，先后参与河南省"十一五""十二五"应急体系建设，主持制定郑州市突发事件应急体系建设"十三五"规划，与河南省政府应急办、交通厅、食品药品监督管理局和广东省政府应急办等政府部门建立广泛合作关系；承担民政部、省科技厅、省教育厅、省政府决策研究招标课题多项，为政府提供政策咨询服务；为梅州市、南京市、淮安市、哈密市、郑州市、濮阳市等地方政府举办应急管理培训 30 余次近 3000 余人次，学科特色鲜明，服务社会能力突出。（供稿：孙凯鹏 审稿：陈昊）

文法学院

一、历史沿革

文法学院的前身是 1993 年成立的焦作矿业学院社会科学系。1994 年至 1998 年开设普通高等教育法学专科专业。2000 年开始法学本科教育，2003 年开设汉语言文学本科专业，2006 年 3 月社会科学系更名为人文政法学院。2008 年开设广告学本科专业。2010 年 4 月更名为文学与传媒学院。2011 年 4 月，法学专业并入，更名为文法学院。

二、发展现状

学院设汉语言文学、法学、广告学 3 个本科专业，下设中文系、法学系、广告系、汉语国际教育教研室等 4 个教学单位。拥有较为完整并颇具特色的学科体系，建有中国语言文学一级学科硕士授权点，汉语国际教育硕士专业学位授权点，文化事业管理二级学科硕士学位点，中国语言文学重点学科，法学二级重点学科。建有河南省卓越法律人才培养基地，河南省精品视频公开课和河南省精品课程各 1 门，有怀川文化研究中心、中外诗学与多元文化研究中心 2 个校级人文社会科学研究中心。

学院现有教职工 59 人，其中教授 4 人，副教授 14 人，高级职称教师占教师总数的 30.5%；具有博士学位 26 人，在读博士 4 人。目前在校本科生 1021 人，硕士研究生 120 余人。

三、特色与优势

1. 人才培养。学院紧密结合国家经济社会发展的趋势与需求，在人才培养目标上遵循知识—理论—技能—能力的培养主线，确立了复合应用型人才培养总目标，以全面提高学生的专业素养和综合素质为目的，以社会需求和学生需求为导向，以培养学生的实践能力和社会适应能力为侧重点，构建个性化、复合化、融通化三位一体的人才培养模式，重点培养具有较强职业能力和社会适应能力的应用型高级专门人才。高度重视教学研究，大力支持教师参加各级各类教学研究活动，优化了课程内容和体系，培养了教师进行教学研究的意识和能力。近年来有7位教师获得河南省教学成果一等奖，近20位教师参与新版《大学语文》教材的主编、编写，该书获评为省级规划教材。

学院毕业生就业率逐年上升，平均就业率高达91.53%。本科毕业生考研质量不断提高，其中2013—2018届毕业生中，21人考取985院校，74人考取211院校，占考取研究生总人数的40.77%。结合专业特点，发挥专业优势，创新育人载体，着力打造"五四红色经典诵读""卓越杯法律知识辩论赛""广告节""原创征文与硬笔书法比赛"等一系列学生活动品牌，"法学梦工厂""'法律大讲堂'——用实践开出育人良方"获河南省高校实践育人工作优秀案例。2018年，"文化传承'四部曲'"荣获河南省校园文化优秀成果三等奖，"学宪法、讲宪法"演讲比赛荣获河南省一等奖。获全国大学生英语竞赛国家级奖4人次，全国大学生广告艺术设计大赛第15届秋季奖、第16届春季奖共81项。

2. 科学研究。2010年以来，学院教师主持国家社会科学基金项目10项，教育部人文社科基金项目13项，河南省哲学社会科学研究项目9项，其他省部级研究项目近30项。发表学术论文500余篇，其中CSSCI来源期刊论文100余篇。出版学术著作50余部。获得河南省社会科学优秀成果奖、河南省教学成果奖、省教育厅人文社科优秀成果奖等奖励50余项。

学院积极开展国际国内学术交流，先后派出20余人次到国内外进行访学和学术交流，邀请国内外知名专家来校进行学术交流，举办学术报告和讲座40余场。组织举办第二届中国世界华文文学论坛、中国写作学会现代写作学委员会2012年学术年会、河南省写作学会2013年学术研讨会、河南省法学会民商法学研究会2016年年会暨民法总则编纂论坛、河南省汉语国际教育硕士教学理论暨学位论文研讨会等高水平学术会议。

3. 学科建设与研究生教育。2011年，学院获批文化事业管理二级学科（自设）硕士学位授权点，2012 年招收第一批 4 名研究生（含 2013 年入学 1 人），开始研究生教育。2014 年获批汉语国际教育硕士专业学位授权点，2017 年获批中国语言文学一级学科硕士授权点。2018 年，汉语国际教育硕士专业学位授权点通过了由国务院学位委员会学科评议组和全国专业学位研究生教育指导委员会组织实施的专项评估。

学院大力发展研究生教育，先后建立了 12 个研究生国内外实习基地，鼓励赴海外做汉语教师志愿者，搭建中外学生互助学习平台，实施研究生助教留学生课堂制度等，实现理论与实践的有效对接；开设了第二外语（韩语）、东南亚汉语国际推广专题等课程，目前已有 19 人赴韩国、14 人赴泰国执教，为在国外传播中华文化作出了重要贡献。（供稿：徐宜可 审稿：冒建华）

体育学院（太极拳学院）

一、历史沿革

体育学院（太极拳学院）成立于 2010 年 4 月，其前身是 1958 年焦作矿业学院体育教研组。随着学校规模的扩大和体育事业的发展，学校于 1995 设立体育教学部，2005 年成立体育系，2010 年 6 月正式更名为体育学院。同时，为了响应文化强国，弘扬优秀太极文化，展现焦作太极发源地的特色，结合学科建设发展的需要，学校决定成立太极拳学院，并与体育学院合署办公。

二、发展现状

学院现有社会体育指导与管理、武术与民族传统体育 2 个本科专业，拥有体育专业硕士学位授权点、公共体育事业管理二级学科硕士点，具备篮球、武术、乒乓球、足球等 4 个全国高水平运动员招收资质。设有第一教研室、第二教研室、第三教研室、武术系、社会体育系等 5 个系（教研室）。

学院现有教职工 86 人，其中教授 10 人，高级职称（含内聘）42 人，具有博士学位教师 10 人，在读博士 2 人。目前在校本科生、高水平运动员和硕士研究生共计 400 余人。

三、特色与优势

1. 人才培养。学院坚持国家本科专业质量标准要求，依托太极拳发源地优势，突出太极特色，逐步形成了太极优势特色品牌。经过多年探索与实践，武术与民族传统体育的"太极拳＋器械＋表演"和社会体育指导与管理的"太极拳＋健身俱乐部"专业能力培养模式渐趋成熟。体育专业学生具有太极拳、武术套路、地掷球、轮滑球等竞赛优势运动项目。

公共体育事业管理硕士点在太极拳推广与国际传播领域形成了体育政府管理与体育社会组织管理研究特色方向。公共体育突出太极拳特色课程建设，自2010年起，新生入校第一学期全面普及太极拳，在考教分离的基础上开展全校规模的太极拳展演与比赛，现已形成了良好的太极拳文化氛围，实现了全校学生人人会打太极拳，人人体验太极拳的良好风貌，多次参加焦作市"一赛一节"（国际太极拳交流大赛暨云台山旅游节）太极拳表演，承办2018年"汉语桥"世界大学生中文比赛选手观摩夏令营（河南段），为学校赢得荣誉。同时，基于此形成的公共体育太极拳精品课程，在全省乃至全国高校形成了品牌效应。

2. 科学研究。学院根据不同时期学校科研工作指导意见和学院科研工作指导思想，紧密结合学院总体发展需要，全面推进科研工作，科研总量和规模持续增长。10年来，学院教师主持、参与完成国家社会科学基金项目3项，主持在研国家社会科学基金项目3项，主持完成省部级项目27项，获得省部级科研奖励5项。获批国家体育总局体育文化研究基地1个、河南省高校人文社会科学重点研究基地1个、河南省非物质文化遗产研究基地1个，获批河南省创新团队1个。

3. 运动竞赛。学院以高水平运动队建设为重点，业余运动队建设为辅助，注重特色、优势项目的培育，建成5支高水平运动队和15支业余运动队，运动员人数300余人。10年间参加各级竞赛共获得国际比赛金牌27枚、银牌8枚、铜牌3枚，国家级比赛金牌57枚、银牌65枚、铜牌85枚，省级金牌121枚、银牌118枚、铜牌131枚。其中，荷式篮球和地掷球均曾代表国家队征战世界大赛，并取得良好成绩，为祖国赢得了荣誉；王燕被国家体育总局评为体育运动一级奖章教练员，王晨怡被国家体育总局评为体育运动一级奖章运动员；2018年校地掷球队员王晨怡和王均杰入选跨项冰壶国家集训队，参与备战2022年北京冬奥会。10年来，先后承办全国"校长杯"乒乓球比赛、第十八届CUBA中国大学生篮球联赛（西北赛区）比赛、2017—2018全国校园足球联赛大学生男子校园组东北赛区比赛等国家级比赛7项、省级比赛9项，学院精心策划组织，高标准地完成了各项承办赛事，得到了赛事主办单位和社会各界的充分肯定。其中，2018年获得中国大学生体育协会颁发的"优秀承办院校奖"和足球分协会颁发的2017—2018全国青少年校园足球联赛"最佳赛区"奖。

4. 群众体育。学院始终以"健康第一"为指导思想，以丰富校园体育文化生活，培养师生良好的生活习惯为目标，全面落实国家和教育部各项健身活动要求，广泛开展各项群体活动，加快推进体育强校建设。每年组织开展的体育活动有体育节暨春季运动会、新生运动会、新生太极拳教学比赛、新生"好学杯"篮球比赛、创意"啦啦舞"比赛、"理工杯"球类比赛、师生冬季长跑等7项大规模体育赛事，其中体育节暨春季运动会师生足球、排球、乒乓球、羽毛球、网球、太极拳等18个单项比赛项目贯穿全年，参与师生每年近6万人次。2017年学校荣获国家体育总局颁发的"全国群众体育先进单位"称号。

5. 党建工作。学院重点加强学生党员规范管理，狠抓党员培养、教育和管理，深化落实体育学院学生党员述责答辩制度和学生党支部工作规范。注重党员先锋模范作用和服务意识培养，2016年成立全民健身志愿服务队，立足专业特色，利用专业技能，创新性地开展了乒乓球、瑜伽、太极拳、中招考试项目、运动康复等多个项目的志愿辅导培训活动，服务师生1000余人，赢得广泛赞誉。同时，党员志愿者积极服务地方群体活动，参与到焦作市国际太极拳年会、国际太极拳高峰论坛、焦作市第十三届运动会开幕式表演及赛事组织等创新实践活动中，为地方群体竞赛提供了良好的服务与支持，运动康复志愿服务团队还坚持在龙源湖面向群众开展长期志愿服务活动。（供稿：孙瑞佳　审稿：张纳新）

音乐学院

一、概况

音乐学院前身为 2007 年 7 月成立的音乐系，2010 年 9 月更名为音乐学院。

学院设音乐表演、舞蹈编导 2 个本科专业，拥有音乐教育管理和学科教学（音乐）2 个二级学科硕士学位授权点。有音乐与舞蹈学校级重点学科，声乐、数码钢琴 2 个校级重点课程。下设声乐系、器乐系、舞蹈系、理论系、教学实践部和音乐文化产业研究所。教学场地及硬件设施齐全，有音乐厅、数码钢琴教室、数字音乐教室、视听教室、录音棚等设施，为学生学习和舞台实践提供了有效平台。

学院现有专任教师 43 人，其中教授、副教授 11 人，具有博士学位教师 3 人；河南省教学标兵 3 名，省级骨干教师 1 人。聘请著名音乐家李双江、居其宏、戴嘉枋为特聘教授，赵登营、张纯、饶余鉴、韩宝强、彭康亮、王丰、杨小勇、张佳林、马紫晨、简·海耶、李佳蔚、丁羔等为兼职或客座教授。目前在校本科生 300 余人，硕士研究生 5 人。

二、特色与优势

1. 人才培养。学院秉承学校优良传统和深厚文化底蕴，本着"以学生为主体，以教师为主导，以质量求生存，以创新促发展，以特色创品牌"的办学思想，坚持"因材施教，乐育英才"的办学宗旨，立足地域，服务社会，打造"实践育人"特色，着力培养本学科专业领域具有较强创新精神和研究能力的应用型人才。学院合唱团、舞蹈团在全国比赛、省大学生艺术节、艺术展演及省科技文化艺术节等活动中屡获大奖，在全省同类院校中有着很好的声誉和影响；培养了王若松等一大批优秀学生，赢得了社会的广泛赞誉。

2. 科学研究。建院以来，学院承担教育部、文化部及省级以上项目 50 余项，公开发表学术论文 800 余篇，其中 CSSCI 及核心 70 余篇；出版著作、教材 30 余部。师生在省内外重大音乐比赛中，获省级及以上比赛等奖项 50 余项。

3. 交流合作与文艺演出。学院积极开展国内外学术交流活动，与美国三一大学、韩国韩世大学和台湾台东大学开展校际交流与合作，选派 10 余名教师到国外进修或做访问学者，经常邀请国内外知名专家、学者来学院讲学和交流。多次承办河南音乐金钟奖等重大音乐比赛，多次参与央视、省、市级电视台等大型文艺演出及节目录制等活动。2015 年，学院排演的大型清唱剧《抗倭英雄戚继光》先后入选河南省高雅艺术进校园、河南省中原文化大舞台和教育部原创文化精品推广计划；2016 年 10 月 20 日，李新现教授在北京音乐厅举办"点燃——李新现独唱音乐会"，著名歌唱家、音乐教育家李双江担任艺术总监，指挥家滕矢初将执棒中国电影乐团担任伴奏，演出取得圆满成功，为学校赢得了广泛赞誉。（供稿：赵伟利　审稿：杨玉海）

医学院

一、历史沿革

医学院成立于 2012 年 7 月，开创了百年理工医学教育的新局面。2012 年设立护理本科专业，2013 年设立药学本科专业，2014 年设立护理、助产 2 个专科专业，2015 年增设医学检验技术、药学、口腔医学技术及针灸推拿 4 个专科专业。2015 年 6 月，医学中专部 20 名教师划归医学院管理，并组建了医学基础部、护理系、药学系、医学技术系和实验实训中心等教学组织。

二、发展现状

学院现有 4 个系（部）、1 个实验实训中心、1 个校级研究所、1 个校级重点学科，设有药学、护理学 2 个本科专业及 2 个专升本专业，针灸推拿、医学检验技术、口腔医学技术、药学、护理和助产 6 个专科专业，拥有公共卫生管理、化学制药、生物医用材料 3 个硕士点研究方向，形成了医、药、护、技等门类齐全的卫生人才培养体系，目前在校生 2130 人。

学院现有教职工 64 人，其中专任教师 48 人，教授 5 人，副教授 13 人；具有博士学位教师 16 人。柔性引进多名国内外知名学者为学院特聘教授，师资队伍逐渐增强。

三、特色与优势

1. 人才培养。学院积极调整和优化学科结构，重点建设药学重点学科；拓宽专业方向，以医学专业建设为重点，医、药、护、技全面发展。强化本科教育，调整专科教育，筹划研究生教育。加强人才培养模式与课程体系改革，建立医教结合运行机制，力争取得较高水平教研及科研成果。

通过开展"全员育人"、"杏林·学思"讲坛、师生桥、专业首席指导教师等多种形式和途径，提升学生人文素养和综合素质，学生在国家、省级及学校举行的各类比赛中屡创佳绩，获得各级各类奖励50余项，本科生考研工作受到学校表彰。教师教学水平逐年提升，2017年有4名教师参加全国青年教师实践技能竞赛并获二等奖；连续四年参加学校"三大杯"教学竞赛，获二等奖2个、三等奖2个。编写国家及省级规划教材8部。截至2018年底，学院累计为社会培养了三届本科毕业生277名、两届专科毕业生711名。

学院不断加强基础设施建设，2016年7月底整体搬入北校区后，建筑面积1.5万平方米的2栋医学实验楼投入使用，用于实践教学的"一馆五中心"即将建成，教学科研条件日臻完善。

2. 科学研究。建院至今，学院经历了学校"十二五"规划到"十三五"规划的交替期。"十二五"期间是学院各项工作的起步阶段，经过"十二五"时期的两年建设，"十三五"期间学院进入科研基础能力建设时期。医学科研平台初步建成，药学重点学科科研平台建设稳步推进，科研实力大幅提升，2017年，学院实现了国家自然科学基金青年基金项目和河南省科技攻关项目双突破。截至2018年10月，学院又获国家自然科学基金青年基金项目立项1项，河南省科技厅科技攻关项目立项2项；发表SCI论文22篇，中文核心论文15篇，发表的论文数量和质量稳步提高。积极推动知识产权工作，获批发明专利4项、实用新型专利4项、外观专利1项。学院总立项经费累计达256万元。

依托药学重点学科，积极开展医学科学研究，凝练出药物分析、药物化学和药理学3个科研方向。积极开展学术交流活动，组织学院兼职教授每年举办学术报告会，鼓励教师走出校门参加学术会议，拓展学术视野。

3. 科技开发。2016年9月，学校与河南理工大学第一附属医院、焦作市新港医疗设备有限责任公司签署合作协议，共同组建了河南理工大学骨科研究所（挂靠医学院）。该研究所以脊柱外科、关节外科为重点，兼顾骨肿瘤、骨组织工程、骨免疫等方向的研究，在骨科医疗器械、骨科生物材料等方面进行自主研发，开展骨科生物材料、骨分子生物学、骨生物力学等交叉领域的基础研究与产品转化和技术开发，目前承担各类项目 12 项，立项经费 213 万元。（供稿：肖楠 审稿：缪娟）

医学中专部

一、历史沿革

医学中专部的前身是 1951 年建立的平原省焦作卫生学校，是河南省成立最早的中等卫生学校之一。历经平原省焦作卫生学校、焦作医士学校、焦作医学院、焦作医学专科学校、焦作卫生学校、焦作卫生医药学校等发展阶段。2010 年 7 月，焦作卫生学校与焦作市中医药学校合并，组建成立焦作卫生医药学校。2014 年 5 月 7 日，焦作市人民政府为了支持河南理工大学办好高等医学教育，决定将焦作卫生医药学校及其附属医院整体移交河南理工大学管理，焦作卫生医药学校整体并入河南理工大学。同年 10 月，河南理工大学党委研究决定成立医学中专部，继续保留焦作卫生医药学校校名，招收培养中等卫生职业人才。

建校 60 多年来，医学中专部为社会培养了数万余名高素质卫生技术人才，大多数已成为各地医疗卫生战线上的骨干，涌现出了河南省副省长霍金花、河南省政协副主席高体健、焦作市原副市长张殿臣、焦作市政协副主席孔祥群等一大批知名校友。先后荣获国家级重点中等职业学校、国家中等职业教育改革发展示范学校、全国青少年道德培养实验基地、河南省中等职业学校教师教育技术能力培训基地、省级文明单位等称号。

二、发展现状

医学中专部现有专职教师 185 人，其中副高以上职称 63 人，省级学科带头人 2 人，学术技术带头人 4 人，省级教学名师 2 人，省级骨干教师 16 人，"双师型"教师超过80%，50余名教师在全国、省、市各专业教研会及各学科研究会担任职务。2014年5月以来，获得市厅级以上优秀科研成果192项，发表学术论文86篇。在全国中职学校助产专业技能大赛、河南省中等卫生职业教育护理技能竞赛和河南省中职学校班主任素质能力展示等比赛中，获得国家级奖励15项、省级奖励50余项，在河南省医疗卫生类中职学校中遥遥领先。

医学中专部现开设有护理、助产、美容美体、口腔修复工艺、医学影像技术、医学检验技术、药剂、中药、中药制药、眼视光与配镜、中医康复保健11个专业。拥有1个门诊部（新华西社区卫生服务中心），2个联合办学点，69个教学班，目前在校生4000余名。校园占地7.61万平方米，建筑面积10.12万平方米，固定资产15481.2万元，馆藏图书16.35万册。实训基地教学设施完善，有医学基础、护理、药学、中医康复保健、医学检验技术、口腔修复工艺、眼视光与配镜和美容美体8个实验实训基地，按照行业工作环境标准，建有中心供氧、护士站、重症监护室、手术室、模拟病房、产房、GMP车间、检验、中药炮制、针灸推拿等实验室和美容中心等，设备总值1774万余元，仪器设备达11677台（套）。2017年，获国家实训基地建设项目资助1000万元；新建实训楼1幢，为实训实践教学提供了保证。

三、特色与优势

1. 办学实力增强，成就职教品牌。2011年初，医学中专部紧紧抓住国家建设中职教育改革和发展示范学校的大好机遇，开展会议动员和思想大讨论，引导职工转变思想观念和教育理念，改进创新教学模式和教学方法，增强竞争意识和发展机遇意识，为建设示范校奠定思想基础。注重加强内涵建设，用好国家1000万元建设资金和学校自筹资金，在教学科研改革、学生综合管理、重点专业建设、师资队伍提升、招生实习就业、行政后勤服务保障等方面采取了一系列措施，推进了示范校建设的顺利开展，办学条件、办学水平和办学实力明显增强。2014年6月，医学中专部被教育部等部委联合授予"国家中等职业教育改革发展示范学校"称号，成为焦作市唯一一所国家级中职教育示范学校。护理、美容美体、中药制药和口腔修复工艺4个专业被评定为国家级重点建设专业。2018 年 2 月，被省教育厅认定为河南省职业教育品牌示范院校和河南省首批教学诊断和改进工作试点单位，拉开了医学中专部以推进教学改革为主的全方位提升序幕。

2. 发挥自身优势，拓展办学渠道。充分发挥医学教育和专业人才优势，服务地方经济发展，每年向社会输送数百名护理等专业医疗卫生人才，毕业生就业率逐年提高。2017 年 3 月，同上海艺流美容美发有限公司采用"订单制"联办美容美体专业，按照当前美容行业服务、技术、管理和岗位的高标准调整课程体系，安排课程内容，增加行业见习时间，邀请行业专家到校讲授最新知识和技能，实现专业和产业、课程与岗位的深度融合。2018 年 1 月，在中共焦作市委、焦作市政府的大力支持下，与德国蕾娜范集团签订了合作办学协议，设立护理专业蕾娜范"养老护理方向"中职试点班，引入德国双元制职业教育模式，开展医养结合、养老护理人才培养工作，创新了办学模式，为医学中专部的发展注入了新的动力。

3. 营造书香校园，推进文明创新。围绕践行社会主义核心价值观，大力加强人文素质教育和书香校园建设，校园文化建设不断丰富。在师生中先后开展了"环境励志育人""班级文化建设""全员德育辅导员""读好书写心得""诵读经典活动""显影成像工程""活跃协会社团"等一系列活动。在校园网"学习型校园"专栏交流学习心得 160 余篇。组织编写《国学经典选读》，内容包括《三字经》《弟子规》《论语》、古代经典诗歌、散文以及名段名篇等，每天由班主任或德育辅导员组织学生晨诵午读，使学生传承文化、滋养心灵。"显影成像工程"经验 2018 年 6 月在《河南日报》、河南映象网、新豫网等媒体刊发，产生了较大的社会反响。（供稿：马继凯　审稿：刘新生）

河南理工大学鹤壁工程技术学院

一、概况

河南理工大学鹤壁工程技术学院成立于 2015 年，为河南理工大学独立设置的二级学院，由鹤壁市政府与河南理工大学共建，全日制普通本科生规模暂定为

600 人。现设有机械设计制造及其自动化、电气工程及其自动化、土木工程、护理学、电子信息工程 5 个本科专业，初步形成了以工科和医学相结合的本科专业群。有机械教研室、土木教研室、电气电子教研室、护理教研室、公共教研室 5 个教研室。专兼职教师 68 人，其中具有硕士学位以上的教师占 62%，具有副高级专业技术职务以上的教师占 52%。目前在校本科生 680 人。

二、特色与优势

1. 人才培养。2015 年，学院首批设置机械设计制造及其自动化、电气工程及其自动化、土木工程 3 个专业；2017 年新增护理学、电子信息工程 2 个招生专业。每年新生录取分数均在省控线以上，2017 年录取最低分 452 分，高出省控线 110 分，生源质量较高。

学院坚持教学中心地位，营造思想重视教学、政策支持教学、精力投入教学、经费保障教学、舆论突出教学的良好氛围，全力抓好教学质量提升工程。遵循高等教育和职业教育的规律与特点，积极探索应用本科技术人才培养模式，建构科学合理的课程体系，改革教学方法，不断提升人才培养质量；突出从严治教，从严治学，建立较为完备的教学管理制度和教学评价体系，对教学过程实施严格管理；坚持常规教学管理与重点工作相结合原则，既确保教学计划执行、教学督导检查等日常教学工作有条不紊，又要逐步开展教学质量工程项目建设，力争在特色专业、教学团队、示范性实训基地等方面取得重要突破；大力开展形式多样的教学竞赛活动，选拔优秀选手参加更高层次竞赛，力争取得优秀名次；开展丰富多彩的第二课堂活动，促进学生全面发展。四年来获河南省三好学生 3 人，获国家励志奖学金 36 人，获国家奖学金 2 人。学生先后荣获全国大学生英语竞赛全国一等奖 1 名、二等奖 7 名、三等奖 12 名，省级优秀奖 35 名；河南省大学生力学竞赛二等奖 1 名、三等奖 3 名；全国大学生数学竞赛河南赛区预赛二等奖 2 名、三等奖 5 名，优秀奖 2 名；全国大学生建模竞赛一等奖 2 项、二等奖 1 项、三等奖 2 项。首届毕业生中，72 人参加研究生入学考试，43 名学生达到 2019 年考研国家线，其中 30 人被郑州大学等 211 及重点大学录取。

学院加大实验室建设投入，新建大学物理实验室、制图室、电气电子与电力拖动、机械综合实训室、PLC 实训室、力学性能实验室等一批适合本科层次人才目标的基础实训室，基础课实验开出率达 100%，专业基础课实验开出率达 95% 以上，专业课实验开出率达 90% 以上。创建校内大学生创新平台，电子电气创新实验室已运行三年，形成了浓厚的大学生创新氛围。机械创新实验室正在筹建中。

2. 科学研究与校企合作。逐步推进以产学研合作为依托的科技合作，充分利用学院人才资源密集、有一定科研能力的优势，与鹤壁市企业深化产学研合作，进行技术难题攻关和新产品开发。2017 年，学院与鹤壁天淇汽车模具有限公司签订"镁铝合金汽车覆盖件外板模具成型技术"项目合作协议，成功申报鹤壁市重大创新专项"镁铝合金汽车覆盖件外板模具成型技术"和河南省科技厅软科学课题"应用型本科院校产教融合发展对策研究"。2018 年，学院与鹤壁市全力模具制造有限公司签订了"产学研合作协议书"，共同申报河南省高新技术产业。

3. 党建与文化建设。中共河南理工大学鹤壁工程技术学院委员会 2015 年成立，按照地域归属进行管理，由鹤壁职业技术学院党委领导，下设教工党支部和学生党支部。目前有党员 37 名，其中教工党员 18 名、学生党员 19 名。积极开展"三严三实""三创三争""两学一做"活动，坚持三会一课制度。设立党员活动日制度，每双周二下午为党员活动日。以支部为单位开展主题鲜明、内容丰富的活动，并形成长效机制。创建服务型党组织，争做高效服务先锋。实施"三联三服务"制度，党委班子成员每人联系一个专业班级，每个支部联系一个宿舍，每位党员联系 2 名学生。2018 年构建"星级成长卡"学生党支部党建工作模式，切实提升基层党支部的战斗堡垒功能。以大学生全面发展为理念，坚持过程成长导向，对积极要求入党的学生实施成长星级评价，运用具体项目和星级评价规范过程管理，引导督促学生成长。

以校园文化建设为载体，不断营造丰富、健康、向上的校园文化氛围。"太行淇水"志愿服务常态化，积极参加中原（鹤壁）文博会、食博会、樱花节、环淇自行车赛、海绵城市宣传等大型活动志愿服务，大力弘扬雷锋精神和志愿者精神。2017 年，2 个志愿服务项目获鹤壁市志愿服务银奖。按照团中央、全国学

联提出的"一心双环"组织架构，初步形成以团委为领导核心，依托学生会统一
管理指导各组织的组织架构。加强学生会干部队伍建设，召开第一届学代会，选
举并组建了第一届学生会；并对学生干部进行培训，大力培养政治强、品德优、
能力强和学习优的学生干部。开展"淇水讲坛"系列讲座18期，营造了良好的
学术氛围。先后举办2期青年马克思主义者培训班和团委学生会学生干部培训班，
共培训团学干部100余名，在培训班中引入素质拓展训练。2017年，学院团委
被共青团鹤壁市委授予"鹤壁市五四红旗团委"称号。（供稿：吴艳华　审稿：谷
海红）

河南理工大学平煤工程技术学院

一、概况

　　河南理工大学平煤工程技术学院成立于2016年6月，为河南理工大学独立
设置的二级学院，由河南理工大学与中国平煤神马集团校企双方共建，依托国家
示范性高职院校平顶山工业职业技术学院办学管理。现设有电气工程及其自动化
和机械设计制造及其自动化2个本科专业，2016年首次招生60人，目前在校
本科生221人。下设机械教研室、电气教研室和基础教研室3个教研室，现有
任课教师58人，其中教授3人，副教授19人，副高以上职称占比达到38%。

二、特色与优势

　　1. 结合学院特色，创新人才培养模式。学院充分发挥校企合作办学优势，
突出应用型人才培养，参照河南理工大学本部专业人才培养方案，确立了"技术
基础厚，就业面向宽，专业技能强"的高级工程技术应用型人才培养目标，通过
"校企结合、工学结合、专兼结合"的教学模式，注重学生专业方向技能和专业
拓展技能的同步提升，在培养扎实的技术理论基础上，提高学生的动手能力和创
新能力，增强学生对职业岗位及技能的系统性掌握和对企业的适应能力。机械设
计制造及其自动化专业开设的工程综合实践课程，以学院专业课教师为主导，以
企业技术专家为补充，形成专兼结合的教师团队；以校外实训基地和企业一线岗

位为平台，以机械零件产品的生产过程为主线，对普通机加工、数控加工、电化学加工和装配等生产环节进行现场教学，促进了学生职业素质和专业技能的大幅提升。

2. 拓展第二课堂，提升人才培养质量。聘请来自美国具有丰富教学经验的外教老师，每周进行 4 个学时的英语口语和听力训练，使学生在提高英语说读能力的同时，能够感受不同国家的文化差异，有助于提升学生的国际视野。2018年 9 月，学院成立远航考研班，开设考研专用教室，营造良好学习氛围，选聘教学水平高、责任心强的老师担任辅导老师，专门进行集中教学和辅导，夯实学生的专业基础，提升学生学习积极性，畅通学生发展路径。

3. 积极搭建平台，开展学术交流活动。2016 年 5 月，学院与中国平煤神马集团共同成立了由校企专家为成员的理事会，由校企双方共同参与学院的运行和管理。以理事会为平台，先后开展各项学术交流活动 20 余项，促进了学院学科链与企业产业链的有效对接。2018 年 3 月，学院与平顶山市机械工程学会联合开办"德馨讲坛"，为学院师生和学会会员搭建了一个进行学术研究和交流的平台，开展各项学术技术交流活动 10 余次，活跃了学院和学会的学术氛围。（供稿：吕恒志　审稿：张君）

附录五　河南理工大学2009—2019届毕业生人数统计表

年度	研究生	本科	专科	成教本专科	合计	备注
2010年	369	6473	3030	4128	14000	含万方科技学院（焦作校区）本科1006人
2011年	469	7305	2568	4832	15174	含万方科技学院（焦作校区）本科1132人
2012年	658	7860	2023	3591	14132	含万方科技学院（焦作校区）本科1331人
2013年	616	8380	1611	4495	15102	含万方科技学院（焦作校区）本科1391人
2014年	497	8586	1598	5774	16455	含万方科技学院（焦作校区）本科1148人
2015年	666	8645	1920	5919	17150	含万方科技学院（焦作校区）本科1376人
2016年	703	9232	1436	3787	15158	含万方科技学院（焦作校区）本科1810人，含联办郑州工业贸易学校专科251人，河南工业和信息化职业学院专科803人
2017年	710	9508	1377	2007	13602	含万方科技学院（焦作校区）本科1957人，联办郑州工业贸易学校专科189人，河南工业和信息化职业学院专科571人

续表

年度	研究生	本科	专科	成教本专科	合计	备注
2018年	754	8976	850	1477	12057	含万方科技学院（焦作校区）本科1275人，联办郑州工业贸易学校专科171人
2019年	766	8500	757	900	10923	含万方科技学院（焦作校区）本科1227人，联办鹤壁工程技术学院本科126人，郑州工业贸易学校专科171人
合计	6208	83465	17170	36910	143753	

后　记

　　2019年是河南理工大学建校110周年，是学校发展史上的里程碑和重要节点。为了全面、系统、真实地记录2009年百年校庆以来10年间学校各项事业取得的主要成就，总结办学经验，展示办学业绩，凝聚振奋人心，继往开来，学校提出续编校史。

　　从2018年6月开始，学校通过召开专门会议，选调相关人员，组织专业培训，拟定工作计划，布置搜集资料，反复修改大纲，有序推进校史编纂工作。为了保障这项工作顺利进行，学校成立了由校党委副书记安士伟为组长的校史编写工作组，负责校史编纂的总体协调工作，并下设办公室，由校档案馆馆长杨艳玲担任主任，具体负责校史续编各项日常工作。

　　经过五个多月的资料搜集整理，各二级单位均提供了较为丰富的相关资料。在此基础上，学校于2018年11月至12月多次举行校史大纲研讨会。在对写作框架和内容形成共识的前提下，对校史各章的执笔人进行了明确分工，并提出了完成初稿的具体时间。2019年1月，校党委办公室印发了《〈河南理工大学史〉（2009—2019）编纂实施方案》，充实了校史编纂工作委员会和编写工作组成员，并对校史编写质量及工作进度进行了具体的安排。为了方便利用资料和有效推进编写进度，学校为全体编写人员提供了集中办公的场所和办公设备，多次将编写人员集中起来专门从事研究工作，保障了按时完成校史编写工作。

　　全书各章执笔人及编写内容分别如下：洪振涛、张育民（第一章）；曹中秋、刘文军（第二章）；李东艳、张育民（第三章）；丁亚红、李小军（第四章）；杨玉东、吴鋆萍（第五章）；孔祥增、杨志波、南大伟（第六章）；郑伟、孙凯鹏（第七章）；赵观石、杜笑宇（第八章）；王建州、杜小保、鲁小茜（第九章）；院（部）简介由杨艳玲、李晓红统筹；本书卷首照片由李为群提供。全书由朱雪里、薛毅、王艳红、茹艳统稿。初稿完成后，学校组织校内外相关人员进行了审阅和修改，其中有许文立、孟战福、赵世芳、赵春庄、郭锋、秦建辉、程伟、谢定均等（按姓氏笔画为序）。编写组根据各方面的意见和建议进行了认真核实和修改。校史书稿最终由校党委书记邹友峰、校长杨小林审定。

　　本书的完成得到学校各有关部门及相关人员的配合与协助，中华书局为该书的出版给予大力支持，在此一并表示衷心的感谢！

本书编写组
2019 年 6 月